# L’ … ttorino

Cette fois nous y sommes ! Quatre ans après son lancement au printemps 2019, notre trimestriel fait peau neuve. Et pour honorer ce rendez-vous, le dix-septième numéro de *Zadig* s’est redonné l’énergie d’un numéro 1 ! Né dans un contexte politique et social agité, en plein mouvement des Gilets jaunes, *Zadig* avait choisi comme ligne éditoriale de « réparer la France », à travers une multitude de récits racontant notre pays dans toutes ses dimensions.

La nouvelle formule de *Zadig* que vous allez découvrir reste plus que jamais dédiée à l’Hexagone et à ses singularités. Mais notre magazine se penchera désormais sur ce qui nous rassemble, nous ressemble et nous fait rêver : nos passions d’hier et d’aujourd’hui, des passions très françaises qui nourrissent un imaginaire commun et, partant, une identité singulière dans laquelle tout un chacun (et chacune) peut espérer se reconnaître.

Parler de nos passions, c’est réunir le tangible et l’immatériel, parler aussi bien de la gastronomie, de la « mode *in* France », de nos engouements pour la Méditerranée ou la campagne, que de nos penchants prononcés pour la dispute, l’égalité, les congés payés ou le romantisme à la Française. Ou souligner encore notre propension à célébrer les héros de l’histoire – de Napoléon à de Gaulle –, les grands artistes – de la littérature au cinéma –, qui font la richesse de notre culture.

Pour ce nouveau *Zadig*, c’est la passion du train qui nous a emportés. Vous découvrirez entre autres pépites les témoignages de voyageurs ardents, de l’auteur de BD François Schuiten aux écrivains Philibert Humm et Blandine Rinkel (humour et sensations garanties), et une merveilleuse saga du train signée Xavier Mauduit.

Le nouveau *Zadig*, c’est aussi désormais une grande conversation avec un ou une artiste – ici Kad Merad, qui dit son attachement à Marseille et à la Bourgogne. Et une enquête fouillée sur la culture régionale : cap cette fois vers le Pays basque, son âme et ses défis d’aujourd’hui, immobiliers et économiques, qui font vibrer la fibre nationaliste. Bien sûr, nos voyages littéraires en France se poursuivent, avec dans ce numéro les plumes sensibles de Philippe Delerm et Mazarine Pingeot, et la faconde de Philippe Jaenada. Si nous ajoutons les nouvelles chroniques de Karine Tuil et de Philippe Claudel, l’œil de Catherine Meurisse et du dessinateur du boire et du manger Guillaume Long, vous comprendrez que la table est mise, et qu’il est temps de déguster votre *Zadig* tout chaud ! ♦

L'ŒIL de **CATHERINE MEURISSE**

# SOMMAIRE

*Dessins de couverture et d'ouverture du dossier :* FRANÇOIS SCHUITEN (voir biographie page 31)

*Dessin en page précédente :* CATHERINE MEURISSE est illustratrice, dessinatrice de presse et autrice. Diplômée de lettres modernes, d'Estienne et des Arts décoratifs, elle entre en 2005 à *Charlie Hebdo*, puis collabore à *L'Obs*, *Libération*, *Marianne* ou *XXI*. Après l'attentat de 2015, elle publie chez Dargaud *La Légèreté*, et, en 2018, *Les Grands Espaces*. En 2020, elle est élue à l'Académie des beaux-arts. *Mes hommes de lettres* et *Le Pont des Arts* ont été réédités en coffret chez Sarbacane Éditions en 2020, et elle a récemment fait paraître chez Dargaud *Humaine, trop humaine*, le 18 novembre.

PARTIE 2
## LA PASSION

Illustration de François Schuiten

### LE TRAIN, *une passion française*

PARTIE 3
## SUR LE TERRAIN

PARTIE 4
## PAYSAGES LITTÉRAIRES

# LA POSSIBILITÉ DU CRI

LE POUVOIR DES MOTS, la chronique de

**Karine Tuil**

Illustrée par CHEZ GERTRUD

QUAND ÉRIC FOTTORINO m'a demandé d'écrire une chronique pour *Zadig*, Matteo Messina Denaro, le chef de Cosa Nostra, la mafia sicilienne, présenté comme l'homme le plus recherché d'Italie, venait d'être arrêté en Sicile, à Palerme, et ma première pensée fut pour Roberto Saviano. L'écrivain italien qui vit encore sous protection policière en raison des menaces que lui valent ses écrits et ses prises de position a payé au prix de sa liberté le courage de dénoncer, de révéler comment le système mafieux et les organisations criminelles avaient corrompu et ravagé toute une société.
Ces jours-ci, Saviano vient de faire paraître une série de portraits de personnalités engagées telles que Martin Luther King, Émile Zola ou la poétesse Anna Akhmatova, dans lesquels il revient sur le sens donné à l'action et au pouvoir des mots. « Ils font peur, les mots ! écrit-il. Ils traversent les siècles, ils transpercent les murs, s'installent dans les cœurs et habitent les consciences. » Ce livre s'intitule : *Crie-le !* Il s'ouvre et se clôt par une adresse aux jeunes générations auxquelles Saviano semble transmettre une façon d'être au monde et de penser l'avenir, avec un idéal de justice et d'intégrité. Cette parution revêt bien sûr une dimension particulière quelques mois après l'ignoble agression dont a été victime l'écrivain Salman Rushdie alors qu'il s'apprêtait à prendre la parole lors d'une conférence, aux États-Unis. En voulant faire taire (par la dictature, la pression, la violence morale, physique) un être qui pense / parle / débat, c'est la liberté d'expression, c'est la démocratie que l'on assassine.

Or le livre de Saviano n'est rien d'autre qu'un manuel de la démocratie à l'usage des jeunes générations. Il y livre ses méthodes pour penser contre lui-même (lire des écrivains dont il ne partage pas les idées), penser différemment : rester libre et autonome dans un monde où tout vous invite à la dépendance ; s'affranchir des règles, des diktats, refuser les normes, les dogmes, les idéologies pour s'affirmer. Saviano s'adresse à son jeune lecteur dans un style direct et vif, avec un ton impératif où l'on sent poindre l'urgence de dire et de vivre. Ce livre, nous devrions le faire étudier dans les écoles de France, car on ne peut pas prétendre œuvrer à l'évolution sociale d'un pays sans accorder son écoute à sa jeunesse. Sans évoquer ses attentes. Ses idéaux. Sans songer à la question de *la transmission*. Je me souviens – quand je participais aux rencontres pour le Goncourt des lycéens – de ces élèves actifs, passionnés, qui voulaient changer, par le biais de la littérature, les codes culturels et les mentalités – comme le réclamait déjà, à la fin des années 1970, l'avocate Gisèle Halimi, à l'issue d'un procès qui resterait dans la mémoire collective : deux ans plus tard, une loi qui allait enfin définir et criminaliser le viol serait votée. Mes jeunes lecteurs avaient compris (sans doute aussi grâce à leurs enseignants dont il faut saluer le travail) le rôle que les livres, les mots, avaient à jouer dans cette révolution sociétale. On a trop vite érigé en constat irréversible l'idée que les jeunes générations lisaient moins. Elles manifestent pourtant une conscience politique, écologique, très affirmée, qui ne demande qu'à être affinée, et nous devrions les aider à « conquérir la liberté de penser la liberté dans la société », comme l'écrit le philosophe Claude Lefort. Et c'est là, semble nous dire Saviano, en écrivant son livre dans la solitude de chambres ultrasécurisées où il est condamné à vivre, que nous avons un rôle à jouer. Car le grand danger, en France, comme ailleurs, c'est l'affaiblissement des outils démocratiques avec, en corollaire, cette parole vide de sens, d'engagement, le risque de la simplification. C'est l'exclusion du politique comme espace de changement possible. « L'écrivain engagé sait que la parole est action [...]. Il sait que les mots sont des pistolets chargés. S'il parle, il tire », écrivait Sartre dans *Qu'est-ce que la littérature ?* Les mots ne seront jamais inoffensifs, et l'on ne devrait pas y renoncer au profit des images. Il faudrait apprendre aux jeunes générations à les affûter, à les utiliser, à l'oral, à l'écrit, pour en faire des outils de transformation radicale, redonner du sens et du contenu au langage – qui est toujours social. Des écrivains engagés dans le débat public comme Saviano mais aussi les poètes, dont l'influence en France n'est pas assez reconnue, nous rappellent que le mot n'est pas qu'un mot : il est porteur de changement et de justice. Car la littérature comme la poésie sont les espaces du questionnement, de la remise en question, du doute : de la complexité. Le livre de Saviano est salutaire en ce qu'il nous rappelle que l'on ne transformera pas la société sans une participation active de sa jeunesse. Ce qu'il nous reste quand le monde nous oppose son inertie, ce sont les mots, le combat, la révolte, la foi en la démocratie. La possibilité du cri.

***« Les mots ne seront jamais inoffensifs, et l'on ne devrait pas y renoncer au profit des images »***

KARINE TUIL est romancière. Autrice d'histoires contemporaines aussi bien que de fictions de critique sociale, elle a notamment publié *Interdit* (Plon, 2001), *L'Invention de nos vies* (Grasset, 2013) et *Les Choses humaines* (Gallimard, 2019), livre couronné par le prix Interallié et par le prix Goncourt des lycéens. Son dernier roman, *Kaddish pour un amour* (id.), a paru en 2023.

CONVERSATION AVEC

# KAD MERAD

Né en Algérie d'un père algérien, le comédien a grandi à Ris-Orangis, municipalité communiste de banlieue, dont il garde des souvenirs heureux. Devenu une figure populaire du cinéma français, ce curieux, plein d'énergie, a vécu dix ans à Marseille, ville à laquelle il reste très attaché. Mais, à présent, c'est en Bourgogne qu'il entreprend de s'implanter, reprenant une ferme pour s'adonner à l'élevage.

PHOTOGRAPHIES
CORENTIN FOHLEN

PROPOS RECUEILLIS PAR
ÉRIC FOTTORINO ET FRANÇOIS VEY

ILLUSTRATIONS
DEBORA SZPILMAN

**ZADIG Vous qui êtes né en Algérie d'un père algérien, quels sont vos premiers souvenirs de la France ?**

K.M. Je suis arrivé en France dès l'âge de 2 ans. Mon premier souvenir se situe à Balbigny, dans la Loire, où mon père travaillait dans une usine fabriquant des wagons de marchandises. Il y avait un tout petit pavillon collé à l'usine, et devant, des voies de chemin de fer où passaient de grandes bobines de câbles. Notre aire de jeux, c'étaient ces rails. On faisait aussi beaucoup de tours de vélo derrière la maison et on allait tout le temps sur le terrain de foot. Mon père était un très bon footballeur amateur. Il jouait à Balbigny et m'emmenait, car j'étais plus attiré par le sport que mes frères. Je me rappelle que, tout petit – je devais avoir 3 ou 4 ans –, il m'a fait marquer un but pendant un match ; mais j'ai compris que c'était « pour de faux » et je me suis mis à pleurer : le gardien avait fait semblant de plonger à côté, j'avais trouvé ça un peu débile... Mon père avait plein de copains, plutôt des Français d'origine française. Il n'était pas entouré d'une diaspora algérienne. Il allait au café avant les matchs. Balbigny était une toute petite ville ouvrière, très joyeuse. Venu en France dans les années 1950, mon père y a fait sa vie. Avec ma mère, originaire du Berry, ils ont eu des enfants, tous nés dans le Cher, sauf moi. Après la guerre d'Algérie, en 1964, mon père a en effet décidé de retourner là-bas. Ma mère étant coiffeuse, il a voulu essayer de monter un salon de coiffure à Sidi Bel Abbès, près de Tlemcen, dont il était originaire. En vérité, d'après ce qu'il m'a raconté – vous savez, il était très secret sur ces histoires, je ne sais pas pourquoi, d'ailleurs –, cela s'est très mal passé : son magasin a été vandalisé parce qu'il revenait en Algérie avec une jeune femme française juste après le conflit... Mais je suis né là. Ensuite, mes parents se sont embrouillés et ils sont repartis. Voilà pourquoi je suis le seul de la fratrie à être né en Algérie.

*« Comme le chante Maxime Le Forestier, "être né quelque part, c'est toujours un hasard". Un heureux hasard, dans mon cas »*

**ZADIG Vous sentez-vous plutôt français ou avez-vous aussi en vous cette part d'Algérie ?**

K.M. C'est une vraie question à laquelle je ne sais toujours pas répondre. En 2022, à l'occasion de la sortie du film de Mohamed Hamidi, *Citoyen d'honneur*, j'ai dû beaucoup parler de l'Algérie et je sentais que c'était un terrain que je ne maîtrisais pas très bien. On m'a reproché soit de trop m'en détacher, soit de trop en parler. Vous savez, on me présente comme un acteur franco-algérien, mais je ne peux pas me considérer ainsi, parce que je n'ai rien donné à l'Algérie. Je n'y ai même pas vécu. Cela dit, j'y ai une famille, que je connais, chez qui nous allions tous les étés, et dont je me sens si proche. J'ai donc quand même une relation très intime avec l'Algérie. Je m'en sens en même temps éloigné et proche.

**ZADIG Votre lien avec ce pays dépasse donc vos seuls papiers d'identité...**

K.M. L'Algérie, c'est ma terre de naissance : je me considère comme français bien plus que comme algérien, mais j'y suis né et mon prénom est Kaddour. Comme le chante Maxime Le Forestier, « être né quelque part, c'est toujours un hasard ». Un heureux hasard, dans mon cas, car j'ai l'impression que d'être né là-bas m'a construit autrement. Mine de rien, quand vous dites à l'école : « Je suis né à Sidi Bel Abbès, en Algérie », ce n'est pas comme si vous disiez : « Je suis né à Nevers. » Vous suscitez tout de suite une réaction, il se passe quelque chose. J'ai vécu avec ça. J'ai même parfois eu un peu de mal à donner mon nom, voire mon prénom.

**ZADIG D'où venait une telle gêne ?**

K.M. Kaddour n'était pas un prénom français. Dans les années 1970, si vous donniez un prénom algérien et indiquiez une naissance en Algérie, vous provoquiez tout de suite une réaction. Cela vous construit autrement : vous évitez d'en parler, vous essayez parfois de détourner des conversations, même inconsciemment. Je n'ai jamais subi de racisme. Jamais. Mais j'ai subi une curiosité.

**ZADIG Quand vous étiez enfant, vos copains vous appelaient-ils Kad ou Kaddour ?**
K.M. Kad. Évidemment, ma mère m'appelait Kaddour, et ma femme m'appelle aussi ainsi, heureusement. C'est dans l'intimité. Sinon, tout le monde m'appelle Kad.

**ZADIG Cela faisait-il une différence de vous prénommer Kaddour ?**
K.M. Ah oui, c'était très important. C'est une vraie différence. C'est un prénom, assez rare, très beau, que j'adore. Il signifie « richesse ». Mon père me l'a donné sur les conseils d'une tante qui m'a élevé à l'époque. Elle lui avait dit : « Cet enfant-là aura un destin particulier… Appelle-le Kaddour, car il aura une carrière et il y aura de la lumière. » C'est incroyable, ça fait peur ! En fait, pour revenir à mes liens avec l'Algérie, dire que j'en ai peu serait réducteur. Oui, j'en ai plein et en même temps je ne les formule pas. C'est compliqué. Même si mon père se disait français, il était algérien et s'appelait Mohamed, et il m'a transmis l'« algérisme » – inventons ce joli mot ! Il est mort là-bas et y est enterré. J'ai donc bien un lien, un fil un peu invisible, une part d'Algérie en moi, forcément ; seulement je ne le revendique pas, car je ne leur ai rien apporté. En revanche, eux, si, ils m'ont beaucoup donné. Je retournerais d'ailleurs bien voir ma famille paternelle, qui ne demande que ça : mes tantes, mes oncles, mes cousins, tellement gentils et accueillants… Ils voudraient connaître mon fils, Kalil ; et moi, je voudrais lui parler de ses racines, de son grand-père.

**ZADIG L'Algérie vous a-t-elle légué une attirance pour le soleil et la chaleur ?**
K.M. Oui, la lumière aussi, celle de la Méditerranée. J'ai vécu dix ans à Marseille, l'autre rive de l'Algérie. D'ailleurs, quand vous arrivez à Alger, vous avez l'impression d'être à Marseille : cette même lumière, ce parfum d'épices, l'odeur de la graine du couscous et de la vapeur… Mon père faisait le couscous à la maison : à l'époque où j'étais chômeur, l'odeur remontait jusque dans ma chambre et me réveillait ; je savais ainsi qu'il était à peu près midi ! (*Rires.*)

**ZADIG Vous avez passé votre jeunesse dans l'Essonne, et celle-ci semble avoir été plutôt heureuse, non ?**
K.M. Elle a été pleine de sport, de musique, de copains, avec des études qui n'ont pas marché mais dont je me foutais… J'ai grandi à Ris-Orangis, dans une ville communiste où il y avait une solidarité, une vie culturelle : vous pouviez tout faire, vous aviez accès à tout gratuitement. J'ai été marqué par cette ville. Non, mais vous ne vous imaginez pas ! On avait des salles de sport, des vacances en camps pour les ados… C'était une enfance heureuse, dans un quartier où j'étais entouré d'amis. Une vie de jeune très remplie, sans trop de bêtises, parce que j'étais d'un côté très occupé par la musique avec mes copains, et qu'une autre part importante de ma vie était prise par le sport. Je descendais de chez moi, j'avais le terrain de rugby. J'ai pratiqué durant presque toute ma jeunesse, comme demi d'ouverture : je m'entraînais deux fois par

# « C'était une vie de jeune très remplie, sans trop de bêtises, parce que j'étais très occupé par la musique et par le sport »

semaine, et le week-end, je jouais. C'était génial. On avait une petite maison modeste mais tout à fait correcte. J'ai eu ma mobylette à 16 ans. Quand j'ai voulu une batterie, ma maman, qui bossait alors dans un magasin de bricolage, m'a dit d'accord (*rires*). J'avais un grand sentiment de liberté, je vivais comme dans une bulle.

**ZADIG Aviez-vous conscience que tout cela était en partie l'œuvre d'une municipalité communiste ?**

K.M. Pas du tout, je n'y pensais pas. Je ne savais rien, à l'époque, des bienfaits du communisme dans sa version municipale, dans cette ceinture rouge tout autour de Paris, avec toutes ces villes ouvrières… Je n'en avais pas conscience. Mais j'aime bien le préciser, à présent, car cela a beaucoup contribué au fait qu'on ait accès à tout, à ce qu'on puisse partir en voyage, en camps de vacances… J'ai été animateur, je me suis même retrouvé éducateur, à emmener des gamins dans la Somme. C'était génial ! J'ai eu une enfance absolument extraordinaire, idéale. Avec un père très sévère, très dur, mais je n'ai que de bons souvenirs. Ce n'est pas le cas de tout le monde, j'ai l'impression (*rires*).

**ZADIG Votre père continuait alors à travailler dans les chemins de fer…**

K.M. Oui, mais il est passé de l'usine au bureau. Muté comme cadre, il travaillait dans le 17e arrondissement de Paris. Il a choisi de vivre en banlieue, dans une espèce de hameau. Ma mère a arrêté de travailler tant qu'elle a eu ses quatre enfants, puis elle a repris lorsque nous avons été un peu plus grands. Elle a alors été vendeuse à droite, à gauche, pour gagner un peu en indépendance. On n'avait pas de femme de ménage ni d'aide à la maison, et elle ne faisait pas la cuisine, donc on mangeait du poisson pané et du corned-beef. Et, le week-end, mon père nous faisait les grands plats méditerranéens : soit un couscous, soit une paella. Il y en avait toujours pour quinze !

**ZADIG Quand, plus tard, sont apparues toutes ces tensions dans les banlieues, avez-vous compris ce qui s'était passé pour qu'elles deviennent ce que certains appellent des « territoires perdus de la République[1] » ?**

K.M. Pas du tout, et cette dégradation de la situation m'a attristé. J'ai connu la banlieue, ces blocs de bâtiments, et des gens de toutes origines qui se retrouvaient autour du foot, d'un barbecue, d'un projet... Les éducateurs étaient nombreux à l'époque, comme les maisons de la culture, les lieux de rencontres ; on s'entraidait énormément. Quand je vois aujourd'hui l'image qu'on nous montre de la banlieue... ou celle qu'on veut bien nous donner. Car on a tendance à penser que toute la banlieue est à feu et à sang, ce qui n'est pas vrai. Il m'arrive de temps en temps d'y aller, soit pour une tournée de théâtre, soit pour un tournage, et je vois bien ce qu'elle est devenue : il y a une forme de repli. Mais il y a quand même plein de bonnes initiatives aussi. J'ai beau avoir été le Baron noir[2], je ne vais pas entrer dans la politique, car je n'en suis pas capable. Pourtant, cette série m'a passionné, mine de rien, justement parce qu'on traitait beaucoup de la banlieue. Seulement, je ne sais pas comment on en est arrivé là ni comment on pourrait régler le problème. J'analyse cela avec mes petits moyens, en me disant qu'on a abandonné ses habitants et qu'ils se sont débrouillés seuls, en recréant leurs lois. Ils se sont détachés du commun, les communautés se sont retranchées entre elles.
Avant, tout n'était bien sûr pas rose : il y avait de temps en temps des petites bandes qui descendaient... Mais c'était sans commune mesure avec la violence d'aujourd'hui. La violence restait maîtrisée, il n'y avait pas de cars de flics, il n'y avait pas de militaires. Moi, je vivais dans un pavillon, mais tous mes copains étaient dans des immeubles ou dans des tours. À Ris-Orangis, on n'est pas loin de Corbeil, de la Grande Borne, de Grigny. Aujourd'hui, Grigny, c'est vraiment un territoire perdu, un territoire dans lequel plus personne n'ose entrer : tout est à l'abandon, les ascenseurs ne marchent plus, vous ne pouvez pas vous balader avec une voiture un peu neuve. C'est une catastrophe, c'est un peu devenu comme les *favelas* du Brésil : on traverse, on ne s'arrête plus... Alors que, dans ma jeunesse, les immeubles y étaient plutôt cotés. Quand on traînait là-bas, quand j'allais par exemple voir au centre commercial mes premiers films de Bruce Lee, on n'avait aucune crainte, aucune peur...

**ZADIG Vous évoquiez la série *Baron noir* : qu'est-ce qui vous a attiré dans le rôle de Philippe Rickwaert[3] ?**

K.M. Julien Dray[4], que j'ai rencontré, m'a dit : « Alors comme ça, vous jouez mon personnage ? » Je lui ai répondu : « Non, non, je ne me suis inspiré de personne. » L'auteur, Eric Benzekri[5], très brillant, très engagé, a fait un mix de tout ce qu'il a connu. Et il a créé ce personnage de militant dunkerquois, qui commence en tractant dans la rue avant de devenir député-maire de la ville, puis ministre, puis président de la République, quand même !

**ZADIG Quel parcours ! Jouer ce rôle ne vous a-t-il pas donné l'envie, personnellement, de tenter pareille ascension, d'acteur à président, comme Volodymyr Zelensky en Ukraine ? Vous pourriez être le Zelensky français, en fait.**

K.M. Je ne suis pas sûr que je pourrais franchir le cap et briguer un mandat, un vrai ! Je serais absolument incapable de gérer cela... On a évoqué les études, tout à l'heure : je me suis arrêté en troisième et j'ai fait un BEP de commerce. Cela ferait donc de moi le premier président qui n'a pas eu le bac !

**ZADIG Mais qu'est-ce qui vous a plu dans *Baron noir* ?**

K.M. Déjà, je n'ai pas compris qu'on me propose ce rôle, alors que je suis un acteur comique relativement grand public, populaire, qui aime l'idée de faire de la comédie. C'est Canal qui a suggéré mon nom, je crois. Eric Benzekri, était absolument atterré. Il ne voulait pas de moi, il me l'a avoué : « On m'a donné ton nom, mais ce n'est pas possible, tu ne peux pas incarner le Baron noir : ce serait comme jouer dans *Mission impossible* après *Bienvenue chez les Ch'tis*, on n'y croira pas. » J'ai malgré tout fait des essais... concluants. Je suis assez fier de moi. En lisant le pilote de la série, j'ai tout de suite su de quelle façon le personnage parlait, j'ai senti son

1. Titre d'un ouvrage collectif dirigé par Georges Bensoussan (sous pseudonyme), paru en 2002 aux Éditions Mille et une nuits.

2. Dans la série télé politique réalisée par Ziad Doueiri, Antoine Chevrollier et Thomas Bourguignon, diffusée en 2016, 2018 et 2020 sur Canal+.

3. *Baron noir* suit l'ascension politique chaotique de ce personnage, membre du PS, député du Nord et maire de Dunkerque, bien décidé à prendre sa revanche après avoir été trahi par son mentor (Niels Arestrup).

4. L'ancien député socialiste puis conseiller régional d'Île-de-France a plusieurs fois été pointé comme modèle du personnage, ce qu'il a lui-même revendiqué.

5. Par ailleurs scénariste de la saison 1 de *Maison close* (2010) et des *Lascars* (2012).

panache, qui est extraordinaire. Pour moi, ç'a été une grande rencontre. Dans une carrière, ça n'arrive pas souvent, vous savez… Au départ, je n'avais aucune idée de la manière de jouer un homme politique. J'ai été très bien mis en scène par Ziad Doueiri[6], le réalisateur libanais, qui est formidable. C'est lui qui a créé la grammaire de *Baron noir*. Il m'a fait me redresser, m'a donné une démarche. On a beaucoup travaillé sur le physique.

6. Par ailleurs connu pour avoir réalisé *West Beyrouth* (1998) et *L'Insulte* (2017)

Ensuite, c'était naturel : Eric Benzekri a écrit les dialogues des saisons deux et trois pour moi, en sachant ce que je pouvais faire. À part la taille du texte à apprendre, c'était un plaisir, parce qu'il s'agit d'un personnage d'emporté, de passionné…

**ZADIG Quelle vision avez-vous des hommes politiques ?**

K.M. À vrai dire, je ne me suis pas énormément documenté, même si j'ai regardé un grand nombre d'échanges d'hommes politiques avec des journalistes, après un discours, après une manifestation… J'ai beaucoup écouté, j'ai essayé de voir comment ils disaient leur texte, en quelque sorte. Car un homme politique, c'est comme un acteur : il joue un rôle, il récite. La politique, c'est du cinéma : on se déteste en public, mais on mange ensemble à la cafétéria !

**ZADIG Qu'avez-vous appris, plus spécifiquement ?**

K.M. Je me suis rendu compte de l'importance de la politique locale, de la politique des quartiers. J'ai appris l'entrisme – je n'y connaissais rien, ça m'a passionné. Eric était pour moi comme un coach politique (*rires*), il m'expliquait tous les enjeux.

**ZADIG Cette série a-t-elle changé votre regard sur la politique ?**

K.M. Oui, mais pas dans le bon sens. J'ai découvert la manipulation, le machiavélisme et la noirceur de ce milieu. J'ai vu le côté obscur.

**ZADIG La politique, véritable passion française, fait l'objet d'une grande défiance de la part de plus en plus de Français. Le lien entre les citoyens et la chose publique semble s'être abîmé. Pour quelles raisons, selon vous ?**

K.M. Il y a une passion des Français pour la politique, mais aussi une sorte de désamour. L'abstention continue de progresser, on ne trouve plus de figures emblématiques… Quand j'étais enfant, même si je ne faisais pas de politique, j'aimais bien Giscard. Je me fichais de ses idées politiques, mais j'appréciais le personnage. Celui de Mitterrand également. Ils étaient comme des tontons, d'une certaine manière. Maintenant, on n'arrive plus à établir une sorte de lien de parenté avec les personnalités politiques. Pourtant, il faut qu'il y en ait un, c'est comme ça que je vois la politique. Si demain je me présente à l'élection, je serai votre neveu, je serai votre oncle, mais pas un homme politique. Aujourd'hui, lorsqu'on en rencontre un, on est méfiant. De Gaulle, Giscard, Mitterrand, Chirac – que j'ai croisé plusieurs fois, d'ailleurs –, tous avaient un certain charisme, qui s'est perdu.

**ZADIG Un comédien comme vous, quand il rencontre Chirac, voit-il un autre comédien ?**
K.M. Ah oui, un comédien, mais un comédien sympathique, généreux.

**ZADIG Et ça vous a donné envie de jouer des rôles de politiques ?**
K.M. Oui, des rôles où il y aurait un peu de lutte de pouvoir. Des rôles porteurs d'une histoire, avec l'enjeu de changer le cours des choses. La politique, c'est quand même ça, changer notre société, notre vie. On le voit bien, aujourd'hui, en pleine grève[7].

**ZADIG Y a-t-il des choses qui vous agacent, qui vous indignent, qui vous mettent en colère dans notre pays ?**
K.M. Ce qui me met en colère, ce sont les extrêmes : le racisme, la xénophobie, tout ce qui est poussé jusqu'à la haine de l'autre... Je n'ai jamais été élevé là-dedans ! C'est ce qui est le plus révoltant quand on est un peu humaniste, quand on a tendance à vouloir discuter avec tout le monde ou fréquenter tous les milieux... Je suis plutôt curieux, à l'aise avec n'importe qui : j'aurais autant envie de parler avec le président de la République qu'avec un ouvrier. Tout m'intéresse.

**ZADIG Le 14 juillet 2008, à l'occasion du défilé militaire, vous avez lu le préambule de la Déclaration des droits de l'homme et du citoyen, seul sur la place de la Concorde, devant la tribune officielle, à la demande de Nicolas Sarkozy. Était-ce un grand moment, pour vous ?**
K.M. Ce qui m'est arrivé est incroyable. Après, on m'a dit : « Tu te rends compte de ce que tu as fait ? » Mais c'est un moment que j'ai traversé facilement. J'étais le seul civil dans une réunion militaire. J'en ai certes bavé avec un colonel, qui n'était pas du tout d'accord avec ma présence là, et malgré tout, à la fin, alors que tout s'était bien passé, il est venu me féliciter. J'avais un timing millimétré : je devais lire mon texte à un moment clé, en trois minutes, et finir à l'instant précis où la Patrouille de France arrivait. J'avais un stress ! Ce qui est drôle, c'est que j'ai lu ce préambule de la Déclaration des droits de l'homme devant tous les chefs d'État du bassin méditerranéen, dont beaucoup depuis ont été renversés. J'ai fait cela sans aucune volonté politique. Des collègues m'ont demandé si je n'avais pas peur d'être instrumentalisé par Nicolas Sarkozy, mais ça dépassait largement la politique. Pour moi, il était impossible de refuser. Toute ma famille était réunie chez moi, mon père prenait la télévision en photo – mon père, justement, à qui je pensais à ce moment même, lui qui avait traversé pas mal d'épreuves dans sa vie pour arriver à nous élever.

**ZADIG Avez-vous le sentiment que le récit politique s'est affaibli, alors que deux des piliers de la société française – l'Église et les partis, en particulier le Parti communiste – se sont effondrés dès les années 1970, et qu'on a vu se développer depuis une société des communautés, des réseaux sociaux ?**
K.M. Oui, sans doute. Je ne suis pas analyste, mais je ressens cela comme tout le monde. Quand on voit la dislocation de ces

7. L'entretien a été réalisé le 7 février 2023, pendant la grève contre la réforme des retraites.

gros blocs qui structuraient la société… On se disait socialiste, communiste, gaulliste, on se reconnaissait dans ces identités. À présent, tout est mélangé, c'est un bordel… Comment voulez-vous que les gens s'y retrouvent ?
Et il y a eu la montée des extrêmes, maintenant bien présents, il faut donc se battre. Quant aux réseaux sociaux, j'ai l'impression que nos enfants savent bien mieux s'en servir, c'est un vrai moyen de communication pour eux.

**ZADIG Comment considérez-vous ces réseaux ?**
K.M. Ils sont, selon moi, de véritables moteurs de haine. Certains sont intéressants, comme Instagram, mais ils peuvent vite devenir pervers et dangereux : on le voit bien avec tous les cas de harcèlement en ligne chez les jeunes, contre les artistes et plus généralement contre les personnalités publiques.
Les réseaux sociaux, qui auraient dû libérer la parole, l'ont enfermée. Les gens utilisent des pseudos, se cachent… Ce qui devait nous relier les uns aux autres nous oppose. Et les informations qui y circulent ne sont pas vérifiées, les journaux les reprennent parfois trop rapidement… Tenez, un exemple : je me suis remarié récemment dans la plus grande intimité, dans un petit village de Bourgogne ; j'ai lu à ce sujet tout et n'importe quoi ! Malheureusement, je crois que nous avons reçu cet outil plus vite que nous n'avons appris à nous en servir – et, plus grave, à nous en servir de manière bénéfique.

**ZADIG Avoir joué dans *Bienvenue chez les Ch'tis*[8] a-t-il changé votre regard sur la France ? Sur le Nord, en particulier, auquel sont attachés beaucoup de préjugés ?**
K.M. C'est surtout Dany Boon qui pourrait vous répondre. Pour moi, c'est un film d'auteur : Dany y a mis sa vie, ses tripes, son amour de la région, sans jamais verser dans la vulgarité. Quand on tournait ce film, on ne pouvait pas deviner qu'il deviendrait un tel phénomène de société. Étant moi-même parfois victime de préjugés, ça m'a soulagé de voir que l'on pouvait faire tomber ces clichés et en rire ensemble. Aujourd'hui, ce serait plus compliqué de faire un film dans lequel on se moque d'un accent. Ce succès m'a transformé et il a changé ma vie. C'était extrêmement puissant : cette popularité rapide, cet amour… Mais j'ai aussi découvert des déclarations haineuses, tenez *(il sort son téléphone et recherche une vidéo)* : Jean-Marie Le Pen a par exemple estimé que le film n'était pas conforme à la réalité de la région, à cause des origines des acteurs[9]. On s'est amusés à rejouer cette déclaration, avec Dany, pour en rire. On est restés très proches tous les deux. Dany est fils d'un Kabyle et d'une Ch'ti, on partage un peu la même histoire algérienne.

**ZADIG Comment avez-vous vécu cette immense et soudaine popularité ?**
K.M. Je me suis retrouvé, du jour au lendemain, propulsé comme l'acteur le plus populaire du pays. Je suis devenu la cible de jalousies, de haines, d'envies… Ma vie professionnelle en a été transformée de manière très positive, mais ç'a aussi été difficile. Les critiques de mes films suivants ont été très sévères. Je devais être irréprochable, je n'avais plus d'excuses. À l'époque des *Choristes*[10], j'étais juste un acteur prometteur. Gérard Jugnot, qui a vécu la même chose avec *Le Père Noël est une ordure*, m'avait averti. Mais ce film m'a permis de travailler énormément, et j'ai ensuite très bien gagné ma vie, je ne le cache pas. Seulement, j'ai aussi morflé. On m'a beaucoup, beaucoup, attaqué sur ce film.

**ZADIG En tournant *Baron noir*, vous avez retrouvé le Nord un peu plus tard…**
K.M. Oui. Le Baron noir, c'était le maire de Dunkerque. Ça ne pouvait pas mieux tomber ! J'ai une passion et un amour pour les gens du Nord. Je me suis donc retrouvé à nouveau là-bas, et je vous assure que les tournées à Dunkerque, c'est très important. D'ailleurs, avec Dany, on y est très appréciés. Il y a des devantures sur lesquelles on est peints, des bus…

**ZADIG Vous aimiez aussi suffisamment Marseille pour choisir d'y vivre une dizaine d'années. Pourquoi ?**
K.M. Grâce au succès, j'avais gagné assez correctement ma vie pour me permettre d'y acheter ma maison : la fameuse résidence secondaire. J'en ai même carrément construit une sur la corniche, très jolie. Malheureusement, Marseille, ça a duré dix ans, et après je suis parti : je ne pouvais pas y aller souvent, car j'étais toujours en tournage. J'ai fini par me débarrasser

8. Film comique réalisé en 2008 par Dany Boon, dans lequel Kad Merad occupe pour la première fois le rôle principal, celui de Philippe Abrams, directeur d'une agence de la Poste à Salon-de-Provence, muté par sanction dans le Nord, à Bergues.

9. Jean-Marie Le Pen avait déclaré, dans un reportage de l'émission *C dans l'air* sur France 5 : « Moi, je connais bien le Nord et le Pas-de-Calais : les gens du Nord ne ressemblent pas aux héros de ce film. C'est bien normal vu qu'ils sont arabes tous les deux. »

10. Comédie dramatique de Christophe Barratier, sortie en 2004, dans laquelle Kad Merad joue le rôle de Chabert, le professeur de sport.

## « *Pour moi,* Bienvenue chez les Ch'tis *est un film d'auteur* »

de la maison, parce qu'elle coûtait cher, et je me suis rapproché de Paris, où je vis, où je travaille. Je ne sais pas si je n'y retournerai pas un jour : j'ai envie de lumière, la lumière m'est indispensable. En Méditerranée, même quand il fait froid, il y a un soleil qui vous caresse comme ça. Vous voyez, ici, à Paris : quand il fait beau comme aujourd'hui, c'est chaud, et ça change tout, même votre caractère.

**ZADIG Cette maison de Marseille, vous l'avez fait construire ou avez-vous mis la main à la pâte ?**

K.M. Je ne l'ai pas construite moi-même, mais je l'ai entièrement conçue. En fait, j'ai acheté une maison un peu pourrie, je l'ai démolie et je l'ai « remolie ». J'aime bien construire. En ce moment, je réhabilite une vieille ferme en Bourgogne. J'ai un rêve d'agriculture et je suis très attaché à la terre. C'est pour cela que je me suis marié dans cette région, où j'ai acquis cette ferme abandonnée, et que je vais redémarrer une exploitation. Je vais faire de l'élevage – on est vraiment dans le Charolais – et un peu de culture de chanvre, et je verrai si je continue – je suis en train de faire des tests. La moitié de mes terres est déjà en fermage, et je voudrais exploiter l'autre moi-même. Je pense à de l'élevage, soit de brebis, soit de vaches, mais la vache c'est plus compliqué, il faut davantage d'infrastructures.

**ZADIG N'y a-t-il pas un peu d'Algérie, dans ce nouveau projet de vie ?**

K.M. Allez savoir ! Le mouton, peut-être ? (*Rires.*) En même temps, c'est marrant, mes grands-parents avaient une ferme en Algérie, où l'on se rendait souvent avec mon frère quand j'étais petit. J'ai toujours été assez proche de la terre et j'aime beaucoup l'idée d'avoir des racines.

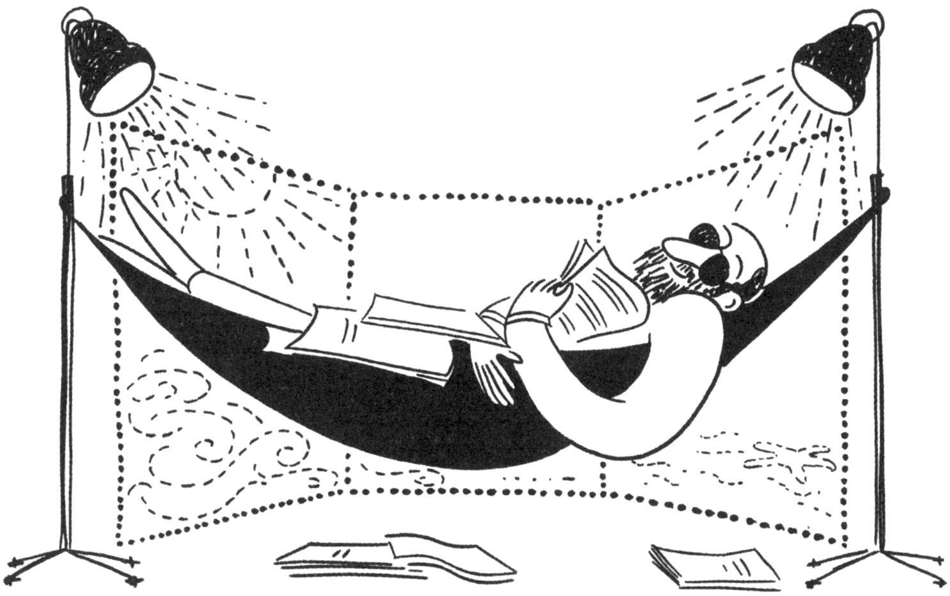

**ZADIG Dans quelles circonstances avez-vous découvert la Bourgogne ?**

K.M. Je la traversais chaque fois que j'allais à Marseille par l'autoroute, et je me disais toujours : « Qu'est-ce que c'est magnifique ! » Quand vous passez entre Avallon et Dijon, et même jusqu'à Mâcon, c'est vallonné, les haies de ronces sont taillées… Puis j'ai eu l'opportunité d'acquérir une exploitation, ce qui est très difficile dans le monde agricole. J'ai un numéro d'agriculteur et je suis devenu exploitant. Balbigny, dans le Forez de mon enfance, ressemblait déjà à la Bourgogne. J'y allais alors souvent à la ferme, parce que j'avais des copains qui en avaient une et j'adorais sortir les vaches le matin et les rentrer le soir. C'est un plaisir simple, l'agriculture. C'est beaucoup de travail, mais comme c'est ma deuxième activité, je n'ai pas les mêmes contraintes que les agriculteurs.

**ZADIG Imaginez-vous un jour y vivre et y travailler, comme le faisait Jean Gabin ?**

K.M. Oui, même si Gabin a eu des problèmes à la fin, car les agriculteurs lui reprochaient de ne pas louer certaines de ses terres[11] ! De mon côté, je m'efforce de faire les choses dans les règles de l'art. Le monde agricole est un milieu particulier dans lequel vous n'entrez pas facilement. Je me fais aider, je demande des conseils. Des paysans travaillent avec moi, j'essaie de m'intégrer le plus normalement possible. Pour reconstruire la ferme, je fais appel à des entreprises locales. Cette vieille ferme était abandonnée depuis 2018, mais les terres étaient toujours exploitées, donc j'ai gardé les exploitants. L'ironie du sort, pour moi qui ai interprété un directeur de bureau de poste dans *Bienvenue chez les Ch'tis*, c'est qu'il s'agit d'un ancien relais de poste. Il restait même de vieilles carrioles ! J'approche des 60 ans. Même si je ne parle pas de retraite, j'espère pouvoir profiter davantage de mon temps libre pour surveiller mon élevage, avec de l'aide évidemment. J'espère aussi profiter des moments importants, comme le vêlage… J'aime ce projet, c'est concret. Et ce n'est pas comme si j'avais acheté une maison à Saint-Tropez ! J'aurais pu, mais j'ai préféré cette ferme en Bourgogne. C'est beau et les gens sont adorables.

11. Le 20 avril 1964, près de sept cents paysans s'étaient réunis à 4 heures du matin devant sa propriété, La Pichonnière, pour protester contre les « cumuls » abusifs de terres, alors que de jeunes agriculteurs ne parvenaient pas à en acheter, et douze d'entre eux l'avaient tiré du lit après avoir coupé le fil du téléphone pour lui extorquer une promesse écrite de location. Magnanime, l'acteur retira finalement sa plainte contre eux.

# « Le métier d'acteur permet d'aller voir des choses que vous ne verriez jamais sinon »

**ZADIG Dans *Le Triomphe*[12], vous incarnez un comédien qui donne des cours de théâtre en prison. Aviez-vous envie de partager votre passion pour les planches dans cet espace qu'est la prison ?**

K.M. Cette idée vient du metteur en scène Emmanuel Courcol, qui m'a parlé de ce projet. J'ai rencontré le producteur aussi, Marc Bordure, d'Agat Films. J'ai adoré le scénario, et le fait que ce soit inspiré d'une histoire vraie[13]. Le théâtre est une de mes passions, et je vais d'ailleurs sans doute en refaire lors de la prochaine rentrée[14]. Jeune, j'ai commencé en jouant *Le Misanthrope*. Autant, à l'école, on n'a pas réussi à m'intéresser, autant là, une prof de théâtre, Jacqueline Duc, m'a transmis cette passion forte qui ne m'a jamais quitté. Faire entrer le théâtre – et plus particulièrement Beckett – en prison, avec cette histoire et cette troupe d'acteurs : tout était réuni pour aboutir à un film très réussi, avec peu de moyens. Dany Boon en a été le coproducteur, en apportant les sous qui manquaient. Son amitié a été très importante. Je m'étais déjà rendu en prison pour tourner le deuxième épisode de la première saison de *Baron noir*, à Lille-Loos-Sequedin, où il y a un quartier réservé aux prisonniers islamistes – on sentait qu'il valait mieux ne pas entrer dans ce bâtiment. J'avais donc déjà été confronté à des détenus, sans les avoir approchés.
Pour *Le Triomphe*, le réalisateur aurait souhaité que certains puissent faire un peu de figuration, mais on n'a pas obtenu l'autorisation, et c'était très délicat vis-à-vis des victimes et de leurs familles… Se retrouver en prison tous les jours, franchir toutes ces portes, avec ce bruit… C'était impressionnant. Mais ça nous a aidés pour tourner nos scènes. Et puis, surtout, il y a eu la rencontre avec cette troupe formidable, ces acteurs que tout le monde croyait être des détenus… C'était une belle aventure. Dommage qu'il soit sorti au mauvais moment[15]. Il y avait un vrai travail, c'était bien joué, avec de belles images, un message… Je trouve qu'il aurait pu être davantage salué ! Mais je suis un peu rancunier (*rires*).

**ZADIG Ce film a-t-il changé votre vision du milieu carcéral ?**

K.M. Tant que vous ne connaissez pas la prison, vous en avez une image complètement faussée. J'ai rencontré des détenus, lors d'une projection du film : on arrive dans une salle des fêtes, on déroule un vieil écran, on dispose un vieux projecteur, on s'installe sur des chaises de cantine, et les gars qui sont là vous regardent sans trop d'émotion… Puis, petit à petit, les questions fusent. C'est une société à part, qui suscite le respect et l'admiration. Comme les gardiens : voir la relation qu'ils avaient avec les détenus, les relations qu'ils avaient entre eux… Quant au directeur de la prison, il avait fait entrer la culture dans ses murs, avec une bibliothèque et de la musique… C'était fascinant. Ce n'est pas possible de juger les gens, vous les voyez dans un tel état de solitude, d'isolement, d'enfermement…

**ZADIG Cela amène à poser la question la légitimité de la prison : est-elle une solution ?**

K.M. Mais quelle est l'autre solution ? Évidemment, on aimerait bien qu'il y en ait une : quand on voit les détenus à leur sortie, ils n'ont pas l'air de mieux se porter. Je n'ai pas l'impression que la prison change vraiment les mentalités, c'est un milieu très violent. Quand on tournait, il y avait en permanence des alertes pour bagarres. Un groupe spécial était habilité à intervenir…
En tout cas, le métier d'acteur permet vraiment d'aller voir des choses que vous ne verriez jamais sinon : le milieu carcéral, le milieu politique, le milieu médical… C'est passionnant.

**ZADIG Vous est-il arrivé de jouer un rôle qui vous prend tellement que cela influe sur votre vie quotidienne ?**

K.M. Non, j'arrive à mettre de la distance. Le soir, je ferme le placard ! (*Il imite le geste.*)

12. Film d'Emmanuel Courcol sorti en 2020.

13. Celle du metteur en scène suédois Jan Jönson, qui entreprit dans les années 1980 de faire jouer par des prisonniers de la prison de Kumla *En attendant Godot*, de Beckett. Lors d'une tournée, certains s'évadèrent, expérience dont il tira un spectacle joué en Europe et aux États-Unis.

14. Voir p. 25.

15. En décembre 2020, en pleine crise du Covid.

16. L'humoriste et acteur principal du film *Marseille*, réalisé en 2016 par Kad Merad.

17. Le film narre l'histoire de Paolo, qui, contraint de revenir brièvement dans sa ville d'origine après vingt-cinq ans d'absence, la redécouvre sous un autre jour.

**ZADIG Quand vous êtes dans votre ferme en Bourgogne, êtes-vous un autre ?**

K.M. Je suis à la fois un autre et le même. J'ai plein d'envies. Avoir acheté cette exploitation m'a franchement donné celle de me mettre à l'élevage. J'ai besoin d'avoir des projets, de me projeter, c'est terrible... Je me demande, en ce moment, quelle race de mouton choisir : il faut faire avec un terrain pentu et humide à certains endroits ; certaines races peuvent développer la maladie du pied-de-mouton ; il faut déplacer très souvent les moutons, installer des clôtures particulières... C'est du boulot !

**ZADIG La géographie de la France vous intéresse-t-elle ?**

K.M. Je suis allé pratiquement dans tous les coins de France grâce à mon métier, et je suis toujours curieux et fasciné. J'aime aller à Strasbourg, par exemple, où on me parle allemand, où je découvre la cuisine, qui n'est pas la même au Pays basque, où on voit des plages avec des surfeurs... La richesse géographique de notre pays est fabuleuse ! J'ai découvert la Bretagne à l'occasion d'un tournage, et j'ai beaucoup aimé ses paysages découpés, sublimes. Et puis il y a Marseille, aussi, que nous avons déjà évoquée, cette ville qui gronde tout le temps... J'aimais beaucoup Marseille lorsque j'y vivais. Ça m'a fait de la peine de la quitter, mais j'en garde un tel souvenir que c'est dans ma tête et ça fait partie de ma vie. Dix ans là-bas, ça vous marque. C'est un lieu formidable, très cosmopolite, très vivant. Les soirs de match, la ville n'est plus la même, selon que l'OM gagne ou perd.

**ZADIG Vous alliez au stade Vélodrome voir jouer l'Olympique de Marseille ?**

K.M. Oui, avec mon ami Patrick Bosso[16], on y allait en scooter, on était en tribune présidentielle au côté du président du club – j'avais mon nom sur le siège. Il y avait une telle ambiance... J'ai même connu le stade avant qu'il ne soit transformé ! C'était ouvert au mistral, ce mistral qui rend fou. Et cette ville est folle comme le mistral ! Je n'ai pas pu assez en profiter. Il a fallu que je tourne le film *Marseille*[17] à Marseille, pour pouvoir habiter chez moi ! Mais j'ai toujours ma sœur là-bas.

Merci au *Tsuba Hôtel*,
45 rue des Acacias,
dans le 17e arrondissement à Paris,
où les photos ont été réalisées,
le 7 février 2023.

**ZADIG Y a-t-il d'autres endroits de France auxquels vous êtes attaché ?**

**K.M.** Lille, Dunkerque, que j'adore, Malo-les-Bains, sa grande plage et ses chars à voile… C'est un endroit simple, que j'aime beaucoup. Le climat est spécial, il bruine, il n'y a pas beaucoup de soleil, mais le soleil ils l'ont ailleurs, comme disait Enrico Macias ! (*Rires.*) Ça peut sembler cliché, mais les gens sont vraiment chaleureux, ils se retrouvent entre eux et c'est très agréable. J'ai tourné dans le Pays basque et j'apprécie vraiment la région de Biarritz, jusqu'à Biscarrosse même. La forêt des Landes est magnifique. Il y a la Corse également, cette belle île préservée, où on a tourné la série *Le Flambeau*[18] pour Canal+, un mois de novembre, sans touristes, quand les vaches descendent sur la plage… Il y a les montagnes, la mer, la Castagniccia[19], les petits villages où l'on voit des porcs noirs en plein milieu de la route… Mais j'ai choisi la Bourgogne, car je suis pratiquement au centre de la France. J'ai même vue sur le mont Blanc quand le temps est complètement dégagé. ♦

18. Série télévisée en neuf épisodes de Jonathan Cohen, Jérémie Galan et Florent Bernard, diffusée entre mai et juin 2022.

19. Région du nord-est de l'île, qui tire son nom des châtaigniers qui y poussent en grand nombre.

KAD MERAD est humoriste, acteur, réalisateur et scénariste. Après des débuts à la radio en 1991, où il forme un duo comique avec Olivier Baroux, il fait ses premiers pas à la télévision puis au cinéma, jusqu'à obtenir en 2007 le César du meilleur acteur dans un second rôle pour *Je vais bien, ne t'en fais pas*, de Philippe Lioret. Devenu une figure médiatique de premier plan avec son triomphe dans le rôle principal de *Bienvenue chez les Ch'tis,* de Dany Boon (2008), il passe en 2011 de l'autre côté de la caméra avec *Monsieur Papa*, et s'ouvre à un registre plus intimiste et dramatique, ainsi qu'à la série politique dans *Baron noir* (Ziad Doueiri, 2014). On le retrouve en 2022 dans *L'Année du requin* de Zoran et Ludovic Boukherma, et dans *Citoyen d'honneur* de Mohamed Hamidi, et plus récemment, dans *La Vie pour de vrai*, de Dany Boon, sorti le 19 avril.

CORENTIN FOHLEN est photographe indépendant. Il a couvert jusqu'en 2012 l'actualité internationale (guerre en Afghanistan, séisme en Haïti, révolutions arabes…) et nationale (notamment les élections présidentielles). Son travail documentaire au long cours sur Haïti a été récompensé en 2016 par le prix AFD-*Libération* du meilleur reportage. Il en a tiré les ouvrages *Haïti* et *Karnaval Jacmel* (Éditions Light Motiv). Il collabore régulièrement avec des titres comme le *New York Times* ou *Télérama*, et ses photographies sont diffusées par l'agence Divergence.

DEBORA SZPILMAN est une illustratrice indépendante brésilienne. Elle a notamment travaillé pour le couturier franco-tunisien Azzedine Alaïa, avant de se consacrer entièrement à l'illustration. Son trait aérien et empreint de poésie lui a valu d'être repérée par le *New York Times*, pour lequel elle travaille régulièrement.

# 5 COUPS DE ♥ DE KAD MERAD

©GALLICA/BNF

### UN CLASSIQUE DU THÉÂTRE : *RUY BLAS*, DE VICTOR HUGO (1838)

*« J'adore cette pièce. Je vais d'ailleurs la jouer en septembre, au théâtre Marigny, à partir du 26 septembre. Je serai Don César de Bazan, et Jacques Weber sera Don Salluste. »*

©APPLE TV

### LA SÉRIE QU'IL A DÉCOUVERTE : *BLACK BIRD* (2022, SUR APPLE TV)

*« C'est mon dernier coup de cœur. Il s'agit d'un huis clos entre deux personnages : un trafiquant de drogue et un tueur en série, en prison tous les deux. L'histoire est vraie. L'interprétation est géniale, en particulier celle de Paul Walter Hauser, qui effectue un grand travail d'acteur. Mais je voudrais évidemment citer aussi la série dans laquelle j'ai joué,* **Le Flambeau**, *sur Canal+, et la série* **Pamela Rose**, *que je suis en train de tourner avec Olivier Baroux, également pour Canal. »*

© DR

### LE LIVRE QU'IL RECOMMANDE *ADIEU BORDEL !* PAR JULIA VIGNALI (FLAMMARION, 2023)

*« C'est le nouveau livre de mon épouse, sous-titré :* **Comment gagner du temps, de l'argent et des moments de bonheur.** *»*

©PARAMOUNT

### LE FILM QU'IL VIENT DE VOIR : *BABYLON*, DE DAMIEN CHAZELLE (2022)

*« J'ai trouvé cette évocation du cinéma des années 1920 et des débuts d'Hollywood extraordinaire. Trois heures de bonheur ! »*

©LIBERTY FILMS

### UN CLASSIQUE DU CINÉMA : *LA VIE EST BELLE*, DE FRANK CAPRA (1946)

*« Il s'agit de mon "film de chevet", et c'est le film de Noël de tous les Américains (rires). Je pleure dès la première seconde. Il y a un mélange d'humour, d'émotion, de rêve, de fantastique... L'histoire est dingue et le pitch facile à dérouler : c'est l'histoire d'un homme extrêmement généreux dans la vie, qui passe son temps à faire du bien à tout le monde, mais un jour, en voulant défendre un de ses cousins qui a perdu de l'argent, il est menacé par un banquier et décide de se suicider. Au moment où il s'apprête à passer à l'acte, un ange apparaît et lui demande : "Veux-tu voir ce que serait la vie si tu n'avais pas existé ?" »*

# LE TRAIN

*une passion française*

*S'il a suscité des craintes au départ, le chemin de fer a très vite été plébiscité dans tout l'Hexagone, en mobilisant un extraordinaire imaginaire de voyages et de rencontres. Avant de connaître l'ivresse de la vitesse avec le TGV. Aujourd'hui, ses atouts écologiques font de nouveau du train un transport résolument moderne, adapté aux enjeux de notre époque.*

ENTRETIEN AVEC UN PASSIONNÉ

# FRANÇOIS SCHUITEN

Propos recueillis par Éric Fottorino

*Depuis l'enfance, les trains le font rêver. Il les dessine comme des êtres vivants qui nourrissent son imaginaire. Crayon à la main, l'auteur de BD et scénographe belge François Schuiten, qui signe la couverture de ce numéro de* Zadig, *ravive sans cesse cette passion à travers ses albums, mais aussi dans cet « opéra ferroviaire » qu'il a conçu en grand au musée Train World de Bruxelles. Un espace où le rail montre qu'il est une solution face à la crise environnementale et climatique.*

FRANÇOIS SCHUITEN est dessinateur de bande dessinée et scénariste belge. Après des études à l'Institut Saint-Luc, à Bruxelles, il publie à partir de 1972 ses premiers récits, en collaboration avec son frère aîné, Luc, dans la revue *Métal hurlant*. Auteur d'une œuvre ample marquée notamment par la série fantastique « Les Cités obscures », coréalisée avec Benoît Peeters (Casterman, 1983-2009), il reçoit en 2002 le Grand Prix de la ville d'Angoulême. Passionné par l'univers ferroviaire, il a publié en 2012 *La Douce*, l'histoire d'un machiniste proche de la retraite qui tente de préserver de la casse une locomotive à vapeur. Il a participé à la scénographie du musée Train World, ouvert depuis 2015 dans la gare de Schaerbeek, à Bruxelles, et est également le concepteur des stations de métro Arts et Métiers, à Paris, et Porte de Hal, à Bruxelles.

**ZADIG : QUAND AVEZ-VOUS RESSENTI L'IMAGINAIRE DU TRAIN ?**

**F.S. :** Dans mon enfance, au début des années 1960, des locomotives à vapeur passaient encore près de chez moi, aux alentours de Bruxelles. C'était une mise en scène unique et incroyable. J'éprouvais la force, le bruit, et la vapeur qui donnait l'impression d'un incendie en marche. Pour moi, une locomotive est un choc visuel, une émotion graphique. Comme dessinateur, je n'ai jamais arrêté d'en dessiner. C'est un plaisir, car, ce faisant, je les comprends. Le mécanisme exprime la fonction. Ce bonheur est amplifié par le cinéma et la peinture, celle de Turner ou de Monet, qui ont investi le ferroviaire. Je pense aussi aux designers, comme le Franco-Américain Raymond Loewy, qui a littéralement fuselé les locomotives dans les années 1930. Le ferroviaire est toujours un point de rencontre entre l'ingénierie et le talent visuel des dessinateurs et des designers.

**ZADIG : EN QUOI LE TRAIN A-T-IL PARTIE LIÉE AVEC JULES VERNE ?**

**F.S. :** Quand j'ai travaillé sur le musée Jules-Verne, à Amiens, j'ai été frappé de découvrir que l'endroit où il avait écrit tous ses romans était un espace exigu meublé de son lit et d'un petit bureau. C'était très émouvant de voir ce qu'il voyait par la fenêtre, et qui a été recouvert depuis : des voies de chemin de fer ! Il voyait sans cesse des locomotives aller et venir. Ce n'est pas du tout un hasard. Pendant qu'il écrit, il sent cette machine à voyager qui lui envoie une pulsation d'imaginaire. Je pense aussi au début de la *La Bête humaine* de Renoir, avec Gabin : la caméra donne le sentiment qu'on est au cœur du travail du mécano et du chauffeur ; on observe leur complicité silencieuse, tandis qu'on entend les bruits à bord, on ressent la vitesse ; puis, à l'arrivée dans la ville, le train entre tout en douceur. Me revient alors cette confidence d'un lecteur, quand j'ai publié en 2012 *La Douce*, qui me racontait que son père avait conduit autrefois une locomotive à vapeur. Je lui ai demandé de quoi celui-ci avait la nostalgie. Il a eu cette réponse formidable : « Mon père avait la nostalgie du vent. »

## ZADIG : VOUS PARLEZ D'ÉMERVEILLEMENT ET MÊME D'ENVOÛTEMENT. POURQUOI CES SENTIMENTS ?

**F.S. :** D'abord, le train a généré de l'inquiétude et des fantasmes. Comme pour les premières photographies de Nadar, avec lesquelles les gens craignaient qu'on n'enlève une couche de leur visage. Les premiers voyageurs redoutent d'être malades, de perdre l'équilibre. Mais très vite, ils vont réaliser le confort qu'il y a à bord. Dans la peur comme dans l'émerveillement, le train est une expérience fantastique. On voit défiler le paysage tout en étant confortablement assis. C'est très troublant à une époque où les voitures sont surtout tirées par des chevaux sur des chaussées chaotiques. Quel contraste frappant avec le déplacement paisible le long d'une ligne qu'offre le train, permettant de découvrir tranquillement les paysages. Cette émotion marque déjà l'histoire qui arrive. Le train va faire évoluer l'idée même de la géographie et notre conception de l'espace. Des villes se rapprochent, d'autres s'éloignent. Le Belge Georges Nagelmackers, le créateur de l'Orient-Express[1], fait bouger les frontières bien avant l'existence de l'Europe communautaire. On peut tirer beaucoup de leçons pour aujourd'hui d'un tel personnage.

## ZADIG : PAR EXEMPLE ?

**F.S. :** Outre l'attention portée au confort à bord, Nagelmackers nous offre des visions, de l'audace, vu les risques qu'il prend pour faire circuler ses trains, sans oublier l'ingéniosité qu'il eut à vouloir les doter d'un service d'hôtellerie de grand standing. Il pense ainsi une continuité du voyage, qu'il faudra réenvisager à notre tour en nous permettant d'intégrer plus encore le ferroviaire avec les voitures électriques et les vélos, car le train ne peut tout résoudre de la mobilité. Il faut une vision, une générosité, la pensée d'un système ouvert, avec des solutions qui se relient au train.

## ZADIG : POURQUOI NOTRE ÉPOQUE A-T-ELLE LONGTEMPS RELÉGUÉ LE TRAIN ?

**F.S. :** Le train a perdu en imaginaire, en images et en émotions. Quand on voyait ces conducteurs, chauffeurs et machinistes, à l'arrivée en gare, qui fumaient, le visage ruisselant de sueur et de suie, on levait la tête pour les regarder. On mesurait l'effort qu'ils avaient fourni. Il y avait de leur part une fierté, et de la nôtre une admiration. On a laissé se perdre cette fierté. Aujourd'hui, on voit sortir un petit monsieur par une petite porte étroite qui se noie parmi les passagers... On regarde seulement notre montre. Le train se réduit à aller vite et à arriver à l'heure. C'est dommage. Lorsque j'ai commencé à travailler sur le Train World de Bruxelles[2], mes interlocuteurs du ferroviaire ne parlaient que de leurs problèmes. Ils disaient : « On coûte trop cher, on nous reproche en permanence notre déficit, nos retards, la saleté des gares... » Ils recevaient les coups comme des boxeurs sur la défensive et s'étaient enfermés dans la gestion. Ils ne travaillaient plus sur l'imaginaire. Cette attitude a accentué la relation dégradée avec les passagers qui se concentraient sur les retards, la saleté, l'odeur nauséabonde des W.-C., etc. Les autorités ferroviaires ne leur offraient plus que ce qui était critiquable. Or notre réseau ferré européen est d'une densité remarquable : faire circuler autant de trains sur le continent est extraordinaire ! C'est un outil formidable, qui va nous aider dans les enjeux environnementaux de demain.

## ZADIG : COMMENT DÉFINIRIEZ-VOUS L'IMAGINAIRE DU TRAIN ?

**F.S. :** Je pense aux magnifiques fresques de la gare de Lyon, au-dessus des guichets. Elles sont déjà une façon de voyager. Ces gares anciennes sont les cathédrales du monde contemporain, des lieux porteurs d'élévation, de prouesses, d'ingénierie. Depuis, hélas, on a vu émerger des gares qui ne ressemblent pas à des gares, comme Montparnasse, ou les « gares betteraves », construites au milieu

1. Ingénieur civil et industriel, Georges Nagelmackers (1845-1905) a fondé en 1872 la Compagnie des wagons-lits et lancé en 1883 le grand express d'Orient, futur Orient-Express, qui relie alors Paris à Constantinople.

2. Le musée de la Société nationale des chemins de fer belges, situé à Schaerbeek, inauguré en 2015, avec une scénographie de François Schuiten.

de nulle part et d'une tristesse terrifiante. La grande vitesse a exacerbé ce phénomène. Puisqu'on refuse de ralentir, on laisse tomber des villes, ce qui a créé des frustrations.

**ZADIG : QU'AIMEZ-VOUS DESSINER DE CET UNIVERS FERROVIAIRE ?**

**F.S. :** Tout est amusant à dessiner. En Belgique, l'architecte, peintre et designer Henry Van de Velde a joué un rôle très important au sein de la Société nationale des chemins de fer belges (SNCB). Il a supervisé le dessin des voitures, des banquettes, il a dessiné des gares, inspiré la couleur des voitures, la beauté du logo… Cela montre combien les responsables du ferroviaire avaient conscience de la nécessité de travailler avec des artistes de talent, des visionnaires. La fameuse Type 12, que j'ai tant dessinée, était une collaboration franco-belge entre l'ingénieur belge Raoul Notesse et le designer français André Huet. Le ferroviaire est très prospectif, il travaille avec des artistes. Cette ambition s'est perdue, et les missions du ferroviaire se sont effilochées quand l'impératif de rentabilité s'est imposé.

**ZADIG : QU'AVEZ-VOUS VOULU MONTRER AU TRAIN WORLD DE BRUXELLES ? VOUS VOUS ÊTES NOTAMMENT BEAUCOUP INVESTI DANS L'EXPOSITION *ANIMALIA* SUR LES LIENS ENTRE BIODIVERSITÉ ET TRANSPORTS, QUI VA DURER JUSQU'EN NOVEMBRE.**

**F.S. :** On travaille avec le Giec et avec un sculpteur d'animaux. Deux notions se croisent : la perte de biodiversité et le changement climatique. Cohabitent un monde imaginaire, des girafes, des aras, des dauphins au-dessus de la Type 12 qui est exposée, avec un travail sur le son, sur la lumière et sur l'univers du train. Ce spectacle montre que ce moyen de transport peut vraiment nous aider à surmonter la crise environnementale que nous traversons. Les chiffres sont clairs : la surconsommation en carbone d'une voiture ou d'un avion, comparée à celle du train, est éloquente. Un espace a été prévu pour les animaux disparus, le dodo, le grand pingouin et un être minuscule, éteint récemment : le crapaud du Costa Rica. Posé sur une aiguille, très bien éclairée, c'est une petite tache jaune à côté d'énormes machines. Le projet est là : nous dire que nous sommes en train de briser toutes les chaînes du vivant de façon irréversible. Parce qu'il respecte la biodiversité, le train pourrait empêcher que des espèces disparaissent.
Quant au musée en lui-même, il m'a occupé pendant dix ans avant son ouverture en 2015. La Belgique a une très grande histoire ferroviaire. Il a fallu beaucoup se battre pour imposer l'idée de ce lieu : non pas un musée à connotation poussiéreuse, mais ce que j'ai appelé un « opéra ferroviaire », qui plonge les visiteurs dans le spectacle du train. Nous avons écrit un scénario scénographique très original pour eux, afin qu'ils se trouvent immergés dans la féerie du train.

*Page d'ouverture et ci-dessous :* François Schuiten chez lui, à Bruxelles, le 10 juin 2020. © KENZO TRIBOUILLARD / AFP

Cela dit, on a pu installer aussi un wagon de la déportation. Je craignais que les autorités le refusent, mais elles ont accepté. Quand j'en parlais à des responsables français, ils me disaient qu'ils ne le feraient jamais... Dans un film, on voit un wagon de déportés. Les portes qui se referment sont frappées du logo de la SNCB. Si on est capable de regarder cette réalité en face, on gagne en crédibilité quand on évoque les choses merveilleuses réalisées par ailleurs par la même entreprise. J'ai également voulu un pont. Je l'ai obtenu grâce à la complicité des cheminots qui sont fiers de leur métier.

*Ci-dessus :*
Dessin d'un boggie, par François Schuiten.

### ZADIG : QU'EST-CE QUE L'ESPRIT CHEMINOT ?

**F.S. :** On ne réalise pas la fierté qu'il y avait à entrer dans cette famille. Le mot famille est approprié : on y entrait de père en fils, on allait sur des lieux de vacances de cheminots... Dans les amicales d'anciens, je rencontre des gens fiers, passionnés et passionnants. Certains sont si attachés aux machines qu'ils rachètent des locomotives. Ils les astiquent et les rénovent dans des dépôts qu'ils louent à bas prix. Un jour, un cheminot me montrait celle qu'il avait acquise, puis, à côté, la même, qu'il avait aussi rachetée : « Je n'ai pas pu m'en empêcher ! » m'a-t-il avoué. Même au prix de la ferraille, c'est beaucoup d'argent ! Il passait tous ses week-ends à s'en occuper. La solidarité et la passion, voilà l'esprit cheminot. Cet attachement à la machine qui véhicule du rêve. Ils l'ont en eux ce rêve. Ils ont des étoiles dans les yeux. C'est cette fierté qu'il faudrait réinventer.

### ZADIG : VOUS PARLEZ PARFOIS DE RÉTROFUTURISME... COMMENT LE PASSÉ DU TRAIN PARLE-T-IL À L'AVENIR ?

**F.S. :** D'abord, voyez la qualité des affiches anciennes, qui donnaient envie de voyager ! Dans le TEE, le Trans-Europe-Express, créé en 1957, disparu au milieu des années 1980[3], de vrais tableaux étaient accrochés, pas des reproductions. Il existe encore quatre tableaux de Paul Delvaux[4] intacts. Ils n'ont jamais été volés. Les responsables ferroviaires sollicitaient les meilleurs. L'ambition était de créer un musée sur rails. Dans ce TEE, on mangeait très bien, les serveurs se déplaçaient avec beaucoup d'aisance. Cela montrait une ambition de savoir-vivre. Les affiches de trains de nuit étaient gracieuses, très graphiques. On a perdu tout cela. Les livrées des trains, leurs couleurs, sont souvent devenues épouvantables, avec parfois des pubs et des logos ignobles... Or ce n'est pas cher de faire du beau. Le train était traversé par des imaginaires et des récits puissants. Nous disposons aujourd'hui de moyens extraordinaires pour faire en sorte que tout cela n'appartienne pas au passé.

### ZADIG : COMMENT RÉVEILLER CET IMAGINAIRE ? DANS VOS PLANCHES, ON PEUT DÉCOUVRIR DES BULLES DE SILENCE...

**F.S. :** Certains trains suisses montrent comment on peut profiter du paysage. Je me dis souvent qu'on ne prête plus attention aux entrées des trains dans l'intimité des villes. On pourrait imaginer des sons et lumières... Il faut d'abord donner une identité aux lignes. Jadis, les trains avaient des noms : le Train bleu, l'Étoile du Nord[5]... Certains avaient des coiffeurs à bord, des voitures-cinémas. Le Paris-Brest est devenu le nom un gâteau. Il faudrait donner le sentiment au voyageur qu'il ne prend pas seulement un train, mais qu'il goûte un morceau de pays, de région, de rêve. On pourrait attendre une créativité culinaire propre au lieu de destination, des sons reconnaissables, spécifiques à chaque train, une définition musicale subtile,

3. Créé après-guerre pour remplacer les grands trains express européens, vétustes et dégradés, le TEE était un service de transport de prestige, exclusivement 1re classe.

4. Marqué par l'expressionnisme puis le surréalisme belge, Paul Delvaux (1897-1994) était passionné par l'imaginaire du rail, qu'il réinvestissait dans le monde onirique de sa peinture.

5. Reliant respectivement Calais à Vintimille, et Paris à Amsterdam.

un éclairage. Tout ce qui mettrait en scène l'entrée et la sortie du train devrait être pensé. Ce ne serait pas onéreux et on ferait rêver. On a tout banalisé.
Les régions françaises sont aussi tellement belles : la circulation ferroviaire est le moyen idéal de découvrir cette beauté que l'on traverse. Au lieu d'être obsédés par la vitesse, on pourrait imaginer que le train ralentisse, que les vitres deviennent plus transparentes et informent sur les endroits remarquables à côté desquels on passe. Il faudrait rouvrir tous nos sens.
D'ailleurs, le rapport au temps change. On veut profiter différemment du voyage. Qu'un nombre croissant de voyageurs optent pour le train de préférence à l'avion est formidable. Ils sont prêts à prendre du temps. À accepter un autre temps. Le train n'ira pas plus vite, ce n'est ni possible ni souhaitable. Alors, comment relever la tête de nos smartphones et de nos écrans ? En donnant à vivre des émotions qui ne peuvent venir que du lien rétabli avec les régions traversées. Il faut faire à nouveau entrer les paysages traversés dans les trains, qu'on se sente partie prenante de leur beauté, qu'on puisse s'y immerger. Les gens sont prêts à cela, aujourd'hui, les jeunes en particulier. Les temps ont changé, le vent a tourné, le ferroviaire l'a en poupe. La France vient d'annoncer un budget colossal pour les trains régionaux et le maintien du réseau[6]. C'est la solution évidente, mais cela va prendre dix ans...

### ZADIG : COMMENT AIMERIEZ-VOUS QU'ON REGARDE LE TRAIN AUJOURD'HUI ?

**F.S. :** Je rêve de faire une exposition sur les trains pendant la guerre, car le lien que représente le train en Ukraine est extraordinaire pour les gens, pour les soldats. C'est un fil humain qui leur donne espoir et qui est porteur de vie. Les cheminots ont été de grands résistants. C'est un sujet difficile mais magnifique. Il est magnifique aussi de voir qu'en période de crise – guerre ou défi climatique –, le train réapparaît brusquement. Ce n'est pas un hasard : cela dit combien nous sommes reliés. Le train a certes été un facteur d'expansion économique et d'industrialisation, et donc un vecteur d'un monde capitaliste écrasant. Toutefois, n'oublions pas le symbole des trains ouvriers des congés payés de 1936, le train des vacances. Ce moyen de transport a cristallisé tout un ensemble de rêves. Il ne faut pas le laisser se banaliser dans un placard. Il doit rester au cœur même de notre imaginaire.

### ZADIG : VOUS ÊTES FASCINÉ PAR LES NOUVELLES TECHNOLOGIES DU TRAIN, NOTAMMENT PAR LE RÔLE DES BOGGIES, CES CHARIOTS À ROUES PLACÉS SOUS LA CAISSE DES WAGONS... POURQUOI ?

**F.S. :** Les boggies deviennent de plus en plus intelligents. Ce sont des sommets de technologie. Ils sont le cœur même du train. Ils lui permettent de s'incliner sur les voies quand il roule très lentement. En réalité, la locomotive n'est plus ce qu'on croit, elle ne tire plus les wagons et bientôt il n'y aura plus de conducteur, mais un chef de train. Tous les boggies vont prendre l'ascendant. Là se concentre le talent des ingénieurs. On avait coutume d'employer l'expression : « Untel est la locomotive du projet », eh bien, c'est fini ! L'image de la locomotive qui ne tire plus les wagons m'intéresse au regard de la société en général, où on aime avoir un chef. Le train nous apprend que ce n'est peut-être pas le bon modèle, et que chaque boggie est important. Qu'ils communiquent entre eux : si l'un s'incline, les autres « savent » qu'ils doivent s'incliner aussi. Dans un train, les boggies sont tous acteurs. D'une certaine manière, le train nous donne un modèle de société. ⧫

6. Élisabeth Borne a annoncé le 24 février dernier un ambitieux plan ferroviaire de 100 milliards d'euros d'ici à 2040, dont une grande part sera consacrée à des trains régionaux d'un type proche des RER parisiens.

# LE (*grand*) RÉCIT

**PAR XAVIER MAUDUIT**

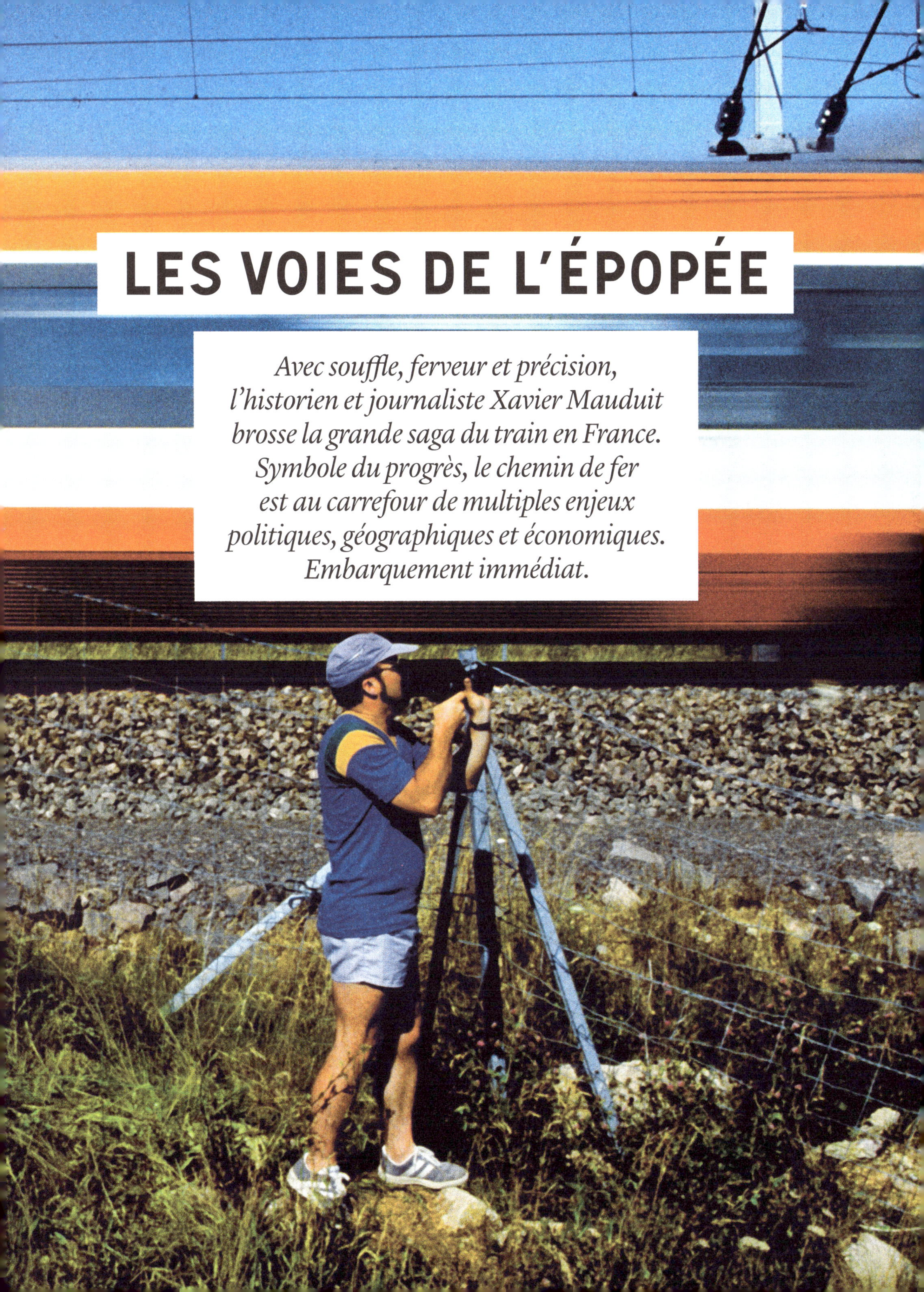

# LES VOIES DE L'ÉPOPÉE

*Avec souffle, ferveur et précision, l'historien et journaliste Xavier Mauduit brosse la grande saga du train en France. Symbole du progrès, le chemin de fer est au carrefour de multiples enjeux politiques, géographiques et économiques. Embarquement immédiat.*

*Page d'ouverture :*
Le passage du TGV, en juin 1986.
© PATRICK ZACHMANN / MAGNUM PHOTO

*Ci-dessus :*
Marquage au sol du kilomètre zéro, en référence à l'origine de la ligne Paris-Strasbourg de 1849, gare de l'Est à Paris.
© ALAMY

DANS L'HISTOIRE DU RAIL, le chemin précède le train. Passage après passage, les chariots laissent des traces qui forment des ornières. Parfois, des sillons parallèles sont creusés par l'homme afin d'imposer une direction aux roues. L'idée est ancienne, antique, médiévale, mais ces ornières sont vite comblées par de la terre, de la boue, des feuilles mortes. Au lieu d'être creuses, ne pourrait-on alors les rendre saillantes, grâce à des éléments en bois ou, mieux... en métal ? Et, afin que les deux lignes demeurent parallèles, les relier par des traverses de bois, appelées longuerines ou longrines – un mot emprunté à la Marine ?

C'est ainsi que, bien avant la locomotive, naît le chemin de fer, qui permet de transporter de lourdes charges sur des wagons, dans les mines ou dans les forges. Mine de rien, c'est là que se forge le mythe ferroviaire, dans les bassins houillers d'Angleterre, puis de France. Dans un mémoire paru en janvier 1787, le naturaliste Jean-Claude de La Métherie présente les forges royales établies au Creusot, en Bourgogne : « Les fourneaux & les forges sont situés à trois à quatre cens toises des puits d'extraction du charbon. Ce combustible est transporté de la mine sur une plate-forme dans des chariots qui roulent sur des chemins de fer. Pour les construire, on commence par approprier le terrein *(sic)* de manière à donner une pente de quatre à six lignes par toises. La pente est inclinée des puits à la fonderie, afin que les chariots descendent toujours à charge, & montent quand ils sont vuides *(sic)*. »

**L'ASSOCIATION DE LA MACHINE À VAPEUR ET DU CHEMIN DE FER EST LE MOTEUR DE LA PREMIÈRE INDUSTRIALISATION**

La force humaine ou animale est mobilisée pour déplacer les wagons sur le chemin de fer. Par une ordonnance du 26 février 1823, le roi Louis XVIII accorde une concession perpétuelle pour l'exploitation d'une ligne de chemin de fer entre Saint-Étienne et Andrézieux. Cette première ligne française est à traction hippomobile, mais elle est déjà prête pour accueillir une machine à vapeur dont les premiers essais permettent l'ouverture de la ligne entre Stockton-on-Tees et Darlington, au nord-est de l'Angleterre, en septembre 1825. Elle transporte des voyageurs : ce n'est pas banal, car jusqu'alors, les humains n'avaient

**26 février 1823**
Sur ordonnance de Louis XVIII, une ligne de chemin de fer fait pour la première fois l'objet d'une concession. Longue de 21 kilomètres et reliant Saint-Étienne à Andrézieux, elle permet de transporter, grâce à des wagons tirés par des chevaux, le charbon jusqu'à la Loire. Mise en service le 30 juin 1827, c'est la première ligne d'Europe continentale.

que leurs jambes ou celles d'un animal pour se déplacer sur terre.

En 1835, la sixième édition du *Dictionnaire de l'Académie française* accueille une nouvelle expression, « chemin de fer », un « chemin dont la voie est formée par deux lignes parallèles de barres de fer ou de fonte scellées dans des soubassements de pierre, et sur lesquelles des chariots garnis de roues de fonte roulent avec très peu de frottement, de manière à économiser la force motrice ». C'est aussi en 1835 que les frères Pereire obtiennent une concession pour l'exploitation d'une ligne entre Paris et Saint-Germain-en-Laye, inaugurée deux ans plus tard. L'association de la machine à vapeur et du rail est une avancée considérable, moteur de la première industrialisation. Toutefois, c'est bien la marque des origines qui demeurent dans les expressions « chemin de fer » et « voie ferrée » – avec le mythe du progrès dont elles sont porteuses.

Le 14 juin 1836, à l'occasion du vote de la loi sur les chemins de fer de Paris à Versailles, le célèbre astronome, physicien et député François Arago évoque la question des tunnels par lesquels doit passer la voie ferrée : on y rencontrera, dit-il, « une température de huit degrés Réaumur *[10 °C]*, en venant d'en subir une de quarante ou quarante-cinq degrés. J'affirme sans hésiter que dans ce passage subit les personnes sujettes à la transpiration

*Ci-dessus :*
Wagons tractés par des chevaux sur le chemin de fer de Lyon à Saint-Étienne, au milieu du XIXe siècle. Lithographie de Godefroy Engelmann.


**24 août 1837**
Inauguration de la ligne entre Paris et Saint-Germain-en-Laye, première de France à être conçue uniquement pour le transport de voyageurs et exploitée avec des locomotives à vapeur.

**8 mai 1842**
Un train en double traction reliant Versailles à Paris déraille à Meudon et fait officiellement 55 morts et plus de 150 blessés.

seront incommodées, qu'elles gagneront des fluxions de poitrine, des pleurésies, des catarrhes ». Arago se réfère aux travaux du physicien Dionysius Lardner, professeur à l'Université de Londres, qui s'interroge au même moment sur le risque d'asphyxie dans les tunnels ferroviaires. Aujourd'hui, ces réflexions prêtent à sourire, mais leur portée sera de toute façon nulle face à l'immense succès du train ; elles ne représentent rien dans l'impressionnante littérature suscitée par le chemin de fer. Elles ne sont pourtant pas illégitimes, car il est raisonnable de s'interroger face à l'inconnu.

de l'investissement ferroviaire et que son discours du 14 juin 1836 s'inscrit dans un échange d'arguments pour choisir le parcours de la future voie. La peur des écarts de température entre l'extérieur et l'intérieur du tunnel, celle d'une asphyxie provoquée par la fumée de la locomotive, ou celle de l'explosion du corps humain à haute vitesse sont certes fantasmées, mais ces questions méritaient peut-être d'être posées.

S'il est en tout cas une crainte bien légitime, c'est celle de l'accident, inhérent au progrès mécanique. À propos du risque d'explosion de la locomotive, Arago consi-

**LE TRAIN EST POLITIQUE, INTIMEMENT LIÉ AUX STRATÉGIES ÉCONOMIQUES ET DIPLOMATIQUES**

Dans un livre paru en 2012, *L'Apocalypse joyeuse : une histoire du risque technologique*, l'historien Jean-Baptiste Fressoz explique comment a pu être invoquée, pour prévenir toute critique de l'industrialisation débridée, l'idée que le « progrès » se serait toujours heurté à des peurs anciennes – un mythe construit a posteriori, l'existence de ces peurs passées étant souvent inventée. L'expression d'une crainte personnelle liée à un contexte particulier, comme celle d'Arago, est présentée de manière déformée comme la preuve qu'était répandue une peur collective face aux avancées technologiques. Dans le cas de François Arago, c'est oublier qu'il fut par ailleurs un défenseur

dère qu'il ne s'agit pas d'un grand danger, le jugeant moindre que l'explosion d'une machine ordinaire. Cependant, il existe d'autres sources d'accidents... Après avoir exploré l'Antarctique à bord de *L'Astrolabe* – nommant à cette occasion la terre Adélie en l'honneur de son épouse –, le contre-amiral Jules Dumont d'Urville effectue un voyage a priori moins périlleux : en mai 1842, il se rend de Versailles à Paris, en train. Mais le trajet est écourté par un déraillement suivi d'un incendie, une catastrophe qui provoque des dizaines de victimes, dont Jules et Adélie Dumont d'Urville. Les accidents de train terrifient, ils sont commentés dans la presse et à la

Chambre des députés : « L'émotion a été très grande dans Paris pendant la journée d'hier par suite de l'effroyable accident du chemin de fer de Versailles, rapporte la *Gazette de France* le 11 mai 1842 ; les images du désastre étaient, pour ainsi dire, au milieu de nous ; on apportait les cadavres et les blessés ; la cruelle anxiété des familles qui cherchaient dans ces débris humains la certitude matérielle des malheurs qu'elles déploraient, le désespoir, les larmes des parents et des amis, la consternation universelle... » Ces drames ne remettent cependant pas en cause le développement ferroviaire, comme le précise le même journal : « Les esprits positifs veulent tirer de cet immense malheur des améliorations dans la construction et la surveillance des chemins de fer. »

En 1835, le chemin de fer n'est qu'un « joujou pour amuser les Parisiens », selon Adolphe Thiers. Le jeu prend toutefois fin en février 1848, quand une révolution renverse la monarchie de Juillet, faisant de Thiers son dernier président du Conseil. La République est proclamée, et arrivent, sans retard, les usages politiques de la voie ferrée. Élu président de la République en décembre 1848, Louis-Napoléon Bonaparte – le neveu de l'autre – multiplie les inaugurations de gares. Ce sont autant d'occasions de visiter le pays et de rencontrer la population, pour lui qui a passé de longues années en exil ou en prison. Grâce au chemin fer, il associe l'idée de progrès et de prospérité à son mandat. Le 5 septembre 1849, le président se rend en Champagne et il prononce un discours pour l'arrivée du chemin de fer à Épernay, sur la ligne qui doit relier Paris à Strasbourg : « L'inauguration du chemin de fer de Paris à Strasbourg est à mes yeux un événement important à cause des lieux qu'il traverse. En effet, en voyant Château-Thierry, La Ferté, Épernay, on se retrace les dernières et héroïques luttes de l'Empire contre l'Europe coalisée ; et je me suis dit que si ce chemin de fer eût existé à cette époque, si l'empereur Napoléon eût connu la vapeur, jamais nous n'aurions vu les étrangers envahir la capitale de la France. Honneur donc aux chemins de fer ! puisque dans la paix ils développent la prospérité commerciale, et que pendant la guerre ils concourent à fortifier l'indépendance de la patrie. »

Le train est politique, intimement lié aux stratégies économiques et diplomatiques. Il est aussi porteur d'apparat : devenu empereur, Napoléon III se voit offrir par la Compagnie du chemin de fer de Paris à Orléans un train, décoré par l'architecte Eugène Viollet-le-Duc. Le faste impérial va bon train et traverse la France. Dans le même temps, au début des années 1860, Victor-Emmanuel II, roi d'Italie, rechigne à emprunter ce moyen

*Ci-dessous :*
La voiture n° 6, dite « Salon des aides de camp », construite en 1856 pour Napoléon III par l'ingénieur en chef Camille Polonceau et aménagée par Eugène Viollet-le-Duc.
© NICOLAS MUGUET / CITÉ DU TRAIN - PATRIMOINE SNCF

**LE CHEMIN DE FER N'EST QU'UN « JOUJOU POUR AMUSER LES PARISIENS », SELON ADOLPHE THIERS**

*Ci-contre :* Reconstitution du premier voyage sur le chemin de fer reliant Paris à Saint-Germain-en-Laye, dans les Yvelines, vers 1925.

*Ci-dessus :*
Les représentants britanniques et français juste après la signature de l'armistice à Rethondes, le 11 novembre 1918. Au premier rang : l'amiral Hope, le général Weygand, l'amiral Wemyss, le maréchal Foch et le capitaine de la Royal Navy Marriott.



de transport, peu digne, selon lui, d'un souverain. Le contraste est frappant : du côté français, confiant dans la solidité de son régime, Napoléon III inscrit le pouvoir, à travers le train, dans la lignée de l'évolution de la société, dans l'innovation ; du côté italien, dans le contexte d'un pays luttant encore pour son unité, le choix est celui des traditions hippomobiles, avec des calèches, des daumonts, des fiacres.

Le train est militaire aussi, avec des convois qui partent vers le front pendant la Première Guerre mondiale. C'est d'ailleurs dans un wagon que, le 11 novembre 1918, est signé l'armistice, dans la clairière de Rethondes : la forêt de Compiègne accueille un wagon-restaurant spécialement aménagé pour l'occasion.

Le train présidentiel est porteur de prestige, encore faut-il ne pas en tomber. Le 23 mai 1920, le président Paul Deschanel se rend à Montbrison, dans la Loire, afin d'inaugurer la statue d'un aviateur mort au combat pendant la guerre. À Montargis, il passe par la fenêtre, sans doute surpris par l'ouverture à guillotine : le couperet tombe, le président est moqué. Excepté cette chute intempestive, les chefs d'État manient avec adresse l'exposition de leur personne au plus près du chemin de fer.

Les compagnies ferroviaires, alors privées et concurrentes, se partagent le réseau. L'aventure industrielle et financière est

**11 juin 1842**
La loi relative à l'établissement de grandes lignes de chemin de fer reprend le schéma du réseau ferroviaire en étoile, autour de Paris, théorisé par l'ingénieur Alexis Legrand en 1838, qui vise à relier la capitale au Nord-Est, à la Manche, à l'Atlantique et à la Méditerranée.

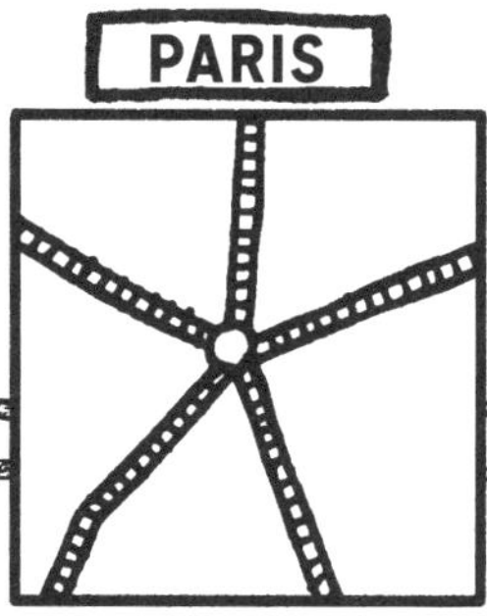

belle – et bielle –, à la recherche du profit. Elle devient politique et sociale quand est créée en 1937 la Société nationale des chemins de fer français, la SNCF, qui regroupe les compagnies françaises, et dont l'État détient la majorité du capital. Celle-ci jouera durant la Seconde Guerre mondiale un rôle essentiel, entre les horreurs de la déportation et la résistance cheminote illustrée dans *La Bataille du rail*, le film de René Clément sorti en 1946.

L'histoire du chemin de fer est riche, complexe, contrastée. C'est celle des fortunes industrielles et des investissements colossaux ; c'est aussi celle des combats sociaux et des luttes syndicales. L'innovation et le progrès subissent la patine du temps, et peu à peu le chemin de fer est accusé d'être le « secteur malade de l'économie », concurrencé par la route, l'autoroute, et le ciel. Concurrencé aussi par des décisions politiques et des choix économiques. Le 12 novembre 1969, le journal *Combat* rappelle que « le service public se substitue au secteur privé là où il existe des fonctions économiques vitales que le marché classique ne peut remplir parce que les investissements nécessaires sont trop importants, les risques financiers trop grands, et qu'il n'y a pas de perspective de profit à court terme. C'est ce qui s'est passé dans le domaine ferroviaire ».

Cette association de la prospérité du pays et de l'amélioration du réseau ferroviaire se retrouve le 22 septembre 1981, quand François Mitterrand, élu président de la République quelques mois plus tôt, se rend à Montchanin, entre Montceau-les-Mines et Le Creusot, pour inaugurer la ligne à grande vitesse qui relie désormais Paris à Lyon. Le président sait de quoi il parle. Il est le petit-fils d'un chef de gare et son père fut un temps employé à la Compagnie du chemin de fer de Paris à Orléans. Ce jour-là, Mitterrand déclare : « Moyen de transport remarquable, parfaitement adapté aux besoins de déplacements dans la gamme des distances intermédiaires, le TGV représente, c'est ce qui doit être sans cesse rappelé, une grande

*Ci-dessous :*
Scène de sabotage par des cheminots résistants, dans le film de René Clément, *La Bataille du rail*, sorti en 1946.

**4 octobre 1883**
Lancement de l'Express d'Orient, qui relie la gare de Paris-Est à Istanbul, en passant par Munich, Vienne et Budapest. Ce « train-hôtel », qui prendra le nom d'Orient-Express à partir de 1891, se compose de voitures-salons, de voitures-lits et de voitures-restaurants.

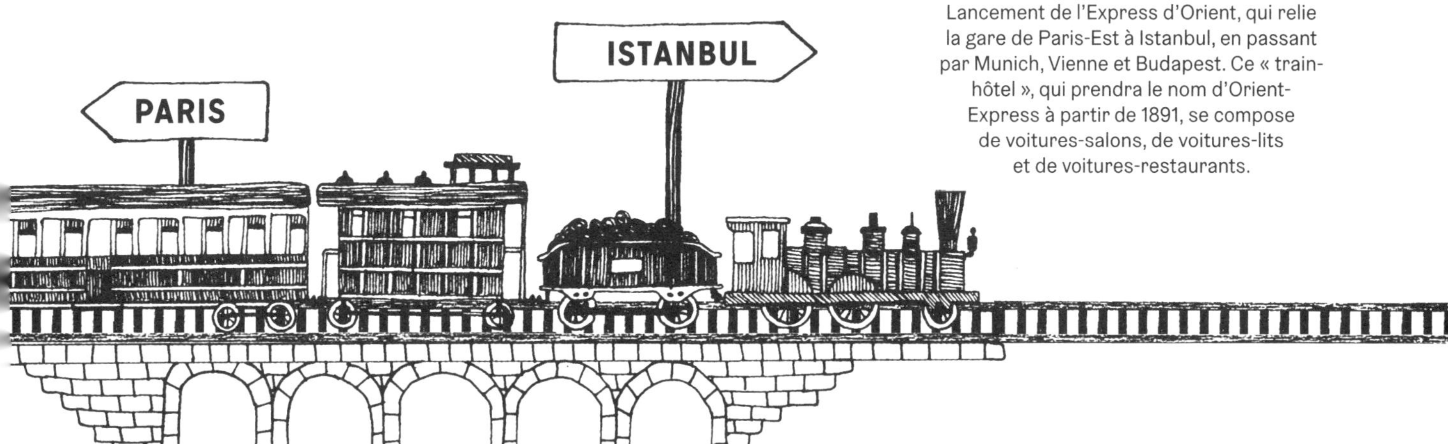

**14 mars 1891**
Une loi imposant l'uniformisation de l'heure sur l'ensemble du territoire français et en Algérie est votée pour faciliter l'exploitation des trains. L'heure parisienne devient la référence.

**1938**
Entrée en vigueur de la convention du 31 août 1937 portant création de la Société nationale des chemins de fer (SNCF), qui reprend l'actif et le personnel des grands réseaux privés et publics. Elle est organisée en cinq branches : Est, Nord, Ouest, Sud-Ouest, Sud-Est.

**LE TRAIN EST UNE IMAGE RÉDUITE DE LA SOCIÉTÉ, AVEC SES PREMIÈRE, DEUXIÈME, TROISIÈME CLASSES**

réalisation technique, une étape de plus dans la recherche par l'homme de son propre dépassement, un signe pour le monde entier que la France entend demeurer une grande nation innovatrice, bien placée dans la course aux technologies de pointe. » Il rend hommage aux décisions prises avant son élection car, bien souvent, la personnalité qui bénéficie de l'aura que procure une inauguration n'est pas celle qui a lancé le projet. La temporalité de l'investissement ferroviaire n'est pas celle de la vie politique. François Mitterrand associe à son hommage des « milliers d'ouvriers, de terrassiers, de techniciens, d'ingénieurs », car l'histoire du chemin de fer n'est pas seulement celle d'innovations techniques ; c'est aussi une histoire incarnée par des hommes et des femmes qui participent à la grande aventure.

Le train est une image réduite de la société, avec ses première, deuxième, troisième et pourquoi pas quatrième classes ; avec ses contrôleurs, avec son conducteur qui conduit et son chauffeur qui alimente la chaudière en charbon. La lecture sociale d'un monde ferroviaire à toute vitesse se retrouve dans les caricatures d'Honoré Daumier qui, au milieu du XIX^e^ siècle, s'amuse dans *Le Train de plaisir* de la promiscuité imposée par l'étroitesse des wagons, où se trouvent soulignés certains contrastes sociaux : « Quand après dix assauts infructueux on arrive enfin à conquérir une place dans un wagon on éprouve un premier et bien vif plaisir », peut-on lire sous ce dessin de 1864. Plus d'un siècle plus tard, le train est toujours, et même plus que jamais, la synthèse de la société, voire de l'humanité, dans la bande dessinée *Le Transperceneige* de Jacques Lob et Jean-Marc Rochette, publiée en 1982 et adaptée en film par Bong Joon-ho en 2013, sous le titre *Snowpiercer* : on y découvre ce qu'il reste de l'humanité entassé dans un train lancé à toute allure autour du monde, fendant sans s'arrêter la glace qui a recouvert la terre d'un hiver perpétuel ; à bord, les dominants vivent à l'avant dans le luxe, tandis que la société se décline jusqu'à l'arrière du train, où les passagers sont réduits à la misère.

L'image de ces puissantes locomotives crachant leur vapeur, symbole de l'industrialisation lancée à toute vitesse dans un monde qu'elle transforme, a très tôt fasciné. Dès 1844, le peintre anglais William Turner prend pour modèle un pont ferroviaire construit quelques années plus tôt à une cinquantaine de kilomètres à l'ouest de Londres, le Maidenhead Railway Bridge. Il y place une locomotive qui traverse le tableau sous un ciel lourd : *Rain, Steam and Speed : The Great Western Railway* met en avant la pluie, la vapeur et la vitesse. Le sujet de ce tableau est éloigné de ceux que retiennent d'ordinaire les genres de prestige que sont les scènes historiques, religieuses ou les portraits. En 1853, Gustave Planche présente Turner dans ses *Portraits d'artistes* et s'interroge sur son style peu académique : « Est-ce à dire qu'il faille nier le mérite de Turner, ou dédaigner la popularité acquise à son nom ? Faudra-t-il ranger le succès de ses ouvrages parmi les innombrables bévues que la mode enregistre chaque jour, et que le bon sens répudie avec un mépris impitoyable ? Non pas, vraiment. » Gustave Planche voit chez Turner une innovation qui n'a d'égale que celle de l'industrialisation : « Pour atteindre à cette fécondité, il a fallu autre chose qu'un talent mécanique, quoique, à vrai dire, il y ait dans toutes ces productions une main infernale. Ce que James Watt a fait pour les machines à vapeur, Turner l'a fait pour le paysage. »

Il aura suffi de quelques années pour que le chemin de fer s'impose dans le transport des marchandises et du charbon, mais aussi dans celui des voyageurs – qui parfois vont au charbon. Il s'est inscrit rapidement dans le quotidien, avant de gagner l'histoire de l'art. C'est à lui que nous devons, indirectement, l'école de Barbizon, avec ses paysages forestiers du côté de Fontainebleau. Chez ces peintres, pas de trains sur la toile, il est vrai : face à un monde en pleine transformation, le regard de l'artiste se porte vers des paysages vierges de l'industrialisation, comme un idéal de nature épargnée. C'est pourquoi il quitte l'atelier afin de peindre en plein air, une nouveauté. Toutefois, pour se rendre à Barbizon, quoi de mieux que le train ? La presse s'amuse de ces artistes citadins à

*Ci-dessous :* Le président de la République François Mitterrand inaugure la première ligne de TGV Paris-Lyon, le 23 septembre 1981, en compagnie du ministre des Transports Charles Fiterman.

la recherche d'une nature qu'ils connaissent peu, qu'ils fantasment, comme dans *Le Figaro*, le 13 janvier 1859 : « Deux paysagistes sont en train de croquer un site aux environs de Barbizon. Passe un troupeau de moutons sans nombre avec des bêlements sans fin. Les deux artistes mettent palette bas. Sacrebleu, dit l'un, que c'est ennuyeux. L'autre, qui est plus exaspéré encore : ennuyeux est faible. C'est embê...lant ! » L'histoire ferroviaire s'écrit aussi avec des animaux, et pas seulement des vaches qui regardent passer les trains.

La vapeur des locomotives participe des manifestations atmosphériques qui fascinent les impressionnistes. Monet voit passer *Le Train dans la neige* à Argenteuil en 1875, une ville qu'il quitte pour Paris, où il installe deux ans plus tard son chevalet dans la gare Saint-Lazare. Ce sont les transformations du monde qu'il magnifie sur la toile, avec les structures en métal et en verre de la gare, la silhouette de la locomotive et la légèreté envahissante de la vapeur.

Le chemin de fer permet de se rendre à moindre coût, et sans perdre de temps, sur la côte normande, là où les peintres se régalent des lumières changeantes. Le même train qui transporte les impressionnistes conduit les mondains dans les stations balnéaires, telle Deauville, créée sous le Second Empire. Dans *Voyageons*, le malicieux Tristan Bernard se souvient en 1933 d'un périple dans la chaleur du mois d'août. Il quitte Deauville pour Paris et, dans son compartiment de six places, s'installent deux voyageurs dont il écoute la conversation : « J'ai quitté Deauville précipitamment, parce que je savais que j'allais faire une grande bêtise... Je l'aurais commise fatalement. J'ai couru à mon hôtel aussitôt après avoir quitté... après avoir quitté cette personne. J'ai réglé ma note en toute hâte (avec des pourboires trop élevés) et je me suis fait conduire au chemin de fer. Je n'ai même pas voulu m'arrêter dix minutes pour déjeuner. D'ailleurs, je trouverai bien de quoi manger dans le train », explique l'un des voyageurs agité à son ami attentif. Arrivé à Paris, en gare Saint-Lazare, Tristan Bernard observe le voyageur qui semble perdu, inquiet, tourmenté, à la recherche de quelque chose : « Arrivé au bout du quai, il ne se dirigea pas vers la sortie. Malgré moi, je le suivais des yeux. Où allait-il ? Où allait-il ? Sur un autre quai, mais celui-là était un quai de départ et il n'eut que le temps de sauter dans un train qui filait à Deauville. » Le train transporte les amoureux, leur passion et leur désespoir. Les mythes ne sont pas toujours collectifs, ils sont aussi personnels.

La locomotive éblouit parce qu'elle expose le progrès technique. Celle du tableau de Turner, en 1844, est de la classe Firefly, un des nombreux modèles présents sur les rails et sans cesse adaptés, modifiés,

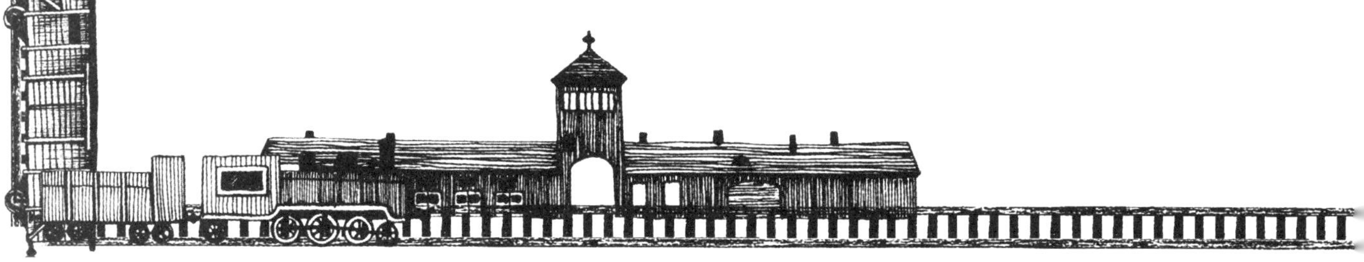

**1940-1944**

Dès la signature de l'armistice franco-allemand, le réseau Alsace-Lorraine est rattaché à la compagnie ferroviaire allemande Reichsbahn, et l'ensemble du réseau de la France occupée est soumis à l'occupant. Des trains français seront utilisés pour la déportation de Juifs de France vers les camps de Drancy, de Pithiviers et de Beaune-la-Rolande. Des cheminots aident, cachent et sauvent des familles juives persécutées, et 55 d'entre eux seront reconnus Justes parmi les Nations.

*Ci-dessus :* William Turner, *Pluie, vapeur et vitesse : le Grand Chemin de fer de l'Ouest*, 1844.
© NATIONAL GALLERY

**LE TRAIN TRANSPORTE LES AMOUREUX, LEUR PASSION ET LEUR DÉSESPOIR. LES MYTHES NE SONT PAS TOUJOURS COLLECTIFS, ILS SONT AUSSI PERSONNELS**

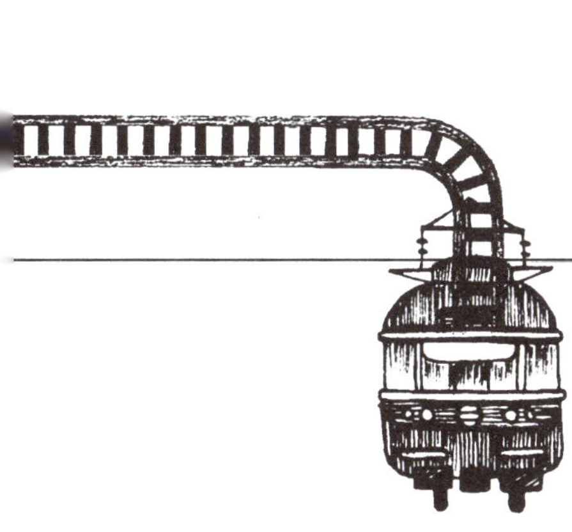

**12 décembre 1969**
Le « métro régional », qui circule entre la gare parisienne de Nation et Boissy-Saint-Léger, en Seine-et-Marne, est mis en service. Il deviendra le RER A.

*Ci-contre :*
L'accident du 22 octobre 1895, à la gare Montparnasse, à Paris, lorsque le Paris-Granville, emporté par son élan, ne parvient pas à s'arrêter à temps.

**1981**
Le 26 février, le TGV bat le record du monde de vitesse sur rail en atteignant les 380 km/h. Quelques mois plus tard, le 22 septembre, la première ligne à grande vitesse est inaugurée par le président François Mitterrand, entre Paris et Lyon.

améliorés. La locomotive devient personnage. Dans *La Bête humaine* d'Émile Zola, en 1890, « Jacques, par tendresse, en avait fait un nom de femme, la Lison, comme il disait, avec une douceur caressante ». Entre Paris et Le Havre, Jacques Lantier et sa machine forment un couple mythique : « Il l'aimait donc en mâle reconnaissant, la Lison, qui partait et s'arrêtait vite, ainsi qu'une cavale vigoureuse et docile ; il l'aimait parce que, en dehors des appointements fixes, elle lui gagnait des sous, grâce aux primes de chauffage. Elle vaporisait si bien, qu'elle faisait en effet de grosses économies de charbon. Et il n'avait qu'un reproche à lui adresser, un trop grand besoin de graissage : les cylindres surtout dévoraient des quantités de graisse déraisonnables, une faim continue, une vraie débauche. » Lantier est le mécanicien, mais il ne peut, à lui seul, faire avancer Lison. Il a un chauffeur à ses côtés, Pecqueux, qui alimente le foyer en charbon : « Eux deux et la machine, ils faisaient un vrai ménage à trois, sans jamais une dispute. » C'est la paix du foyer.

La machine à vapeur fascine par sa puissance et donc, parfois, elle inquiète, comme en octobre 1895, quand une locomotive quitte les rails et sort de la gare Montparnasse : « Un fracas épouvantable, semblable au bruit d'une explosion, retentissait tout à coup. Une partie des pierres de taille de la façade était projetée en avant et une locomotrice, sortant de la brèche ainsi pratiquée venait tomber sur la place de Rennes, au milieu des passants affolés », rapporte *Le Petit Courrier*, le 25 octobre 1895, précisant que « sur place c'était une débandade générale ; un affolement, aggravé encore par les piétinements, les ruades des chevaux effrayés et surtout par le grondement de la locomotive qui, en pleine pression, lançait des bouffées de vapeur, de fumée, faisant tournoyer ses roues dans le vide, et menaçant d'éclater ». L'accident ne provoque qu'une victime, une marchande de journaux installée devant la gare Montparnasse. L'image de cette locomotive qui traverse la façade est depuis entrée au patrimoine de l'imaginaire populaire.

Dès le XIXe siècle, en Angleterre, puis en France, dans le reste de l'Europe, mais aussi sur tous les continents, partout le réseau ferré étend son emprise, parfois avec une densité qui impressionne quand, de nos jours, de nombreuses petites lignes ont fermé. Au début du XXe siècle, les peintres, notamment les futuristes et ceux qu'ils influencent, trouvent dans le train la vitesse et le mouvement qu'ils cherchent à décomposer. C'est un *Jeune homme triste dans un train* qu'observe Marcel Duchamp en 1912, et c'est un *Wagon de chemin de fer* qui inspire Jean Pougny en 1919.

**LA MACHINE À VAPEUR FASCINE PAR SA PUISSANCE ET DONC, PARFOIS, ELLE INQUIÈTE**

Cette longue aventure de la vitesse conduit aux trains qui traversent désormais les paysages avec des pointes à 575 km/h pour le TGV entre Paris et Strasbourg, voire à 600 km/h pour le Maglev de Shanghai ou son cousin japonais, qui utilisent la sustentation

**LE RÉSEAU FERRÉ PARTICIPE DE LA COLONISATION ET DE SA « MISSION CIVILISATRICE »**

TER

**1987**
La marque TER (Transport express régional) est lancée par la SNCF pour accompagner la décentralisation du transport au niveau régional.

magnétique. Les distances s'effacent peu à peu. De Paris à Bruxelles, les voyageurs passaient deux jours dans une diligence, quand six heures en train suffisent déjà à la fin du XIXe siècle, avec le confort qu'offre l'éventuel wagon-restaurant. Sans même prendre le train, sans même se rendre en gare, le chemin de fer bouleverse la vie : le paysan dans son champ arrête son labeur, il se repose sur sa faux et regarde passer le train, impressionnant spectacle avec le panache de fumée et le bruit de la locomotive. Dans les villes, grâce au chemin de fer qui transporte des marchandises, il est désormais plus aisé de se procurer, à des prix raisonnables, de nouveaux mets et des produits frais. Le train facilite le transit. Dans le même temps, les régions se spécialisent dans les productions qui leur sont favorables : il n'est plus nécessaire de produire difficilement du vin dans le Nord quand les bouteilles venues du Sud traversent le pays. Les informations, elles aussi, voyagent plus rapidement, grâce au train postal. Les amoureux et les industriels en profitent.

Un train entre dans la salle de cinéma lors des premières projections, mais le film *L'Arrivée d'un train en gare de La Ciotat* des frères Lumière est porteur d'un double mythe. Déjà celui d'avoir été projeté lors de la première séance de l'histoire,

**6 mai 1994**
Après huit années de travaux, le tunnel ferroviaire qui relie Paris et Londres en passant sous la Manche est inauguré par François Mitterrand et la reine Elizabeth II. Le premier voyage de l'Eurostar a lieu le 14 novembre.

*Ci-contre : Arrivée d'un train à La Ciotat*, film de Louis Lumière, 1895.



le 28 décembre 1895, au Grand Café à Paris : en réalité, ce jour-là, il y avait *La Sortie de l'usine Lumière à Lyon* et un *Arroseur arrosé*, mais pas de train. Ensuite, celui d'avoir provoqué des scènes de panique, avec des spectateurs qui bondissaient pour échapper à la locomotive fonçant vers eux : l'émotion fut forte, sans doute, face à la prouesse technique que représentait le cinéma, mais les gens avaient conscience que la machine, projetée pour la première fois sur l'écran en janvier 1896, n'était pas réelle : « Une douzaine de tableaux ont défilé sous les yeux des spectateurs venus en nombre pour applaudir la récente invention de M. Lumière. L'arrivée du train en gare, l'entrée du Tzar à Paris avec le splendide défilé des troupes d'Afrique et des cuirassiers, ont été particulièrement goûtés. À signaler aussi, les tableaux en couleur : la Loïs Fuller exécutant sa danse tant admirée ; c'est à s'y méprendre en vérité et les changements de couleur se sont opérés dans la perfection. On ne se rend pas compte de la cinématographie ; il faut la voir et il est probable que si une seconde représentation est donnée prochainement, on se disputera les places », rapporte le *Journal de Seine-et-Marne* le 14 octobre 1896. Il n'est pas fait mention de mouvement de panique, ce que n'aurait manqué de rapporter le journaliste, bien plus ému des danses de la sublime Loïs Fuller.

Le train présente une géographie longiligne, avec sa chaudière, sa machine à vapeur, le tender où est stocké le charbon et l'eau, les wagons, les compartiments, les couchettes, le restaurant… Il marque les paysages dans lesquels il trace sa voie partout dans le monde. Il prend sa place sur les cartes, souvent comme une étoile qui couvre le territoire. Les autorités additionnent avec fierté les milliers de kilomètres de rail sur le territoire métropolitain et dans les colonies, avec l'horreur de leur construction dans le Congo belge. Le réseau ferré participe de la colonisation et de sa « mission civilisatrice ». Il participe de la volonté des États de contrôler les territoires,

*Ci-dessus :*
Ancienne affiche de voyage Côte d'Azur dessinée par Roland Hugon pour la SNCF.
© SHAWSHOTS / ALAMY STOCK PHOTO

même les plus éloignés, qui doivent être accessibles. Le chemin de fer détruit les mythes, car il rend le lointain plus proche.

Dans le même temps, le train construit son propre mythe. C'est le luxe du Train bleu, qui dès les années 1880 relie la Manche à la Méditerranée, de Calais à Vintimille, en passant par Paris. Ce sont des jours et des nuits passés dans les wagons, à regarder les paysages se transformer. L'évocation de l'Orient-Express provoque, aujourd'hui encore, une émotion particulière, même si Agatha Christie nous a mis en garde contre les crimes qui s'y produisent :

« La porte était fermée et la chaînette mise à l'intérieur, répéta Poirot. Ne s'agirait-il point d'un suicide ?

Le docteur grec fit entendre un rire sarcastique.

– Un homme se suicide-t-il en se donnant des coups de couteau en dix ou douze endroits ? »

L'exotisme nécessite parfois de s'équiper d'un épais manteau et d'une chapka pour prendre le Transsibérien, et pourquoi pas d'un chapeau de cowboy et d'une chemise en jean pour travers le Grand Ouest américain. C'est *Le Cheval de fer,* titre d'un film de John Ford en 1924, où le mythe de la construction de la nation américaine s'édifie en parallèle du chemin de fer transcontinental : « Pendant que l'on tournait *The Iron Horse*, chef-d'œuvre de la Fox Film, qui sortira bientôt en Europe, John Ford, le directeur-metteur en scène, fut surnommé par les Indiens "Chef-au-grand-crâne-rouge", à cause de ses cheveux roux. J. Farrell MacDonald, le célèbre acteur de composition, fut surnommé *Salawacha*, c'est-à-dire "Grand-Chef-fais-les-rire" », explique le journal *Paris-Midi*, le 12 octobre 1925.

Parfois, le trajet est plus court et le train beaucoup plus modeste, mais il offre des sensations formidables. Ce sont celles des premiers congés payés, quand le billet, acheté avec des sous consciencieusement mis de côté, permet de découvrir la mer ou de rentrer dans sa campagne natale. Sans le chemin de fer, le congé payé demeure un mythe : « Les prescriptions récentes accordant aux travailleurs un congé annuel n'atteindraient pas leur plein effet si elles n'étaient accompagnées de mesures permettant la meilleure utilisation de ces vacances. C'est ce que les Réseaux ont pensé en facilitant le voyage annuel, vers les régions qu'ils auront choisies pour leur repos, de tous les bénéficiaires de congés payés, qui, dès maintenant, et jusqu'au 31 octobre prochain, ont à leur disposition les *billets populaires de congé annuel* », constate *L'Économiste européen*, le 7 août 1936.

La belle aventure du chemin de fer ne se réduit pas aux évolutions techniques. L'ensemble de l'économie est mobilisée, des ateliers aux forges, des hauts fourneaux aux mines, des banques aux ministères.

**2 avril 2013**
La SNCF lance sa nouvelle offre de TGV à petits prix, Ouigo.

## L'ÉVOCATION DE L'ORIENT-EXPRESS PROVOQUE, AUJOURD'HUI ENCORE, UNE ÉMOTION PARTICULIÈRE

Toute la société est concernée, et en première classe les cheminots. En 1910, Albert Thomas, socialiste proche de Jean Jaurès, donne une préface au livre *Les Compagnies de chemins de fer et leurs employés : splendeur et misère* de Gaston Renaudel, employé à la Fédération nationale des chemins de fer et secrétaire de la Fédération CGT des employés : « Les *cheminots* s'agitent ; les *cheminots* revendiquent. On les disait, cependant, si *sages*, si *raisonnables*, si *disciplinés*, ces 310 000 travailleurs ! Les journaux bourgeois expriment leur surprise. Le gouvernement s'inquiète. » L'ouvrage met en garde ceux qui souhaiteraient devenir cheminots, dans l'espoir d'un métier facile, d'une planque : « Le but de cette brochure est donc de montrer au public, aux jeunes gens, ce qu'est réellement la vie au chemin de fer, d'exposer les conditions dans lesquelles les cheminots sont exploités, comme les autres travailleurs, de dévoiler leurs salaires, d'étaler le surmenage auquel ils sont astreints, le manque d'hygiène, le manque de sécurité qui président à leur travail. » L'histoire sociale du chemin de fer est tortueuse, souvent à la pointe des combats. Elle n'est pas sage, et c'est tant mieux.

Il arrive en revanche que l'histoire du rail se réduise à la taille d'une chambre d'enfant, quand le petit train trouve son chemin sous le bureau, passe entre les pieds du lit avec un terminus sur le tapis. Le déraillement provoqué par un soldat de plomb est rapidement oublié et le train replacé sur ses rails pour un nouveau parcours. Dans ses *Lettres de voyage*, en 1892, Rudyard Kipling voyage à bord du Canadien Pacifique. Il se souvient d'un train de marchandises accidenté par un éboulement : « Tout cela ressemble tellement à un train-jouet qu'un enfant aurait jeté de côté, qu'on n'en saisit le sens que lorsqu'une voix s'écrie : "Personne de tué ?" et qu'une autre répond : "Non, tout le monde a sauté" - et l'on ressent comme une insulte personnelle cette

*Ci-dessous :* Ancienne affiche de voyage Venice Simplon Orient-Express.
COLLECTION PRIVÉE

**Décembre 2019**
Les autorités organisatrices (régions françaises ou État) peuvent désormais lancer des appels d'offres à de nouveaux opérateurs pour les transports conventionnés (TER, Intercités). Depuis décembre 2020, les lignes grande vitesse sont également ouvertes à la concurrence.

incurie de la montagne qui aurait pu endommager votre propre vie sacrée. » L'auteur du *Livre de la jungle* sait rendre le récit palpitant, entre réalité et imaginaire. Il aime « l'histoire du Canadien Pacifique, racontée comme on redit un conte répété maintes fois, avec des exagérations et des omissions, mais histoire malgré tout impressionnante ».

En effet, à toute vapeur et à grande vitesse, en micheline ou en TGV, l'histoire ferroviaire est édifiante. Vers 1870, le peintre Auguste Bartholdi réalise un paysage champêtre dans lequel surgit une locomotive. D'étranges personnages s'éloignent en toute précipitation. Tout est dans le titre du tableau : *Faunes et nymphes effrayés par un train ou Adieu la mythologie !* Disons plutôt que l'apparition du train dans l'histoire offre le surgissement de nouveaux mythes et d'une formidable épopée sans terminus.

XAVIER MAUDUIT est historien. Producteur sur France Culture, il présente depuis 2019 l'émission quotidienne *Le Cours de l'histoire*, à 9 heures. Auteur de nombreux ouvrages d'histoire, notamment sur la période du Second Empire, il a récemment publié, aux Puf, un *Napoléon III*, et dirigé aux Arènes, avec Jeanne Guérout, une *Histoire des préjugés*.

CLAIRE MARTHA est illustratrice. Formée au dessin scientifique à la Haute École des arts du Rhin, elle y a développé une spécialisation en archéologie qui lui a permis de participer à plusieurs missions et de travailler à la diffusion et à la vulgarisation des résultats de leurs recherches. Elle met ainsi son trait précis au service de multiples disciplines, épousant une large palette de styles et de tonalités. Elle travaille notamment pour *Marie-Claire*, *Légende*, *Zadig* et *le 1*, dont elle signe les grandes infographies depuis le lancement de notre nouvelle formule en mars 2021. Elle a coréalisé, pour les éditions La Martinière jeunesse, *Le Grand Livre des animaux de l'extrême*, en octobre 2022.

Illustré par ALEXANDRE LUU

L'OBJET CULTE DE

# géraldine mosna-savoye

# Le cendrier *sncf*

UN couinement à l'ouverture, un « clac » strident à la fermeture, de la cendre sur les doigts, une odeur de tabac froid, et parfois, en guise de cerise sur le gâteau, un chewing-gum qui s'étire sur la paroi, tel est peut-être le souvenir paradoxalement ému que vous gardez du dernier wagon fumeurs que vous avez fréquenté. Souvenir entièrement contenu dans un tout petit objet : son fameux cendrier.

Je dis « ému » non parce que vous regrettez d'avoir (ou non) arrêté de fumer, non parce que se sont évaporées ces odeurs de cigarette froide, ces visions de banquettes grisâtres, ces volutes monstrueuses et bleutées... mais parce que ce monde s'est entièrement effondré. Celui d'après en est devenu plus respirable, sans aucun doute, et pourtant peut-être avez-vous parfois eu une pensée pour cet objet, ce cendrier, que vous ne reverrez plus jamais.

Or, ce cendrier condensait, d'un seul bloc, l'atmosphère de ces espaces perdus (et définitivement fermés en 2006) : compact, argenté, rigide, bruyant, sale, et cela même quand il était propre. En un mot, incongru. Tel qu'il l'avait toujours été. Toujours trop petit (qui donc avait évalué la moyenne de cigarettes fumées pour un Paris-Montpellier ? ou un Rennes-Montreuil-sur-Ille ?), toujours trop rempli, trop difficile à ouvrir, toujours trop pourri, il donnait à lui seul l'envie de décrocher.

Mais que fais-je encore à allumer une clope ? Pourquoi ai-je accepté de mettre un pied dans cet espace contaminé, lieu d'angoisse irrespirable ? Et comment puis-je parvenir à ressentir le plaisir d'une cigarette quand plane déjà l'impression d'évoluer dans un immense cendrier ? Car ce petit objet ne semblait pas seulement condenser, mais aussi présenter sous une forme miniaturisée ce wagon-monde dans lequel nous avions décidé de plonger.

Il nous mettait sous le nez ce dans quoi nous avions volontairement choisi de nous fourrer : pas la dépendance (enfin, si... mais pas que), plutôt l'impression de pénétrer dans un univers clos, à part, fini. Enfer sans aucun doute, et néanmoins paradis, de détente totale, de relâchement maximal, où, le temps d'un trajet, chaque fumeur consentait à être happé par les odeurs, les couleurs et la fumée.

Telle une lanterne magique où tout à coup le flux magique se voit aspiré, vous étiez vous aussi avalé. Vous n'aimiez sûrement pas ça, seulement, bizarrement, vous en profitiez. Car tel est le paradoxe de ce cendrier : aucun fumeur ne l'aimait, mais tous en profitaient. Aucun fumeur n'aimait d'ailleurs les wagons fumeurs, mais chacun d'entre eux en a profité. Et quel comble : avoir un wagon pour fumer, et le trouver irrespirable. Avoir un cendrier pour soi, et le trouver détestable. Au fond, ce cendrier ne manque à personne... Pourtant, s'en souvenir, n'est-ce pas réaliser qu'une époque peut nous rendre nostalgiques sans pour autant la regretter ?

GÉRALDINE MOSNA-SAVOYE est philosophe. Chroniqueuse et productrice sur France Culture, elle présente l'émission quotidienne *Sans oser le demander*, à 15 heures. Elle a publié en 2022 *La Force du mou* (L'Observatoire), plaidoyer pour la réhabilitation de cette propriété longtemps méprisée des philosophes.

ALEXANDRE LUU est un illustrateur diplômé de l'École nationale supérieure des arts décoratifs. Il puise son inspiration aussi bien chez David Hockney et Chris Ware que dans les mangas et BD de son enfance.

# 16 œuvres *qui vont vous embarquer…* à toute vapeur

***la sélection d'Emma Flacard et de François Vey***

## *Dans la peau d'un conducteur*

Il a conduit 14 328 trains, marqué 232 254 arrêts à quai et parcouru déjà 481 346 kilomètres (soit douze fois le tour de la Terre), avant de mettre un point final à son roman autobiographique intitulé *Mécano*. Mattia Filice s'est risqué à rédiger un long poème en prose de 362 pages afin de retracer son quotidien d'agent de conduite, qui prend invariablement son service 19 minutes avant l'horaire de départ. Un rythme édifiant.

**Mattia Filice, *Mécano*, 2023**

*« Un train qui siffle dans la nuit*
*C'est un sujet de poésie*
*Un train qui siffle en Bohême*
*C'est là un sujet d'un poème […]*
*Et un train qui siffle comme un hérisson*
*Ça fait tout un poème épique*
*Seul un train sifflant dans la nuit*
*Fait un sujet de poésie »*

## *Mélodie nocturne*

Dans son poème tiré du recueil *L'Instant fatal*, le cofondateur du mouvement littéraire Oulipo, Raymond Queneau fait du train un motif poétique.

**Raymond Queneau, « Un train qui siffle dans la nuit », *L'Instant fatal, 1948***

## *Les secrets d'une gare*

« Sur le parvis il y a un monde qui n'est pas de voyageurs, qui n'est pas en transit mais qui s'agglomère là pour faire du biz, pour ne pas rester seul, parce qu'on est mieux ici qu'ailleurs, parce qu'il va se passer quelque chose, parce que c'est beau. » En s'immergeant dans la gare du Nord, jour après jour, l'écrivaine Joy Sorman s'attache moins aux voyageurs qu'aux sans-abri et surtout explore l'envers d'un décor que beaucoup traversent sans y prêter attention. De la salle de repos des contrôleurs au centre d'aiguillage, elle nous fait pénétrer avec ce récit dans des mondes successifs, qui se côtoient, le plus souvent, sans se connaître.

**Joy Sorman, *Paris Gare du Nord*, 2011**

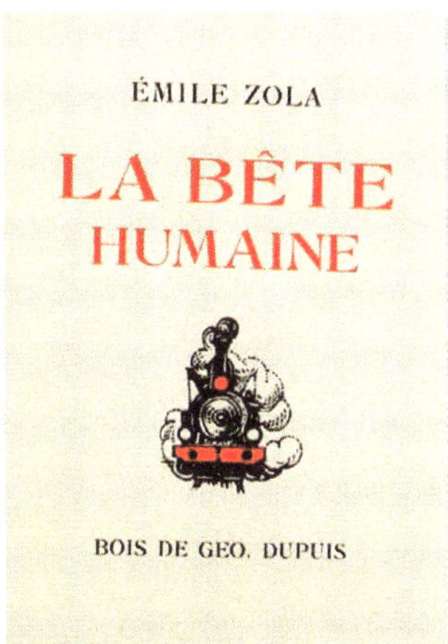


## *Le grand classique*

Fasciné par le chemin de fer, Zola lui consacre un de ses plus grands romans avec *La Bête humaine*. Même si la locomotive n'est pas au cœur de l'intrigue – l'histoire d'un mécanicien de la Compagnie de l'Ouest qui tombe amoureux de la femme du sous-chef de la gare du Havre –, elle n'en devient pas moins un personnage avec lequel il faut composer et qui confère un tempo soutenu à son action. Rien d'étonnant à ce que les œuvres de Zola soient présentes dans toutes les librairies de gare…

**Émile Zola, *La Bête humaine*, 1890**

## *Examen de conscience*

Le roman de Michel Butor se déroule entièrement à bord d'un compartiment de train qui relie Paris à Rome. Un quadragénaire, habitué de la ligne, se rend en Italie pour y retrouver sa maîtresse le temps d'un week-end, en cachette de son épouse. Mais est-ce vraiment une bonne idée d'annoncer à cette jeune femme qu'elle va pouvoir le rejoindre à Paris, où il lui a trouvé un emploi ? Avec ce long monologue intérieur, Michel Butor signe un manifeste pour le Nouveau Roman, mais rompt finalement assez peu avec le genre.

**Michel Butor, *La Modification*, 1957**

## Promesse de soleil

Avec Barbara, le train, véritable promesse d'idylle amoureuse, met le cap sur l'Italie. Lassée de la pluie parisienne, la chanteuse donne rendez-vous à son amant devant la gare de Lyon, « sous la grande horloge, près du portillon », pour un périple transalpin qui les conduira jusqu'à Vérone, Venise et l'île de Capri. Point de départ du mythique Train bleu, desservant le Sud et la Méditerranée, la gare de Lyon conserve sa réputation de « gare du soleil ».

**Barbara, « Gare de Lyon », *Barbara chante Barbara*, 1964**

## Liaison passionnée

Adapté du roman de Georges Simenon, *Le Train*, réalisé par Pierre Granier-Deferre, relate la rencontre, lors de l'exode de 1940, de Julien, réparateur de radios fuyant les troupes allemandes avec sa femme et leur fille, et Anna, une jeune Juive allemande. Séparé de sa famille, Julien, campé par Jean-Louis Trintignant, s'éprend de la jeune femme, interprétée par Romy Schneider.

**Pierre Granier-Deferre, *Le Train*, 1973**

# « Tu choisis quoi, une *love story* de première ou d'seconde classe ? »

## Love story de première classe

Pour Grand Corps Malade, le train n'est pas un élément de décor ou un personnage, mais les voyages qu'il permet sont la métaphore des relations amoureuses.

**Grand Corps malade, « Les Voyages en train », *Midi 20*, 2006**

## Dernières volontés

Le train fait ici se rencontrer ou se retrouver des personnes qui ne l'ont pas souhaité. À l'occasion de l'enterrement d'un artiste peintre, ses proches (parents ou amis) se voient réunis dans le même wagon pour Limoges, suivant les dernières volontés du défunt, mort à Paris. Cette idée de quitter le monde sans laisser les autres en paix a visiblement plu au réalisateur Patrice Chéreau, qui a coécrit le scénario de ce film.

**Patrice Chéreau, *Ceux qui m'aiment prendront le train*, 1998**

## *La rose du rail*

Dans ce film, long de 4 h 30 à 8 heures suivant les montages, Abel Gance tisse un récit quasi mythologique, avec pour point de départ la relation entre un mécanicien et une orpheline, recueillie à la suite d'une catastrophe ferroviaire. Adapté du roman du même nom de Pierre Hamp, le long-métrage abonde en références, du mythe de Sisyphe à Œdipe. Fasciné par le train, Blaise Cendrars, auteur de la célèbre *Prose du Transsibérien*, assiste Abel Gance dans la réalisation. L'affiche du film est signée Fernand Léger.

**Abel Gance, *La Roue*, 1923**

## *Voyage sensuel*

Une femme blonde allongée sur un lit, recouverte par une couverture rouge à carreaux noirs, bientôt rejointe par Michel Delpech. En arrière-plan, un écran sur lequel défilent des paysages, au fil du trajet de la locomotive. C'est ce scénario désuet que met en scène le chanteur dans sa chanson « L'Amour en wagon-lit », au fur et à mesure que s'enchaînent les paroles suggestives.

**Michel Delpech,**
**« L'Amour en wagon-lit », *Même pendant la guerre on chante*, 1972**

## *Ode à la Résistance*

C'est le grand film à la gloire des cheminots résistants. Réalisé juste après la Seconde Guerre mondiale, ce long-métrage de René Clément narre les faits d'armes de l'organisation Résistance-Fer, dans une période où le cinéma français s'emploie à rendre hommage à la lutte contre l'occupant nazi. Contre-plongées sur des trains en mouvement, scènes de sabotage avec des déraillements spectaculaires, plans serrés sur les mains des résistants : de quoi ravir les amateurs d'épopées.

**René Clément,**
***La Bataille du rail*, 1946**

## *Crime ferroviaire*

La passagère d'un Marseille-Paris est retrouvée morte dans un wagon-lit, et plusieurs autres occupants du train sont peu à peu assassinés. L'inspecteur Grazziani et son assistant sont chargés d'élucider ces crimes. Avec *Compartiment tueurs*, Costa-Gavras signe son premier long-métrage, adaptant à l'écran le roman éponyme de Sébastien Japrisot. S'inscrivant dans la tradition de l'intrigue policière ferroviaire, ce film réunit un casting de première classe : Simone Signoret, Jean-Louis Trintignant, Yves Montand, Jacques Perrin…

**Costa Gavras,**
***Compartiment tueurs*, 1965**

## *Le passage du temps*

Peinte dans les dernières années de sa vie à Auvers-sur-Oise, durant lesquelles Van Gogh travaille beaucoup et vite, cette toile se focalise sur un contraste : une carriole progressant lentement sur la route mouillée, tandis qu'à l'arrière-plan, une locomotive file à toute vapeur dans la direction opposée. Dans cette géographie longiligne, le train s'éloigne avant de disparaître. Ce sera le dernier représenté par l'artiste.

**Vincent Van Gogh,**
***Paysage d'Auvers après la pluie*, 1890**

## *Mélodie nocturne*

Dans cette toile vivante et colorée, où couleur et dessin se dissocient, Raoul Dufy présente l'arrivée d'un train comme une véritable fête. À l'instar de Van Gogh, ce peintre a représenté plusieurs fois des trains dans ses œuvres, en mouvement ou à quai, poursuivant une tradition picturale initiée par William Turner. Un an plus tard, Dufy réalisera *La Fée électricité*, à l'époque la plus grande peinture au monde.

**Raoul Dufy,**
***Train en gare*, 1935**

## *La gare vénérée*

Elle est le « centre du monde » pour Dalí. La gare de Perpignan, qu'il a peinte après y avoir connu une sorte de révélation mystique, est en tout cas le lieu où il aura eu ses meilleures idées de tableaux, comme il l'indique dans le *Journal d'un génie*. Parmi eux, cette huile sur toile qui figure un wagon portant une remorque. Quant à la véritable gare, de 1983 à 2013, son plafond était orné de formes circulaires aux couleurs vives et entremêlées, en référence au fameux peintre catalan.

**Salvador Dalí,**
***La Gare de Perpignan*, 1965**

LA FAUTE À VOLTAIRE, la chronique de
**Martin Mauger**
Illustrée par ÉRIC HÉLIOT

*Qu'il soit d'enfer, de sanctions ou d'artillerie, le train a souvent peu à voir avec le chemin de fer. L'ère du rail conférera cependant au mot une puissance nouvelle et sera source d'innovations et de collisions lexicales.*

# UN TRAIN PEUT EN CACHER UN AUTRE

CHACUN SAIT qu'on peut mener grand train sans être conducteur de locomotive. C'est que le mot a parcouru un long chemin avant de se glisser sur les rails de la révolution industrielle, propulsé par la force de la vapeur avec une telle puissance que ce monosyllabe au son légèrement traînant éveille aujourd'hui d'emblée des souvenirs d'enfance et de voyage, ou de longs défilés de paysages champêtres. L'esprit rodé aux expressions populaires l'associe d'ailleurs volontiers aux vaches, censées le regarder passer. Moins à la traite. Les deux termes ont pourtant la même origine : le latin *trahere*, altéré en *tragere* – qui donnera « traire », au sens très général de « tirer » –, puis en *traginare* – dont sortent au XIIe siècle « traîner » et ses dérivés. « Train » signifie alors un ensemble ou une file de choses – entre autres, un convoi d'animaux domestiques et, de là, la suite qui accompagne un notable dans ses déplacements (d'où plus tard, vers 1588, l'expression « train de vie »). Le mot prend néanmoins son temps – une poignée de siècles – pour s'intéresser aux questions d'allure et de vitesse. À la même époque (fin XVe), il en vient à désigner ce qui traîne ou est traîné, notamment la partie d'une voiture à laquelle sont fixées les roues (qui se scindera en l'avant- et l'arrière-train). *Train*, ce vieux mot français bien implanté outre-Manche, connaît une impulsion nouvelle entre l'invention de la traction à vapeur en 1804 et l'inauguration de la première voie ferrée en 1825. À la veille de 1830, le mot arrive en France pour qualifier le nouveau véhicule. Vingt ans après, l'adjectif *express* (du français « exprès ») suit le même trajet, tout en gardant sa sonorité britannique, pour venir se coller aux trains qui boudent les petites gares.

Raccourcissant les distances, l'engin ne va paradoxalement pas tarder à incarner une routine lénifiante, le « trantran ». Si la déformation « train-train » avait déjà cours avant l'avènement du chemin de fer, celui-ci a bel et bien fini par l'imposer.

Autre innovation portée par le rythme de ce moyen de transport : le boogie-woogie – onomatopée imitant la cadence endiablée des boggies (ou bogies), les chariots soutenant la caisse des wagons. Né chez les pianistes de blues afro-américains vers 1920, ce style s'installe en France une trentaine d'années plus tard et fournit à Eddy Mitchell, en 1976. Mais... Vous craignez que l'on ne déraille ? Rassurez-vous : ce billet expire en bout de ligne. ♦

REPORTAGE

**BLANDINE RINKEL**

Illustré par SIMON BAILLY

# *Vers la nuit*

## DE PARIS À COLLIOURE

*Partie en train de nuit de la gare d'Austerlitz, notre écrivaine voyageuse a la tête pleine de souvenirs d'escapades. Dans sa cabine, elle fait la connaissance d'un conducteur d'Intercités et de sa compagne qui conduit des autocars, le temps d'une virée nocturne.*

*« Il est temps qu'on chante la louange des trains express. […] Les villes qu'on voit sont tragiques, comme des visages tournés vers nous, intensément émus. »*

Virginia Woolf,
*Sur les inconvénients de ne pas parler français*

*« Maybe I'll never know your name, But still I'm filled with fascination*[1] *»*

Sam Wills,
*Traingazing*

C'est un souvenir magnétique : quand j'avais quatre ans, j'ai pris le train de nuit depuis Saint-Pétersbourg pour traverser la Russie où mon père travaillait (pour qui, pour quoi ? demandez-lui, si vous le trouvez). Je ne revois plus le train aujourd'hui, mais je me souviens d'une femme avec qui mes parents avaient partagé du saucisson, et puis d'un parfum orange.

L'ai-je inventé ? Peu importe, tant que le souvenir agit. Longtemps, je me suis dit que je retournerais sur cette scène inaugurale : je prendrais un transsibérien de sept jours, une voiture *platzkart* de troisième classe, sans cloison entre les couchettes et, ouvrant mon intimité à des inconnus, partageant avec eux thé et sommeil, je me rapprocherais à nouveau de mon enfance. Je résoudrais l'énigme du parfum orange. Puis Poutine a attaqué l'Ukraine avec la violence qu'on sait, et la Russie est devenue une destination inenvisageable jusqu'à nouvel ordre.

Ses trains de nuit, des mirages.

Les trains français en revanche, après une quasi-extinction de l'espèce, renaissent depuis quelques années. Ils sont nos échappées de proximité. Alors quand *Zadig* m'a proposé d'en prendre, pour raconter mon voyage, je n'ai hésité que sur la destination. Et, embarquant avec moi un ami, j'ai sauté dans un wagon vers Collioure – ville dont je ne savais rien, si ce n'est qu'on y inventa le fauvisme et que j'aime le mot *fauve*, qui sait à la fois désigner les animaux, la peinture, et pourquoi pas les parfums, mot qui se déplace et qui déborde de lui-même, mot qui appelle à lui des rencontres inattendues, qui échappe et qui, pour cela, m'attire.

Il règne dans la gare d'Austerlitz, à 21 h 15, un climat crépusculaire.

Les humains sont rares, les lumières aussi, le béton règne en maître. Vous n'aviez pas pensé à emporter une bouteille d'eau ou un sandwich ?

1. « Peut-être ne connaîtrai-je jamais ton nom / Et pourtant je suis rempli de fascination. »

Débrouillez-vous, et vite, car tout a déjà fermé. Peut-être, comme moi, vous faudra-t-il courir dans la nuit, en urgence, jusqu'à la gare de Lyon à 500 mètres, où un Relay se tient dans l'ombre, dernier espoir. Ici ou ailleurs, vous trouverez une solution. On trouve toujours. Vous dénicherez un sandwich triangle sans saveur, puis vous embarquerez. À vos côtés, des gens qui travaillent le lendemain et cherchent à gagner une nuit de sommeil, des étudiants malicieux, deux ou trois personnes âgées accompagnées d'animaux, et quelques fumeurs déjà ivres – l'un tentant d'ailleurs un clin d'œil dans votre direction. Répondez-lui sans lui répondre puis avancez, avancez encore, entrez dans la voiture 8, vous y êtes.

*Depuis l'adolescence, je fugue dans les transports en commun. Je me sens dans leur ventre comme dans celui d'une mère. Parce qu'ils sont à la fois la stabilité et la fuite, l'immobilité et la course, la répétition et la variation*

L'Intercités de nuit, qui existe depuis 2012, se définit par l'absence de voiture-restaurant, donc, mais surtout par celle d'arrêts commerciaux entre minuit et 5 heures du matin.

Il comporte différents régimes de voyage : en classe business, la cabine n'appartient qu'à vous, on vient vous servir à boire et à manger ; en classe privatisée, vous pouvez vous enfermer, mais sans services extérieurs ; en première, la cabine se partage avec trois autres personnes (et vous pouvez préciser, si vous êtes une femme, que vous préférez voyager en non-mixité) ; en seconde, vous dormirez avec cinq autres personnes et enfin, en troisième classe, vous serez assis comme dans un bus, pour une nuit assez semblable à celle qu'on traverse en Eurolines – les arrêts aux toilettes et aux stations-service à 3 heures du matin en moins.

J'ai beaucoup pratiqué l'Eurolines, il y a dix ans. Je devais faire des allers-retours vers la France depuis Londres. Je n'avais pas assez d'argent pour m'offrir des Eurostar à répétition, alors pour 40 euros, je voyageais mal assise, la nuque cassée contre un siège dur. Je dormais peu et j'arrivais souvent à destination avec des courbatures inédites. C'est au cours de ces voyages, j'en suis persuadée, que sont nées mes premières rides. Au cours de ces nuits aussi que s'est confirmée ma passion pour les longs trajets – ceux où l'aube se révèle en mouvement, sous vos yeux ensommeillés. Depuis l'adolescence, je fugue dans les transports en commun. Ce fut le bus, le tram, le train, l'Eurolines. Depuis l'adolescence, je me sens dans leur ventre comme dans celui d'une mère. Parce qu'ils sont à la fois la stabilité et la fuite, l'immobilité et la course, la répétition et la variation. Parce qu'ils nous permettent de partir et de revenir, d'être en mouvement, c'est-à-dire en vie, j'aime les bus et les trains de nuit. Mais, donc, ayant beaucoup pris l'Eurolines à 20 ans, j'optai en l'occurrence pour une cabine quatre couchettes. Mixte. 64 euros le voyage, avec, offerts, une couchette, une couverture bleue souple, un oreiller blanc, une bouteille d'eau et, dans un kit de voyage en carton confectionné en France par des personnes en situation de handicap, des bouchons d'oreilles, des lingettes nettoyantes pour la peau, et, bien entendu, un comprimé de dentifrice à croquer.

Quand nous entrons dans notre cabine, Tom et moi, nos compagnons de nuit sont déjà là, assis côte à côte sur une même couchette, deux petits gobelets d'un liquide orange fluorescent à la main. Ils prennent l'apéritif en toute tranquillité, familiers des longs parcours, et on a l'impression, entrant dans leur « chambre », de pénétrer dans une cabane d'enfant, un royaume minuscule comme ceux que l'on érigeait petits à l'aide de chaises et de draps tendus, arrosant alors nos jeux d'autres sortes de boissons colorées.

Souriant, l'homme et son crâne dégarni nous mettent tout de suite à l'aise : dans le civil, il est conducteur d'Intercités de jour, et ce depuis vingt-trois ans. Le train est l'affaire de sa vie. Sa compagne aussi conduit, des autocars. Les deux sont d'excellente humeur, et se confient à nous volontiers ; ils se sont rencontrés sur Meetic après deux premiers mariages respectifs qui avaient capoté à cause de leurs professions nomades (leurs conjoints « n'en pouvaient plus de les voir tout quitter chaque semaine »), et ils se sont aussitôt découvert un goût commun pour la liberté, les voyages, l'humour. Et, plus inattendu, pour TikTok.

D'ailleurs, ils viennent de faire une vidéo dans le couloir du train, vous voulez la voir ?

Bientôt, le contrôleur passe vérifier nos titres de transport et notre conducteur ne résiste pas à lui confier, dans un sourire, qu'il fait lui aussi partie « de la maison ». Après tout, ils sont un peu cousins. Je vois alors se nouer entre les deux hommes une connivence corporatiste et, au moment de refermer la porte, le contrôleur lance un clin d'œil à son allié : « Mardi, ça va piquer » (de fait, le mardi suivant, une grève contre la réforme des retraites paralysera la France). Après quoi, s'enfonçant dans la nuit, on continue de discuter, nos voisins TikTokeurs, Tom et moi.

La conductrice me montre la vidéo qu'elle vient de poster en ligne, une chorégraphie minimale improvisée près des toilettes de wagon. Elle rit toutes dents dehors, me tendant son smartphone, fière de sa farce. Il y a quelque chose d'enfantin, dans ce couple de quarantenaires, qui me touche. Comme si, en présence l'un de l'autre, ils osaient dévoiler une part archaïque d'eux-mêmes qui, sans l'effet de leur rencontre, serait peut-être restée cachée, y compris à leurs propres yeux. Certaines facettes de notre personnalité ne se déverrouillent qu'en présence d'autres personnes, capables de les apprécier. Les rencontres sont des clés.

Des rencontres – qui surprennent, comptent ou durent –, tous les aficionados des trains de nuit avec qui j'ai parlé m'ont dit en avoir fait. Et personne ne m'en a évoqué de mauvaises. Sur Internet, j'ai bien trouvé des récits sordides, à propos de punaises de lit infestant tout un wagon, ou de rencontres flippantes avec tel voyageur somnambule retrouvé, le regard vide, grattant une fenêtre – mais au fil des discussions réelles que j'ai eues avec des habitués des trajets de nuit, aucun mauvais souvenir n'a émergé. Comme si l'inattendu ne dominait que pour le meilleur.

Élisa me parle d'une nuit surréaliste, passée au milieu d'un régiment de militaires, dans un Paris-Rodez. Dans le Paris-Nice, Estelle se souvient d'un chien qui ronflait dans sa cabine, et d'une Japonaise avec qui elle avait partagé son pique-nique en faisant des mimiques pour se comprendre. S. me raconte ses heures bercées de langues incompréhensibles et de signes de la main bricolés dans le train de 20 heures qui traverse la Suède jusqu'en Norvège (ou l'inverse). F., ses trajets à travers la Chine, où, sur la route de la

***On a l'impression, entrant dans leur « chambre », de pénétrer dans une cabane d'enfant, un royaume minuscule comme ceux que l'on érigeait petits à l'aide de chaises et de draps tendus***

soie Kashgar-Ürümqi, voyageaient de jeunes basketteurs ouïghours parlant mandarin, qui étaient alors considérés comme « la génération de l'espoir suite au colonialisme chinois », et où sa mère, ne parvenant pas à monter sur la couchette la plus en hauteur, avait été supportée par des Chinois pour grimper. Edward, en reportage en Ukraine, m'envoie de son côté une photo des improbables couchettes luxe du train de nuit Ukrzaliznytsia[2] Chelm, qui mène de Chelm à Kharkiv, en passant par Kiev. L'autrice Maria Larrea se souvient quant à elle des trajets de l'enfance, Paris-Madrid, Paris-Barcelone, des couchettes pour femmes, des lits aux couvertures de tartan, des savonnettes Renfe[3] et des petites serviettes en éponge, qu'elle avait usées jusqu'à l'os quand, une nuit, elle s'était retrouvée coincée douze heures, au milieu des taureaux, en pleine tempête de neige espagnole…

Parcourir l'Europe en train, c'est un projet qui, à titre personnel, m'attire depuis longtemps.

Seulement les décisions politiques conditionnent nos désirs plus qu'on ne le pense. Et l'Europe du train s'est évanouie ces vingt dernières années[4]. Il y a un an, par exemple, le direct Lisbonne-Madrid parvenait à son terminus pour la dernière fois. Désormais, aucun train ne mène plus, directement, du pastel de nata portugais au cocido madrileño : il faut, au mieux, faire deux correspondances, passer d'un opérateur à l'autre, changer de langue, d'onglets de réservation, et parier, ensuite, sur quelque onze heures de train. Sans compter un éventuel retard, des auréoles de stress et, à la fin, encore une correspondance ratée. La fatigue. En avion, en revanche, la même distance se parcourt en une heure et trente minutes. 1 h 30 seulement. Au risque du malaise. Au risque,

2. Le gestionnaire et exploitant du réseau ferroviaire ukrainien.

3. Renfe Operadora, la société nationale exploitant les chemins de fer espagnols.

4. Selon l'enquête d'*Investigate Europe*, 3 000 km de chemin de fer ont disparu de l'UE entre 2008 et 2019. D'après Greenpeace, seul un tiers des 150 liaisons aériennes européennes les plus fréquentées sont actuellement reliées par le train, et 41 % des lignes transfrontalières encore existantes ne sont plus opérationnelles *(note de l'autrice)*.

précisément, d'éprouver le *flygskam* – ce terme suédois qui dit la honte qu'on a aujourd'hui à prendre l'avion alors qu'on sait l'aviation responsable de presque 5 % des émissions mondiales de $CO_2$.

Que choisir, alors, la planète, la liberté ? La frustration, le voyage ?

Ou bien, donc, militer pour le retour des trains de nuit[5].

Ceux-là étaient aussi en voie d'extinction en France, fermant les uns après les autres depuis les années 2015, jusqu'à ce qu'un plan gouvernemental récent les relance, plan érigé en décembre 2021, avec la prévision de rouvrir une dizaine de lignes en France d'ici à 2030[6]. Seuls 1 257 jours se seront écoulés entre la suppression du train de nuit Paris-Nice, au matin du 10 décembre 2017, et sa remise en service – avec Jean-Castex dans une des couchettes (!) –, un soir de mai 2021[7]. Pour les vacances d'hiver, cette ligne affichait complet.

Avant, le Paris-Nice s'appelait le Train bleu.

C'était un train de nuit et de luxe, qui circulait en France au XX^e^ siècle et disparut progressivement de la surface des rails au début des années 2000, léguant son nom féerique au grand café romantique – cher et haut de plafond – que l'on trouve gare de Lyon.

La ligne avait d'abord été ouverte après la Grande Guerre, et proposait des wagons-lits métalliques aux couleurs de l'uniforme de chasseur alpin de son fondateur, André Noblemaire – bleu foncé comme la nuit, rehaussés d'insignes en or « brillant comme le soleil levant ». Puis le bleu fut progressivement assimilé à celui de la Méditerranée. On oublia la guerre.

Fréquenté par une clientèle aisée, le train bleu était composé de voitures-lits, d'une voiture-restaurant et d'une voiture-bar très chic, qui faisait sa célébrité au point de compter parmi ses habitués Sacha Guitry, Marlène Dietrich, l'Aga Khan, Coco Chanel, Rachmaninov, Churchill, Hemingway ou la princesse Grace de Monaco qui, le jour de sa mort, devait d'ailleurs l'emprunter pour se rendre à Paris. Si l'on parvient à fantasmer à partir de nos Intercités, on imagine sans peine l'effet du bleu Klein qui file dans le noir sur l'imaginaire des artistes de l'époque. Agatha Christie écrivit *Le Train bleu*, quand Jean-Pierre Melville le mit en scène dans son *Cercle rouge*. Luis Mariano, de son côté, le chanta. Mais c'est sans doute Jean Cocteau qui initia la chose la plus curieuse et belle à partir de ces voies ferrées : un ballet. Une critique sociale de la nouvelle société moderne des années 1920 qui érigeait l'hédonisme en maître, chorégraphiée par Nijinska (et non Nijinski), avec des costumes stylisés par Coco Chanel et des décors signés Picasso... qui participa à l'invention du fauvisme à Collioure. Ma destination. Celle dont les heures qui passent me rapprochent – et prenait-il le train, Paul Éluard, quand il réalisa qu'il n'y a pas de hasard ?

Notre ami conducteur ferme le loquet de notre cabine.

Tom a sorti son ordinateur, il s'apprête à écouter de la musique[8], j'ai sous les yeux un livre. Nous avons allumé nos loupiotes personnelles. Avant d'éteindre

5. On peut suivre les actions militantes du collectif Oui aux trains de nuit ! sur leur site *(note de l'autrice)*.

6. Ainsi, un Paris-Tarbes-Lourdes-Hendaye rouvrait en 2022, et un Paris-Aurillac devrait circuler fin 2023 *(note de l'autrice)*.

7. Cette initiative a trouvé son public : le taux de remplissage était, en 2021, de 80 % en moyenne, avec au total près de 100 000 voyageurs empruntant les trains de nuit entre octobre 2021 et janvier 2022, selon le ministère des Transports *(note de l'autrice)*.

8. Voir la playlist en fin d'article.

***Il faudrait trouver un nom au sommeil singulier qu'on traverse en train. Les vibrations générales et le constant bruit blanc agissent sur l'inconscient comme un aphrodisiaque***

la lumière collective, la femme m'avertit : demain on partira avant vous, on ne se reverra sans doute plus. Sans doute, non. Je souris, en pensant un : « J'étais heureuse de vous rencontrer », que je n'énonce pas.

Le regard de la conductrice me répond quelque chose de semblable.

Notre loge, très chaude, est désormais plongée dans le noir. Nos oreilles rougissent sous le coup du chauffage et absorbent, venu du véhicule entier, un silence quasi religieux. Il faudrait trouver un nom au sommeil singulier qu'on traverse en train. Les vibrations générales et le constant bruit blanc – qui parfois s'amplifie et prend des airs de musique concrète – agissent sur l'inconscient comme un aphrodisiaque, et rendent mes rêves, cette nuit-là, plus troubles.

Les yeux fermés, alors que la pression et le son de la pièce varient selon les paysages traversés, je me persuade que le train gravit et dévale des montagnes, qu'il a quitté les voies courantes et s'aventure ailleurs, là où personne n'est jamais allé ; il est cette promenade en zone interdite qu'on nomme parfois désir. J'entends les respirations lourdes du couple de conducteurs, celles de Tom, et j'ai à la fois l'impression d'être dans un parc d'attractions et d'être bercée, comme dans un liquide amniotique, et dans un état de conscience modifiée je me dis, tiens, il ne faudra pas que j'oublie de raconter ça, cette sensation enveloppante là, je songe même à la prendre en note sur mon portable, que j'ai posé sur la tablette métallique au-dessus de ma tête, mais non, rien, je ne fais rien, sans doute me suis-je déjà endormie, comment savoir – il n'y a plus que mes voisins de cabine pour en attester, et eux dorment aussi.

La destination finale de notre Intercités de nuit (terme que mon correcteur automatique s'évertue à remplacer par « interdit ») est Cerbère – et dans un demi-sommeil, alors que sur les coups des 8 heures, une voix prononce ce nom dans le haut-parleur qui vibre au-dessus de mon oreiller, je me représente l'animal mythologique, le chien à trois têtes qui garde l'entrée des enfers, et je nous vois un instant qui entrons dans sa gueule, les conducteurs, Tom et moi. Combien de temps s'écoule, dans cet état hypnagogique ? Tom finit en tout cas par allumer, relever le rideau noir qui recouvrait la fenêtre, et le paysage matinal me réveille alors tout à fait, chassant les monstres tapis de l'enfance. Il est maintenant 9 heures, la lumière est rose.

Ni Tom ni moi n'échangeons un mot, heureux de nous abandonner plutôt au *traingazing*[9].

Nos acolytes, à l'arrêt précédent, ont déjà quitté le wagon.

9. Ou regard qu'on laisse traîner sur le paysage qui défile.

On les a entendus se préparer discrètement, comme ils en ont sans doute l'habitude, puis on les a entendus refermer la porte derrière eux. Ils ne nous ont pas laissé leurs prénoms. Rien qu'un souvenir. Un parfum orange. Je repense au film de Chloé Zhao, *Nomadland*, ce road-movie qui m'avait émue plus que de raison – sans doute parce qu'il venait toucher à un nerf –, l'histoire d'une femme, Fern, qui vit sur la route, à bord d'un van aménagé, adoptant, dans un mélange de force et de mélancolie, une vie de nomade des temps modernes, en rupture avec les standards de la société actuelle. On y voyait un certain Bob Wells, croisé sur une aire de camping, lui expliquer qu'il ne disait jamais adieu aux gens qu'il rencontrait sur la route, mais tout simplement à bientôt : « On se recroisera quelque part. »

Mes voisins de train n'ont, eux, rien d'américain, les paysages qui défilent à la fenêtre n'ont rien de ceux de l'Arizona, et pourtant, dans le mélange de candeur et de fatalité qui animait leur regard la veille, dans ce goût de la distance qui semblait pour eux à la fois une chance et malédiction, c'est à tout cela qu'il m'a renvoyée : à la déchirure des sociétés capitalistes, aux grandes plaines de l'Ouest, et même au jeu d'actrice de Frances McDormand.

Qu'abandonne-t-on de soi aux autres ?

Quelle image, quel geste ou quel rire leur laisse-t-on sans le savoir ? Ce couple de conducteurs ne saura sans doute jamais l'impression qu'il m'a laissée. Je lui laisse emporter la mienne.

Et nous prendrons le train, chacun de notre côté, partageant peut-être, quelque part, cette impression commune d'habiter la distance. Une distance qu'on partage parfois avec de parfaits inconnus, dans un wagon de nuit ou ailleurs, des inconnus avec qui l'on n'échange rien qu'un éclat dans l'œil – une malice et une mélancolie conjointes, qui disent à jamais la passion de l'ailleurs.

L'ailleurs, cette énigme de l'enfance, à jamais irrésolue.

**PETITE PLAYLIST FERROVIAIRE**

SAM WILLS, TRAINGAZING FT. HONEY MOONCIE / STEVE REICH, DIFFERENT TRAINS / RITA MITSOUKO, LE PETIT TRAIN / CHRIS WATSON, EL DIVISADERO / GÉRARD MANSET, LE TRAIN DU SOIR / PHILIPPE KATERINE, LE TRAIN DE 19 HEURES / L'IMPÉRATRICE, DIGITAL SUNSET / ARTHUR HONEGGER, PACIFIC 231 / KRAFTWERK, TRANS EUROPE EXPRESS / ELIZABETH COTTEN, FREIGHT TRAIN / NICK CAVE & THE BAD SEEDS, THE TRAIN SONG / DAVID SZTANKE, LE TRAIN / THYLACINE, TRANSSIBERIAN.

BLANDINE RINKEL est journaliste, écrivaine et musicienne, notamment pour le groupe Catastrophe. Elle est l'autrice de trois romans aux éditions Fayard, *L'Abandon des prétentions* (2017), *Le Nom secret des choses* (2019) et *Vers la violence* (2022), ainsi que d'un récent essai pour adolescents, *A-t-on encore le droit de changer d'avis ?* (La Martinière Jeunesse, 2023).

SIMON BAILLY est graphiste et illustrateur. Diplômé de l'École supérieure d'art de Lorraine en 2015, il travaille pour l'Imagerie d'Épinal, puis collabore avec plusieurs journaux : *le 1*, *Libération*, *New York Times*, *Los Angeles Times*, *Topo* ou *XXI*. Il a aussi illustré des livres : *Mo* (2015, Éditions du Pourquoi pas ?), et *La Reine des coquillages* (id., 2017), *Utopia* (L'Agrume, 2019), et plus récemment *La Loi de l'entraide* (Actes Sud, 2020).

Je n'aime pas beaucoup les grands reporters. En vérité, je ne les aime pas du tout. Il n'y en a que pour eux. On les envoie là-bas au loin, très loin, dans des pays humides et malfamés dont ils reviennent gonflés d'orgueil et de phrases ampoulées. Ces gens-là écrivent avec leurs tripes en évitant de se les faire trouer. Quand ils vous racontent leurs histoires, ils prennent des airs graves et froncent les sourcils l'air de dire : « De toute façon vous ne pouvez comprendre, vous qui vivez dans un deux-pièces au Vésinet… » Mais il y a une autre raison pour laquelle je n'aime pas les grands reporters, une raison toute simple et facile à comprendre : je suis moi-même reporter. Ni grand ni moyen, je suis reporter tout court. Reporter sans épithète, si vous préférez. Sur ma carte de visite il est marqué : « Journaliste de terrain ». Le terrain en question s'étend grosso modo du boulevard Saint-Martin au métro Poissonnière et couvre toute la partie méridionale du 10e arrondissement de Paris. Dans le cadre de mes activités professionnelles il arrive que je m'aventure au-delà de ce périmètre. Une ou deux fois l'an je traverse la Loire mais je suis toujours rentré pour le dîner. On peut dire que je vois du pays. Le mien en particulier.

L'autre matin, tandis que j'interviewais un petit muscadet dans un bar de quartier (Le Select, 35 boulevard de Strasbourg, aux confins du secteur), mon téléphone de poche se met à jouer les premières mesures du *Canon* de Pachelbel. Je laisse sonner jusqu'au deuxième couplet, tant c'est beau, et décroche. À l'autre bout du fil, François Vey, le rédacteur en chef de la revue *Zadig. Nous préparons un numéro sur les trains*, dit-il, *et nous voudrions vous envoyer en reportage.* Ça tombe bien, je suis justement reporter (voir plus haut). *Voilà, poursuit-il, il s'agirait d'aller en train de Lyon à Bordeaux.* Jusque-là c'est dans mes cordes. J'attends la suite et, comme elle ne vient pas, je demande : *Et après, une fois à Bordeaux, que dois-je faire ?* Je le sens un peu surpris, il marque un temps : *Après ? Eh bien… Vous rentrez et vous nous racontez. Il nous faudra douze pages…* Ce n'est pas encore ce coup-ci que j'aurai le prix Albert-Londres, me dis-je. Vivement que je passe grand reporter. Et un instant il me semble que le petit muscadet comprend ma peine. Lui aussi voudrait bien devenir grand muscadet.

Rendu chez moi, un peu plus tard dans la journée, je me renseigne. Alors je comprends ma douleur. Il y a une vingtaine d'années, pour aller de Lyon à Bordeaux, on passait par Roanne, Montluçon, Guéret, Limoges, Périgueux en à peine six heures, grâce à de magnifiques turbotrains jaune argent. Par ce fait, Roanne, Montluçon, Guéret et toutes les autres dessertes intermédiaires étaient désenclavées. À l'époque, le réseau

*Page de droite :*

Au wagon-bar du TGV Montpellier-Toulouse, le 25 janvier 2023.

# *Un périple transrégional bouclé en* 8 H 18

*Pour se rendre à Bordeaux en partant de Lyon, notre reporter a dû prendre pas mal de correspondances. Mais tous ses trains étaient à l'heure. Ce qui constitue déjà le début d'une histoire. Après, il lui en est arrivé d'autres, à vouloir rallier deux grandes métropoles régionales sans repasser par Paris…*

**PAR PHILIBERT HUMM**
**PHOTOGRAPHIES DE GUILLAUME BLOT**

Business
à haut potentiel
Lisnard du coup de pied de l'âne
La poubelle la plus chic de la planète
L'Année
Canard 2022
2022

ingenico

ferroviaire français permettait de voyager à peu près où on voulait, que l'on habite une métropole ou la périphérie de Saint-Patelin-sur-Bazoche. Avec le temps, l'État a négligé ces tronçons secondaires au profit de lignes dites « à grande vitesse ». Pour faire simple : autrefois on allait partout très lentement et désormais on va très vite presque nulle part...

Mais la SNCF, qui est bonne fille, n'a pas laissé ses usagers sur le carreau. Au départ de Lyon, elle leur propose désormais de passer par Paris pour se rendre à Bordeaux. J'ignore ce qu'en pensent les Lyonnais mais pour ma part je ne marche pas. On ne monte pas au nord pour se rendre dans le Sud-Ouest, c'est une question de principe et, par principe, je place mes principes au-dessus de tout. Je ne suis d'ailleurs pas le seul. En 2019, la société coopérative Railcoop a saisi le problème à bras-le-corps. Convaincus de l'absolue nécessité d'une ligne transversale et de son enjeu en termes de transition écologique, ses sociétaires - des citoyens ordinaires - ont entrepris de ressusciter la liaison. Ils ont déjà racheté une partie des rames. Reste à les rénover. À ce jour, Railcoop a levé un peu plus de 8 millions d'euros. Il en faudrait 40 pour mener le projet à son terme. Si l'un d'entre vous a 32 millions sur un livret A, c'est le moment de se manifester.

**Pour faire simple : autrefois on allait partout très lentement et désormais on va très vite presque nulle part...**

En attendant, au bureau de vente de la gare Saint-Lazare, la guichetière ne comprend pourquoi je m'obstine à éviter à Paris. *C'est plus rapide*, répète-t-elle plusieurs fois. Sauf que je veux aller au plus court. Le site internet de la SNCF ne se montre pas plus compréhensif. Lui aussi impose de transiter par la capitale. De toute évidence nous sommes dans l'impasse et j'y serais encore si l'agence de voyages Trainline, anciennement Captain Train, ne m'avait pas tiré d'affaire. Moyennant quatre trains, trois correspondances et huit heures dix-huit de trajet effectif, elle m'offre de rallier Lyon et Bordeaux sans passer par Paris. La feuille de route paraît un peu hasardeuse mais je ne suis pas en mesure de discuter.

Les jours suivants, je consacre mon temps aux préparatifs de l'expédition. En reportage, le choix de l'accoutrement est la première chose sur laquelle le reporter doit concentrer son esprit. La moindre erreur peut compromettre le succès de l'entreprise. Mes précédentes expériences dans les transports ferroviaires m'ont enseigné qu'on crève de chaud à bord des trains français, contrairement aux cabines des avions dans lesquelles il est d'usage de se peler le jonc. Pour un voyage en train je ne saurais que trop recommander les matières souples et naturelles. Un pantalon de toile et une veste légère feront très bien l'affaire. Les chaussures ne sont pas à négliger non plus. Choisissez-les confortables et déjà faites aux pieds. En ce qui me concerne je chausse des Clarks à semelles de crêpe. Outre leur élégance rare, elles offrent l'avantage de se délacer sans difficulté ce qui permet, par fortes chaleurs, de les ôter en toute discrétion. Pour cette même raison je déconseille en reportage le port de santiags en cuir de crocodile à talons biseautés.

Une question qui revient souvent : celle des vivres à emporter. Vous devez savoir que la Société nationale des chemins de fer français propose à bord de la plupart de ses trains un service de restauration. Les prix pratiqués peuvent néanmoins inciter le voyageur impécunieux à se confectionner lui-même un casse-croûte d'appoint. Des petits malins ont pu vanter par le passé les vertus du sandwich au munster, qui permet de bénéficier sans supplément de coût du confort d'un compartiment pour soi seul, mais cette pratique peu citoyenne est aujourd'hui passée de mode et nous nous en félicitons.

*Page de gauche, en haut :*
*Canard enchaîné* et mots croisés, dans le Ouigo Lyon-Montpellier.

*En bas :*
Croque-monsieur au wagon-restaurant du TGV Montpellier-Toulouse.

Dernier détail : je n'habite pas Lyon. En toute logique il me faut donc y aller pour commencer le reportage. Rien de plus simple et intuitif : au départ de Paris les trains pour Lyon se prennent à la gare de Lyon qui est à Paris. La gare de Lyon de Paris est reconnaissable à sa grande horloge. Le jour dit, sur les coups de 7 heures du matin, je retrouve à son pied Guillaume Blot. Photographe de son état, il aura en charge la documentation iconographique de notre reportage. Blot est d'humeur joviale. Il ne semble pas avoir bien conscience de ce qui l'attend. On dirait un de ces poilus de 14 qui partaient la fleur au fusil, croyant qu'ils seraient rentrés pour les vendanges.

Nous passons les portiques sans difficulté et prenons place à bord du TGV inOui numéro 6681. Une première annonce nous informe que le train va partir, ce dont je m'étais douté à cause de l'heure indiquée sur le billet. Une deuxième annonce nous prévient que Michel, le chef de cabine, nous souhaite la bienvenue à bord. Il en profite pour nous présenter son équipe, en particulier Frédéric le conducteur et Jennifer la barista. Un agent propreté dont le nom n'est pas précisé sera aussi à notre disposition pendant toute la durée du voyage. Il ne faut pas hésiter à le solliciter, insiste Michel. Une heure et demie passe au cours de laquelle il n'advient aucun évènement significatif hormis l'amorce d'un conflit, deux rangs derrière moi, au sujet d'un paquet de chips mutualisé. Michel annonce que nous arrivons au Creusot. Une minute plus tard, il annonce que, cette fois, nous arrivons vraiment au Creusot. Bientôt Michel signale que nous en repartons, puis que nous en sommes partis. Il souhaite également la bienvenue aux nouveaux voyageurs ayant pris place à bord. Je gagne une voisine dans l'affaire, à laquelle je souhaite à mon tour la bienvenue. *Je m'appelle Philibert*, lui dis-je, *je serai votre voisin jusqu'à Lyon, notre terminus.* Je l'avertis que la barista s'appelle Jennifer car Michel, sauf erreur de ma part, n'a pas communiqué l'information aux nouveaux arrivants. Elle me remercie en enfilant ses écouteurs. Voilà de quelle manière, à peu de frais, on crée du lien afin d'impacter positivement le vivre-ensemble.

Une demi-heure plus tard, montre en main, nous arrivons à Lyon. Avant de descendre, je m'assure de n'avoir rien oublié sur mon siège et prends garde à l'espace entre le marchepied et le quai. Parmi la foule je cherche Michel du regard pour le remercier de tous les bons conseils prodigués mais ne le trouve pas. En contrepartie je tombe sur Blot, toujours jovial. Notre reportage sur la liaison Lyon-Bordeaux peut débuter.

Voilà des mois que la gare de Lyon Part-Dieu est en travaux. Un chantier monstre occupe son parvis en vue d'en faire un nouveau « PCM », c'est-à-dire un pôle d'échanges multimodal. Autrefois, quand nous étions encore peu civilisés, les parvis de gare se contentaient bêtement d'être des parvis de gare. Désormais ils sont des pôles d'échanges multimodaux. Sur les grilles du chantier, un panneau explique que le nouveau PCM Part-Dieu « réinventera les mobilités » afin de « fluidifier les parcours ». « Simplifier, rendre pratique et agréable, c'est tout l'objectif du projet de transformation du PCM Part-Dieu », conclut le panneau, et, ma foi, ce me semble un bel objectif. Dans la vie il est important de se fixer des objectifs ambitieux. Quand on pense qu'hier encore on

**Autrefois, quand nous étions encore peu civilisés, les parvis de gare se contentaient bêtement d'être des parvis de gare. Désormais ils sont des pôles d'échanges multimodaux**

*À droite :*
Sieste dans le Ouigo Lyon-Montpellier.

se satisfaisait de pauvres parvis de gare idiots, mal pratiques et unimodaux, on peut se réjouir de vivre à notre époque.

En gare de Lyon Part-Dieu, un piano droit de marque Yamaha est à la disposition des Mozart en correspondance. L'opération « Pianos en gare » a fêté ses dix ans l'an passé et elle est un succès. Soixante-deux gares françaises sont équipées à ce jour. Serge, la soixantaine, a pris place devant l'instrument. Voilà des années qu'il se rend « tous les jours ou presque » en gare de Lyon Part-Dieu sans être jamais monté dans un train. « Des fois je joue, des fois je viens juste écouter. Il y en a qui sont bons, voire très très bons. On en mangerait ! »

À cet instant surgit un aveugle. Il tient d'une main sa canne, de l'autre son fils. Ils ont traversé le grand hall pour en arriver là, devant le piano. Serge n'hésite pas une seconde et cède sa place. Un petit attroupement se forme. On s'attend à quelque chose de grandiose car les aveugles, c'est connu, font d'excellents pianistes (Ray Charles, Stevie Wonder, Gilbert Montagné et j'en passe). Hélas il se révèle que l'aveugle tape comme un sourd sur le clavier. Il est pianiste comme je suis tourneur-fraiseur. Blot me tire par la manche. Notre train Ouigo entre en gare.

Au portique, une hôtesse d'accueil nous demande nos titres de transport. Sereinement je glisse la main dans ma poche pour y chercher le billet mais ne le trouve pas. Pris d'une sueur froide je cherche dans l'autre poche et, ne l'y trouvant pas davantage, j'entame cette danse curieuse dont la chorégraphie consiste à se tâter frénétiquement le corps de haut en bas sur un rythme croissant, à se palper comme un galeux, à s'empoigner la barbe quand on en possède une, à se fouiller la doublure et finalement à vider le contenu de sa besace à même le sol, aux pieds de l'hôtesse qui vous regarde avec un air de dédain infini. Quand elle estime avoir suffisamment profité du spectacle, elle me demande de lui épeler mon nom, consulte sa machine et me laisse passer. Aussitôt après, je retrouve mon billet dans la première poche.

*Ci-dessus :*

Dans le TGV Montpellier-Toulouse, Yasmina, venue de Genève pour visiter sa famille à Toulouse.

Si Dieu existe, je vous fiche mon billet qu'il est un sacré farceur.

D'autres sacrés farceurs : les responsables de la charte graphique Ouigo. Pour l'habillage des trains, ces plaisantins ont choisi l'association du bleu canard et du rose bonbon. Il faut imaginer les réunions de ces gens-là, d'appels à projets en « conf calls », de présentation PowerPoint en brainstormings... Toutes ces études de marché, tous ces diplômes, toute cette intelligence pour aboutir au bleu canard, au rose bonbon et à « Poubellator ». Car ce sont les mêmes, je suppose, qui ont inventé cette espèce de vide-ordures monstrueux présent à l'extrémité de chaque rame, avec une grande bouche et deux yeux qui vous disent : « Nourrissez-moi de vos déchets. » D'abord Poubellator pourrait commencer par dire : « S'il vous plaît. » On ne se connaît pas que je sache. Ensuite je n'ai pas pour habitude d'être interpellé par une poubelle collective et encore moins de lui obéir. Qu'on ne compte pas sur moi pour entrer dans son jeu. Parce qu'il s'agit bien d'un jeu. Poubellator, l'« allié de la propreté », a été conçu pour rendre « incitatif et ludique » l'acte de jeter ses déchets. Cela s'appelle du « nudge marketing ». Ça vient directement des Amériques, c'est vous dire si c'est sérieux.

**Malgré ses wagons aux couleurs de la Manif pour tous et ses procédés infantilisants, le train Ouigo présente une qualité indéniable : il ne coûte pas bézef. Tout au moins en apparence**

Malgré ses wagons aux couleurs de la Manif pour tous et ses procédés infantilisants, le train Ouigo présente une qualité indéniable : il ne coûte pas bézef. Tout au moins en apparence. Car des frais peuvent s'ajouter, par exemple si vous désirez bénéficier d'une prise de courant, ajouter un bagage ou vous offrir un coupe-file. D'après la brochure commerciale Ouigo, il faut compter « 8 euros max pour l'ajout d'enfant » et « 10 euros par animal ». Financièrement parlant, l'« ajout d'enfant » est donc assez intéressant, surtout quand on considère l'extraordinaire pouvoir de nuisance d'un enfant dans un train. S'il est en forme, un enfant lambda, appelons-le Titouan, peut à lui seul faire de votre voyage un enfer. Heureusement divers outils existent pour neutraliser l'effet des Titouan, parmi lesquels les bouchons d'oreilles ou le casque antibruit de chantier. Tout récemment, mon ami Antonin m'a vanté en ce domaine une technique nouvelle, dite « technique de l'ultrason ». Elle nécessite de se munir d'un boîtier répulsif émettant de très hautes fréquences. On trouve ce genre de boîtiers en vente libre. Ils sont très efficaces contre les fouines et les rongeurs mais d'après Antonin on peut aussi bien s'en servir contre Titouan et ses congénères.

Cela étant, aucun enfant à déplorer ce jour-là hormis, voiture 11, deux têtes blondes en pull jacquard qu'on croirait droit sorties d'une publicité Kinder Chocolat. Sagement, ils jouent avec des figurines dans le rack à bagage. Je reste sur mes gardes, à bonne distance. Quand ils ont fini de jouer, ils rangent les figurines dans la boîte prévue à cet effet et s'installent à leur place pour coller des gommettes dans un livre d'éveil. J'ignorais que de tels enfants existassent dans la vraie vie. Soudain Maman Kinder passe la main dans les cheveux de ses enfants parfaits et d'une voix suave leur dit : *Rangez vos cahiers mes chéris, nous arrivons.* La petite famille descend à Nîmes et j'en viens presque à les regretter. Le train repart et Blot s'aperçoit qu'ils ont oublié sous le siège un doudou. Un doudou pingouin pour être précis, d'une douzaine de centimètres environ.

En reportage, j'ai pour principe de ne jamais intervenir. Je reste à ma place, qui consiste à relater les faits, non à interférer sur le cours des choses. Mais il me semble qu'il y a là cas de force majeure. Je ramasse le pingouin et vais le porter à Naïma notre chef de bord. Naïma paraît prendre l'affaire au sérieux. *De deux choses l'une,* déclare-t-elle. *Ou vous déposez le doudou aux objets trouvés de Montpellier ou je le rapporte à Lyon.* C'est vous qui décidez. Dans la vie certains choix nous engagent. Celui que je m'apprête à faire, j'en ai conscience, aura des conséquences directes sur le devenir du doudou. *Et si personne ne vient le chercher ?* demande Blot à bon escient. La réponse de Naïma tombe comme un couperet : *Je vais être honnête avec vous, s'il n'est pas réclamé dans les trente jours il sera détruit...* À l'heure où nous imprimons ces lignes, nous ignorons ce qu'il est advenu du pingouin. M. et Mme Kinder Chocolat l'ont-ils sauvé d'une mort certaine ? A-t-il été broyé ? Si vous avez la moindre information à ce sujet, ou si vous êtes vous-même apparenté à la famille, merci de contacter la rédaction qui fera suivre.

De Lyon à Montpellier nous traversons cinq départements – le Rhône, l'Isère, la Drôme, le Vaucluse, le Gard – et franchissons trois fleuves. L'œil suit les routes à flanc de coteau, se perd dans les futaies. Tout à l'heure nous avons aperçu les cimes enneigées de la Vanoise et le massif des Écrins. Après Valence, nous effleurons Avignon et les Alpilles. La campagne française défile à la fenêtre en images d'Épinal. Tantôt des blés et des seigles, tantôt des herbages, des chevaux, des meules, on croirait un calendrier des Postes. Puis vient le tour de Montpellier, plus exactement sa périphérie. Notre train Ouigo a pour terminus la gare nouvelle « Montpellier Sud de France », située à 6 kilomètres du centre-ville. Il nous faut donc emprunter la navette, c'est-à-dire l'autocar, puis la ligne 2 du tramway pour atteindre la gare Saint-Roch, d'où partira notre prochain TGV. Comptez une quarantaine de minutes environ. Nous gardons notre calme. Blot n'a rien perdu de sa jovialité. Le reportage suit son bon cours.

Quand nous parvenons enfin à Saint-Roch, le TGV à destination de Toulouse pointe son long museau. Le chef de gare donne un superbe et modulé coup de sifflet. Pourtant depuis le 15 décembre 2019, il n'incombe plus aux chefs de gare d'annoncer le départ des trains. C'est désormais au conducteur que revient cette responsabilité, en vertu d'une directive européenne « liée à l'harmonisation des règles de sécurité entre les pays de l'Union »... Je plains ces malheureux chefs de gare. Un jour on leur retirera la casquette. Sur ces considérations Blot m'informe que nous mourons de faim. Le métier de reporter creuse l'estomac. J'emboîte son pas et nous cinglons en direction du wagon-restaurant, qu'on appelle de nos jours « voiture-bar ». Dans les nouvelles rames Océane, les mange-debout ont laissé place à de petites tables éparses et un comptoir en bois. Le chef étoilé Thierry Marx signe la carte. Pour la SNCF, l'ancien juré de télé-crochet a conçu une série de plats parmi lesquels un risotto d'épeautre, butternut, châtaigne avec champignons marinés et huile de noisette dont on m'a dit le plus grand bien. Je m'apprête à passer commande. Malheureusement le micro-ondes est en panne. De même, un autocollant indique que le moelleux au chocolat sera « bientôt de retour ». En langage contemporain, cela signifie qu'il n'y a plus de moelleux au chocolat. Nous nous

***Depuis le 15 décembre 2019, il n'incombe plus aux chefs de gare d'annoncer le départ des trains. Je plains ces malheureux. Un jour on leur retirera la casquette***

rabattons sur le croque-monsieur. Nabila la barista le réchauffe au gril avec amour. Il y a quelques mois encore, elle travaillait dans un restaurant de la banlieue lyonnaise. C'est une cliente qui lui a conseillé de postuler à la SNCF. *Tu verras du pays, elle m'a dit. Et c'est vrai, je visite des tas de villes que je ne connaissais pas. Parfois, après un « découché », on a une journée de repos sur place. On voit jamais les mêmes paysages, jamais les mêmes têtes, j'aime bien.* Depuis six mois qu'elle est dans la maison, Nabila a déjà eu l'occasion de servir des vedettes : un jus de pomme à François Damiens et un cookie pur beurre à Patrick Bruel... Nabila voit aussi passer pas mal de députés mais ça l'intéresse moins.

Nous suivons maintenant la côte occitane. Le soleil tombe en pluie sur le port de Sète et ses trains de bateaux. Après la digue qui borde l'étang de Thau, voici Agde, capitale du naturisme et de la brasucade de moules. Nous entrons dans les terres. Wassim, lui, se tient déjà prêt. Il est ce qu'on appelle un fumeur compulsif. Et les fumeurs compulsifs n'ignorent pas qu'à Béziers le train marquera deux minutes d'arrêt. Wassim entend les mettre à profit pour s'en griller une. Le TGV ralentit enfin, les portes s'ouvrent, Wassim saute sur le quai comme un para sur Kolwezi, il dégaine aussi sec mais son briquet s'enraye. De précieuses secondes s'écoulent avant qu'un autre fumeur ne lui porte assistance. Peine perdue : même en tirant fort, il n'arrivera jamais au bout de sa cigarette. Wassim la replace dans le paquet, dépité. Le train repart. Ses poumons devront attendre Narbonne.

Nous longeons encore des haras, des vignes, le fameux étang de Montady. Au loin tournent mollement les éoliennes. Çà et là, des pavillons de crépi rose assoupis sous les pins et d'autres, très neufs, très blancs, avec un trampoline dans le jardin et des haies de thuyas. C'est Carcassonne, c'est Castelnaudary...

Nous remontons les voitures une à une. Il est curieux de constater combien l'atmosphère générale peut varier d'une rame à l'autre. Ce jour-là, voiture 8, l'ambiance est studieuse. Sur les écrans d'ordinateur s'étalent des tableurs, des courbes, des diagrammes. Un homme se lève pour passer son appel « depuis la plateforme ». De l'autre côté de la porte vitrée, il fait dix degrés de plus et vingt-cinq ans de moins. Deux lycéennes jouent au Yams tandis qu'une autre fait la sieste en travers de l'allée. Voiture 8 ça sentait l'after-shave, voiture 9 ça fleure la chaussette et le déodorant.

La voie court entre des serres, des ruches, des potagers. Blot me parle d'une fille « au bonnet bleu » qu'il a rencontrée voiture 5, et je devine que son intérêt dépasse le strict cadre de notre reportage. Pendant qu'il retourne enquêter, je compte deux châteaux d'eau et trois cimetières. Les morts regardent passer les trains. Le jour baisse et l'agent propreté circule dans les rangs pour la quatrième fois. Je m'excuse de n'avoir plus rien à lui donner. Toulouse-Matabiau terminus, tous les voyageurs sont invités à descendre.

*Ci-dessus :*
Valise géante à la gare de Lyon Part-Dieu.

Au bout du quai, Simon, 25 ans, attend Manon avec un bouquet de fleurs. Derrière lui, une foule anxieuse s'amasse sous le tableau d'affichage. On dirait qu'ils attendent les résultats du bac. En moyenne, un voyageur français se présente en gare quarante minutes avant le départ de son train. L'Intercités pour Marseille accuse une heure de retard. Notre TER pour Agen, lui, sera ponctuel. On dit que les journalistes ne parlent jamais des trains qui arrivent à l'heure : en voilà déjà quatre à la suite... La nuit d'hiver est tombée maintenant. À chaque escale, l'autorail déverse sa poignée de travailleurs. Les paupières sont lourdes et les gestes las. La jovialité de Blot est nettement entamée. Je crois qu'il ne digère pas sa séparation d'avec la fille au bonnet bleu. Derrière nous, deux employées de mairie disent tout le bien qu'elles pensent de la nouvelle stagiaire : *Tu la verrais quand elle arrive, on croirait qu'elle sort du lit... Tout à l'heure*, renchérit l'autre, *mademoiselle se fait du thé et elle ne lave même pas les tasses... Je lui ai dit : « Ma cocotte, si tu crois que je vais le faire à ta place... »*

Un peu plus loin, Valentin, jeune cadre dynamique, est concentré sur l'écran de son téléphone. Il s'adonne à la pratique du *Candy Crush*, un jeu consistant à aligner des bonbons pour les faire disparaître. On trouve aussi des lecteurs parmi les passagers. Depuis Paris, nous avons recensé deux romans de Claudel (Philippe), un Jean-Christophe Rufin, trois manuels de développement personnel et l'autobiographie du prince Harry.

Notre train dessert encore les gares de Montauban qu'on ne devrait jamais quitter, Lavilledieu, Castelsarrasin, Moissac, Valence d'Agen, Lamagistère et Agen son terminus, qu'il atteint à 18 h 05 précises. L'ultime TER pour Bordeaux est annoncé au départ à 18 h 07. Leslie notre chef de bord se veut rassurante : « Si vous courez, c'est jouable... »

J'ignore par quel miracle nous parvenons à l'attraper. Quand les portes se referment, je regarde Blot qui me regarde. Le contrôleur du TER nous regarde aussi, d'un œil mauvais. Il ressemble trait pour trait à Bernard Menez

mais se prend manifestement pour Clint Eastwood. Les yeux dans l'ombre de sa visière, il remonte l'allée centrale, prêt à dégainer son terminal sur qui lui cherchera des noises. Le train file dans la nuit. Personne ne dit plus rien. Nous atteignons Bordeaux, enfin. Ce que nous avons fait, aucune bête ne l'aurait fait et pour cause, les bêtes ont d'autres chats à fouetter. Dans le TGV qui nous ramène à Paris à la vitesse de 320 kilomètres par heure, je songe à ce reportage qu'il faudra bien écrire. Si au moins il s'était passé quelque chose, un évènement sortant un peu de l'ordinaire, ne serait-ce qu'une rupture de caténaire ou un malaise voyageur... Rien de tout cela, hélas. Un jour en France, six trains consécutifs sont arrivés à l'heure. Douze pages, a dit le rédacteur en chef. Je n'aimerais pas être à ma place. ♦

*À gauche, en haut :* Sur le quai de la gare de Toulouse-Matabiau, Simon attend Manon à l'arrivée du Montpellier-Toulouse.

*À gauche, en bas :* Stéphanie, « hôte propreté » du TGV Montpellier-Toulouse.

*Ci-dessus :* La contrôleuse du TER Toulouse-Agen passe une annonce au micro.

PHILIBERT HUMM est journaliste et écrivain. Ancien collaborateur des pages culture du *Figaro*, désormais reporter à *Paris Match*, il a publié *Les Tribulations d'un Français en France* (Éditions du Rocher, 2021) et, avec Pierre Adrian, *Le Tour de la France par deux enfants d'aujourd'hui* (Équateurs, 2018) ainsi que *La Micheline : Tournée des bars de France* (2021). Son dernier livre, *Roman fleuve* (Éditions des Équateurs), lui a valu de remporter le prix Interallié 2022.

GUILLAUME BLOT est photographe. Après des études au Celsa puis aux Gobelins, il publie, sous forme d'immersions et de portraits, plusieurs séries : « Buvettes », sur les friteries qui environnent les stades (exposée aux Rencontres d'Arles de 2019), « Rades », projet autour des bistrots français (à paraître chez Gallimard au printemps 2023), et « Parti intime », qui sensibilise à la contraception masculine. Son travail photographique capture avec un humour tendre une France populaire du quotidien. Représenté par l'agence artistique Le Crime, il collabore avec des journaux comme *M Le Monde*, *Libération*, *L'Obs* ou *Society* et des entreprises comme la SNCF ou Happn.

# LES UTOPIES FERROVIAIRES

## de Jules Verne à l'Hyperloop

PAR ORIANE RAFFIN

## Fin du XIX<sup>e</sup> siècle

**MÉTRO À AIR COMPRIMÉ ET MAISON À VAPEUR**

Jules Verne compte parmi les grands auteurs que le train a beaucoup inspirés. Né en 1828, au moment de l'essor du chemin de fer en France, il en nourrit ses romans. Ainsi, Phileas Fogg et Passepartout l'empruntent dans *Le Tour du monde en quatre-vingts jours* (1872), en Inde et aux États-Unis, tout comme le journaliste Claudius Bombarnac, dans le roman éponyme (1892). Passionné de technique, il invente dans *La Maison à vapeur* (1880) un éléphant mécanique qui tracte des wagons à travers l'Inde. Déjà, dans son roman d'anticipation *Paris au xx<sup>e</sup> siècle* (1860), l'écrivain projetait un métro à air comprimé circulant au-dessus des trottoirs, pour permettre aux habitants de la capitale de la sillonner sans être gênés par la vapeur ou la fumée.

*Ci-dessus :* Wagon de chemin de fer atmosphérique de la ligne de Paris Saint-Germain-en-Laye, d'après Figuier.



## 1847

**LE CHEMIN DE FER ATMOSPHÉRIQUE DE SAINT-GERMAIN**

Pour moderniser les trains, des ingénieurs se sont penchés sur de nouveaux moyens de traction, et notamment la traction atmosphérique. Dans ce système, le rail devait lui-même transmettre l'énergie nécessaire au train, un peu sur le principe des pneumatiques, en se servant d'air comprimé. L'ingénieur français Antoine Andraud fait partie des premiers à l'expérimenter, dans le sillage des Britanniques. Un projet voit même le jour en Île-de-France, avec une rampe devant relier Le Pecq à Saint-Germain-en-Laye, sur un itinéraire à fort dénivelé, réputé infranchissable par les locomotives à vapeur. Rapidement, la construction s'est révélée trop onéreuse. « Et ça n'a jamais véritablement marché, déplore l'historien des trains Clive Lamming. Les rats se sont régalés avec le cuir bien gras des conduits ! Sans oublier que les travaux étaient menés grâce à une locomotive à vapeur... ce qui démontrait bien qu'une telle installation était inutile et que les engins classiques auraient pu circuler. » Le chemin de fer atmosphérique a toutefois fonctionné sur une portion de 3 kilomètres, en dépit des incidents techniques, jusqu'à un accident mortel en 1858.

# 1895

## LE MONORAIL DE CHARLES LARTIGUE

À la fin du XIXe siècle, l'ingénieur français Charles Lartigue s'inspire d'un projet britannique pour développer un nouveau modèle de train monorail. Dans un tel système, la machine se retrouve à cheval sur un rail unique surélevé, complété par deux rails inférieurs de guidage, afin de garantir sa stabilité. Pour que les wagons ne se renversent pas, il convient de bien répartir leur charge entre la gauche et la droite. « Si le type qui montait dedans était un peu gros, s'amuse Clive Lamming, il avait intérêt à ce que sa belle-mère soit lourde et qu'elle se mette bien de l'autre côté, sinon ça risquait de basculer ! » Charles Lartigue teste son prototype en Algérie, mais aussi en France, dans la Loire, entre Feurs et Panissières, sur près de 17 kilomètres de voies qui n'ont jamais été mises en circulation. Lors de l'inauguration, le 20 août 1895, le préfet a fini le nez dans l'herbe, en raison d'un rail qui a cédé ! Et les personnalités présentes ont dû rentrer à la gare à pied...

*Le préfet a fini le nez dans l'herbe, en raison d'un rail qui a cédé !*

# 1969

## LE TURBOTRAIN, UN SYSTÈME OPÉRATIONNEL

Le turbotrain est le premier train à avoir dépassé les 300 km/h en France, avant le TGV. Dans l'idée de relier Paris à Lyon en deux heures, il a été conçu en adaptant une turbine d'hélicoptères sur des rames de train. Ce système combine ferroviaire et aéronautique. Une turbine à gaz fournit la puissance nécessaire. Mais le choc pétrolier de 1973 ruine les espoirs de ce mode de transport très énergivore. Le président Pompidou lui préfère un train moins coûteux et moins polluant : le TGV, qui lui succédera à peine une décennie plus tard.

*En haut :* Un monorail de Lartigue, à Listowel, en Irlande.
© ALAMY

*En bas :* Le Turbotrain, en 1974.
© AGIP / BRIDGEMAN IMAGES

*Ci-contre :*
Un aérotrain, au début des années 1980.
© KEYSTONE-FRANCE/ GAMMA RAPHO

## 1960-1970

**L'AÉROTRAIN DE JEAN BERTIN**
L'aérotrain, développé par l'ingénieur Jean Bertin, se déplace sans toucher le sol, sur des coussins d'air, guidé par un rail en forme de T renversé. Plusieurs prototypes sont réalisés, certains dépassant les 400 km/h. Soutenu par Georges Pompidou, Jean Bertin construit une voie d'essai de 18 kilomètres près d'Orléans, entre Ruan et Saran, dont des tronçons en béton restent encore visibles aujourd'hui. En 1974, un contrat est signé pour une seconde ligne qui devait relier Cergy à La Défense. Mais Valéry Giscard d'Estaing y met un coup d'arrêt. En 2016, la start-up française SpaceTrain a tenté de faire revivre l'aérotrain, visant les 540 km/h, mais les deux dirigeants ont été condamnés en janvier dernier pour escroquerie.

***En 2016, la start-up SpaceTrain a tenté de faire revivre l'aérotrain, mais ses dirigeants ont fini condamnés pour escroquerie***

## 2017

**UN HYPERLOOP… AUX AIRS D'ENTOURLOUPE**

Le train à sustentation magnétique connaît à présent un regain de faveur. Inspiré par l'aérotrain de Jean Bertin, il se soulève de quelques millimètres au-dessus du sol grâce à des électroaimants circulant dans d'imposants tubes. Dans le sillage de l'Hyperloop du milliardaire américain Elon Musk, d'autres projets de ce type ont été imaginés, en France, pour relier Paris à Limoges, Lyon à Saint-Étienne, sans aboutir. Près de Toulouse, l'Hyperloop TT, lancé en 2017, promettait ainsi des trajets à 1 000 km/h. Mais le projet est à l'arrêt et semble devoir être abandonné.

*En haut :* Modèle de capsule Hyperloop, à Toulouse.
© HYPERLOOPTT

*En bas :* Capsule Urbanloop, à Tomblaine, en 2021.
© JEAN-CHRISTOPHE VERHAEGEN/AFP

## 2019…

**VERS DES MINI-TRAINS AUTONOMES**

Draisy, Flexy, Taxirail : les derniers projets ferroviaires français s'orientent vers de petits véhicules, pouvant parfois également circuler sur route, souvent sans conducteur grâce au développement de l'intelligence artificielle. Ces trains, plus souples et plus légers, pourraient redonner un avenir aux petites lignes oubliées. Des élèves ingénieurs de Nancy ont lancé Urbanloop, des petites capsules rapides et autonomes, sur rail. Faiblement consommatrices d'énergie, elles sont destinées à des zones de densité moyenne, afin de remplacer la voiture. Objectif affiché par la société : 1 km, 1 minute, 1 centime. Les véhicules seront accessibles au public à l'occasion des JO de Paris, sur une boucle d'un kilomètre, à Saint-Quentin-en-Yvelines. Et la ville de Nancy devrait accueillir le premier circuit à plus grande échelle en 2026. L'assemblage des premières capsules a débuté en janvier dernier.

ORIANE RAFFIN est journaliste. Spécialiste des sujets liés à l'économie sociale et solidaire, ou environnementaux, elle a été responsable éditoriale du média Say Yess et collabore avec diverses rédactions, dont celles du journal *Le Monde*, du *1*, de *Zadig* ou de *L'Étudiant*.

# 9 QUESTIONS *sur le train*

## TROIS EXPERTS NOUS RÉPONDENT

**SAMUELA BURZIO** dirige l'association Once Upon a Train. Grande voyageuse, cette avocate de formation, juriste à SNCF Réseau durant sept ans, l'a cofondée en 2019 pour faire la promotion du rail comme moyen de transport de courte et longue distance.

**GILLES DANSART** est journaliste, spécialiste de la mobilité et des transports. Ancien rédacteur en chef de *La Vie du rail*, il dirige la newsletter *Mobilettre*, qu'il a créée en 2011. Il intervient comme chroniqueur dans l'émission *C dans l'air*.

**ARIANE VERDEROSA** est ancienne reporter à l'AFP. Experte des questions sociales, elle a publié aux éditions Autrement deux livres sur le monde du rail : *Trains de vie, enquête sur la SNCF d'aujourd'hui* (2004) et *Cheminots, portrait d'une communauté de travail* (2020).

CAROLINE LAGUERRE est illustratrice. Représentée par l'agence Monica Velours, elle a collaboré avec *XXI*, *La Déferlante* ou encore *Les Échos*. Elle a également travaillé pour La Croix-Rouge ou pour la brasserie Ninkasi.

# 1.

### LE TRAIN EST-IL VRAIMENT BON POUR L'ENVIRONNEMENT ?

**Samuela Burzio :** En matière d'émissions de $CO_2$, le train s'avère nettement moins polluant que les moyens de transport concurrents : 26 fois moins que la voiture et 65 fois moins que l'avion, selon une évaluation de l'Ademe en 2020. Une grande partie du réseau ferroviaire est électrifiée. Cette énergie provient largement du nucléaire et d'énergies renouvelables, tandis que le pétrole constitue la principale source d'énergie utilisée par la voiture et l'avion. La SNCF a pour objectif d'atteindre la neutralité carbone en 2050 et d'abandonner à partir de 2030 le gazole ferroviaire, qui continue d'alimenter les moteurs diesel de locomotives sur de nombreuses lignes régionales encore non électrifiées. Une dizaine de trains régionaux circulent déjà avec des biocarburants d'origine végétale, comme le colza. Mais la France ne figure pas parmi les pays les plus avancés en Europe : ainsi, en Autriche, le réseau ferroviaire est déjà nourri à 100 % d'énergies renouvelables. Les premières expérimentations du train à hydrogène ont eu lieu sur le réseau français en février 2023.

La construction des trains est également devenue très respectueuse de l'environnement. Le TGV M, dont la mise en circulation est prévue en 2024, sera constitué à 97 % de composants recyclables. Sa consommation d'énergie sera réduite de 20 %, grâce à sa forme aérodynamique permettant une meilleure pénétration dans l'air et à l'écoconduite garantissant une allure optimale.

Mais ce ne sont pas les seuls atouts du train, qui demeure le moyen de transport terrestre le plus sûr et nous conduit dans des gares situées en plein cœur des villes, où il est facile de se rendre en transports en commun. Enfin, le train est aussi appréciable pour son confort : on peut y regarder le paysage, goûter un moment de calme, lire, travailler ou se déplacer aisément.

## 2.

### FAUT-IL INCITER À CHOISIR LE CHEMIN DE FER ?

**Samuela Burzio :** Les pouvoirs publics ne favorisent pas encore suffisamment le chemin de fer par rapport au secteur aérien. Certaines mesures ont été prises, comme l'interdiction des vols intérieurs de moins de deux heures et trente minutes lorsqu'il existe une alternative ferroviaire. Et l'Europe est en passe de faire la même chose. À présent, grâce aux lignes à grande vitesse qui ont permis de faire Paris-Lyon en deux heures ou Paris-Marseille en trois heures, le train est devenu plus attractif que l'avion sur certains trajets. Mais, dans l'Hexagone, le réseau ferroviaire se trouve sous-utilisé et l'infrastructure apparaît vieillissante : pour avoir un réseau ferroviaire véritablement performant, il faudrait investir massivement, en particulier sur les petites lignes afin de les relier entre elles, ainsi que dans la maintenance du réseau conventionnel.

**La ligne de train quotidien la plus fréquentée ?**
Le RER A, exploité en commun par la RATP et SNCF Voyageurs, qui traverse d'est en ouest l'agglomération parisienne, de Cergy, Saint-Germain-en-Laye et Poissy à Boissy-Saint-Léger et Marne-la-Vallée, et qui transporte près de 1,4 million de voyageurs chaque jour.

## 3.

### POURQUOI FAIT-ON JOUER LA CONCURRENCE SUR LE RAIL ?

**Samuela Burzio :** L'ouverture à la concurrence étant très récente, il paraît encore difficile de se prononcer sur ses effets. Depuis 2020, les lignes à grande vitesse nationales sont exploitées par d'autres opérateurs que la SNCF – on parle d'*open access* –, et d'ici à fin 2023, les autorités organisatrices auront l'obligation de lancer des appels d'offres pour les lignes de TER à la fin de leur contrat d'exploitation avec la SNCF. Ainsi, la concurrence est déjà en place, et la SNCF s'y est adaptée, en proposant notamment sa branche *low cost* Ouigo, puis le Ouigo classique…

Il est à remarquer que de nouveaux opérateurs français se positionnent sur de nouveaux marchés, en complément plutôt qu'en concurrence avec l'offre proposée par la SNCF. Parmi eux, Railcoop, première coopérative ferroviaire en France, présente l'originalité d'associer des citoyens à la relance du rail. Elle vise à remettre en service des petites lignes pour assurer le retour du train en zone rurale. Déjà, depuis novembre 2021, cette coopérative fait rouler des trains de marchandises, et elle ambitionne de rétablir la liaison voyageurs entre Bordeaux et Lyon en passant par le Massif central. Il y a aussi la start-up française de train de nuit Midnight Trains, qui propose des voitures-lits, façon « hôtel sur rails », pour relier Paris à plusieurs villes européennes (dont Venise). Elle vise une première destination en 2024 et se pose en concurrente de l'avion *low cost*.

De son côté, la compagnie ferroviaire Kevin Speed entend investir un tout autre marché, celui du TGV omnibus, pas cher, pour aller d'une métropole à une autre, en s'arrêtant dans les petites gares françaises et en effectuant des rotations fréquentes. Enfin, l'opérateur privé Le Train Voyage veut proposer de nouveaux trajets régionaux (en commençant par le Grand Ouest), sans passer par la capitale.

Toutes ces initiatives concourent à l'augmentation de l'offre ferroviaire. Sur la ligne Paris-Milan, l'entrée sur le marché des trains à grande vitesse Frecciarossa, de l'italien Trenitalia, a eu pour effet de remplir les trains de la SNCF. Et sur la ligne Paris-Lyon, une étude de Trainline constate une augmentation moyenne totale de vente de billets de 58 % et une baisse de prix d'environ 7 %. Tout le monde s'avère donc gagnant.

# 4.

## COMMENT S'Y RETROUVER DANS LE MAQUIS DES TARIFS ?

**Gilles Dansart :** Il existe aujourd'hui deux grands types de tarifs. D'abord, ceux des trains conventionnés (les Transiliens en Île-de-France, les TER dans les régions, les Intercités de jour et de nuit), encadrés par une autorité organisatrice, qu'il s'agisse des régions ou de l'État. Pour le Transilien (avec Île-de-France Mobilités), les TER (avec les régions), une part importante du coût d'exploitation est prise en charge : des deux tiers aux trois quarts. Pour les Intercités, l'État offre une compensation publique plus faible. Ensuite, les voyageurs paient le reste avec leur billet ou leur abonnement.

Ensuite, la deuxième catégorie de tarifs regroupe ceux des TGV, inOui, Ouigo et TGV internationaux. Ils sont plus élevés, car l'intégralité du coût du service est réglée par le voyageur, en l'absence de subventions. Depuis plus de trente ans, la tarification de ces trains à grande vitesse varie en fonction de la demande, suivant le principe du *yield management*. Celui-ci consiste à optimiser les revenus commerciaux : plus la demande est forte, plus les prix augmentent. Progressivement, la notion de tarif de référence a disparu au profit d'une totale liberté de tarification. L'opérateur peut pratiquement faire ce qu'il veut, dans le respect de l'acceptabilité du prix et sous la surveillance de l'État.

Concrètement, un aller Paris-Bordeaux peut atteindre 180 euros, dans les derniers jours de mise en vente, si le train choisi commence à être quasiment plein. Avant le lancement du TGV, une telle amplitude de prix était impossible : le tarif pratiqué variait en fonction du nombre de kilomètres parcourus, selon un système de tarification kilométrique. Mais au début des années 1990, un nouveau logiciel baptisé Socrate, inspiré des systèmes de tarification aérienne, a transformé la tarification du TGV.

Aujourd'hui, cette tarification se trouve tirée vers le haut : les prix augmentent considérablement dès lors que les trains se remplissent vite, au fur et à mesure que la demande progresse. Il en résulte la perception – majoritaire chez les Français – que le train est cher, même si beaucoup de voyageurs bénéficient de tarifs attractifs. Ces prix qui paraissent prohibitifs découlent du fait que l'offre ferroviaire est insuffisante. Depuis le printemps 2022, on observe en effet une très forte demande de voyages en train. Dans ce contexte tendu, ceux qui n'ont pas de carte d'abonnement ou de fidélité, ou qui réservent le train tardivement, subissent des tarifs élevés dus à des taux de remplissage, eux-mêmes élevés.

**La ligne de TGV la plus fréquentée ?**
Paris-Lyon, devant Paris-Lille et Paris-Bordeaux. Si le nombre de passagers est aujourd'hui confidentiel, elle était encore en 2017 la première ligne d'Europe, empruntée chaque année par près de 45 millions de personnes.

**La ligne de train quotidien avec le plus d'arrêts ?**
Le RER C et ses 84 gares. Il traverse l'agglomération parisienne et relie de nombreuses villes des Yvelines et de l'Essonne à Paris.

# 5.

## LE TRAIN DEVIENT-IL DE PLUS EN PLUS CHER ?

**Gilles Dansart :** Pour répondre à cette question, il faudrait que SNCF Voyageurs fournisse sur la durée le nombre de kilomètres parcourus par les voyageurs et ses revenus commerciaux. En divisant, on obtiendrait le coût moyen du kilomètre pour un voyageur, seul indicateur permettant une vraie évaluation économique. Mais ce chiffre, on ne l'a pas. En revanche, les usagers constatent qu'il existe peu d'alternatives aux TGV. Un choix politique a été fait, qui consiste à substituer au vieux réseau classique un réseau à grande vitesse, avec à la clé une augmentation des tarifs, car la technologie de la grande vitesse (infrastructure et matériel roulant) est beaucoup plus coûteuse. Cependant, il faut bien voir que ces lignes transportent en définitive assez peu de personnes. En effet, les TGV nationaux inOui ou Ouigo et les TGV internationaux (Eurostar, Thalys, etc.) ne représentent qu'environ 10 % des 5 millions de voyages quotidiens, tandis que les 90 % restants sont assurés par les trains conventionnés (Transiliens, TER et Intercités). Le développement du TGV, marque emblématique de la France, s'est accompagné d'un quasi-abandon des trains classiques. Pourtant les voies existent toujours… et le potentiel de voyageurs aussi.

# 6.

## LA SNCF EST-ELLE UNE ENTREPRISE RENTABLE ?

**Gilles Dansart :** Le groupe SNCF réalise aujourd'hui plus de 40 milliards d'euros de chiffre d'affaires, avec toute une palette d'activités : l'*open access* 100 % commercial, les transports conventionnés TER et Transilien, le fret ferroviaire, les transports urbains avec Keolis (filiale dont le chiffre d'affaires tourne autour de 6 à 7 milliards d'euros), Geodis, géant mondial de la logistique et du transport routier, actuellement en très forte croissance, et le réseau à travers SNCF Réseau. Les pertes historiques du fret ont disparu, toutes les activités voyageurs sont en progression.

Dans le transport conventionné, les contrats avec les régions sont établis de manière à réaliser un bénéfice. Et le TGV marche bien depuis la fin du Covid. Tous les clignotants sont donc au vert. Le groupe va dégager pour l'année 2022 un bénéfice net de 2,4 milliards d'euros.

La question de la dette résiduelle, aux alentours de 25 milliards d'euros, dont 5 milliards d'aides à Fret SNCF, ne constitue pas un handicap pour l'avenir du groupe, parce que la dette historique du réseau – dont une partie relève de la responsabilité nationale, étant liée à la construction des lignes à grande vitesse – a été largement reprise (35 milliards d'euros) par l'État depuis 2019. La structure financière du groupe apparaît donc aujourd'hui beaucoup plus saine.

Reste un problème de vision et de stratégie nationale que l'on pourrait poser en ces termes : qu'est-ce que la puissance publique veut faire du réseau ferroviaire, notamment pour participer à la décarbonation des transports ? Veut-elle véritablement développer ce type de transport ? Les Allemands, les Italiens, les Anglais ont beaucoup investi pour améliorer leur réseau et faire en sorte que leur offre ferroviaire soit plus étoffée. Ce n'est pas le cas de la France, où l'on observe un malthusianisme ferroviaire persistant.

# 7.

## POURQUOI DOTER DE RER LES GRANDES VILLES FRANÇAISES ?

**Gilles Dansart :** Cela constitue un enjeu politique et urbanistique majeur. À Bordeaux, par exemple, il est difficile d'accéder au centre-ville par le train, faute d'une offre ferroviaire suffisante. D'où l'idée de faire des dessertes appelées Service express métropolitain (SEM), lesquelles ne sont pas véritablement des RER comme en région parisienne, mais plutôt des TER augmentés. Comme je ne vois pas des villes telles que Bordeaux, Lyon ou Nantes revenir sur leur politique d'aménagement, il s'agit de trouver des solutions pour des voyageurs qui veulent entrer dans la ville en habitant à 20, 30 ou 40 kilomètres du centre. C'est un service extrêmement important, qui représente un enjeu de vie quotidienne, car il offre une solution autre que la voiture et apparaît politiquement essentiel pour ne pas désespérer les périurbains. Actuellement, le centre des grandes métropoles attire les services (santé, universités), la modernité, l'offre culturelle. Mais ceux qui résident en périphérie éprouvent des difficultés pour y accéder. Il faut urgemment reconstruire une desserte de transport public de ces métropoles, sauf à risquer des explosions sociales ou politiques.

# 8.

## LES CHEMINOTS SONT-ILS DE TOUTES LES GRÈVES ?

**Ariane Verderosa :** La SNCF a été partie prenante de presque toutes les grandes grèves qui ont marqué l'histoire du mouvement ouvrier en France. Dès la fin du XIXe siècle, les cheminots forment une composante essentielle et stratégique du mythe de la grève générale, théorisée alors, qui consiste à mettre à l'arrêt un pays pour faire triompher pacifiquement le monde du travail. Si les cheminots ont été de tous les coups, c'est aussi parce que c'est un monde de l'excellence ouvrière qui va de pair avec une forte organisation.

Lors de la grève de 1995 pour s'opposer à la réforme de la Sécurité sociale, les critiques à leur encontre étaient extrêmement mesurées, alors que le mouvent a duré trois semaines et a considérablement perturbé la vie de tous les usagers. On parlait à l'époque de grève par procuration, avec ce sentiment que les cheminots pouvaient la mener de manière efficace au nom de tous. Quant à la grève de 2018, elle a eu lieu pour protester contre le projet de réforme de la SNCF transformant celle-ci en plusieurs sociétés anonymes. Ce projet s'est accompagné de l'abandon du statut des cheminots pour le personnel embauché à compter du 1er janvier 2020, qui se trouve placé désormais sous le régime général.

Les Français entretiennent une espèce de relation d'amour-haine ambiguë et compliquée avec la SNCF. Mais pour autant, tout se passe comme s'ils faisaient confiance aux cheminots pour la défense du service public et pour être un pôle de résistance à l'égard des tentatives de rabaissement des droits sociaux.

**Qu'est-ce qu'un « ferrovipathe » ?**
C'est le nom donné aux personnes passionnées par l'univers ferroviaire. Cet engouement se manifeste par l'observation de trains, le modélisme, la photographie ou la collection. En France, de nombreux événements célébrant le rail rythment l'année : le festival Vapeur de Longueville, qui aura lieu du 6 au 8 mai prochain, le salon de multimodélisme des Ferrovipathes du Calaisis en novembre, la fête de la vapeur en baie de Somme…

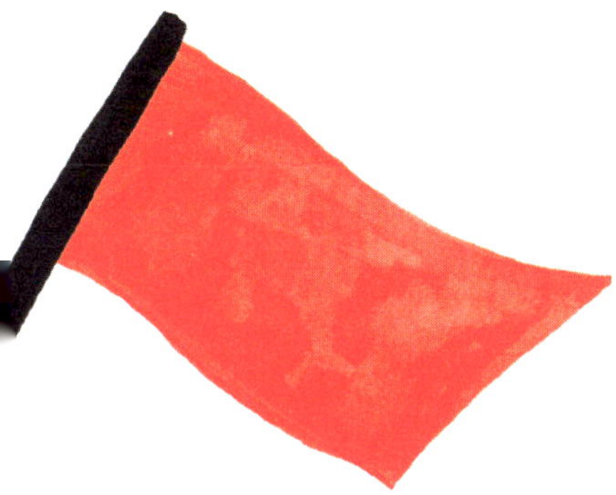

# 9.

## Y A-T-IL DAVANTAGE DE CONFLITS SOCIAUX À LA SNCF ?

**Ariane Verderosa :** Chaque année, on compte à peu près le même nombre de préavis de grève. Si l'on observe la période 2008-2018, ce nombre est passé de 898 à 838 (avec un pic à 1 139 en 2009, et un autre à 960 en 2016). D'une part, il y a – mais pas tous les ans ! – les grandes grèves nationales qui généralement ont pour fondement la résistance à des projets de réforme des droits sociaux. Et d'autre part, on note un « bruit de fond », constitué d'une quantité de grèves locales récurrentes, qui font moins parler d'elles parce qu'elles ne pénalisent qu'une petite partie des usagers du train. Cela fait partie de vie quotidienne de la SNCF et relève de son mode de régulation sociale tel qu'il a toujours existé, même s'il a évolué et s'est « pacifié » ou adouci. Ces conflits locaux portent principalement sur des questions de conditions de travail, et, là, on est au fondement du rôle des syndicats et des élus du personnel : l'amélioration de la vie au travail des salariés. Les cheminots pensent généralement qu'en défendant leurs conditions de travail et leur emploi, ils défendent le service public localement.

La question de l'emploi est au cœur des revendications, y compris dans les grèves locales. À force de voir des postes supprimés, les cheminots ont l'impression que leur monde va disparaître. Ils se sentent dépositaires d'une très longue tradition et responsables de sa transmission. Un nouvel embauché est pris en charge immédiatement par tout le collectif de travail : il représente la suite de l'histoire. La SNCF, c'est un monde de savoir-faire surprenant, d'une vraie ingéniosité. Le système ferroviaire constitue l'un des systèmes sociaux techniques les plus complexes qu'on ait jamais inventés. Tout est tellement imbriqué que cela ne fonctionne que si les professionnels ont vraiment envie que ça marche. Et il y faut une dose d'engagement considérable, une envie incroyable.

*Propos recueillis par François Vey et Emma Flacard*

# 8 lignes *qui font* rêver

*par Brigitte Valotto*

## 1. L'AUBRAC, MERVEILLE FERROVIAIRE

Transperçant le mitan de la France par son arête la plus aride, ce petit train rouge affrontait par tous les temps les hauts plateaux du Larzac et les Causses de l'Aveyron, se faufilant par quatre-vingt-trois tunnels et viaducs, montant jusqu'à 1 000 mètres sur les hauteurs du Massif central. Clou du trajet, son numéro d'équilibriste sur le vertigineux viaduc de Garabit, œuvre ferroviaire magistrale de Gustave Eiffel, dont le délicat treillis métallique enjambe à 120 mètres les gorges de la Truyère. Lancée en 1888 et fermée en décembre 2007, la ligne a repris partiellement de l'activité en 2021, avec l'Intercités reliant Clermont-Ferrand à Béziers.
En 2020, le Guardian a retenu l'Aubrac dans son classement des dix plus belles lignes du continent européen – la seule ligne française.

© JEAN-JACQUES D'ANGELO/MÉDIATHÈQUE SNCF

## 2. LA LIGNE DES HIRONDELLES POUR TUTOYER LE CIEL

En construisant, entre 1856 et 1912, cette incroyable ligne jurassienne qui part de la gare de Dole, à 200 mètres d'altitude, pour se hisser jusqu'aux 948 mètres du col de la Savine, les ouvriers ferroviaires ont réalisé un ouvrage exceptionnel, tout en courbes et en arcs, transpercé de trente-six tunnels et dix-huit viaducs. Ils travaillaient si haut qu'ils parlaient aux oiseaux, dit-on dans la région ; d'où le surnom resté à la ligne (aujourd'hui desservie par le TER Dole-Saint-Claude) : celle des Hirondelles.

© CHRISTIAN GUY / HEMIS.FR

## 3. LE CÉVENOL, TOUT UN SYMBOLE…

Réalisation majeure du Second Empire, cette ligne compte pas moins de 3 000 ouvrages d'art ferroviaire. Elle fut construite pour amener le charbon du Sud vers la capitale, charriant dans son sillage les luttes ouvrières du XIX^e siècle avant de devenir l'un des premiers trains des congés payés… Comme le mythique Train bleu, qui conduisait la jet-set de Paris à Nice, il traversait la France du Nord au Sud. L'apparition du TGV a failli lui porter un coup fatal, mais la mobilisation citoyenne n'a pas faibli, pendant dix ans, pour sauver ce Cévenol qui dessert notamment la gare de Nîmes, avec sa façade monumentale, rythmée par deux niveaux de dix-neuf arcades s'inspirant des arènes romaines.

© DIDIER ZYLBERYNG / ALAMY

## 4. LE MONT-BLANC EXPRESS, TRAIT D'UNION FRANCO-SUISSE

Depuis plus d'un siècle, il se joue du sommet le plus haut d'Europe : le mont Blanc. Ses voyageurs passent des deux côtés des Alpes, à travers vingt et un tunnels et vingt-huit ponts. Partant de Saint-Gervais-les-Bains, jolie station thermale de Haute-Savoie, le train arrive en 90 minutes à Martigny, agréable ville romaine nichée dans le canton du Valais. Entre les deux, dix-neuf gares sur 55 kilomètres, à travers la vallée de Chamonix puis la vallée suisse du Trient… et un fascinant décor de montagne qui défile derrière les fenêtres panoramiques de wagons suisses grand confort. Un long tunnel de 1 882,76 m permet de franchir le col des Montets, à 1 385,92 m d'altitude.

## 5. LE CANARI CATALAN, FIERTÉ RÉGIONALE

C'est aujourd'hui un petit tortillard touristique, star ferroviaire de la Cerdagne avec ses wagons d'autrefois et sa couleur jaune, qui tire un trait éclatant dans le paysage. Construit à la fin du XIXe siècle pour désenclaver ces hauts plateaux, il accomplit sa mission à 30 km/h sur plus de 1 000 mètres de dénivelé et 390 courbes. On passe par le dernier pont ferroviaire suspendu, la gare la plus élevée de France et dix-neuf tunnels.

© MARTIN CASTELLAN / ALAMY

© LECLERCQ OLIVIER / HEMIS.FR

## 7. LE TRAIN DU FOU CHANTANT, POUR VOIR DANSER LA MER

C'est sur la ligne Montpellier-Perpignan que Charles Trenet composa, en dix minutes, l'une des chansons les plus célèbres du répertoire français : « La Mer ». Aujourd'hui, la ligne est assurée par un TER qu'on peut prendre à Sète. Dans cette ville, il emprunte, pour franchir l'un des nombreux canaux qui la relient à la lagune, le pont Maréchal-Foch : unique en France, celui-ci bascule encore plusieurs fois par jour pour laisser passer les bateaux... Après, le train s'engage, à hauteur de Palavas-les-Flots, sur le long bras de terre qui sépare l'étang de Thau et la Méditerranée : on croirait voir s'ouvrir les eaux sous ses rails.

## 6. LE PETIT TRAIN DES BAINS DE MER, POUR LA NOSTALGIE

Il fit les beaux étés des premiers vacanciers du XIXᵉ siècle, attirés par les plages du Nord avec la nouvelle mode des « bains de mer ». Parfois, lors des grandes marées, la ligne était submergée et les voyageurs devaient descendre, pieds dans l'eau, pour que le tortillard franchisse à vide les zones inondées. Pendant la Grande Guerre, ce train acheminait soldats et blessés de l'armée anglaise. Fermée en 1972, la ligne mythique a été relancée en partie, fin 1998, entre Le Crotoy et Saint-Valéry, permettant aux touristes d'admirer la baie de Somme en wagons d'époque.

© DEGAS JEAN-PIERRE / HEMIS.FR

## 8. ET SI ON JOUAIT À VOIR PASSER LES TRAINS...

Lorsqu'il fut inauguré en 1909, le viaduc ferroviaire des Fades, culminant à plus de 92 mètres au-dessus de la Sioule, en Auvergne, était le plus haut du monde. Cet ouvrage d'art desservait une ligne aujourd'hui suspendue, pourvue d'une « halte ferroviaire ». C'est dans cette minuscule gare désaffectée que se réunirent en 1982 de singuliers congressistes, autoproclamés « banalystes », qui n'avaient d'autre but que voir passer le temps... Leur mouvement « critique et expérimental », imprégné de surréalisme, entendait résister à « la colonisation du réel par la valeur marchande ». Leur « congrès ordinaire de Banalyse », le troisième week-end de juin, n'avait qu'une seule activité au programme : attendre les trains et accueillir ceux qui auraient eu l'idée de se joindre à eux... L'histoire ne dit pas s'ils furent nombreux, mais le congrès des Fades eut lieu pendant dix ans. ♦

LES CARTES DE
**HERVÉ LE BRAS**

# *Quand le chemin de fer* RAPPROCHE CERTAINES VILLES

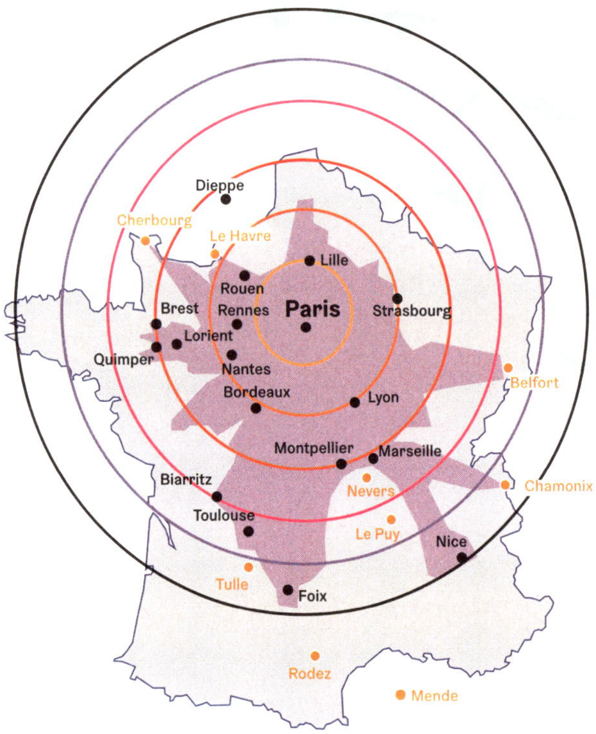


1 heure
2 heures
3 heures
4 heures
5 heures
6 heures

**ANAMORPHOSE DES DURÉES D'ACCÈS À PARIS PAR LE TRAIN**

● Villes rapprochées
● Villes non affectées ou éloignées

UNE CARTE devenue populaire illustre la rapidité des lignes de TGV. Plutôt que d'utiliser les kilomètres pour placer les villes à leur distance réelle de Paris, elle prend en compte la durée du trajet vers la capitale. Concrètement, cela revient à tracer sur la carte de France une ligne joignant Paris à chacune d'entre elles et à l'allonger ou à la raccourcir en fonction de la durée du trajet. Ainsi, Lille est à une heure au lieu de 204 kilomètres, Bordeaux à deux heures au lieu de 500 kilomètres. On relie ensuite entre elles les villes qui se trouvent sur les frontières et sur les côtes. La carte obtenue est appelée une anamorphose. Afin de souligner le raccourcissement des distances qu'a opéré le TGV, on dessine la France dans sa forme habituelle sous l'anamorphose de manière à ce qu'elle l'englobe entièrement *(figure 1)*. Ainsi Lyon, Lille ou Bordeaux sont bien plus proches de Paris que sur la carte classique. Seuls Belfort, Chamonix, Cherbourg et Le Havre restent à la même position.

Cette méthode paraît séduisante. Toutes les villes côtières et frontalières importantes se retrouvent à l'intérieur de l'anamorphose. Mais, il n'en est pas de même pour des villes de l'intérieur. Soit l'exemple de Mende, le chef-lieu de la Lozère. Il faut 8 h 20 en moyenne pour s'y rendre depuis Paris en train. Quand on trace le trait les reliant, en lui donnant une longueur proportionnelle à la durée du parcours, comme on l'a fait pour Bordeaux ou pour Lille, la ville se retrouve en pleine Méditerranée. Or, à vol d'oiseau, Mende est plus proche de Paris que ne le sont Montpellier et Marseille. Même mésaventure pour Dieppe, qui est éjectée au milieu de la Manche, ou pour Rodez, Tulle, Le Puy et Nevers qui sortent des limites de l'anamorphose. L'explication est simple : le TGV ne dessert pas ces villes, accessibles de Paris seulement par des trains régionaux qui souvent ne sont pas directs, ce qui rend le voyage nettement plus lent. Ainsi, pour Mende, il faudra passer par Nîmes, et pour Dieppe par Rouen.

Les bizarreries constatées sur l'anamorphose y trouvent leur explication. Les zones atteintes rapidement se disposent en étoile depuis Paris. Entre elles, les durées de trajet depuis la capitale augmentent vite. Les communes de la Nièvre se retrouvent, par exemple, deux fois plus éloignées de Paris que celles proches de Lyon, ou de Poitiers. Inversement, des destinations lointaines sont atteintes rapidement, car une gare TGV se trouve à proximité. Ainsi de Biarritz, de Marseille, de Montpellier notamment. L'obstacle des montagnes du Massif central, des Alpes et des Pyrénées est à ce point visible sur la carte que cette dernière se confond presque avec celle, physique, des altitudes.
Au fond, l'anamorphose donne une vision positive de la SNCF, et la carte normale par niveau de durée, une vision négative.

# ET EN ÉLOIGNE D'AUTRES...

L'anamorphose donne l'illusion que toute la France s'est rapprochée de Paris, alors que seules les métropoles et les villes sur le passage des TGV bénéficient d'un accès rapide à la capitale. On s'en rend mieux compte en traçant sur une carte habituelle les lignes d'égale durée d'accès à la capitale, étagées d'heure en heure comme des lignes de niveau. Toutes les communes n'étant pas desservies par le train, on a pris comme mesure le temps pour aller de Paris à la gare la plus proche de sa commune, puis terminer le parcours à vélo. Le site internet de l'association Veloce fournit les données que l'on a reportées sur la seconde carte *(figure 2)*.

Dans la première, on mesure d'un simple coup d'œil les progrès accomplis : des villes lointaines deviennent rapidement accessibles. Dans la seconde, la durée du trajet vers des villes secondaires demeure longue et s'est parfois accrue : il faut à présent plus de temps pour aller de Paris à Caen qu'il y a cinquante ans, quand le turbotrain a été mis en service (1 h 49 en 1970, 2 h 20 aujourd'hui). L'anamorphose associe le progrès et le centralisme, tandis que la carte des durées de parcours montre la périphérie, dont les malheurs supposés sont devenus l'une des rengaines actuelles.

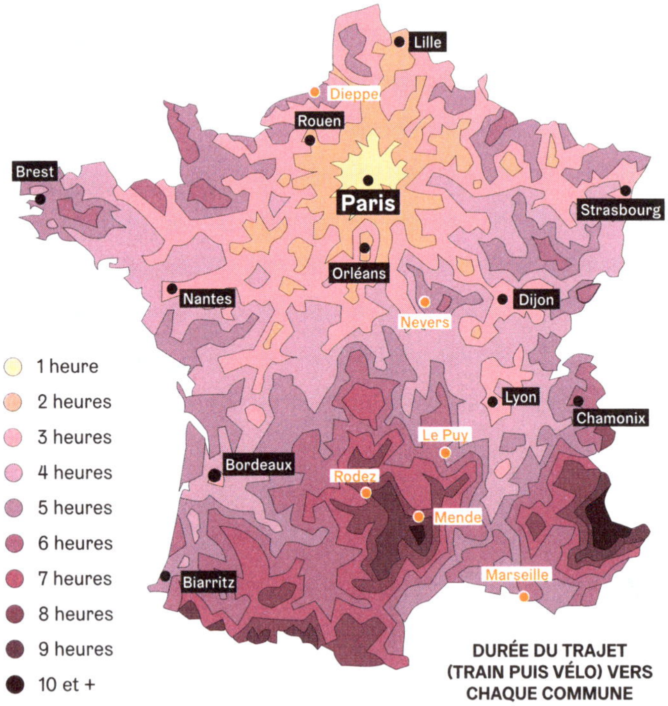


**DURÉE DU TRAJET (TRAIN PUIS VÉLO) VERS CHAQUE COMMUNE FRANÇAISE**

À partir de la nationalisation de la SNCF en 1938, et plus encore à partir des Trente Glorieuses, la SNCF est en effet devenue un symbole du progrès non seulement technique, – avec les records de vitesse des fameuses locomotives BB –, mais aussi social – avec la possibilité offerte par les congés payés et les colonies de vacances de voyager rapidement et pour des sommes assez modiques. L'anamorphose consacre l'union des progrès social et technique en les associant à la domination de Paris sur le territoire. Certes, le choix des lignes TGV a obéi à des impératifs économiques qui sont ceux des chemins de fer depuis l'origine : la carte des lignes actuelles empruntées par le TGV est en effet à peu près la copie conforme de celle du réseau ferré dans sa première jeunesse, en 1857.
Mais le rapprochement de la capitale a aussi répondu à des objectifs de pouvoir.
Obligé de fournir des gages à la décentralisation, l'État a repris d'une main ce qu'il donnait de l'autre. À peine avait-il créé des « métropoles d'équilibre » bénéficiant de quelques prérogatives et de crédits, qu'il lançait la construction du TGV qui mettrait les grandes villes à portée de sa main, si l'on peut dire. Le centralisme, objet de critiques permanentes, est inévitable dans un pays dont il est le principe fondateur – encore faut-il le faire accepter. La Bundesbahn ne jouit pas du même prestige en Allemagne, pays dont le principe fondateur est la communauté de langue, car elle ne remplit pas le même rôle symbolique que le TGV en France.
La SNCF est ainsi chargée, qu'elle le souhaite ou non, d'incarner positivement le centralisme souvent décrié par le terme de jacobinisme.
Le dessin du réseau TGV reprend à grande échelle la comparaison que l'historien américain Edward Fox a utilisée pour illustrer en 1973 le centralisme français dans son ouvrage *L'Autre France*. Il montre qu'au cours de l'histoire, la périphérie libérale a toujours perdu face au centre étatique, que ce soit les protestants défaits par les catholiques durant les guerres de religion ou les Girondins éliminés par les Jacobins lors de la Révolution.
L'issue de cette confrontation immémoriale est illustrée, dit Fox, par la place de la Concorde : au centre, l'obélisque symbolise l'État central ; autour, les huit statues représentent les huit grandes villes périphériques, dans une attitude de soumission – ces mêmes villes qui figurent sur l'anamorphose de la première carte, si proches de Paris en comparaison de plus petites villes de province.

HERVÉ LE BRAS est historien, directeur de recherche à l'Institut national d'études démographiques (Ined) et directeur d'études émérite à l'École des hautes études en sciences sociales (EHESS). Longtemps membre du conseil scientifique de la Datar, il a coécrit avec Emmanuel Todd *L'Invention de la France* (Gallimard, 2012) et *Le Mystère français* (Seuil, 2013). Il a dernièrement publié, en 2022, *Il n'y a pas de grand remplacement* (Grasset) et *Tableau historique de la France : la formation des courants politiques de 1789 à nos jours* (Seuil), ainsi qu'un *Atlas des inégalités* (Autrement), en 2023.

# LES PLANCHES *gourmandes*

DE GUILLAUME LONG

**Chaque trimestre, le dessinateur Guillaume Long croque avec malice des expériences de repas, racontées par un de nos lecteurs. La vôtre sera peut-être la prochaine ?**

Pour participer, vous pouvez nous écrire à l'adresse mail :
**lesplanchesgourmandes@zadiglemag.fr**

GUILLAUME LONG est dessinateur de bande dessinée et illustrateur de presse. Diplômé des Beaux-Arts de Saint-Étienne, il tient depuis 2009 un blog gastronomique pour lemonde.fr, « À boire et à manger », adapté en quatre volumes de BD chez Gallimard, entre 2012 et 2017. L'intégrale de sa série pour la jeunesse *Tétine Man* a paru en 2020 chez Didier Jeunesse, et il a publié en novembre 2021 *L'Abécédaire délicieux* (SuperExemplaire).

LA QUICHE DE NICOLAS
AU DÉBUT DES ANNÉES 2000, JE QUITTE MON ALSACE NATALE POUR ~~ÉCHAPPER AU SERVICE MILITAIRE~~ ALLER À BOSTON FAIRE MON ANNÉE POST-DIPLÔME DES ARTS DÉCO DE STRASBOURG...
HEU...
TU ES SÛR DE VOULOIR COMMENCER TA CHRONIQUE PAR MOI ?
PRENDS DONC CES BRETZELS POUR LE VOYAGE.
MÂMME ! JE TROUVERAI À MANGER À L'AÉROPORT...
PRENDS, JE TE DIS !!
J'EMMÉNAGE DANS LE QUARTIER DE MISSION HILL... DANS MA RUE, IL Y A PLEIN DE PETITES MAISONS EN BOIS REMPLIES D'ÉTUDIANTS.
LA PREMIÈRE SEMAINE, JE SUIS TELLEMENT À FOND QUE JE DÉCIDE D'ORGANISER
FRANÇAIS
AMÉRICAINE
RUSSE
ALLEMAND
UNE SOIRÉE ALSACIENNE !!
QUICHES ET RIESLING !
ÇA VA ÊTRE GÉNIAL !
SEHR GUT !
GREAT !
ЛАДНО !
BAS-RHIN OU HAUT-RHIN ?
LE TRUC, C'EST QUE JE FAIS ÇA LE DIMANCHE JUSTE APRÈS MON ARRIVÉE, QUE J'ACHÈTE LES INGRÉDIENTS LE JOUR-MÊME ET QUE LE QUARTIER EST CE QU'ON APPELLE UN...
FOOD DESERT
- 3 pâtes à tarte Herta©
- Riesling
- oignons
- lardons
- crème
- œufs
C'EST PAS GRAVE...
JE VAIS BIEN TROUVER UNE SUPÉRETTE.

7 ELEVEN
SALE!
SYMPA, CES SAUCISSES QUI TOURNENT...
ÇA PEUT FAIRE DES LARDONS...
ROLLER GRILL
7 ELEVEN
DU CREAM CHEESE...
BON, Y A CREAM DEDANS.
COMMENT ÇA PAS D'ALCOOL ?!
NEVER ON SUNDAYS IN MASSACHUSETTS!
JE M'APPRÊTE À ANNULER MAIS... MES COLOCS ONT PARLÉ DE LA SOIRÉE À **TOUS** LEURS AMIS!
EVERYBODY WANTS TO TASTE YOUR QUOUITCHIZ!
GREAT.
BROCOLIS EN BOÎTE
J'AVOUE, JE COMMENCE À FRANCHEMENT PANIQUER... JE ME DIS QUE JE VAIS FAIRE LA PÂTE BRISÉE MOI-MÊME (C'EST PAS TRÈS COMPLIQUÉ), SAUF QUE...
MAIS **POURQUOI** ÇA COLLE COMME ÇA ?!
RHÂ, MAIS!
WHEAT FLOUR
... J'OUBLIE LE BEURRE!
IL N'Y A PAS DE LIGNE FIXE À LA MAISON DONC ZÉRO ACCÈS À INTERNET... J'APPELLE MA MÈRE AVEC MON NOKIA MAIS ÇA ME COÛTE UNE BLINDE:
ALLÔ?
MA'MME! COMMENT TU FAIS LA QUIC
MON FILS! TU VAS BIEN?
TU REPRÉSENTES BIEN L'ALSACE AUX AMÉRIQUES?
(VISION EXAGÉRÉE DE CE MOMENT)
APRÈS AVOIR SUÉ SANG ET EAU TOUT L'APRÈS-MIDI ET AVOIR RETOURNÉ LA MOITIÉ DE LA CUISINE, J'OBTIENS:
LE **PIRE** DE LA GASTRONOMIE ALSACIENNE
J'VAIS LEUR DIRE QUE J'AI LA GASTRO.
BROCOLIS EN BOÎTE + CREAM CHEESE
PÂTE BRISÉE SANS BEURRE ®
SAUCISSES "ROLLER GRILL" + CREAM CHEESE + ŒUFS
OIGNONS (RÉUSSIS) + CREAM CHEESE + ŒUFS

VERS 18 HEURES, LES GENS ARRIVENT AVEC... LEUR PROPRE NOURRITURE! C'EST CURIEUX, MAIS C'EST AINSI.
FANCY A BIGMAC?
HI! SUSHI!
I BROUGHT A FEW BEERS.
CAKE! FROM SPA
WELCOME BUDDIES!
JE SUIS FICHU...
MES QUICHES SONT DÉCOUPÉES, PARTAGÉES.
LA PÂTE ACCROCHE AU MOULE.
UNE HORREUR.
TOUT LE MONDE VEUT GOÛTER À CES FAMEUSES SPÉCIALITÉS ALSACIENNES MITONNÉES AVEC AMOUR DES HEURES DURANT PAR CE FRANÇAIS NOUVEAU VENU!
?
LE... LA CUISSON EST PEUT-ÊTRE P... PAS TOP...
TU PEUX RECRACHER, SI TU VEUX.
...
JE VAIS DEVENIR LA RISÉE DE TOUT BOSTON... AU PIRE, J'ARRÊTE MES ÉTUDES ET JE FAIS MON SERVICE MILITAIRE...
AU BOUT D'UN MOMENT QUI ME PARAÎT INTERMINABLE,
LE VERDICT TOMBE
I'VE NEVER EATEN ANYTHING LIKE THAT BEFORE!
MOI NON PLUS!
ALSACE 4 EVER!
TASTES SO GOOD!
I ♥ FRENCH FOOOOD!
?
OMG!! IT'S DELICIOUS!
FANTASTIC! IT'S AMAZING!
CONGRATS!
ET VOILÀ.
C'ÉTAIT À LA FOIS MON PIRE RATAGE ET MON PLUS GRAND SUCCÈS CULINAIRE... LES GENS ÉTAIENT TELLEMENT À FOND! J'AI MANGÉ DES SUSHIS (DÉCOUVERTE INCROYABLE À L'ÉPOQUE!) ET J'AI FAIT LA FÊTE AVEC TOUT LE MONDE!
AU MÊME MOMENT, AU JAPON:
ces sushis, quand j'y repense... au peanut butter et au beef jerky! vous êtes sûr de vouloir écrire un article dessus?
DEPUIS, JE NE RATE JAMAIS UNE QUICHE!
T'EN VEUX?
long 23

## UN TERRITOIRE
*au crible*
par Erwan Desplanques

# LE PAYS BASQUE
# *sous tension*

Photographies Sarah Witt

*Attirant un flot croissant de vacanciers et de nouveaux résidents, le Pays basque est aux prises avec une spéculation immobilière qui rend plus difficile l'accès de ses habitants au logement et à la terre. Une partie d'entre eux se mobilise autour de nouvelles formes de lutte, cinq ans après la dissolution de l'organisation armée ETA.*

*Page d'ouverture :*
Front de mer à Biarritz.

*Page de droite :*
Iban Régnier, dans un « jardin pirate » à Bayonne, février 2023.

Iban ne se souvient pas depuis quand habiter le quartier Saint-Esprit de Bayonne, au milieu des poules, est devenu un « truc de privilégiés ». Ni à partir de quel moment le Pays basque, avec ces Pyrénées qu'il aperçoit depuis sa fenêtre, s'est mis à aimanter l'Hexagone, au point de rendre le territoire de moins en moins respirable, sinon habitable. « Beaucoup de mes potes ne vivent plus là, ils ont été obligés de partir dans le Béarn ou plus loin », dit-il en levant la main vers la montagne comme pour un dernier adieu. Lui est un *euskaldun*, un « gars d'ici », « anar et poète », verbe haut, yeux acier. Du genre à « culpabiliser » d'avoir le droit de rester au paradis, avec sa femme, leurs deux enfants et une poule qui nous observe depuis la véranda, perchée sur un tapis de combinaisons de surf.

Guide touristique, organisateur de concerts expérimentaux dans des lavoirs ou des cages d'escalier, Iban Régnier est bien placé pour connaître les atouts de la côte : la vigueur de l'Océan, la douceur des collines, les volets rouges et les frontons de pelote – cette « carte postale » qui tient ici autant de la providence que de la malédiction. Il n'ignore pas que son « pays » a été une « terre d'accueil et de transit » depuis la nuit des temps. Une synagogue construite en 1837 se dresse au pied de chez lui, rue Maubec, à côté du musée judaïque de Bayonne, de deux vendeurs de kebabs et d'un immeuble dont la façade est recouverte de l'inscription « Libres et sauvages », qui pourrait fournir une flatteuse définition du peuple basque. En bas de la rue, près de la gare, vivaient jusqu'à récemment « de grands aristocrates espagnols et des petits réparateurs de mobylettes ».

Iban a grandi de l'autre côté de l'Adour, dans le Petit Bayonne, le quartier des luttes, plus précisément rue d'Espagne où sa mère tenait un salon de coiffure. Dans les années 1980, il a été l'un des tout premiers élèves de l'ikastola, ces écoles où l'enseignement se pratique en basque (« Un tiers de ma classe était des enfants de membres d'ETA ! »). « Contrairement à ce qu'on dit, cette région a toujours été ouverte à la diversité, soutient-il, mais cette fois quelque chose s'est rompu. Un équilibre. Le territoire sature de partout. Le quotidien est devenu une galère totale. Pour le transport, le logement. Les gens ne parlent plus que de ça. »

La côte basque accueille 3 000 nouveaux habitants chaque année, chiffre en hausse depuis que les confinements ont catapulté des hordes de télétravailleurs ou de profs de yoga venus de Paris, Toulouse ou Bordeaux, attirés par le cadre de vie, ou par la « Glissicon Valley » vendue par le marketing du surf. « Tout le monde nous bassine avec cette image de Californie française. Or c'est tout petit, le Pays basque. Un mouchoir de poche. Rien à voir avec la Californie. » En cinquante ans, Anglet n'est pas devenu Los Angeles, mais sa population a bel et bien doublé – son maire, Claude Olive, est surnommé « le bétonneur » –, et les promoteurs font fleurir des immeubles neufs sur l'herbe réservée naguère aux brebis.

Les agents immobiliers évoquent un « marché euphorique », une « bulle », une « folie » – parfois 10 000 euros le mètre carré pour un balcon sur les vagues. Sans compter les 800 000 touristes qui passent chaque année au moins une nuit sur place, entre Bayonne, Saint-Jean-de-Luz et Hendaye…

Aujourd'hui, les résidences secondaires occupent 23 % du parc (contre 13 % à Nice, par exemple), privant de logement une partie des « locaux » – dont « certains, comptables ou caissières, finissent par dormir au camping ou dans leur voiture », s'inquiète Maider Arosteguy, maire (LR) de Biarritz. « Les saisonniers ne trouvent plus de logement, nos hôteliers n'arrivent plus à recruter. On ne peut plus densifier, construire de nouveaux logements sociaux, chaque projet est freiné par des recours en justice. Le citoyen ne veut plus partager l'espace. » À Bayonne et à Biarritz, une vingtaine de *tiny houses*, ces bugalows modulables, accueillent les SDF, tandis que des tags fleurissent de nouveau sur la façade des bâtiments publics ou les vitrines des agences immobilières : « *Okupazio* », « Le Pays basque n'est pas à vendre ». Ou ce slogan tout neuf : « Le droit d'avoir un logement passe avant celui d'en avoir deux ! »

Iban est conscient qu'il n'échappe pas aux contradictions devenues celles de tout un territoire : « Je déteste le tourisme et pourtant j'en vis. » Au cours de ses visites guidées, il lui arrive d'entendre des phrases terribles : « C'est propre chez vous » ; « Au moins, vous n'avez pas d'Arabes »… Le voilà qui s'étrangle d'imaginer sa terre natale se muer en repli stratégique des racistes fatigués de la Méditerranée. « De plus en plus de retraités s'installent ici et se comportent en purs consommateurs. Ces baby-boomers ont tout eu : le plein-emploi, le sexe sans le sida, et voilà maintenant qu'ils prennent nos maisons ! » Il balance cette réplique digne d'un one-man-show,

*Ci-dessus : Tiny houses* pour SDF, à Biarritz, février 2023.

puis repose sa tasse de thé, se lève, enjambe la poule. « Viens voir ! » Il nous entraîne derrière chez lui, sur une butte où il a planté des framboisiers, des pommiers et des vignes qui donneront peut-être un jour du vin. Le terrain ne lui appartient pas. Il l'a pris au culot, pour le rendre à la nature. Il a créé d'autres « jardins pirates » à Bayonne, près des remparts, qui attirent une clique de maraîchers amateurs. « Plus un centimètre carré de terre ne devrait être artificialisé au Pays basque, proclame-t-il, s'approchant des ceps, effleurant les feuilles d'un amélanchier, scrutant la voie ferrée, juste en dessous. Cette histoire pourrait mal finir, sinon. Les jeunes ont basculé dans la colère. » On sait ce que le sentiment de spoliation peut déclencher : on a vu, on a déjà donné. Tout le monde redoute qu'à la flambée immobilière ne succède une autre forme d'embrasement : le retour de la *kale borroka*, comme on dit ici, à savoir la « guérilla urbaine ». « C'est une cocotte-minute », confirme la maire de Biarritz.

Lors d'une grande manifestation pour le logement, en novembre 2021 – 8 000 personnes dans les rues de Bayonne –, des jeunes cagoulés ont distribué des prospectus dans lesquels le maire (Renaissance) de la ville, Jean-René Etchegaray, a reconnu un « ersatz de vulgate marxiste des vieux prisonniers basques ». L'élu pointe « un risque de radicalisation » et rappelle qu'il y a toujours eu « une corrélation entre la spéculation immobilière et les faits les plus sombres » du territoire.

Dans les années 1980, le groupe armé Iparretarrak plastiquait des villas, des agences d'intérim ou des gendarmeries, redoutant que la côte ne se métamorphose en gigantesque village vacances, pendant que, de l'autre côté de la frontière, l'organisation ETA, à l'origine créée pour résister à Franco, multipliait les attentats – 837 morts entre 1959 et 2011 –, défendant par les armes l'autonomie de ce territoire si singulier : sept provinces inégalement disposées de part et d'autre des Pyrénées et unies par une langue qui pourrait remonter au paléolithique.

Côté espagnol (90 % de la population basque, 85 % du territoire), le Pays basque peut s'enorgueillir d'un fort passé industriel et d'un bassin dynamique autour de Bilbao et San Sebastian, quatre fois plus riche que la partie française où subsiste une tradition rurale, les souvenirs de chasse à la baleine, du faste balnéaire sous Napoléon III, avant le surf et le tourisme de masse...

Ceux qui ont connu la violence, comme témoins ou comme acteurs, ne veulent plus retomber dans ce piège. Cinq ans après la dissolution d'ETA, en mai 2018, les Basques, au nord aussi bien qu'au sud, se sont rués sur *Patria*, l'épais roman cathartique de Fernando Aramburu sur deux familles déchirées par le conflit – plus d'un million d'exemplaires vendus et une adaptation en série télévisée[1]. Ils ont également adoubé en 2021 *Les Repentis*, film sensible d'Icíar Bollain, sur une veuve qui a initié le dialogue entre familles des victimes d'ETA et auteurs des attentats. On ne peut pas accepter le présent sans miroir ; la fiction a toujours été là pour ça : approfondir, comprendre et réconcilier. Les aînés voudraient cicatriser les plaies, « tourner la page », profiter de cette paix récente et fragile. Lors du G7 de Biarritz, en 2019, le président Emmanuel Macron a invité les Basques à « ne pas faire bégayer l'histoire ».

De fait, les comptes sont loin d'être soldés. Le 23 juillet dernier, des militants s'allongeaient sur une voie de chemin de fer près de Tarnos, dans les Landes, barrant le trafic d'une quarantaine de trains – ainsi que sur l'autoroute A63 – pour tenter de « débloquer » la situation des prisonniers politiques et demander notamment la libération conditionnelle de deux d'entre eux, enfermés depuis plus de trente ans.

Le hasard fait que j'étais sur cette route ce jour-là. Il est d'ordinaire plaisant de longer la corniche entre Hendaye et Saint-Jean-de-Luz, d'admirer le soleil lustrer la crinière des pottoks ou les vagues raviner le sentier des douaniers, mais des dizaines de tracteurs interdisaient cette fois l'accès à la route, nous déviant vers l'autoroute, sur laquelle j'ai d'abord aperçu un fumigène avant de freiner sèchement face à l'escouade d'activistes enchaînés sur l'asphalte… Six mois plus tard, je les ai retrouvés debout et alignés à la barre du tribunal de Bayonne. Onze jeunes souvent issus du monde associatif (un ex-cordiste, une assistante commerciale, un développeur web…) qui justifiaient leur opération de désobéissance « citoyenne », exigeant la libération ou le rapprochement des prisonniers, à défaut d'amnistie, pour éviter qu'un vieil *etarra*[2] épuisé ne partage le sort funeste du Corse Yvan Colonna[3].

Appelé à la barre comme témoin, Jean-René Etchegaray, maire de Bayonne et président de l'agglomération du Pays basque, a affirmé que, sans ses mandats d'élu, il se serait « évidemment allongé avec eux », par souci de justice, de « réparation ». Tous ont insisté sur la « non-violence » de leur action, une expression muée en mantra, à la fois pare-feu et label de vertu.

1. Le livre, sorti en 2016, a été traduit en 2018 chez Actes Sud.

2. Un militant de l'ETA, en basque.

3. Arrêté en 2003 pour l'assassinat du préfet Érignac et condamné à la perpétuité, l'indépendantiste corse est mort en mars 2022 des suites de son agression par un codétenu.

*Ci-dessus :* Txetx Etcheverry dans les rues de Bayonne, février 2023.

***Tout le monde redoute le retour de la « guérilla urbaine ». « C'est une cocotte minute »***

« L'État doit accepter de considérer que la norme n'est pas la même dans la Creuse ou sur la côte atlantique ! »

Le courant autonomiste, souvent issu de la gauche *abertzale*, « patriote », a compris qu'il fallait désormais ruser : élargir le combat, pacifier les esprits, fédérer davantage et diversifier ses fronts (logement, langue, climat, terres agricoles...)

Parmi ses militants les plus emblématiques, Txetx Etcheverry, qu'on distingue aisément devant le tribunal – crâne lisse, keffieh, tutoiement facile –, un ex-infirmier reconverti en talentueux activiste multicauses, que certains surnomment « le Warrior ». On doit à ce fils d'éleveurs une meute d'initiatives louables : l'association pour le climat Bizi !, le festival écolo Alternatiba, une participation à la création de la monnaie locale, l'eusko, et enfin l'association Alda, qui a le mérite d'empoigner la question du logement par les cornes.

L'année dernière, les trois salariés de cette toute jeune structure ont accompagné 357 personnes, cassé des baux illégaux, relogé « des travailleurs vivant dans leur voiture ou dans un cabanon de jardin ». Ils sont réactifs, fins stratèges, capables d'occuper une agence SFR pour dénoncer un prélèvement abusif de 296 euros sur un consommateur. Mi-assistants sociaux, mi-Robin des bois, Txetx et son équipe rivalisent de trouvailles ludiques pour se mettre les caméras et l'opinion publique dans la poche : réquisitionner les chaises de la banque HSBC de Bayonne pour alerter sur l'évasion fiscale, monter une exposition de « baux frauduleux » devant le musée basque ou mettre en location l'Hôtel de Ville d'Anglet sur Airbnb. (« L'annonce est restée en ligne plusieurs jours, il y a même eu des réservations ! »)

L'ironie fédère là où la brutalité clive. Cette méthode d'agit-prop est infaillible. « La violence a un horizon limité », note Txetx. Ce dernier a fait partie des cinq activistes qui, le 16 décembre 2016, se sont organisés pour démanteler l'arsenal d'ETA, vider les caches d'armes françaises, neutraliser les fusils d'assaut, pistolets, roquettes antichars, avant l'arrivée des forces de l'ordre... Ils avaient prévu de détruire le stock dans une maison, à Louhossoa, à quelques kilomètres d'Espelette. Les policiers les ont arrêtés juste avant. Mis en examen, le militant écolo espère un acquittement du tribunal correctionnel de Paris.

*Ci-dessous :* Néméa Appart' Hotel, à Biarritz, une nouvelle résidence touristique ouverte en juin 2022, qui propose un restaurant, une salle de sport et des commerces, février 2023.

Txetx répète qu'il n'a jamais cautionné les attentats, que c'est à sa génération de « finir le conflit ». Depuis le début, il « refuse d'encourager les colères malsaines », de celles qui conduiraient le RN au pouvoir. Lui opte pour des solutions au cas par cas, à la loyale : il monte une asso et intervient. Plutôt pompier de service que poseur de bombes.

Les élus de tous bords l'écoutent, le suivent parfois, scellant un pacte assez inédit entre activisme et institution politique au nom du bien commun. « Si on était inefficaces, la violence pourrait prendre le dessus, explique Txetx Etcheverry. Or nous obtenons des résultats. » Principal fait de gloire : depuis mars 2023, plus aucun propriétaire ne peut louer un meublé touristique sur Airbnb ou Abritel dans la zone la plus tendue du littoral sans devoir en mettre un deuxième en location à l'année. La mesure existe déjà à Paris ou à Bordeaux, mais c'est la première fois qu'elle est adoptée par une communauté d'agglomération – et non des moindres : créée en 2017, la Communauté d'agglomération du Pays basque (CAPB) est la plus importante de France, avec 158 communes. Au-delà, Txetx vise l'encadrement des loyers, la réhabilitation des 12 000 logements vacants et même l'interdiction des résidences secondaires. Ce n'est pas une foucade, plutôt un plan d'action à long terme : « Là où il y a de l'impuissance individuelle, il faut recréer de l'organisation collective. » Dans la bibliothèque de son association, *Le Capital* voisine avec des bios de Sartre ou de Blum, *La Stratégie du choc* de Naomi Klein avec l'histoire d'Act-up et le *Petit manuel de désobéissance civile*...

*Ci-dessus :* Dominique Amestoy sur ses terres, à Ossès, février 2023.

Ce qui frappe davantage, c'est d'entendre cette petite musique antilibérale largement partagée, de la maire LR de Biarritz (« Il faut casser la spirale inflationniste entraînée par les banques ») au maire Renaissance (ex-UDI) de Bayonne (« On doit moraliser le marché »). Un consensus semble s'être noué contre la flambée du foncier. Pour actionner tous les leviers possibles à l'échelon local, en cherchant à gagner en autonomie, en souveraineté, à l'image du Pays basque espagnol. « Le Pays basque est fort quand il joue groupé, assène Jean-René Etchegaray. L'État doit accepter de considérer que la norme n'est pas la même dans la Creuse ou sur la côte atlantique ! Il faut adapter le médicament au danger ! » Cet ancien avocat, antijacobin convaincu, a défendu la chambre d'agriculture alternative basque, créée en 2005. Et encourage aujourd'hui la préemption de terrains agricoles « dès que le prix de vente excède les valeurs de référence ». Car le prix du mètre carré s'envole aussi à l'intérieur des terres, entre Saint-Pée-sur-Nivelle et Mauléon-Licharre, assiégé par les promoteurs comme par les touristes. Le Pays basque aurait ainsi perdu plus de 2 500 hectares de terres cultivables depuis 2015 et se voit aujourd'hui contraint d'importer 80 % de son alimentation.

En réaction, des mouvements de résistance se sont organisés.

## *« Aujourd'hui, l'eusko est devenu la première monnaie locale d'Europe »*

En 2021, une ferme d'Arbonne, près de Biarritz, achetée par une riche Parisienne, a été occupée 120 jours par des paysans ulcérés, qui sont parvenus à faire casser la vente. « Cette action a libéré la parole, raconte Dominique Amestoy, président de l'association Lurzaindia, qui rachète des champs pour y installer de jeunes agriculteurs. Chacun doit savoir que nous ne sommes pas une terre d'accueil pour les spéculateurs ! » Auparavant, cet ancien éleveur de brebis à Ossès s'était rendu à Paris pour déployer une banderole et distribuer des tracts dans la cour de l'immeuble de cette millionnaire, escorté par une douzaine de paysans. Un chéquier ne suffit plus à acheter le Pays basque. Ce message relayé par un monde militant robuste fait presque du Pays basque un laboratoire au niveau national. Pour la sociologue Isabelle Lacroix, cet « agir ensemble » fonde l'identité basque – plus encore que la géographie ou la langue. On décrit souvent les Basques comme des forts en gueule ou des insoumis, mais l'« éthique de la contestation » vient plutôt du christianisme social et des syndicats ouvriers que d'un simple tempérament.

Directeur de recherche en sciences politiques au CNRS, Xabier Itçaina souligne la puissance de cette « économie identitaire », empreinte des valeurs des cathos de gauche et de la « théologie de la libération », mouvement chrétien particulièrement influent dans les années 1970 en Amérique latine, qui préconise l'attachement à la terre, les logiques de solidarité et invite les plus pauvres à construire ici-bas leur royaume.

Les coopératives basques, égalitaires, post-capitalistes, sont régulièrement citées en exemples d'« utopies réelles » – selon l'expression d'Erik Olin Wright –, comme Mondragon, fondée par un prêtre basque dans les années 1950, aujourd'hui forte de 80 000 employés, modèle d'autogestion et d'éthique dans le monde industriel. Un antidote à l'individualisme et à la course au profit.

Quelque chose de cet esprit alternatif survit aux crises et se perpétue sous des formes nouvelles, toujours plus aventureuses. Il y a dix ans, Txetx Etcheverry cofondait avec d'autres militants l'eusko, monnaie locale censée promouvoir la relocalisation et l'agriculture de proximité. On se procure des billets dans des bureaux de change pour le moins folkloriques – chez un opticien à Bidart, dans un magasin d'informatique à Hasparren ou dans un salon de coiffure à Ustaritz –, puis on les dépense auprès de producteurs et commerçants locaux approuvés par un « comité d'agrément ».

Farfelu ? Ne dites jamais ça au Pays basque : aujourd'hui, l'eusko est devenu la première monnaie locale d'Europe, avec 4 000 utilisateurs, un réseau de 1 300 professionnels et la reconnaissance de 36 communes du territoire. Vous pouvez payer votre dentiste, entrer au musée, facturer une pige ou régler la note du restaurant en euskos… Cette monnaie, calquée sur l'euro, joue à plein sur le sentiment d'appartenance, tel un tract transmis de main en main. Régler en eusko, c'est être basque, le revendiquer. Défendre ses valeurs et sa langue. Les boutiques partenaires affichent en vitrine le logo « *Lehen hitza Euskara* », vous invitant à saluer en basque en entrant.

Toutes les luttes convergent autour de ce socle commun : l'euskara, le basque, ciment de ce royaume sans roi. Étymologiquement, « être basque » se dit *eskaldun*, soit « celui qui parle le basque ». C'est par la langue que s'ancre et s'épanouit l'identité. Les nouveaux arrivants l'ont vite compris, qui plébiscitent les cours pour adultes ou inscrivent leurs enfants en école bilingue. L'euskara, qui jouit ainsi d'une réhabilitation spectaculaire, c'est la langue des luttes et de la mémoire,

*Ci-dessus :* La chambre d'hôtes Idiartekoborda, à Saint-Étienne-de-Baïgorry, que loue Sandrine, une Normande tombée amoureuse du Pays basque, février 2023.

1832

*En haut :* Manuels de basque.

*En bas :* Des tags en basque, vers Saint-Étienne-de-Baïgorry, février 2023 : « Le socialisme ou la brutalité capitaliste. »

le ferment de la résilience basque et de son sursaut culturel.

Il y a quelques années, nous avions croisé Sandrine Bibes, propriétaire d'une chambre d'hôtes à Saint-Étienne-de-Baïgorry, une ex-Normande qui a bourlingué autour du monde et nous avait surpris en se déclarant « plus basque » que son mari, né au pied des Pyrénées, car elle, au moins, parlait la langue du cru, apprise avec obstination. Née au Havre (« une ville sans âme »), elle s'était passionnée pour l'euskara dès son arrivée au Pays basque et avait inscrit ses deux enfants – adoptés en Éthiopie – en ikastola, pour favoriser leur intégration. « En maternelle, certains enfants du village n'avaient jamais vu de Noirs. » À présent, elle continue de vanter les petits effectifs et l'« esprit de solidarité » régnant dans ces établissements à la pédagogie inspirée des écoles Freinet, qui accueillent 4 200 élèves dans trente-quatre maternelles, trois collèges et un lycée du département.

La classe de CP de l'école bilingue (publique) de Bayonne compte elle aussi une vingtaine d'enfants – deux jours d'école en basque, deux jours en français –, sans qu'aucun parent ne soit bascophone ! Pour l'essentiel, des néo-Basques (que l'on appelle *euskaldun berri*) fraîchement débarqués de grandes villes et sensibles à la culture locale. Parmi eux, Gaëlle Lartigue, CPE en collège, arrivée de Paris il y a six ans, qui a souhaité y inscrire ses deux filles pour leur « ouvrir l'esprit » et les « enrichir intellectuellement ». « C'est normal de s'intéresser au territoire dans lequel on s'installe, explique-t-elle. Apprendre le basque, pour nous, c'est comme s'essuyer les pieds avant d'entrer chez quelqu'un. »

Les natifs du Pays basque apprécient. S'amusent parfois de voir d'ex-urbains s'enticher soudain de leur grammaire. N'iraient surtout pas crier à l'appropriation culturelle. Leur curiosité est une bénédiction. « Il y a soixante ans, on prévoyait la disparition de l'euskara, se souvient le poète et historien basque Jean-Louis Davant. Les enfants qui le parlaient en classe étaient punis. Aujourd'hui, la honte a disparu, elle s'est transformée en fierté. C'est une force ; mieux : un miracle. » Désormais, de plus en plus de bobos s'expriment en basque chez le caviste, au café, au concert, parfois au travail. Si bien que certains s'inquiètent de voir l'euskara devenir un « ticket d'entrée » pour s'intégrer ou décrocher un boulot, « y compris à Bayonne où historiquement on parlait plutôt gascon », raille un entrepreneur local qui préfère taire son nom pour « ne pas se fâcher avec le village ».

« La langue basque permet de faire un tri entre les gens, analyse la chercheuse Barbara Loyer, professeure à l'Institut français de géopolitique (IFG), spécialiste des nationalismes en Espagne. Je l'ai vu en Catalogne comme au Pays basque sud : le but, c'est de réserver des emplois aux locaux, de favoriser une sorte d'endogamie nationale. Si vous êtes un médecin ou un chef d'orchestre venu d'ailleurs, l'accès au travail vous est impossible. Les Basques répliquent ce que les Français ont autrefois fait aux langues régionales : une langue, un peuple, un territoire. Ce n'est pas une vision très moderne, plutôt une forme de souverainisme, de sectarisme aux allures pacifiques derrière lequel se cache évidemment un projet géopolitique à long terme : préparer un bassin d'électeurs nationalistes. »

En février 2022, une chaîne humaine de 1 500 personnes réclamait à Bayonne que les épreuves du brevet puissent se dérouler en basque, tout comme le grand oral du bac. Sujet inflammable, qui entretient le soupçon d'un séparatisme à bas bruit. « Lorsque je conseille à des parents d'enfants dyslexiques en grande difficulté scolaire de leur faire arrêter le basque pour se concentrer sur le français, certains se braquent, refusent, répondent qu'ils préféreraient que leur enfant arrête le français », nous confie une psychologue du centre médical de Cambo-les-Bains.

*Ci-dessus :* Promenade en fin de journée, à Biarritz, février 2023.

***« Les natifs du Pays basque s'amusent parfois de voir d'ex-urbains s'enticher soudain de leur grammaire »***

La sociologue Isabelle Lacroix pointe la « montée de la dimension idéologique d'un "nous" basque », dont la langue serait à la fois un puissant outil de *soft power* et une « frontière identitaire ». On ne serait vraiment basques qu'en ferraillant collectivement, soudés par une langue ancestrale.

« Les Basques partagent un vrai sentiment de communauté de destin et, en ce sens, ils font nation, souligne l'écrivain et réalisateur Xabi Molia, auteur en 2015 de *Sanctuaire*, fiction télé sur les années noires du pays. Après, comme dans toute période d'insécurité sociale, les craintes peuvent se traduire par des crispations identitaires et il faut éviter que cela ne se transforme en nouveau poujadisme, avec des critères de sélection à l'entrée, qu'on n'ait plus le droit d'être basque de façon approximative, de se sentir basque de manière atmosphérique. »

Le Connecteur, spectaculaire espace de coworking de 8 300 mètres carrés financé par le Crédit agricole et inauguré en 2021 en plein Biarritz, a pris soin d'embaucher une responsable de com' bascophone, de même qu'il a été attentif, selon son directeur Gilles Sixou, « à ne pas être un poste avancé des grandes métropoles ou une enclave parisienne au Pays basque ». Les bureaux flambant neufs accueillent au minimum « 60 % d'entreprises du territoire », dans la tech, l'économie circulaire, la RSE, l'énergie ou la mode, tout en conviant les nouveaux venus, des salariés de Facebook, des graphistes ou rédacteurs freelance, réceptifs au slogan de la maison : « Travaillez là où vous avez envie de vivre », et qui, depuis la fin du Covid, hantent l'atrium et les espaces de travail rebaptisés *peñas*.

*À droite :*
Le Connecteur, espace de coworking à Biarritz, février 2023.

L'été dernier, cette pépinière au carrefour de Bordeaux, Toulouse et Bilbao accueillait la plus grande convention d'Europe consacrée aux cryptomonnaies, Surfin'Bitcoin, tout en tissant des liens avec le technopôle de Bidart ou avec les jeunes talents de l'innovation – comme la marketplace Ankorstore, l'une des vingt-cinq licornes françaises (ces entreprises valorisées à plus d'un milliard d'euros), en partie basée à Guétary.

Ces vingt années passées, plus de 300 entreprises extérieures se sont implantées au Pays basque, qui connaît quasiment le plein-emploi. « Il y a ici, comme en Vendée, une fierté d'appartenance doublée d'une volonté d'accroître la valeur ajoutée économique du territoire », analyse Gilles Sixou. On commence à parler d'eldorado basque, de vitrine de la « French Tech », on espère doubler le nombre d'étudiants et d'entrepreneurs, sans toucher au sol, à la terre, progressant sur cette ligne de crête, un pied dans le village, l'autre dans le global, un œil sur la Rhune, un autre tourné vers une sorte de Californie fantasmée, avec les contorsions que cela suppose.

*Ci-dessus :*
Biarritz au coucher du soleil.

De plaire autant, la côte contraint ses hôtes à se bagarrer pour tout – un toit, des vagues. L'été dernier, la ville de Biarritz a missionné des « ambassadeurs » pour dénouer les tensions dans l'eau entre surfeurs locaux et touristes. Il va falloir apprendre à cohabiter au paradis, à inventer une forme de vivre-ensemble tout terrain.

Anne-Marie Bordes, une consœur avec laquelle j'ai autrefois travaillé au journal *Sud-Ouest*, m'avait prévenu : « Un fossé se creuse entre ceux qui se passionnent pour l'histoire et la culture d'ici et les autres, qui s'en foutent et viennent là uniquement pour la plage, le bon air et la montagne. » Il y aurait ceux qui consomment le paysage et ceux qui se consument pour lui. D'un côté, l'hédonisme ; de l'autre, la résistance. Entre les deux, un certain vertige.

ERWAN DESPLANQUES est journaliste et écrivain. Il est l'auteur de trois livres aux éditions de L'Olivier, dont *L'Amérique derrière moi* (prix Récamier 2019), roman dans lequel il brosse le portrait très attachant d'un futur père qui entreprend de se réinventer. Il est également critique littéraire à *Sud-Ouest* et enseigne à l'Institut de journalisme Bordeaux Aquitaine.

SARAH WITT est photographe. Diplômée de Sciences Po Lyon, elle s'initie seule à la photographie, puis se forme aux techniques de développement et de tirage au sein du centre Jean-Verdier, à Paris. En 2019, elle s'installe au Pays basque. Son premier travail personnel, qui porte sur l'univers fantasmé du surf, a fait l'objet de différentes expositions en France. En tant que photojournaliste membre de l'agence Hans Lucas, elle collabore régulièrement avec la presse, notamment *Le Monde*, *Zadig*, *Vice* ou *Sphères*.

FRANCE
PAYS BASQUE
ESPAGNE
LE CONNECTEUR
BIARRITZ
BAYONNE
Chocola
SURF
URRUGNE
ESPELETT
SARE
TRAIN de la RHUNE
PIMENT
ALDUD
POR
L'ELDORADO BASQUE

PELOTE BASQUE
HASPARREN
ORTHEZ
TISSAGE BASQUE
MBO-LES-BAINS
GÂTEAU BASQUE
OSSÈS
POTERIE GOICOECHEA
Espadrilles
MAULÉON-LICHARRE
STE ENGRÂCE
GORGES DE KAKUETTA
FORÊT D'IRATY
OSSAU-IRATY
KINTOA
© CLAIRE MARTHA

# FIGURES & MOUVEMENTS POLITIQUES

PAR EMMA FLACARD

© ADRAR

1

2

© DROUT

4

© TWEETER ARGIA

© PH. J.-D. CHOPIN/« SO »

3

5

© POLINA JOURDAIN-KOBYCHEVA

### 1. AUGUSTIN CHAHO (1811-1858)

Écrivain romantique français, originaire de la province basque de la Soule, il préfigure le nationalisme basque moderne. Homme de gauche, républicain et partisan de la laïcité, il est le premier à vouloir situer dans le cadre de l'Europe la constitution du Pays basque.

### 2. LES FRÈRES LUIS & SABINO ARANA GOIRI (1862-1951 ET 1865-1903)

Considérés comme les penseurs du nationalisme basque, ils ont dessiné le drapeau (*ikurriña*) et écrit les premières paroles de l'hymne national. La vision politique de Sabino Arana Goiri repose sur la religion catholique et la conviction de la singularité raciale du peuple basque. Ses positions racistes et antisémites en font une figure controversée.

### 3. CLAIRE NOBLIA (1942-...)

Née à Anglet, Claire Noblia a été présidente de la branche française du Parti national basque. Elle fonde, en 1969, la première école immersive en langue basque sur le territoire français, l'iskatola. Elle a également été conseillère municipale de Bayonne, de 1989 à 1995, et présidente de l'association Bakea Bai, en faveur de la paix.

### 4. MIXEL BERHOKOIRIGOIN (1952-2021)

Agriculteur et militant basque, né à Gamarthe, Mixel Berhokoirigoin fait partie des fondateurs du syndicat agricole basque ELB en 1982. Il crée la chambre d'agriculture alternative du Pays basque en 2005. Et s'est également impliqué dans le processus de désarmement de l'ETA au sein du mouvement des Artisans de la paix.

### 5. JAKES ABEBERRY (1930-2022)

Danseur et directeur de théâtre, il a participé à la création d'Enbata et rédigé la « Charte d'Itxassou », revendiquant une large autonomie pour le Pays basque. Longtemps éditorialiste de la revue *Enbata*, il a siégé au conseil municipal de Biarritz de 1983 à 2014.

Manifestation Herri Batasuna, Bilbao, 12 octobre 1997 © EFE/SANTIAGO JIMÉNEZ/MAXPPP

## HERRI BATASUNA (1978-2013)

Herri Batasuna (« Peuple uni »), souvent abrégé en Batasuna, est une coalition constituée le 27 avril 1978 par cinq partis d'extrême gauche favorables à l'indépendance. De la fin des années 1970 à la fin des années 1990, c'est la troisième ou quatrième force politique de la Communauté autonome du Pays basque, en Espagne. Mais elle est interdite en 2000, en raison de ses liens supposés avec l'ETA. Reformée, puis de nouveau suspendue en août 2002, Batasuna change de noms à plusieurs reprises, avant d'annoncer sa dissolution en janvier 2013. Le parti Sortu (« Créer »), fondé en 2011, s'inscrit dans sa lignée politique.

## EUSKAL HERRIA BAI (2007-...)

Ce mouvement politique, signifiant « Pays basque, oui », voit le jour en 2007, à l'occasion des élections législatives françaises. À l'origine coalition des trois partis de gauche basque (Abertzaleen Batasuna, Batasuna et Eusko Alkartasuna), il devient officiellement un parti politique en 2021. Partisan du droit à l'autodétermination et se positionnant contre la spéculation immobilière, il a recueilli plus de 20 % des voix lors des élections départementales de 2021.

Conférence de presse du Euskal Herria Bai, Bayonne, le 22 janvier 2011 © TOHIER/PHOTOMOBILE/SIPA

Arrestation de Philippe Bidart, février 1988 © MAXPPP

Enbata

L'ESPAGNE ASSASSINE
SIX PATRIOTES BASQUES

Un tribunal militaire d'exception réuni actuellement à Burgos, requiert contre 34 patriotes basques : sept siècles de prison et pour six d'entre eux LA PEINE DE MORT.

Resterons-nous sans réagir devant ce nouveau crime du dictateur Franco, créature de Hitler et de Mussolini ?

Nous appelons tous nos amis à se tenir prêts à venir, sur un appel, manifester devant le Consulat d'Espagne à Bayonne.

ESKUALDUNEN BATASUNA

Couverture du journal *Enbata*, le 6 novembre 1970 © ENBATA.INFO

## IPARRETARRAK (1973-1987)

Signifiant « Ceux du Nord », cette organisation clandestine est créée en 1973 dans le Pays basque français. Engagée dans la lutte armée pour l'indépendance, elle s'oppose à la spéculation immobilière et foncière et commet plusieurs attentats à la bombe, avant d'être interdite en 1987. Le chef historique de l'organisation, Philippe Bidart, qui a vécu plusieurs années dans la clandestinité, avant d'être incarcéré pendant dix-neuf ans, est sorti de prison en 2007.

Attentat ETA, Madrid 30 octobre 2000 © EFE AGENCIA/SIPA

## L'ETA (1959-2018)

Euskadi Ta Askatasuna (« Pays basque et liberté »), organisation indépendantiste d'extrême gauche, a été fondée en 1959 en Espagne. Issus d'un groupe de résistants à la dictature franquiste, ses militants recourent à la lutte armée, commettent des attentats à la bombe et des assassinats ciblés (policiers, élus, intellectuels…), faisant plus de 850 victimes au total. Jusqu'en 2011, l'ETA tire sa principale ressource financière d'un « impôt révolutionnaire ». Cette année-là, elle abandonne la lutte armée, après de longues négociations ayant abouti à la Conférence internationale de paix d'Aiete, en présence de Gerry Adams, l'ancien leader du parti nationaliste irlandais Sinn Féin, et de l'ex-secrétaire général de l'ONU Kofi Annan. Et, en 2018, l'ETA annonce sa dissolution.

## ENBATA (1963-1974)

Créé le 15 avril 1963, c'est le premier mouvement patriotique (*abertzale*) revendiquant en France l'indépendance basque. Il propose la réunification des sept provinces. En 1974, ce parti est dissous pour ses contacts présumés avec l'ETA. Le journal du même nom est interdit la même année, puis reparaît à partir de 1975.

## LE PARTI NATIONALISTE BASQUE (1895-...)

Fondé en 1895 par Sabino Arana Goiri et son frère Luis, à Bilbao, le Parti nationaliste basque (PNB, ou « Euzko Alderdi Jeltzalea ») est issu du catholicisme social. Favorable à la reconnaissance d'une nation basque, ce parti se voit interdit par la dictature franquiste. D'obédience démocrate-chrétienne, il dirige le gouvernement basque entre 1980 et 2009, et dispose de représentants en France depuis 1996.

# MARQUEURS *d'une* CULTURE

**LA SÉLECTION D'EMMA FLACARD**

## Kirmen Uribe, *Bilbao-New York-Bilbao* (2008)

Le roman de Kirmen Uribe retrace la destinée de trois générations de sa famille, des deux côtés de l'Atlantique. L'hommage aux pêcheurs basques – le père de l'auteur était pêcheur – est au cœur de ce récit poétique construit sur le modèle du journal de bord. Traduit en plus de dix langues, il a reçu le prix de la Critique au Pays basque et le Prix national de littérature narrative en Espagne.

## Bernardo Atxaga, *Obabakoak* (1988)

Dans ce recueil de contes et de nouvelles, le grand écrivain en langue basque Bernardo Atxaga entremêle les références littéraires, de Borges aux contes des *Mille et Une Nuits*. *Obabakoak* (« Les Gens d'Obaba ») reçoit en 1989 le Prix national de littérature narrative espagnole et le prix Euskadi de littérature, décerné par le gouvernement basque.

## Dolores Redondo, *La Trilogie du Baztán* (2013-2017)

Dans sa trilogie, l'écrivaine Dolores Redondo, native de Saint-Sébastien, tisse une enquête policière débutant avec la découverte d'un corps en Navarre, sur les rives du fleuve Bidassoa (appelé Batzán à sa source). Un récit peuplé des grandes figures de la mythologie basque, du Basajaun à l'Inguma.

## Fernando Aramburu, *Patria* (2016)

Dans un petit village près de Saint-Sébastien, deux familles basques, autrefois très proches, sont déchirées par le conflit indépendantiste. Dans l'une, un des fils rejoint l'organisation armée ETA. Dans l'autre, le père, petit patron refusant de payer l'impôt révolutionnaire, finit par être assassiné. Peu après la fin de la lutte armée, sa veuve retourne dans le village. Publiée en 2016, cette fresque de Fernando Aramburu a été vendue à plus de 700 000 exemplaires et a reçu plusieurs prix littéraires, dont le Prix de la critique de littérature narrative espagnole et le prix Euskadi de littérature. *Patria* a été adapté en série télévisée en 2020.

## Pierre Loti, *Ramuntcho* (1897)

Fasciné par le Pays basque, qu'il découvre en 1891 et où il séjourne régulièrement jusqu'à sa mort, en 1923, Pierre Loti en fait le cadre de ce roman, qui retrace les aventures du personnage éponyme, impliqué dans la contrebande et amoureux d'une femme entrée au couvent durant son service militaire. Récit empreint de folklore, adapté au théâtre de l'Odéon par l'auteur en 1908, puis au cinéma à trois reprises, *Ramuntcho* est considéré comme une œuvre emblématique.

## Xabi Molia, **SANCTUAIRE** (2015)

La fiction politique du Basque Xabi Molia met en scène l'époque des Groupes antiterroristes de libération (GAL), commandos paramilitaires espagnols chargés de traquer, voire d'assassiner, les membres de l'ETA en France entre 1983 et 1987 et de discréditer par différents moyens illégaux l'organisation indépendantiste.

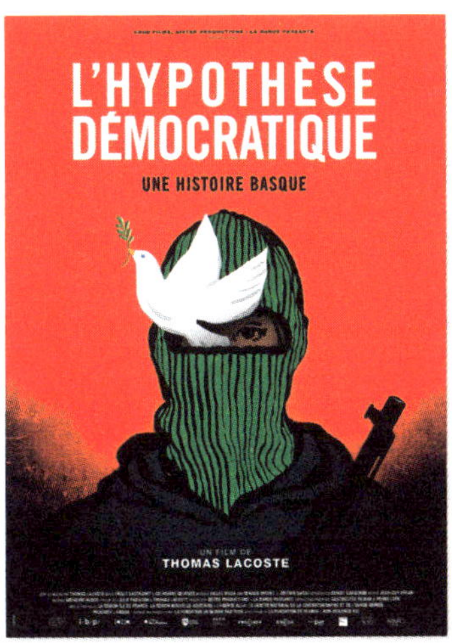


## Thomas Lacoste, **L'HYPOTHÈSE DÉMOCRATIQUE** (2021)

Dans ce documentaire historique, Thomas Lacoste retrace l'évolution du conflit basque et revisite particulièrement la fin du conflit armé. D'anciens membres de l'ETA témoignent pour la première fois à visage découvert, et des artisans de la paix, diplomates, élus politiques et acteurs internationaux sont interviewés. Le réalisateur a également organisé, depuis 2021, plusieurs conférences et colloques sur le processus de paix du conflit basque, à l'Assemblée nationale et à la Sorbonne.

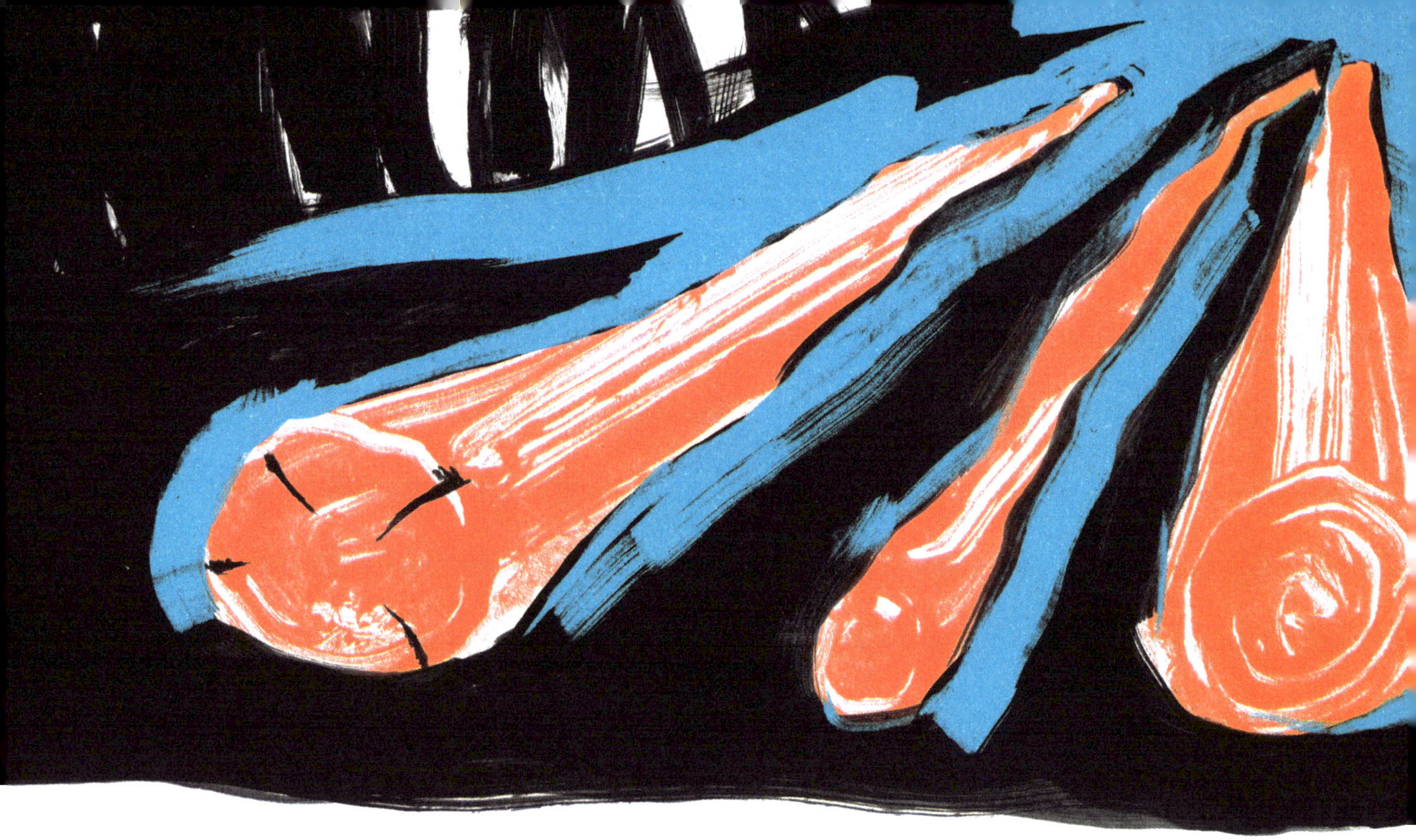

FAIT DIVERS

par ALWA DELUZE

Illustré par ALICE METEIGNIER

# LE SACCAGE *de la forêt centenaire*

*Au cœur de la Haute-Ariège, au centre du massif des Pyrénées, un exploitant forestier espagnol a dévasté plusieurs hectares de bois pour voler près de 400 arbres, dont des chênes centenaires. Malgré sa nouvelle condamnation en appel, de tels « crimes écologiques » ne sont pas vraiment punis.*

LA PETITE ROUTE de montagne conduisant vers l'Espagne épouse les courbes de la vallée, avec ses pentes abruptes boisées. À quelques kilomètres d'Ax-les-Thermes, principale station de ski ariégeoise, l'œil est attiré par une banderole : « Stop au massacre de nos forêts. » Quelques mètres plus loin, sur la gauche, un panneau invite à s'attaquer au dévers pour rejoindre Perles-et-Castelet, 300 habitants.

Il y a deux ans, ce petit village pyrénéen est devenu tristement célèbre. En quelques semaines, un forestier a subtilisé près de 400 arbres remarquables à de petits propriétaires, résidant pour la plupart aux abords de la commune. Pour découvrir l'ampleur du saccage, il faut emprunter un chemin forestier. De part et d'autre, des chênes centenaires ont été tronçonnés. Plusieurs parcelles sont concernées, la plupart mènent à une grange de montagne. Depuis plusieurs années, une famille de citadins, les Segato, rénovait cette modeste bâtisse logée au cœur d'une forêt de résineux. Une nature foisonnante et un panorama incomparable sur les Pyrénées espagnoles achevaient de donner aux occupants de cette résidence secondaire le sentiment d'être seuls, au bout du monde.

À quelques jours du procès en appel de l'exploitant espagnol Manuel Bautista, accusé d'avoir volé ces arbres, le paysage reste ravagé. Les images spectaculaires qu'il offre ont attiré de nombreux médias. Gérard Durand, maire de « Perles », comme on désigne ici la commune, se souvient : « On a eu TF1, M6, France 3… Un véritable tourbillon. » Les télévisions ont filmé les hydrocarbures utilisés par les bûcherons dégoulinant sur le sol, le lit du ruisseau obstrué et les restes de centaines d'arbres décapités. « Rien qu'ici, on parle d'arbres volés. Rien n'a bougé… sauf le chemin, que nous avons quand même remis en état. On ne pouvait pas le laisser comme ça, il était impraticable, poursuit l'élu, mais c'est sûr que là, tout le charme de la grange des Segato s'est envolé. Maintenant, je ne sais pas ce qu'ils vont en faire… » La forêt de vieux résineux s'est muée en champ de souches. Une véritable catastrophe écologique.

Au fil des interviews, Gérard Durand est devenu le plus célèbre des plaignants de cette affaire. Enfant du pays, aujourd'hui retraité d'EDF, il rénove la maison familiale depuis plus de vingt ans, s'occupe des quelques terres héritées de ses grands-parents… et s'investit dans la vie communale. Le 13 décembre 2022, il s'est rendu à Toulouse pour assister au procès en appel. Casquette plate en laine vissée sur la tête, veste et pantalon en denim, Gérard Durand répond à la presse un épais dossier à la main. Son allure tranche avec l'apparat de la cour d'appel de Toulouse, logée dans des bâtiments du XVe siècle. Il accueille un à un les plaignants : quatorze parties civiles devant la porte de la salle d'audience.

**« ICI, QUAND ON ENTEND UNE TRONÇONNEUSE, ON N'EST PAS VRAIMENT INQUIET, C'EST UN BRUIT PLUTÔT COURANT »**

L'accusé, Manuel Bautista, est arrivé plus tôt. Sans doute pour éviter la confrontation houleuse du premier procès. S'estimant trop lourdement condamné, le forestier conteste la peine prononcée par le tribunal de Foix : 18 mois de prison dont 9 avec sursis, 140 000 euros d'amende dont 100 000 pour sa société pour le vol de près de 400 arbres remarquables, principalement des chênes centenaires et des résineux de plus de cinquante ans sur la commune de Perles-et-Castelet.

Quelques minutes avant 14 heures, dans la salle des pas perdus, un petit homme âgé et frêle avance lentement. Augustin Bonrepaux, 86 ans, descend des Pyrénées lui aussi. Les Ariégeois le connaissent bien. Député socialiste durant vingt-cinq, président du conseil départemental pendant treize ans, il est considéré comme un homme de pouvoir rompu aux ficelles de la politique. Suspecté de favoritisme dans une affaire de marchés publics (il a bénéficié d'un non-lieu), il s'est bien servi des médias pour faire parler de son département. Parmi ses combats : une lutte acharnée contre la présence de l'ours dans les Pyrénées. Devant les caméras, il s'était allongé sur la voie publique pour empêcher les lâchers d'ours – les gendarmes avaient dû vigoureusement le déloger.

Ce mardi de décembre, il se montre plus discret. Les salutations avec les autres parties civiles semblent fraîches mais restent correctes. Ils sont nombreux à lui reprocher d'« avoir, en quelque sorte, fait entrer le loup dans la bergerie ». Raison pour laquelle, peut-être, il ne s'était pas rendu dans son fief, à Foix, pour le premier procès.

Il est 14 heures, les parties civiles prennent place sur les bancs en bois clair. La présidente retrace le saccage de la forêt de Perles-et-Castelet, qui débute le 29 octobre 2020, lorsque Augustin Bonrepaux, natif de la commune, où il détient encore quelques parcelles, signe un contrat avec Manuel Bautista. À ce moment-là, le forestier espagnol, qui a trente ans d'expérience, se trouve à la tête d'une entreprise plutôt florissante, réalisant 3 millions d'euros de chiffre d'affaires par an, dont la moitié sur le sol français. Mais tout bascule bientôt. Fort du contrat de 7 500 euros signé par Augustin Bonrepaux pour raser une parcelle de sapins et quelques autres arbres appartenant à l'une de ses cousines, l'exploitant découvre les trésors inexploités des forêts de Perles. « Je ne touchais presque pas à ces parcelles. Parfois, comme d'autres voisins, je pouvais récupérer une ou deux grumes pour me chauffer l'hiver, mais rien de plus », assure Gérard Durand.

Cédant à la pression d'un marché qu'il ne parvient plus à satisfaire, Manuel Bautista passe à l'action. Entre novembre 2020 et février 2021, il est accusé d'avoir orchestré la coupe, le vol et la vente de près de 400 arbres sans l'autorisation des propriétaires. « On ne parle pas de n'importe quels arbres, M. Bautista, mais d'arbres de grande valeur, souligne la magistrate. Sur la parcelle de M. et Mme Segato, vous avez abattu des sapins d'une cinquantaine d'années, des châtaigniers… Vos ouvriers ont aussi obstrué un cours d'eau et dégradé le sol. Lors de votre garde à vue, vous avez déclaré avoir proposé 50 euros par arbre coupé, puis 200 euros par chêne… en dédommagement. Cela paraît indécent », poursuit la présidente. En effet, les sommes proposées dépassent à peine la moitié du prix du marché. Augustin Bonrepaux, installé dans la salle d'audience juste derrière l'accusé, s'estime aussi lésé : il s'est constitué partie civile… mais pour le vol de deux arbres seulement.

Cette histoire peut paraître folle lorsqu'on ne connaît ni les us et coutumes de la campagne ni la géographie du village. Les bois de Perles sont éloignés des habitations et s'étendent à perte de vue, de 600 mètres d'altitude à plus de 2 000 mètres. « Plus de 300 arbres, c'est énorme, reconnaît le maire, mais ici, quand on entend une tronçonneuse, on n'est pas vraiment inquiet, c'est un bruit plutôt courant, on entretient les terrains, on se coupe le bois pour le chauffage. Et puis les forêts sont en face, sur l'autre versant, loin du village. En fait, vous pouvez faire ce que vous voulez en toute discrétion. »

Un courrier arrive en février 2021 à la mairie. Manuel Bautista souhaite connaître les noms des propriétaires de certaines parcelles pour les convaincre de couper leurs arbres. La demande reste lettre morte. Pourtant, quelques jours plus tard, deux riverains catastrophés alertent le maire : des bûcherons espagnols sont en train de couper des arbres chez des particuliers, sans autorisation ! Gérard Durand se déplace avec un adjoint, ordonne aux ouvriers d'arrêter leurs tronçonneuses et s'entretient au téléphone avec leur patron, Manuel Bautista. Le bûcheron s'excuse et confirme à ses employés que le chantier doit stopper immédiatement. Des dizaines d'arbres sont entreposés sur le bas-côté. Personne n'imagine que l'arnaque ne va pas en rester là. Mais le lendemain matin, les grumes ont disparu : « Ils ont osé venir les chercher pendant la nuit ! » s'étouffe encore de colère le maire. « C'est le transporteur, il était déjà parti », tente de se justifier le forestier sans convaincre les magistrats.

17 heures. Manuel Bautista, flanqué de son avocat, est interrogé depuis une heure. « Pourquoi les arbres étaient-ils marqués alors que vous n'aviez pas l'autorisation des propriétaires ? » demande la présidente. « Je ne comprends pas ce qu'il s'est passé », répond avec une certaine froideur l'exploitant. Son axe de défense ne bouge pas, rejetant la faute sur les autres : « Je ne savais pas » ; « C'est l'ingénieur » ; « Ce sont les ouvriers qui ont mal compris ». Sa responsabilité n'est pas engagée, clame, imperturbable, Manuel Bautista. Personne n'est dupe. « À qui ça rapporte, aux ouvriers ou à l'entreprise ? En fait, si les propriétaires ne s'en aperçoivent pas. C'est un bénéfice total pour vous, sinon, vous les indemnisez, c'est ce que vous avez déclaré en garde à vue, M. Bautista... On tente le coup et si ça marche, c'est tout bénéfice. Je vous rappelle que l'on parle de plus 300 arbres en tout... »

17 h 30. Au détour d'une question, la présidente évoque le rôle d'un éventuel rabatteur. Un Ariégeois, un local, prévenant Manuel Bautista des forêts susceptibles d'être exploitées. Cet homme se chargerait parfois aussi, moyennant une commission, de convaincre directement les petits propriétaires de couper

Si ces vols de bois augmentent dans l'ensemble de l'Hexagone, l'affaire Bautista reste exceptionnelle. En Moselle, le responsable d'un groupement forestier a vendu plus de 500 000 euros de bois, coupé sur des parcelles qui ne lui appartenaient pas et a été condamné en janvier dernier à deux ans de prison dont un ferme. Dans les Yvelines, un bûcheron a aussi tronçonné des chênes centenaires lors d'une mission dont il avait la charge. La forêt a là aussi été fortement dégradée.

En Ariège, le vol et le saccage autour de la maison des Segato auraient-ils pu être évités ? Manuel Bautista était déjà précédé d'une mauvaise réputation. Philippe Falbet, fervent défenseur des vieilles forêts pyrénéennes, bondit à l'évocation de son nom. Créateur d'un fonds de dotation chargé d'acquérir de belles canopées pour les épargner de la main, souvent destructrice, de l'homme, il a assisté, impuissant, aux exactions du forestier il y a plusieurs années. « En 2018, dans les Pyrénées audoises, en face de mon ancienne maison, j'ai entendu des tronçonneuses dans une hêtraie et une forêt de pins sylvestres. En six mois, on est littéralement passé d'une forêt à un immense vide. L'entreprise Bautista a effectué une coupe rase sur une superficie d'environ 15 hectares. Ses ouvriers travaillaient par temps de neige, par temps humide, avec des impacts irréversibles sur le tassement du sol. Il y avait des ornières de plusieurs mètres dans les pistes de débardage improvisées directement dans la pente. »

Philippe Falbet envoie alors une lettre à tous les propriétaires pour les avertir que leurs forêts sont en passe d'être complètement rasées. « Le problème, c'est que les propriétaires, souvent citadins ou très âgés, sont déconnectés de leurs parcelles. Ils ne se rendent pas compte de la valeur écologique de ce qu'ils possèdent. Et lorsque la coupe est faite, c'est irrémédiable. » Philippe Falbet alerte… mais aucune infraction au code de l'environnement n'est relevée. Si les surfaces concernées ici ne sont pas comparables à celles de Perles, le manque d'égard pour l'environnement et les conséquences de ces coupes

leurs arbres. L'enquête des gendarmes n'a malheureusement pas permis d'explorer cette piste. Mais sur le terrain, les langues se délient. Gilles Tierle, ex-agent de l'État dédié aux forêts ariégeoises, aujourd'hui à la retraite, ne mâche pas ses mots : « On a stigmatisé les Espagnols sans chercher la "tête chercheuse" en Ariège. Bautista, c'est un peu la tête de Turc. Il y a des gens qui se font de l'argent en informant les exploitants forestiers de certaines zones encore vierges. » Les vols de bois sont fréquents, « pas quotidiens, mais nombreux entre exploitants, précise-t-il. Il n'est pas rare qu'on aille un peu baver chez le voisin, ça existe depuis toujours ». Surtout lorsqu'il s'agit d'arbres remarquables comme les vieux chênes, dont les prix flambent. Le prix du mètre cube de chêne vendu par l'Office national des forêts (ONF) a presque doublé en une année, passant de 144 euros en 2021 à 275 euros en 2022. On comprend aisément l'appétit du forestier espagnol pour les beaux arbres de Perles. « Pour les milliardaires chinois, avoir un parquet en chêne français, c'est comme avoir un sac Louis Vuitton », note Aymeric Albert, directeur commercial de l'ONF.

pour la biodiversité semblent bien similaires. Quinze ans plus tard, ces comportements ne sont toujours pas interdits.

En France, l'exploitation de la forêt privée reste très peu réglementée alors que cette dernière représente 75 % de la surface boisée du pays. Les coupes rases, représentant plus de la moitié du volume des arbres de futaie, sont régies par des arrêtés préfectoraux dans certains départements, mais il n'existe aucune règle nationale. Les lobbys s'y opposent fermement. « Il faudrait que la société civile s'indigne contre les coupes rases qui ravagent les sols et la biodiversité. En Suisse, par exemple, c'est totalement interdit », rappelle-t-il. Les sols abîmés, les hydrocarbures renversés sur les lieux de coupes… tous ces abus ne sont pas non plus répertoriés. À croire que le code de l'environnement français reste encore bien timide.

Ce phénomène des coupes rases gangrène l'ensemble du territoire. Dans le Morvan, des citoyens se sont mobilisés : « Depuis des siècles, des forêts entières ont été rasées pour alimenter la capitale en bois de chauffage. On voyait la forêt disparaître autour de chez nous, et on se sentait complètement impuissants », explique Frédéric Beaucher. Ancien proviseur, il décide en 2015 de créer un groupement forestier avec quatre amis. L'objectif : acquérir des parcelles forestières et engager une exploitation douce pour protéger le paysage et la biodiversité. « Le temps de rédiger les statuts, nous étions 40 et actuellement nous sommes 600… et même contraints de refuser de nouveaux adhérents. » Le groupement forestier du Chat sauvage possède 140 hectares, huit ans après le début des acquisitions, et n'a commencé à exploiter certaines parties de la forêt que cet hiver : « On essaie de comprendre le modèle qui s'est mis en place, où sont les lobbys, etc. Les forestiers landais sont tentés d'imposer leur façon de voir, de transformer leur modèle en modèle universel. Mais on va droit dans le mur ! On en a la preuve ici avec le scolyte – un petit coléoptère dévorant le bois – qui a ravagé les forêts d'épicéas. La monoculture est très fragile… sans parler du réchauffement climatique. Les arguments en faveur d'une sylviculture douce apparaissent finalement plus vite que ce que l'on pensait. »

La méthode Bautista, celle de la coupe rase sans souci de la pollution des sols, n'a pas été évoquée lors de son procès, ni en première instance ni en appel. Seuls les vols d'arbres et certains dégâts de voirie ont été condamnés. Plus de prison ferme ni d'amende à titre personnel dans le délibéré : les magistrats toulousains ont été plus cléments que les Ariégeois en condamnant Manuel Bautista à deux ans de prison avec sursis et sa société à 80 000 euros d'amende. Au grand désarroi des plaignants, l'exploitant forestier a décidé de se pourvoir en cassation. Les associations de protection de la nature en gardent un goût amer : elles n'ont pas pu se porter partie civile, car aucune infraction au code de l'environnement n'a été relevée. Si le droit ne reconnaît pas encore le « crime écologique » de Perles, les habitants semblent désormais avoir bien conscience que leurs forêts renferment des trésors considérables. Maintenant, il faudra songer à replanter et espérer que la nature ne sera pas trop rancunière. Sur un sol dévasté, il devient chaque année plus périlleux de « reconstruire » une forêt. Le manque d'eau et le dérèglement du climat rendent la pousse des arbres toujours plus aléatoire…

ALWA DELUZE est réalisatrice, productrice et journaliste. Après des études de journalisme (ESJ Lille) et quelques années dans les rédactions parisiennes, elle s'oriente vers le cinéma documentaire *(Désobéir ?, Mon village, L'Intime Conviction)* et l'animation. Elle vit en Haute-Garonne depuis 2012, et a réalisé, en 2021, le documentaire *Les Pyrénées secrètes* (Bellota Films), diffusé sur Arte en décembre 2022.

ALICE METEIGNIER est autrice et illustratrice. Née à Bourges en 1990, elle s'inscrit aux Arts déco de Strasbourg et développe une approche visuelle instinctive, issue de l'art brut. Son premier livre pour enfants, *Max et Marcel* (MeMo, 2016), raconte l'histoire de deux amis, l'un homme, l'autre cheval, qui rêvent d'une escapade. Son dernier album, *Avec Mona*, a paru aux éditions Sarbacane en 2021. Parallèlement à l'illustration de livres jeunesse, elle collabore à la presse magazine.

# tribu rupestre

Sept artistes de la bande dessinée ont pris possession des parois d'une grotte dans le Parc naturel régional des Causses du Quercy (Lot). Le photographe Rémi Flament a immortalisé leurs œuvres.

**RÉMI FLAMENT**

*est photographe en milieu souterrain et confiné. Il collabore essentiellement avec des entreprises industrielles spécialisées et des organismes publics. Son activité technique le dirige aujourd'hui vers la numérisation du patrimoine souterrain. Il travaille l'image de nombreuses cavités aménagées pour le tourisme. Il est également ambassadeur de la marque japonaise d'appareils photo Fujifilm.*

*De gauche à droite :*
Pascal Rabaté, Troubs, David Prudhomme, Étienne Davodeau, Edmond Baudoin, Emmanuel Guibert, Chloé Cruchaudet.

*Ci-dessus :*
Chloé Cruchaudet fait apparaître un visage sur une paroi du fond de la grotte.

# DIALOGUER AVEC LA ROCHE

*Par Emma Flacard*

HABITUÉ des environnements souterrains, le photographe Rémi Flament est chargé d'immortaliser une expérience artistique unique : sept auteurs de bande dessinée invités à peindre sur les parois d'une grotte. Pendant dix jours, en septembre 2022, Edmond Baudoin, David Prudhomme, Emmanuel Guibert, Étienne Davodeau, Pascal Rabaté, Troubs et Chloé Cruchaudet réalisent leurs dessins sur la pierre calcaire, à quelques kilomètres de la grotte ornée de peintures préhistoriques du Pech Merle. C'est à l'occasion du centenaire de la découverte de cette grotte rupestre que Patricia Monniaux, chargée de mission culture du Parc naturel régional des Causses du Quercy, a proposé aux dessinateurs – dont certains étaient déjà venus en résidence artistique sur le parc – de participer au projet « Résonances rupestres », mêlant études scientifiques et artistiques. « Je savais que certains d'entre eux recherchaient une grotte pour y mener une expérience grandeur nature et être en lien avec leurs ancêtres artistes préhistoriques, qui occupaient il y a 30 000 années les grottes des Causses du Quercy », explique-t-elle. Une occasion aussi, pour cinq des dessinateurs – David Prudhomme, Étienne Davodeau, Emmanuel Guibert, Pascal Rabaté et Troubs – de travailler à nouveau ensemble, onze ans après la parution de la bande dessinée *Rupestres !* (Futuropolis, 2011), dans laquelle ils confrontaient leurs regards sur l'art pariétal.

Seule contrainte pour les auteurs : travailler en harmonie avec le support, la roche calcaire et ses aspérités, et utiliser des éléments naturels, du charbon de bois et de l'ocre, dans cette grotte où sont cultivés des champignons. Dialoguer avec la roche, voir comment elle réagit, c'est l'approche qu'adopte David Prudhomme : « Je voyais des formes apparaître dans la roche, j'essayais de les surligner. » Il se lance dans une vaste fresque mêlant références à l'histoire de l'art, jeux de lignes et de coulures, surchargeant l'espace, dans une métaphore de l'« humanité qui déborde et remplit la planète ». Installé à l'entrée de la grotte, il côtoie Emmanuel Guibert, qui, derrière lui, utilise les ridules de la paroi pour représenter les branches des arbres qu'il esquisse sur le calcaire. Arbres dessinés aussi par Pascal Rabaté, quand Troubs s'intéresse aux oiseaux et Edmond Baudoin aux animaux paléolithiques… Chloé Cruchaudet, quant à elle, exploite les formes de l'angle du fond de la grotte où elle travaille, représentant des faunes et des sirènes, et construisant des objets avec de la mousse et des végétaux. Chacun peint son univers, dans une ambiance joyeuse, crayonnant même quelques plaisanteries : un plateau de fromages, les profils de Charles de Gaulle ou de Georges Pompidou… « On a énormément ri, peut-être pour désamorcer l'enjeu ? s'interroge David Prudhomme. On a retendu un fil entre les époques, en revenant à ce geste primitif qu'est le dessin. »

À la fin de leur résidence, Rémi Flament les retrouve dans cette grotte à taille humaine et, son Fuji moyen format en main, cherche à se rendre invisible. Il module la lumière pour prendre ses clichés. « Je voulais montrer l'ambiance feutrée dans laquelle les artistes travaillaient, avec leurs lampes frontales et quelques bougies », explique-t-il. Il utilise des flashs, indispensables pour assurer une bonne qualité à ses photographies et travailler sur les contre-jours, et se sert d'un grand-angle pour exagérer les proportions de la grotte et jouer avec sa morphologie. « Quand on observe une cavité, on lit son histoire. »

Les dessinateurs, accompagnés par le cinéaste et chercheur en archéologie Marc Azéma, qui a consacré un documentaire au projet « Résonances rupestres », reviendront dans le parc des Causses du Quercy – reconnu géoparc mondial Unesco en raison de son patrimoine géologique – pour partager leur expérience les 27 et 28 mai prochains. ♦

PETZL

*Page de gauche :*
Pascal Rabaté travaille sur une grande tapisserie boisée.

*À droite :*
Représentation d'un couple nu, par Edmond Baudoin.

*Ci-dessous :*
Placé à l'entrée de la grotte, David Prudhomme a repris un graffiti déjà présent sur la paroi pour entamer sa fresque.

*À droite :*
Edmond Baudoin a repris le motif, récurrent dans l'art rupestre, des animaux préhistoriques.

*Ci-dessous :*
Au centre des arbres esquissés par Emmanuel Guibert, deux mains sont dessinées sur le calcaire.

*Ci-dessus :*
Cette forme rocheuse a inspiré à Chloé Cruchaudet un faune.

*Page de droite :*
Étienne Davodeau isole une silhouette féminine avec le pigment ocre.

*Page de gauche :*
Familier des grottes et fasciné par l'art rupestre, Troubs, en premier plan, représente ici de grands oiseaux.

*Ci-dessous :*
Duel de taureaux, croqué par Edmond Baudoin.

CHEMINS INTIMES

**MAZARINE PINGEOT**

Illustrés par BEYA REBAÏ

# *Paysages et parfums* D'ENFANCE

LES LIEUX DE L'ENFANCE sont aussi des noms. Et les noms sont des mois. Hossegor, c'est juillet. Août, c'est Saulzet. Pour moi qui ai comme nom de famille celui des grands-parents qui m'accueillent, ces lieux sont mes racines, ma loi, mon corps. Des maisons où les souvenirs de générations s'accumulent, où des aînés se sont mariés, d'autres sont morts, où ma mère, ses frères et sœurs ont grandi, où mes parents se sont rencontrés. Des maisons qui existent dans les conversations et les mémoires. Maintenant dans certains de mes livres. Où j'ai vécu l'enfance, car de Paris elle s'était absentée. Des lieux qui continuent de vivre, mais sans moi, même s'ils tissent ma mémoire comme un fond de carte, tricoté à la chair.

Si les paysages et les parfums construisent, alors je suis faite d'Auvergne et des Landes, d'aiguilles de pin et de fougère, de terres grasses et de matins frais, de naphtaline et de bois, de sable chaud et de vase, d'odeur de vaches et de lait caillé. Il est des lumières qui éclaboussent, elles viennent de l'été, elles nous ont foudroyés une fois pour toutes. D'autres moins évidentes éclairent à la façon des lampes torches les chemins qu'on sillonne, y compris ceux qui s'éloignent de la source. Et l'on passe sa vie à s'éloigner des sources parce qu'on suit le courant. Pourtant elles irriguent et nourrissent l'éternelle nostalgie des retours impossibles. On croit voguer très loin : en vrai, on s'accroche aux branchages, les sources, c'est ce mirage qu'on essaie d'attraper. N'est-ce pas pour cela qu'on écrit ? Ce voyage si terrestre dans les sédimentations du temps et qui nous fait croire qu'on arrive à revivre ce qui est bien perdu ?

Hossegor. La voiture traverse le village puis le pont. On dépasse l'hôtel Mercedes et on longe le lac caché par les maisons. Elles sont basques. Blanches et basses, striées de charpentes, parfois décorées de briquettes en épis. Leur esthétique décidera de mes goûts.

Je compte les virages. Bientôt le portail en bois qu'ils ont dû ouvrir, les cousins nous attendent. On se gare, les portières claquent, mon chien sort avant moi. Je voudrais tout embrasser d'un coup, le club des Pingouins et le gâteau basque, la marée haute et la marée basse, le premier bain, le corps encore blanc et frileux, traversé par la lame de plaisir d'une eau vive, les cloques sous les pieds non aguerris, les coups de soleil, quand la crème solaire n'est pas encore une recommandation forte des dermatologues, et que son refus ouvre la voie à une transgression facile, le melon et les frites autour desquelles la bataille fait rage, on s'en fout, on a dix ans, on peut manger du gras. Mes arrière-grands-parents ont pris racine ici, pour soigner les poumons d'une sœur de mon grand-père. L'air est sain, les médecins l'ont prescrit. La toile s'étend, les Pingeot s'établissent. Il y en a partout dans la région, certains croiront bientôt qu'ils en viennent. Ils se marient avec des filles du cru. Nous sommes des Landais.

J'attends de chaque sensation qu'elle me rappelle l'année dernière et me confirme que ça y est, j'y suis, dans un présent fait de tant d'autres, qui assoit pour un mois son éternité. Mais je veux aussi goûter chaque détail, décomposer le temps et le faire durer, extraire de son flux ce moment où l'on se met à table, sur le banc trop chaud parce qu'on est en maillot, l'instant où je m'allonge sur les dalles brûlantes, y jetant des glaçons pour les regarder fondre et ouvrant un *Tintin*, le départ pour la mer, la promenade du soir sur les dunes pour assister au coucher du soleil, en sautant des blockhaus ou en courant au plus près des vagues sans se faire mouiller. Je voudrais jouer et rejouer la même partition, en jouissant de chaque note. L'enfance est enfermée dans le livret, dès que l'instrument se met à jouer, elle s'anime.

*Je n'aime pas grandir. Un jour je ne viendrai plus. Un jour, ça ne sera plus chez moi*

Elle se transforme aussi. Stendhal remplace *Tintin*, et les rêvasseries s'enveniment. Les cousins partent, ils sont grands. On continue à plonger dans les rouleaux de l'Océan : la peur se tient serrée contre le corps et abreuve les cauchemars qui survivent à l'enfance. Souvent, une vague m'emporte et je m'éveille.

On commence à sortir. Première boîte de nuit et bar du Central. L'imaginaire émigre. À Hossegor, les garçons font du surf et boivent des cocktails dans des cafés qui imitent les dancings américains des années 1950. C'est excitant et ça ne changera jamais. Ils sont figés dans l'adolescence, les muscles et les cheveux brûlés par le soleil. Ils mangent des chips et jouent de la guitare assis en tailleur sur la plage la nuit. Et c'est ça que je viens chercher. L'assurance qu'il existe un cadre fixe, immuable, une réalité dont les autres attestent et qui accueille mes fantasmes. Des fantasmes pauvres, des fantasmes partagés. Leur puissance est à la mesure de leur banalité.

Je m'évapore souvent. Du moins ce que je vois existe-t-il, à plus forte raison quand je le revois chaque année. Je n'aime pas quand les choses bougent, qu'un restaurant change de décor, qu'on construise une nouvelle promenade en béton. Je n'aime pas grandir. Un jour je ne viendrai plus. Un jour, ça ne sera plus chez moi. Un jour les gens meurent et les joies d'une maison s'empilent dans un album. On préfère ne plus trop y penser. Parce que ça fait mal.

Saulzet. Massif central. La deux-chevaux de ma grand-mère nous ramène en Auvergne, où le soir tombe plus tôt, l'air est plus vif, et le grenier rempli de robes 1900. La route est longue, et je vomis beaucoup. Quand on

arrive, il faut ouvrir les valises pour y chercher au fond les pulls qui n'ont pas servi. C'est l'odeur qui me saisit, indéfinissable, de la cuisine à la salle à manger – de la pomme mêlée à de la pierre, est-ce une odeur possible ?

Je crois que j'aime encore plus cette maison que l'autre. Là aussi le temps s'est arrêté, pour enrober l'enfance de l'illusion qu'elle durera. Embaumée comme les costumes. Dans la chambre verte aux murs fleuris dont je connais chaque feuille et chaque défaut, nous retrouvons, ma cousine et moi, nos places. Lit du fond, lit près de la porte. Ils sont placés côte à côte, et nous pouvons nous parler tard sans que les adultes entendent.

Il y a bien un jardin public, mais ni surfeur ni bar du Central. Seulement des puys, des lacs glacés, et des promenades dans les prés. Des cabanes dans les arbres, et des siestes allongées dans l'herbe haute. Les bains à Aydat ou Servières, les marches sur la Vache et Lassolas.

Mes cousins. Et le retour du même. Ce qui ne change pas et mesure les cycles – plus longs que ceux d'Hossegor car l'implantation en Auvergne est ancestrale. Quand je suis petite, la ferme fonctionne encore. Nous allons chercher le lait chaud et observer Cécile traire les vaches. Les silos à grain et le foin frais répandent leur parfum, on s'y love, on manque de s'y noyer.

Plus tard, les fermiers partent à la retraite. Ma grand-mère vend peu à peu les terrains autour de la maison pour l'entretenir. Les champs rétrécissent, le verger du haut est remplacé par un lotissement. On le contourne pour arpenter Giroux. De son sommet, on voit Clermont-Ferrand ; là, mon arrière-grand-père avait composé un poème que les petits enfants savent encore réciter.

C'est un paysage rude qui promet la pérennité. Il dit : je serai toujours là. Il dit : je suis ta terre. Je ramasse de la pouzzolane et l'effrite entre mes

mains noircies. Ma terre. Sous laquelle reposent mes grands-parents. Et peut-être le feu de volcans qui un jour s'éveilleront. Haroun Tazieff l'avait dit. C'est bientôt la fin des vacances, et avec les années, de l'enfance. Elle reste là, dans les coffres à jouets qu'on range à l'issue de l'été. Les coffres attendent dans le grenier qu'on les ouvre. La maison appartient désormais à ma tante, et mes enfants continuent de dormir dans la chambre verte. Mais pas moi. Ils fabriquent leurs propres souvenirs, les miens hantent peut-être les vieux murs et l'escalier en colimaçon. Il m'arrive de leur rendre visite, mais mon enfance s'y débat, comme enfermée là, et m'appelle à elle : elle a la voix de la sirène et d'Eurydice réunies, je sais qu'il s'agit d'un piège, je le sais parce que je suis tentée. Le bonheur était tellement pur. Il ne reviendra pas.

La ligne des puys s'éloigne de l'autoroute A71 et disparaît.

Avant de rentrer à Paris, il faut passer les derniers jours à Gordes pour que mon père puisse se reposer et nous voir.

C'est le lieu des secrets et des volets fermés à peine le soleil couché, pour qu'on ne nous aperçoive pas, pour qu'aucun sniper ne nous tire dessus. La maison des parents, leur abri. Ils l'ont construite. Ils m'ont fait naître là. Nous nous y cachons. Mon père lit et range sa bibliothèque, ils se promènent, ma mère fait des confitures, parfois nous rendons visite à une amie au village chez qui on peut se baigner. J'essaie de me faire à l'idée qu'il faudra attendre une année pour revoir mes cousins. Rentrer à Paris me fait horreur, Gordes est un sas protégé et silencieux. Isolé de son environnement. Hors du temps.

Mais c'est chez moi. Contrairement à Hossegor, à Saulzet, j'y reviens aujourd'hui, j'y ai fait des travaux. J'ai ouvert la maison, tout en pierres et en fenêtres pour y accueillir des amis. C'est la maison d'enfance de mes enfants. Et c'est devenu juillet, puis août. L'été recommencé.

Si l'on me demande d'où je viens, j'hésite à répondre Avignon ou l'Auvergne.

Cette enfant-là, j'ai dû l'abandonner dans ces lieux qui se sont refermés sur elle, il le fallait pour vivre. J'y étais trop attachée, elle était une illusion, elle était une parenthèse, elle était deux mois d'été par an.

La géographie évolue.

On en rencontre d'autres. Ainsi que des personnes auxquelles on s'attache. L'homme que j'aime n'habite nulle part, il a voyagé, et moi, je ne peux lui offrir que ces terres occupées par le souvenir des autres. Plusieurs chemins nous conduisent au centre de la France. Des hasards qui n'en sont pas. La rue principale porte le nom de mon père. Et tout le monde, ici, me parle de lui, comme si je revenais à la maison, moi qui ne connais rien de la Nièvre, n'y ai jamais mis le pied. Des amis nous font découvrir La Charité-sur-Loire, nous nous y installons. Pas rue François-Mitterrand quand même, mais sur le chemin de Saint-Jacques-de-Compostelle.

Les usines sont désaffectées et l'hôpital psychiatrique mitoyen de notre maison est sans doute le plus gros employeur de la région. Les chasseurs sillonnent les chemins l'hiver, on roule en Duster sur des routes interminables qui traversent la plaine. Les trains arrivent en retard, quand ils arrivent. Ils partent pour Nevers de la gare de Bercy, la même qui dessert Clermont, et s'arrêtent partout – Gien, Briare, Cosne, Tracy, La Charité, égrenant un chapelet de noms qui écrivent désormais ma poésie dominicale.

Le vote RN est majoritaire. Dans la cité médiévale les maisons tombent en ruine.

Mais il y a la Loire, le prieuré bénédictin, Pouilly, et Sancerre. La culture de la vigne vallonne les paysages, les eaux sauvages changent le cours du fleuve sans égard pour les sentiers que les animaux et les promeneurs dessinent dans l'étrange flore qui dévore les terres en jachère, à peine la Loire descend-elle, asséchée par les fortes chaleurs et la crise climatique. Sable, argile, ormes, arbres où se perchent les vautours comme les boules d'un sapin, mais à l'allure macabre, canards envolés, suivant des lignes géométriques. Les ciels mouillés viennent s'abîmer dans la Loire où ma chienne nage derrière un héron qui a déjà rejoint l'île. Il paraît qu'elle est dangereuse, la Loire. Que des tourbillons emportent les enfants. Des histoires circulent. Mais tout le monde s'y baigne, en fonction des plages qui se font et se défont, changeant de forme au gré des ans. Sculptées par les courants et les crues, elles apparaissent soudain, immenses étendues sans fin, puis se recouvrent d'herbes et d'arbustes, avant d'être englouties à nouveau par l'eau qui reprend possession de son lit. La nature est souveraine. J'accepte peu à peu qu'elle nous survive et nous ensevelisse. Si seulement elle pouvait garder des traces de nous. Des empreintes, fossiles et stigmates, les ecchymoses d'une enfance qui ne passe pas, et s'est faite terre, ciel, mer, un feu qui couve encore et cherche des incarnations. ⧫

***Gordes est un sas protégé et silencieux. Isolé de son environnement. Hors du temps***

MAZARINE PINGEOT est écrivaine. Professeure agrégée de philosophie, elle enseigne à l'université Paris VIII et à Sciences Po Bordeaux. Autrice d'une quinzaine de livres, elle a rencontré un vaste succès en racontant, dans *Bouche cousue* (Julliard, 2005), sa jeunesse entourée de secret, comme fille illégitime du président François Mitterrand et de l'historienne de l'art Anne Pingeot. On la retrouve régulièrement dans divers médias en tant que chroniqueuse culturelle, notamment jusqu'en 2019 dans l'émission *Ça balance à Paris*. Son dernier roman, *Et la peur continue*, a paru chez Mialet Barrault en 2021.

BEYA REBAÏ est illustratrice. Formée à l'institut Saint-Luc, à Bruxelles, et à l'école de Condé, à Paris, elle collabore avec des titres de presse (le *Washington Post*, le *New Yorker*, *Libération*) et des maisons d'édition (le Seuil, Hachette). Marquée par David Hockney et Félix Vallotton, fascinée par les Nabis, elle travaille la composition des couleurs. Crayons, pastels ou illustration digitale, elle aime expérimenter les techniques, puisant son inspiration dans les voyages.

LA NOUVELLE INÉDIT
PHILIPPE DE RM
Les pluies
d'été
PHOTOGRAPHIES
ULRICH LEBEUF

LE VOYAGE n'avait d'abord été qu'une abstraction. Deux heures de Paris à Bordeaux, à cette vitesse où le paysage reste insaisissable dans tous les détails qui pourraient faire une atmosphère, et ne prend corps que trop loin, à plus d'un kilomètre. Autour de moi, personne au demeurant ne se risquait à happer des images par la vitre – les gens étaient normaux, d'une normalité finalement assez récente, qui consistait à rester rivé à un écran d'ordinateur ou de téléphone. C'est seulement quand le train régional m'emmena ensuite vers Toulouse que quelque chose me revint, sans aucune surprise. Vingt ans sans être *redescendu* dans ce pays qui avait tellement été le mien. En contrebas de la voie, les premières perspectives du canal latéral à la Garonne ne me tenaient pas rigueur d'une aussi longue absence, et j'avais espéré cette douceur. Entre les frondaisons des platanes, on n'apercevait qu'un mince ruban d'eau, de ce vert émeraude que le plein été rendait si désirable et pacifiant – comme si j'avais encore pu venir y pêcher les gardons, les ablettes et les calicobas.

À Marsac, une bouffée de chaleur m'accueillit sur le quai, me rappelant les voix faussement désolées des vieilles qui se saluaient avec des « Cette chaleur, ma pauvre ! » qui justifiaient tous les projets de sieste et cachaient mal une fierté certaine – c'était toujours dans la région que les records de canicule étaient battus. J'étais à pied, dans ce gros bourg où les promesses hôtelières avaient dû s'étioler au fil des ans. Je ne fis pas de prospection : l'Hôtel de la gare me suffisait bien, pour une nuit sans doute. J'avais rendez-vous le lendemain à dix heures chez le notaire Delvoles, et après on verrait. Delvoles, François, fils et repreneur de l'étude Patrick Delvoles que j'avais connu, et dont je m'étais enquis en suscitant un fou rire étouffé de la secrétaire.

Certes on n'était pas un mardi, jour du marché, mais les rues de Marsac me parurent étonnamment désertes. Deux heures pour y flâner en liberté, j'en avais le sourire aux lèvres et le sentiment rassurant de me sentir parfaitement chez moi. J'avais redouté d'avoir à recenser avec nostalgie tout ce qui avait disparu, mais, curieusement, c'était un sentiment inverse qui se faisait jour en moi, tandis que je cherchais l'ombre des cornières. Je m'arrêtai longuement devant l'ancien magasin de M$^{me}$ Roudière. *Mercerie – Tout pour la femme.* Les lettres blanc cassé s'écaillaient sur les vitres, et nul n'avait repris la boutique. Mais je n'en éprouvais que davantage le plaisir de ressusciter tout ce qui avait fait ce monde : dans la vitrine vide, il me semblait revoir les petits panneaux publicitaires vantant les charmes de la lingerie féminine chic, soutiens-gorge balconnet, culottes échancrées, en étonnant contraste avec le contenu essentiel de l'antre de M$^{me}$ Roudière, présentoirs déclinant à l'infini tous les chromatismes des cotons à broder, des pelotes de laine, pour une clientèle âgée d'habituées s'asseyant près de la caisse dans un vieux fauteuil d'osier pour papoter avec la maîtresse des lieux. Sous son éternelle blouse

bleue, Mme Roudière sacrifiait-elle pour sa part à l'élégance des sous-vêtements lucifériens sexy ? Personne n'en saurait jamais rien, elle semblait si seule.

Les ombres se faisaient déjà plus longues mais la chaleur persistait autour des vieux lavoirs, le long de la promenade où se tenait la foire aux chiens. Pas vraiment des souvenirs, plutôt la sensation d'une plénitude qui multipliait la vie d'avant par celle d'aujourd'hui. À la terrasse du *Café du commerce* où s'attardaient quelques rares buveurs, après une légère hésitation, le garçon déclara : « Je peux vous faire à dîner », et comme je le remerciai avec effusion quand il m'apporta une omelette aux cèpes, il me gratifia de cet : « Avé plaisir » qui signe le bon vivre méridional.

*Page d'ouverture et suivantes :*

Sur les bords du Tarn et à Moissac, dans le Tarn-et-Garonne, le regard du photographe Ulrich Lebeuf, librement inspiré du texte de Philip Delerm.

Le lendemain matin, j'étais au rendez-vous chez le notaire. François Delvoles avait gardé sa maison familiale. Une toulousaine. On les appelle ainsi, ces maisons que l'on trouve dans la ville du Capitole, évidemment, mais aussi beaucoup à Montauban, à Castelsarrasin, à Marsac. Elles ont cette brique rose orangé, presque rose le matin, plus orange le soir. Les volets hauts sont peints en gris pâle. Maisons à deux étages, avec grenier. Austères en plein hiver, quand un brouillard cendré monte de la Garonne. Faites pour la chaleur, continentale et lourde. Gardeuses de fraîcheur l'été. De vraies maisons de médecin et davantage encore de notaire – comme si cet usage social convenait à leur pérennité. L'entrée de la toulousaine Delvoles était restée gravée dans ma mémoire. Un vestibule sombre si vaste, un sol carrelé à l'ancienne. Au bout, une porte-fenêtre aux quatre carreaux de couleur ouvrant sur un jardin. François Delvoles était le portrait craché de son père. Même réserve, même timidité sans doute sous l'effort d'affabilité :

« Tout le monde sera heureux de vous revoir au pays. » Et après un petit raclement de gorge. « Je me permettrai de vous présenter mon épouse. Elle est une grande admiratrice de votre œuvre. » Et comme je balayais de la main ce mot d'œuvre toujours si embarrassant, il retrouva un ton plus naturel pour évoquer ce qui nous réunissait :

« Il s'agit donc du testament de votre oncle Octave. Il me l'avait confié avant son départ pour la Martinique, où il est décédé et a été incinéré selon ses volontés il y a deux mois, comme vous le savez. Pardonnez-moi le caractère un peu abscons de la lecture qui va suivre, mais c'est le style juridique. » Il s'arrêta pour me livrer un sourire de connivence, puis se lança, avec un débit précipité qui semblait l'exonérer de l'académisme du document.

J'héritais la maison de Labastide, l'ancienne ferme de mes grands-parents. Pendant la litanie des actes, j'essayais de faire pénétrer en moi cette idée stupéfiante. Mais l'idée de propriété se refusait. On ne peut pas être propriétaire de ce qu'on a été, de ceux qu'on a été.

**_J'héritais la maison de Labastide. Mais l'idée de propriété se refusait. On ne peut pas être propriétaire de ce qu'on a été, de ceux qu'on a été_**

Maître Delvoles reposa la liasse des feuillets sur son bureau :

« La maison est vétuste, mais saine, je crois. Je pense que vous voudrez la visiter. Nous pouvons d'ores et déjà prendre rendez-vous pour envisager ce que vous en ferez. »

Pour l'heure, je n'envisageais rien et surtout pas la possibilité d'envisager dans quelques jours. Dans un état second, j'entendis François Delvoles me proposer un café, appeler son épouse qui nous rejoignit, discrète et enjouée, plutôt jolie mais sans affectation. Un babil d'une amabilité un peu factice s'engagea. Je pourrais louer une voiture à l'agence près de la gare. Bien rénovée, la maison trouverait sûrement un acquéreur malgré son isolement. Sylvie Delvoles avait cru *pouvoir se permettre* d'annoncer ma venue aux membres de son club de lecture – si vous en avez le temps et l'envie, une petite rencontre informelle les comblerait... après tout, vous êtes le seul écrivain à avoir consacré autant de pages à la région...

Je me retrouvai sur le trottoir, un peu agacé par ces velléités d'embrigadement social. Mais il faisait déjà beau et chaud, de cette chaleur qui attendait les orages de la fin d'août pour s'estomper. Et c'était le mardi et c'était le marché. Les vieux avaient toujours des chemises à carreaux et des bérets, les vieilles des robes de satinette fermière. Sur la place du marché à la volaille, leurs conversations croisaient des accents chantants et d'autres rocailleux roulant comme cailloux au fond des gaves. Et je fus stupéfait de retrouver près de l'église le stand des *petits gâteaux* tel que je l'avais toujours connu, avec ses poches de plastique qu'on remplissait soi-même à l'aide d'une cuiller métallique : nougats-gaufrettes-cartes – à jouer, poissons fourrés de confiture, macarons fendillés, gaufrettes à textes : « Qui veut m'aimer ? Viendrez-vous ? Pour l'éternité. Avec plaisir. Voulez-vous ? »

Autour de moi, au-dessus d'une rumeur conviviale, se livraient des bribes de destins : « Chambre à Toulouse... Finir sa licence... Quinze hectares de tournesols... Avec la fille Sarremejanes, à la fin de l'été... Il a fini sa première chimio... »

L'odeur fraîche de l'ail, acide de la roquette, l'odeur plus entêtante et languide du melon, l'odeur fauve du marché à la volaille. Me sentir pénétré de tout cela, en me disant que la maison de Labastide m'attendait. Je n'avais pas l'intention de louer une voiture, la seule idée d'obéir aux Delvoles m'en dissuadait. Et puis ces retrouvailles ne pouvaient avoir de sens qu'à pied, ou bien à bicyclette. Après tout, je n'avais qu'un sac à dos... Trouver un vélo à louer ne fut pas le plus facile, mais le garagiste avait bien connu mon oncle, et ne voulut même pas entendre parler de caution.

Dix kilomètres à l'ombre des platanes, sur le chemin de halage du canal. Quelques pêcheurs en contrebas, nonchalamment à demi allongés dans l'herbe, à côté d'une ligne de fond, ou bien debout la canne à la main – la couleur des bouchons n'avait pas changé, rayures vert foncé, blanc, vermillon. Quelques bateaux de plaisance remplaçaient les péniches d'autrefois. Pas mal de pèlerins en partance pour Compostelle. Cette lumière lancéolée du soleil à travers les branches sur le chemin, l'écorce pachydermique des platanes, des saluts qui n'engageaient à rien qu'au partage d'un matin d'été, et puis si vite le clocher de Labastide, les ruelles désertes, deux kilomètres à pédaler encore vers les collines, sur la route de Saint-Paul.

Le petit pont sur la Saudaize, et soudain la maison. Si familière et mystérieuse à la fois, car elle avait toujours été pour moi la maison de l'oncle Octave. Bien sûr, je savais que c'était le berceau de la famille, la ferme de mes grands-parents quand ils étaient agriculteurs. Mais à quarante ans mon grand-père avait changé de vie, acheté des champs de peupliers et construit un atelier où il fabriquait des cageots pour les pêches, les pommes et le raisin. Sa maison nouvelle, près de la Garonne, était devenue celle de toutes mes vacances. Chez l'oncle Octave, étonnant personnage misanthrope, chasseur pour promener ses chiens, pêcheur pour méditer, j'étais surtout venu à l'adolescence regarder à la télévision des étapes du tour de France. Parfois, lorsqu'il s'absentait, il me disait : « Tu peux venir quand même, je te mettrai le clisquet sous le pot de géraniums. » J'aimais côtoyer l'oncle Octave. Nous ne parlions guère, mais j'aimais l'amitié de son silence. On lui prêtait une vie de jeunesse aventureuse, cuisinier sur un cargo. On lui prêtait des succès féminins, au bout du monde et à Labastide. De tout cela il restait une séduction secrète, un poids de solitude aussi, et parfois une phrase poétique : « Ce qui me plaît à la chasse, c'est cueillir au petit matin dans une vigne une grappe de chasselas couverte de rosée. »

**Aller à Garonne : l'expression d'une soif, d'un désir d'évasion lié à l'idée du fleuve, avec cette syntaxe singulière et la sonorité oblongue de ce mot Garonne, indissociable des vacances de la baignade au vieux bac**

J'aimais la compagnie de l'oncle Octave, et plus encore la liberté de pénétrer chez lui quand il n'y était pas. Ça sentait le salpêtre, le chien mouillé et les cigarettes qu'il se roulait avec du papier OCB – ce petit coup de langue, et un peu de tabac effiloché.

La maison n'avait guère changé – déjà du temps de l'oncle Octave certains randonneurs la croyaient abandonnée. Une maison basse, comme presque toutes les fermes de la région. Des murs de bauge, cachés sous la gangue de vigne vierge. Seule vraie nouveauté : la vigne avait gagné tout le toit, et une bonne partie des fenêtres. La grille rouillée était fermée par une chaîne avec un cadenas dont le notaire m'avait donné la clé : « La porte d'entrée a un verrou intérieur, mais elle s'ouvre avec un clisquet que vous trouverez sous le pot de fleurs à gauche. » Maître Delvoles avait hoché la tête en révélant cet archaïsme, mais moi ça m'allait.

Le clisquet, toujours au même endroit. Une courte tringle métallique, avec au bout une spatule ronde où l'on appuyait le pouce pour soulever la barre de fer, à l'intérieur. Une manière de fermer sans fermer, presque une invite.

Bien sûr il y avait à faire, et déjà ouvrir tant bien que mal les lourds volets de bois gris écaillés, faire entrer l'air et la lumière. Mais en même temps, à chaque geste, à chaque pas, un bien-être étonnant. Pour quelques jours au moins, j'allais dormir ici, tâcher de vivre ici, c'était une évidence, comme un accord venu du plus profond.

Remettant à plus tard les quelques tâches matérielles nécessaires à mon installation, je repris bientôt la bicyclette pour *aller à Garonne*. Aller à Garonne : l'expression d'une soif, d'un désir d'évasion lié à l'idée du fleuve, avec cette syntaxe singulière et la sonorité oblongue de ce mot Garonne, indissociable des vacances, de la baignade *au vieux bac*, d'où, plus d'un siècle auparavant, on traversait pour aller à Saint-Nicolas. Le pays de Garonne. Sur le sol sablonneux, les petites feuilles jaunes tombées des peupliers. Une odeur si légère, venue du sol ou bien des branches, je n'ai jamais su. J'aimais ça, cette sensation infime et ne pas savoir vraiment la nommer. Dans la chaleur de plein été, ces confettis d'or d'une tonalité de presque automne, entre les allées rectilignes. Plus loin, une autre odeur plus nettement identifiée était bien au rendez-vous, celle de la menthe sauvage, avec une touche à peine perceptible, un peu âcre de vase quand la plage va s'approcher. Vingt ans sans être revenu ici et ne pas douter un instant de retrouver tout cela, comme si les berges de Garonne étaient un absolu.

L'envie de faire des ricochets, un geste qui ne se perd pas. Toujours ce plaisir de trouver un galet parfait, et d'être un peu déçu, car on le lance un peu trop fort, et il ne fait qu'un seul rebond, très long mais tristement unique. D'autres, moins idéaux en apparence, ont juste le poids qu'il faut. Alors me revenait cette façon de s'accroupir et de tendre le bras en arrière, de plus en plus confiant. Je retrouvais en moi les cris que nous poussions, dans les concours de ricochets, après le bain, avec les autres enfants qui venaient au vieux bac. Une surenchère de rebonds salués, douze, treize, quatorze. Retrouver ce niveau de performance, c'était aujourd'hui comme revivre une autre enfance, avec la même mauvaise foi, tout à fait à la fin, lorsque les ricochets trop rapprochés ne peuvent plus se compter et se dissolvent dans un clapotis indéchiffrable.

Ces retrouvailles avec la Garonne m'avaient donné le courage de faire ce que je repoussais depuis mon arrivée à Labastide : passer devant la maison de mes vacances. Je savais qu'elle avait été rachetée par un entrepreneur de Valence d'Agen. Ce serait tellement dur de voir que tout avait changé ; sans nettement me l'avouer, je savais que c'était la raison essentielle qui me faisait différer chaque année mon retour *au pays*. Mais ce qu'on imagine trop n'est jamais ce que l'on vit. La maison n'avait pas changé. C'était à la fois beaucoup plus et beaucoup mieux que ça. Elle avait disparu. Un haut mur d'enceinte, un portail sophistiqué, un visiophone, une étiquette évoquant une société de surveillance. On était loin de

la culture du clisquet. Le toit aux tuiles canal avait été remplacé par un deuxième étage dont on apercevait le sommet plat. La richesse anonyme, aseptisée et méfiante. On entendait des ébrouements dans l'invisible piscine. Et c'était merveilleux : tout à coup je devenais le seul propriétaire d'un univers aboli, et chaque détail de la vie passée s'installait dans le présent sans aucun obstacle, aucune comparaison. Juste sous le visiophone, je revoyais la petite rigole où s'écoulait l'eau blanchie de la lessive et où je faisais naviguer mes bateaux de papier.

Dès lors, j'osai conduire aussi ma bicyclette jusque devant la ferme des Fornero, où l'on allait chercher le lait. Clotilde, la fille d'Alberto et Orseline, était dans son potager, en train d'enlever les gourmands de ses tomates. Elle poussa un cri en me reconnaissant et appela son mari Michel. Je dus franchir la frontière, cette frêle armature de lanières colorées qui tient lieu de passage, en été, et déploie sa caresse de plastique doux, quand on laisse la porte ouverte. Un café partagé avec eux sur la toile cirée déclinant tous les moulins de la Hollande.

Clotilde et Michel avaient pas mal vieilli, pas plus que moi sans doute.

« Chaque année on t'attendait. Bien sûr on t'entendait à la radio, parfois on te voyait à la télé et *La Dépêche* parlait de chacun de tes livres. Je les ai presque tous ! » Clotilde me désignait le dessus de la cheminée. Et après un silence :

« Quand même, Orseline se désolait souvent de ne plus te voir. Et maintenant... »

Je partis de chez les Fornero avec ce seul remords : avoir manqué à Orseline. Son regard si doux et si usé me traversait. Avoir écrit, avoir parlé dans mes bouquins de ces soirées d'amitié magiques et simples au chaud du clan Fornero ne changeait rien à mon infidélité. Écrire, oui. Mais vivre aussi, c'est bien.

Et les jours commencèrent à succéder aux jours. Je prenais les mesures de mon provisoire chez-moi. Quand même, je repoussai mon rendez-vous avec Me Delvoles à la semaine suivante. Bien plus qu'autrefois, je prenais conscience de ce royal équilibre : avoir à choisir chaque jour entre le côté Garonne et le côté collines – un peu comme ceux de Guermantes et de Swann. Côté Garonne, l'ombre profonde du canal, les vergers, les plages de galets. Côté colline, davantage de silence encore, les vignes à chasselas, les champs de tournesols, des horizons tout en courbes blondes alanguies. Et puis la maison ancienne, et toutes ces belles pagailles qu'y avait laissées l'oncle Octave.

Un matin, je m'approchai de sa deux-chevaux, qu'il avait abandonnée dans la grange. Une voiture mythique, dont Octave prétendait qu'elle avait dépassé deux tours de cadran. Elle avait partagé toutes ses chasses au secret des collines, brinquebalé sur le chemin de halage quand il n'était pas encore bitumé. Les clés étaient sur le tableau de bord, bien sûr. Unc espérance un peu naïve me poussa à dénicher un jerrycan, à partir au village pour le remplir d'essence. Après quelques hoquets de refus préliminaires, miracle : le ronronnement retrouvé de la deux-pattes. Cette mélodie tout en mineur qui mouline du vent feutré, ébranle la courbe des tôles, souligne leur fragilité. Ces gestes spécifiques aussi : lever la glace qui retombe aussitôt sur le coude, défaire le toit ouvrant sans se laisser rebuter par les encoches un peu rouillées.

Il me fallait un but à l'aune de ma découverte. Partir à Montauban, près de quarante kilomètres, semblait bien ambitieux. Montauban, la ville où mes parents s'étaient rencontrés, sur le point de devenir instituteurs – ils ne diraient jamais *professeurs des écoles*. Une idée s'imposait tout à coup : revenir visiter le musée Ingres, récemment rebaptisé musée Ingres-Bourdelle, les deux stars de la ville. J'avais entendu vanter la muséologie contemporaine du musée réhabilité.

Mais ce n'était pas là ce que je souhaitais y trouver. Je choisis la petite route, la jolie, celle qui passe par Lafrançaise. La deux-chevaux d'Octave décapotée s'enchantait comme moi de prendre un petit vent d'été.

Au musée, je ne dédaignai pas le portrait par Ingres de Madame Gonse, surnommée « la Joconde de Montauban », ni le musculeux *Héraklès archer*, de Bourdelle, ni la salle médiévale du Prince noir. Mais ce que je cherchais en déambulant le long des salles était invisible. Une exposition Jean-Michel Folon, plus de trente ans auparavant. Ces personnages en pardessus et en chapeau flottant dans l'espace, une sorte de désert bienveillant. Je venais de perdre mes parents, et les bonshommes de Folon m'avaient dit que la mort peut être proche, et aérienne, et partagée. Dans le nouveau musée Ingres-Bourdelle flottait encore l'essence de cette rencontre lointaine. Ils étaient là, et moi aussi, et Jean-Michel Folon.

Sur la route du retour, un orage s'annonça, peu après Lafançaise. Malgré tous mes efforts, je ne pus remettre la capote de la deux-chevaux. J'étais trempé quand j'arrivai *chez moi*. Mais au lieu de me précipiter à l'intérieur, je me sentis gagné par un charme magicien. C'est peu dire que la pluie d'été avait avivé toutes les chaleurs d'août, toutes les odeurs de la terre, exhalé le meilleur de tous les pétales du magnolia. Je restai là debout longtemps. Fasciné. Recomposé.

Le lendemain, j'avais rendez-vous à l'étude.

« Vous ne verrez pas mon épouse aujourd'hui. Elle est à Venise avec une amie. Tous les deux ans, elles *font* la Biennale d'art. Si vous repartez pour Paris, vous ne pourrez rencontrer vos lectrices. Plus tard, peut-être...

– Vous la remercierez. Je ne souhaite pas rencontrer mes lectrices. Mais je ne repars pas pour Paris. »

Et comme son regard m'interrogeait :

« Je garde la maison. Je ne veux plus vivre qu'ici... Je ne veux plus manquer les pluies d'été. » ♦

PHILIPPE DELERM est écrivain. Révélé au grand public en 1997 avec *La Première Gorgée de bière et autres plaisirs minuscules* (Gallimard), il est l'auteur d'une œuvre ample, marquée notamment par *La Sieste assassinée* (id., 2001), *La Tranchée d'Arenberg et autres voluptés sportives* (Panama, 2007) et un récit autobiographique, *Journal d'un homme heureux* (Seuil, 2016). Il a dernièrement publié, en 2022, *La Vie en relief* (id.), ainsi qu'un deuxième volume dans la collection « Bouquins » réunissant, après ses romans et récits intimes, ses récits courts. Un nouveau recueil de textes courts inédits paraîtra au Seuil fin août, sous le titre *Les Instants suspendus*.

ULRICH LEBEUF est photographe. Né en 1972, il est membre de l'agence MYOP depuis 2007. Il collabore régulièrement avec *Le Monde*, *Libération*, le *New York Times* ou *M le magazine du Monde*. Depuis 2014, il est à la tête de la direction artistique du festival de photographie MAP, à Toulouse, où il réside. Ses travaux et sa couverture de grands conflits internationaux lui ont valu le prix Jean-Dieuzaide, décerné par l'Académie des arts du Languedoc en 2016.

# LA TRONÇONNEUSE

HISTOIRES SINGULIÈRES, la chronique de

**Philippe Claudel**

Illustrée par MANON DEBAYE

IL Y A UN MOIS j'ai acheté une tronçonneuse. Suédoise. J'aime beaucoup la Suède. Son climat. Sa blondeur. Ses romans policiers. Le modèle japonais me tentait aussi. J'ai hésité. Mais je n'irai jamais au Japon. C'est très loin. Tandis que la Suède. Peut-être. Un jour. À l'âge de la retraite. Si je l'atteins. Pas simple. Elle se dérobe sans cesse. Pour couper quel type de bois. Le vendeur faisait son métier. Ce n'est pas pour couper du bois. Il a semblé surpris. J'habite en appartement et non dans une forêt. Et je me chauffe au gaz. Russe. Je comprends. Voilà longtemps que je rêve d'une tronçonneuse. C'est tout. Les temps sont étranges. Inquiétants. Bien sûr. Le vendeur n'a pas posé d'autres questions. Professionnel. J'ai apprécié. Je lui ai demandé de me montrer comment la mettre en marche. Il a actionné un bouton et tiré deux fois sur une poignée noire à laquelle était attachée une cordelette. La tronçonneuse s'est mise en route. Une musique merveilleuse. Assourdissante. La chaîne roulait. Ses courtes lames affûtées étincelaient sous les néons du magasin. Le vendeur appuyait sur l'accélérateur. La tronçonneuse rugissait. Ses vibrations entraient dans mon corps. C'était merveilleux. Jamais un homme ne m'a fait cet effet. Je ne prendrai pas l'emballage. Comme vous voulez. Ni même l'étui. Vous risquez de vous blesser. Elle est si belle. Je veux la voir en permanence. Bien sûr. Le vendeur était parfait. Je suis sortie du magasin avec la tronçonneuse dans la main droite et le bidon de mélange deux-temps dans la main gauche. Il faisait un temps magnifique. Je n'étais pas pressée. J'étais légère. Emplie d'une énergie neuve. La foule était dense sur les trottoirs. Mais elle s'écartait souplement à mon passage. Je n'avais pas l'habitude. Beaucoup fixaient la tronçonneuse. Puis me regardaient. Stupéfaits. Craintifs. J'étais fière. Je brûlais d'envie de la mettre en route. Je retardais le moment. Je laissais monter le plaisir. Mes pas m'ont amenée dans le quartier de l'Opéra. Je me suis assise un moment sur les marches du palais Garnier. J'ai posé la tronçonneuse contre moi. Ma main dessus. Comme sur la belle tête d'un chien. On m'a prise en photo. Plusieurs fois. Des touristes. Chinois. J'ai souri. Deux policiers se sont approchés. Madame. Oui. C'est à vous cette tronçonneuse. Oui. Pourquoi êtes-vous là avec une tronçonneuse. Est-ce un crime. Non. Je prends le soleil. Avec une tronçonneuse. Oui. Y a-t-il une loi qui interdit de prendre le soleil avec sa tronçonneuse. Non Madame. Merci Messieurs. Ils se sont éloignés. J'adore les forces de l'ordre. J'adore l'ordre. L'air fraîchissait. J'ai décidé de rentrer. J'habite en banlieue. Métro. RER. Bondés. Mais je n'ai pas eu de difficulté à trouver une place assise. Curieusement. Dans le RER j'ai même pu poser la tronçonneuse et le bidon de mélange deux-temps sur le siège à côté du mien. Personne n'a rien dit. Les gens massés les uns contre les autres me regardaient. Regardaient ma tronçonneuse. Elle est à moi. Je viens de l'acquérir. Beaucoup ont détourné les yeux. Certains ont baissé la tête. Personne ne m'a demandé de libérer la place occupée par ma tronçonneuse. Ils ont préféré rester debout. Comme moi jadis. Quand je n'osais rien dire. Je suis arrivée

**« *Y a-t-il une loi qui interdit de prendre le soleil avec sa tronçonneuse* »**

près de ma barre d'immeubles. Une bande de jeunes était occupée à ne rien faire sinon fumer sur un banc. Toujours la même. Toujours le même. Leur banc. Ce banc est à nous pas à toi. Pourquoi me tutoyez-vous. Ta gueule. Va chier. C'était il y a longtemps. Je n'avais rien répondu. Ils se sont poussés du coude en me voyant. La Gauloise de l'escalier C 7ᵉ étage droite. La salope. La suceuse. La pute. La vieille. C'est ainsi que d'ordinaire ils me disent bonjour. J'ai 43 ans. C'est très vieux pour eux. Et je suis une femme. Donc une salope. Une suceuse. Une pute. Ils aiment la sociologie. Les catégories. Le rangement. Mais là aucun mot. Ils ne me voyaient pas. Ils ne voyaient que ma tronçonneuse. J'allais entrer dans l'immeuble mais j'ai hésité. Je suis revenue sur mes pas. Ils m'ont regardée sans comprendre. Je me suis arrêtée à deux mètres d'eux. J'ai posé le bidon de mélange deux-temps par terre. J'ai fait passer la tronçonneuse dans ma main gauche. De mon index droit j'ai mis en position start. J'ai saisi la poignée. J'ai tiré deux fois. La cordelette s'est déroulée merveilleusement. La tronçonneuse a démarré. J'ai appuyé sur l'accélérateur. Elle a rugi. J'ai accéléré à fond et fait un pas vers le banc. Les jeunes se sont brusquement levés. Le banc était libre. Leur banc. Je m'y suis assise. Mon banc. La tronçonneuse tournait au ralenti. Je l'ai posée à côté de moi. Un jeune s'est rapproché. T'es tapée la vieille. Dégage. J'ai pressé l'accélérateur. La tronçonneuse a rugi. Il a reculé aussitôt. Cassez-vous. Qu'est-ce que tu racontes. Cassez-vous. Disparaissez. J'ai pris la tronçonneuse. J'ai accéléré à fond en balayant avec elle devant moi. Comme si j'arrosais une pelouse. Les jeunes sont partis après avoir craché dans ma direction. J'ai souri. Le soleil venait de disparaître derrière la barre d'immeubles. Il faisait bon. C'était la fin du mois de mai. Au ciel les hirondelles dessinaient de beaux cercles réguliers.

Ma vie depuis est merveilleuse. Je suis une femme et j'ai une tronçonneuse.

PHILIPPE CLAUDEL est membre de l'Académie Goncourt depuis 2012. Auteur des *Âmes grises* (Stock, 2003, prix Renaudot) et du *Rapport de Brodeck* (id., 2007, prix Goncourt des lycéens), il a vu son œuvre être traduite dans plus de quarante pays. Également cinéaste, il enseigne l'écriture scénaristique à l'université de Lorraine. Son premier film, *Il y a longtemps que je t'aime* (2008), avec Kristin Scott Thomas, a obtenu un grand succès critique en France et à l'étranger. Son dernier roman, *Crépuscule*, a paru chez Stock en 2023.

par PHILIPPE JAENADA
Illustré par MUZO

# *L'insaisissable* ASSASSIN DES WAGONS

*À bord du Paris-Mulhouse, un certain Charles Jud aurait commis le premier meurtre dans un train, en septembre 1860. Mais les gendarmes n'ont jamais réussi à le retrouver. Et son dossier judiciaire a brûlé, en 1870, durant la Commune de Paris…*

AGATHA CHRISTIE a embrumé tout le monde, avec son *Orient-Express* : contrairement à ce qu'on imagine depuis, le bon crime ferroviaire mystérieux, comme on aime, ne court pas les rails. Pour trouver une bonne histoire, il faut revenir au tout premier crime du rail en France, il y a belle lurette : l'assassinat du juge Poinsot, le 6 décembre 1860. Il donnera naissance à une légende, celle de Charles Jud, que la presse a surnommé « l'insaisissable Jud », et consacré « inventeur de l'assassinat en wagon ».

L'insaisissable Jud naît le 7 février 1834 à Bourogne, près de Belfort. Mauvais garçon, il fait le malheur de ses parents, vole tout ce qu'il trouve et « court sur les toits comme un chat ». Le 10 août 1855, à 21 ans, la graine de canaille est envoyée au service militaire en Algérie, à Oran, dans le 3e escadron du train. Pour sept ans. (Ça rigolait pas.) Indiscipliné, il passe la moitié de son temps au gnouf. Le 15 juin 1859, on le surprend la nuit dans l'atelier du tailleur de la caserne, dont il a confectionné une fausse clé pour voler des étoffes. Au gnouf encore. Mais le lendemain matin, sa cellule est vide, on ne trouve qu'un trou dans le mur, qu'il a creusé on ne sait comment. Charles Jud a disparu.

Six mois plus tard à Paris, le 6 décembre, à 4 heures du matin, l'express de Mulhouse s'arrêtera à la gare de l'Est. Les employés du chemin de fer parcourront le train après la descente des voyageurs et découvriront, dans un compartiment de première classe, le corps sans vie (du tout) d'un riche quinquagénaire, la tête en compote, du sang et de la cervelle partout sur les luxueux coussins.

À Oran, après son évasion de la caserne, Jud emprunte les papiers d'un cocher, Jules Matricon, prétendant vouloir les vérifier avant une longue course, se sauve avec et va se cacher un an à l'autre bout du pays, à Dellys, en Kabylie. (Le tribunal militaire le condamne par contumace à vingt ans de travaux forcés, pour désertion.) Et début juillet 1860, après un vol fructueux dans un hôtel algérien de bord de mer, Jud-Matricon rentre en France, passe l'été à Paris, subtilise les papiers de son frère, Jacques Jud, tailleur dans une boutique du faubourg Poissonnière (et au passage ceux d'un autre tailleur, un dénommé Dullin), puis rentre dans sa région natale et s'installe dans un hôtel d'Altkirch, près de Ferrette où vit sa mère. Il porte moustache et barbiche, des lunettes aux verres bleus, il est soigneusement vêtu, si bien déguisé que personne dans la région ne le reconnaît. Le 12 septembre, en début de soirée, il monte à Altkirch dans le train en provenance de Paris, à destination de Mulhouse.

Trois mois plus tard, le jour de la découverte du cadavre de la gare de l'Est, l'émotion est considérable dans tout le pays : c'est la première fois qu'un meurtre est commis dans un train – ces fabuleux engins du futur ne seraient-ils donc pas sûrs ? On panique. D'autant que ce n'est pas n'importe quel cadavre : c'est celui de Victor Poinsot, président de la quatrième chambre de la cour impériale et proche de Napoléon III. Ses domestiques indiqueront qu'on lui a volé, entre autres, un sac de voyage en cuir verni contenant de l'argent et divers documents, un porte-monnaie en maroquin noir, une chaîne en or avec une petite clé garnie d'un rubis et une couverture de voyage noir et blanc, en étoffe anglaise. Il a pris le train à Troyes à « dix heures vingt-cinq du soir », il revenait de sa grande propriété de Chaource, où il était allé récolter l'argent de ses fermages. Il faut retrouver l'assassin très rapidement ou ça va donner des idées à d'autres et c'est la fin des haricots du progrès.

D'ailleurs, un enquêteur se souvient d'une autre agression commise dans un train – dis donc, c'était sur la même ligne, en plus. Le 12 septembre dernier, un médecin militaire russe qui se rendait à Mulhouse, le major Heppi, avait été jeté de l'express de Paris peu après Altkirch, entre Illfurth et Zillisheim, après avoir été frappé avec une pierre et dépossédé d'une belle montre à gousset et d'une petite gibecière de cuir brun qu'il avait en bandoulière et qui contenait tout son argent (beaucoup). Ramassé en bien piteux état, soigné, le malheureux avait déclaré qu'un individu était monté dans son compartiment alors qu'il dormait ; il avait à peine prêté attention à lui avant de replonger dans le sommeil et s'était réveillé sous les coups de pierre.

Le 28 novembre suivant, une semaine avant le crime de la gare de l'Est, on arrêtait le coupable. Un élégant barbu, hâbleur, richement vêtu et demeurant tout près de Ferrette, dans la coquette auberge de Kœstlach (la maison Betzi), s'était mêlé aux chasseurs de la forêt voisine avec un beau fusil à deux coups et un permis de chasse au nom de Montalti. Certains trouvaient qu'il ressemblait étrangement à Charles Jud, l'ancien gamin voyou du coin, et avaient averti les gendarmes. Ceux-ci l'avaient interpellé et contrôlé ; dans sa chambre, à l'auberge Betzi, ils avaient trouvé des papiers au nom de Charles Jud, Jacques Jud, Jules Matricon, Dullin et Montalti ; ainsi que des billets et des pièces d'or russes, la gibecière de cuir du Dr Heppi et sa montre à gousset. C'est bon, on le tient, le salopard, on l'enferme dans l'unique cellule de la vieille caserne de

Ferrette, il proteste, il n'a rien fait, on brise sa vie, il jure qu'il va se suicider.

À 4 heures du matin, les deux gendarmes entendent un râle, se précipitent, il n'y a plus personne entre les quatre murs : quelle est cette sorcellerie ? Il est tapi derrière la porte, il les pousse violemment à l'intérieur malgré les menottes à chaîne qui lui entravent les poignets, les enferme puis se rue comme un sauvage sur le garde de nuit posté à l'entrée de la caserne, le roue de coups et disparaît dans la nuit.

C'est à son retour d'Algérie que Charles Jud a eu l'idée toute simple, mais innovante, de tuer les passagers de première classe dans les trains. À l'époque, il n'y avait pas de couloir, les compartiments étaient isolés les uns des autres, munis chacun d'une porte par laquelle on y entrait directement depuis le quai : une fois dedans, on n'en sortait plus jusqu'à l'arrivée. Jud avait essayé d'entraîner un copain d'enfance, Muller : « Rien n'est plus facile que de tuer un homme dans un train. On le frappe à la tête avec une pierre et on jette le corps par la portière. » Muller n'avait pas adhéré au projet, Jud s'était lancé seul.

Après ses débuts au détriment du Dr Heppi, le 12 septembre, il s'est offert, soudain riche, un petit séjour exotique à Tunis. Sur le bateau de retour vers Marseille, il a rencontré un jeune ingénieur, un certain Montalti, qui vivait à Constantine et partait chasser dans les Vosges. Ils ont sympathisé et sont remontés ensemble en train jusqu'à Dijon, où Jud lui a dérobé son fusil à deux coups, son permis de chasse et un petit pistolet à manche d'ivoire. Trois semaines plus tard, le chasseur Jud-Montalti était arrêté à Ferrette, et enfermé quelques heures.

Le 6 décembre, à Paris, l'enquête pour retrouver le monstrueux assassin de Victor Poinsot débute. Le juge a reçu deux balles de petit calibre dans la tête et on lui a défoncé le crâne avec « un instrument contondant ». C'est à Troyes, le 7 décembre, que tout se précipite. L'avant-veille, venant de Chaource, Poinsot a passé l'après-midi à l'hôtel du Mulet, où il a dîné avant de prendre l'express pour Paris à 22 h 25. La patronne de l'établissement, Mme Petit, apprend aux gendarmes que, ce soir-là, un jeune homme barbu qui occupait la chambre 18 depuis deux jours a discuté avec le juge à la table d'hôte puis est parti précipitamment, expliquant qu'il laissait sa malle dans sa chambre et reviendrait le lendemain. Il était effectivement de retour le 6 au soir, hier, et a réglé sa note ce matin à 6 heures. Un client de l'hôtel, le sieur Dauton de Plancy, a déclaré le vol de son caban ; à la place, il a trouvé la redingote du jeune barbu ; les pans et l'extrémité des manches étaient tachés de sang. Ledit jeune barbu était inscrit à l'hôtel sous le nom de Jules Matricon. (Ah tiens.) Les gendarmes fouillent la chambre 18 et découvrent, derrière la commode, des menottes à chaîne ; elles portent les initiales du brigadier qui a arrêté Jud à Ferrette le 28 novembre. Affaire bouclée, il ne reste plus qu'à attraper Charles Jud.

On ne le retrouvera jamais. Les jours suivants, Matricon est signalé à Lyon, dans deux hôtels différents, puis à Genève, où il passe une deuxième nuit sous le nom de Dullin, oubliant dans la chambre une couverture noir et blanc (en étoffe anglaise), et une troisième dans une « maison publique », avec la fille Klein, à qui il montre des pièces d'or, des billets russes et un pistolet à manche d'ivoire. Ensuite, Jud, Matricon, Dullin, Montalti et compagnie : envolés.

Le ministère de l'Intérieur diffuse son signalement dans la presse : Charles Jud est « un malfaiteur de la pire espèce et d'une énergie peu commune », ses yeux ont « une expression étrange, qui indique une résolution extraordinaire », il « se déguise avec une grande habileté », « porte parfois une barbe longue, brune rougeâtre, et des lunettes bleues », mais parfois aussi des lunettes vertes (il est diabolique !), pas de barbe du tout, ou alors une moustache et une barbiche, il est parfois très pâle et parfois basané, il parle avec un accent alsacien, mesure 1,68 m, il a les yeux gris, le visage long et maigre, plusieurs dents de devant cassées et une cicatrice au-dessus de l'œil gauche, qu'il peut cacher en baissant la visière d'une casquette. On signale également qu'il a les pouces très longs – ce qui, à l'époque, est considéré par les experts comme un signe distinctif des meurtriers. Il bouge sans arrêt et change de nom tous les deux jours, donc ouvrez l'œil.

En 1861, Charles Jud est condamné par contumace à la peine de mort pour l'assassinat du juge Poinsot, puis à la peine de mort encore, en 1862, pour le presque assassinat du D^r^ Heppi. Mais on ne pourra même pas l'exécuter une seule fois.

Pourtant, on a bien ouvert l'œil. Dans les semaines et les années suivantes, on a vu l'insaisissable Jud des centaines de fois, on a arrêté des dizaines de faux Jud, parfois trois en même temps, un en Suisse, un à Limoges, un à Venise. (On les tient !) « Le Jud » devient un nom commun pour désigner un dangereux personnage

**« RIEN N'EST PLUS FACILE QUE DE TUER UN HOMME DANS UN TRAIN. ON LE FRAPPE À LA TÊTE ET ON JETTE LE CORPS PAR LA PORTIÈRE »**

en fuite. Une belle caricature montre un barbu maigre et patibulaire, l'air aux abois, courant dans un sous-bois devant des petits lapins joyeux qui gambadent – la légende : « Le gibier a enfin trouvé le moyen d'échapper aux chasseurs : suivre Jud. » Les parents menacent les enfants pas sages d'appeler l'horrible Jud. Pendant vingt ans, la phrase que les gendarmes français entendront le plus souvent sur leur passage est : « Va donc chercher Jud ! » Et, bien sûr, le complotisme balbutiant finit par prendre le relais, la rumeur se répand : en réalité, Poinsot a été tué par les services de Napoléon III parce qu'il en savait trop sur lui, ou au contraire par les Prussiens qui lui ont dérobé des secrets de l'Empire, la police est prête à tout pour détourner l'attention, tu penses, Jud est une invention des autorités, il n'a jamais existé.

La guerre de 1870 interrompt les recherches et, l'année suivante, le dossier Jud-Poinsot est brûlé dans l'incendie de la préfecture de police de Paris, pendant la Commune. On n'en saura donc jamais plus, Charles Jud s'est définitivement volatilisé, on le voit partout mais on ne le trouve nulle part, l'assassin mythique a disparu.

Ses crimes (un et demi, en fin de compte) ont eu de bonnes conséquences : une semaine après la mort du juge Poinsot, le ministre Rouher exige que les ingénieurs du chemin de fer travaillent sur un projet révolutionnaire de signal d'alarme dans les trains. Plus tard, toujours « grâce » à Jud, on créera des couloirs le long des compartiments, pour éviter l'isolement favorable aux assassins.

Mais son crime et demi aura également des effets inattendus et regrettables : le 1er janvier 1869, neuf ans après le début de l'enquête, un jeune poète errant qui parcourt la France à pied pour observer la nature et les gens est arrêté en Corse, dans le village de Bocognano. Un gros gendarme aussi crétin que buté, persuadé de tenir le fameux Jud (et d'accéder donc à la gloire), le met aux fers trois jours dans un vieux cachot suintant, creusé à même le roc. Le poète s'appelle Albert Glatigny, il est l'auteur des *Vignes folles*, il inspirera Verlaine et Rimbaud, Victor Hugo est son premier admirateur. Il sera libéré dès sa comparution devant le procureur impérial d'Ajaccio, et racontera trois mois plus tard sa mésaventure sordide dans un formidable pamphlet, poignant et drôle, *Le Jour de l'an d'un vagabond*, qu'il dédiera à son tortionnaire, le major Thessein, et que le grand Hugo tiendra à lui acheter 100 francs (au lieu de 5). De ces heures de souffrance dans le froid, l'humidité et la moisissure, il gardera des blessures aux chevilles causées par les fers, qui le laisseront boiteux, et surtout une « infection de poitrine » dont il mourra quatre ans plus tard, à 33 ans.

En 1911, Charles Jud sera l'un des principaux modèles de Fantômas (dont « l'Insaisissable » est l'un des surnoms), puis Fantômas inspirera le justicier Judex, sa version positive, et aux États-Unis, Judex inspirera The Shadow, qui lui-même inspirera Batman. Jud est donc en quelque sorte l'arrière-grand-père de Batman. Oui, la fiction, parfois, dépasse largement la réalité. ◆

PHILIPPE JAENADA est écrivain. Il publie en 1997 son premier roman, *Le Chameau sauvage*, qui obtient le prix Alexandre-Vialatte et le prix de Flore. Maniant l'humour et l'autodérision dans ses écrits, il s'inspire souvent de faits divers, comme dans *Sulak* (2013), *La Petite Femelle* (2015) et *La Serpe* (2017), tous trois publiés aux éditions Julliard. Il a récemment publié *Au printemps des monstres* (Mialet-Barrault, 2021) et *Sans preuve et sans aveu* (2022).

MUZO est dessinateur. Formé aux Beaux-Arts de Caen, Jean-Philippe Masson doit son pseudonyme au *Journal de Placid et Muzo*, un fanzine lancé avec un ami. Ses personnages au grotesque candide et son humour sarcastique ont depuis fait leur chemin dans les pages de *Charlie Mensuel* et de *Hara-Kiri*, de *Libération* ou du *Monde*... Également peintre, graveur et auteur de livres jeunesse, il a publié en 2021 un recueil intitulé *Les Gens* (Les Cahiers dessinés).

# LES ÉDITIONS DU 1

**ZADIG**

Plongez dans les passions françaises

zadiglemag.fr

**LE UN HEBDO**

Chaque semaine, une question d'actualité, plusieurs regards

le1hebdo.fr

**LE UN des libraires**

Les livres c'est la vie

le1deslibraires.fr

**LÉGENDE**

Toute photo mérite sa légende
Notre époque aussi

legende-lemag.fr

Chères lectrices, chers lecteurs,

Depuis le lancement de notre hebdomadaire *le 1* en avril 2014, notre famille de journaux n'a cessé de s'agrandir. Dans le prolongement du *1*, qui déplie chaque semaine un thème lié à l'actualité à travers plusieurs regards de spécialistes, *le 1 des libraires* propose quatre à cinq fois par an une plongée dans un grand domaine littéraire (de la jeunesse au polar), tout en présentant un chef-d'œuvre du patrimoine.

Depuis 2019, *Zadig* explore la France sous toutes ses facettes. À travers de grandes conversations, des enquêtes et des contributions d'écrivains et d'artistes, ce magazine compose un portrait fidèle de notre pays.

Quant au trimestriel *Légende*, il s'attache depuis 2020 à raconter la vie et l'œuvre d'une figure contemporaine marquante par des reportages exclusifs et des portfolios de grands photographes. Ainsi avons-nous successivement mis en lumière des personnalités aussi différentes que Zinedine Zidane, Charles de Gaulle, Coluche, Angela Davis, la reine d'Angleterre ou Simone Veil.

Nos publications indépendantes, sans publicités, illustrent notre foi dans l'écrit, dans une presse libre et vivante que nous sommes fiers d'incarner.

Nous avons besoin de vous. Abonnez-vous !

ÉRIC FOTTORINO

# THE SHORT
# SUNDERLAND

Basil Allington

# THE SHORT SUNDERLAND

Chaz Bowyer

Aston Publications

# Dedication

*To Lisa Janine – who kept me young*

Published in 1989 by
Aston Publications Limited,
Bourne End House,
Harvest Hill,
Bourne End,
Bucks, SL8 5JJ



ISBN 0 046627 34 7

Designed by Chris Hand

Photoset by Armitage Typo/Graphics, Huddersfield
and printed in England by
The Amadeus Press Ltd.,
Huddersfield, West Yorkshire

Sole distributors to the UK book trade,
Springfield Books Ltd,
Norman Road,
Denby Dale, Huddersfield,
West Yorkshire, HD8 8TH

Sole distributors for the USA,
Motorbooks International,
Osceola, Wisconsin 53020,
United States

**British Library Cataloguing in Publication Data**
Bowyer, Chaz
The Short Sunderland.
1. Short Sunderland flying boats, history
I. Title
629.133'347

ISBN 0-946627-34-7

*Contents*



*Appendices:*

# Glossary of Abbreviations Used

| | |
|---|---|
| A/c | Aircraft |
| ACSEA | Air Command South-East Asia |
| ASWDU | Air Sea Warfare Development Unit |
| BOAC | British Overseas Airways Corporation |
| CAUSA | Compania Aeronautica Uruguayana SA |
| CCDU | Coastal Command Development Unit |
| CCIS | Coastal Command Instructors' School |
| DBR | Damaged beyond repair |
| DC | Depth charge |
| EA | Enemy aircraft |
| FBSU | Flying Boat Servicing Unit |
| FBTS | Flying Boat Training School |
| FEAF | Far East Air Force (RAF) |
| FLAK | Anti-Aircraft fire (*Flugzeugabwehrkanone*) |
| FLT | Flight (sub-formation of squadron) |
| FTL | Forced to land |
| FTR | Failed to return |
| FTU | Ferry Transport Unit |
| GR | General Reconnaissance |
| JG | *Jagdgeschwader* (Luftwaffe) |
| KIA | Killed in action |
| MAEE | Marine Aircraft Experimental Establishment |
| MIA | Missing in action |
| MoS & AP | Ministry of Supply & Aircraft Production |
| MU | Maintenance Unit |
| OCU | Operational Conversion Unit |
| OTU | Operational Training Unit |
| PoW | Prisoner of War |
| QANTAS | Queensland & Northern Territory Aerial Services Ltd |
| RAAF | Royal Australian Air Force |
| RAF | Royal Air Force |
| RCAF | Royal Canadian Air Force |
| RNAF | Royal Norwegian Air Force |
| RNZAF | Royal New Zealand Air Force |
| SAAF | South African Air Force |
| SEAC | South-East Asia Command |
| SOC | Struck off charge |
| SQN | Squadron |
| TEAL | Tasman Empire Airways Ltd |
| TOA | Trans-Oceanic Airways Pty Ltd |
| UB – | U-Boat (*Unterseeboot*) |
| WEF | With effect from |
| ZG | *Zerstörergeschwader* (Luftwaffe) |

## *Ranks (RAF/RAAF/RCAF/RNZAF)*

| | |
|---|---|
| AC | Aircraftman |
| LAC | Leading Aircraftman |
| CPL | Corporal |
| SGT | Sergeant |
| FLT SGT | Flight Sergeant |
| WO | Warrant Officer |
| PLT OFF | Pilot Officer |
| FG OFF | Flying Officer |
| FLT LT | Flight Lieutenant |
| SQN LDR | Squadron Leader |
| WG CDR | Wing Commander |
| GRP CAPT | Group Captain |
| AIR CDRE | Air Commodore |
| AVM | Air Vice-Marshal |
| AM | Air Marshal |
| ACM | Air Chief Marshal |
| MRAF | Marshal of the RAF |

## *Ranks (Other Air Forces)/Army & Navy*

| | |
|---|---|
| LV | Lieutenant de Vasseau (French) |
| CC | Capitaine de Corvette (French) |
| CF | Capitaine de Frigate (French) |
| CV | Capitaine de Vasseau (French) |
| TEN VASC | Tenente di Vascello (Italian) |
| LTN | Leutnant (German) |
| OBLTN | Oberleutnant (German) |
| KPTNLTN | Kapitänleutnant (German) |
| 2/LT | Second Lieutenant (Army) |
| LT-COL | Lieutenant-Colonel (Army/SAAF) |
| CAPT | Captain (RN) |
| V/ADM | Vice-Admiral |
| ADM | Admiral |
| SM | Sergeant-Major (Army/Italian AF) |

## *RAF Decorations*

| | |
|---|---|
| AFC | Air Force Cross (Commissioned & Warrant Officers only) |
| AFM | Air Force Medal (Non-commissioned personnel) |
| BEM | British Empire Medal |
| CGM | Conspicuous Gallantry Medal (Non-commissioned personnel) |
| DFC | Distinguished Flying Cross (Commissioned & Warrant Officers) |
| DFM | Distinguished Flying Medal (Non-commissioned personnel) |
| DSO | Distinguished Service Order (Commissioned officers only) |
| GC | George Cross |
| GM | George Medal |
| MBE | Member of the Order of the British Empire |
| MiD | Mentioned in Despatches (All ranks) |
| OBE | Order of the British Empire |
| VC | Victoria Cross (All ranks) |

# *Introduction and Acknowledgements*

Great Britain has maintained a proud maritime tradition from the reign of Alfred the Great until the present day. Thus, when the true age of aviation commenced in 1903 and Britain eventually added a flying service to its long-standing army and naval forces, exploration of air-sea development was a foregone conclusion. Less than a decade after the American Wright brothers demonstrated the feasibility of man-controlled, powered flight, British aviators and designers had produced practical aircraft intended to utilize water surfaces as 'airfields' – the nascency of British maritime aviation. In the following 50 years British manufacturers designed and produced a host of seaplanes, amphibians and pure flying boats – at least 100 different types for the RAF alone, apart from civil craft – which steadily extended the horizons of aerial accomplishment for peaceful purposes and, equally, enhanced the efficiency and ubiquity of both the Royal Air Force and the Royal Navy. Within the aegis of the RAF, men who crewed flying boats quickly established themselves as virtually men apart – the self-styled 'Flying Boat Union' – with a mode of life, work, even language peculiar to themselves and having no counterparts in any other facet of RAF life. Their unofficial 'badge' was the brine-encrusted, green verdigris coating on tunic buttons, buckles and cap insignia. They were, indeed, Britain's aerial navy, seamen of the sky.

Of the many types of aircraft they flew during the years 1912–60, the acknowledged 'Queen of the Boats' was the majestic Short Sunderland. From its introduction into RAF service in 1938 the Sunderland was always regarded by all its crews as a unique craft having no serious rival. Moreover, it was not simply an impressive machine in which to 'work' but came to be almost a home-from-home for myriad crews when moored away from normal bases. In the event Sunderlands equipped some 30 front-line squadrons of the RAF, RAAF, RCAF, RNZAF, SAAF and the French Aeronavale over a period of almost 30 years – 21 in RAF first-line use alone – apart from continuing in barely modified forms as pioneers and stalwarts of various civil airlines around the globe. Today, decades after the Sunderlands' heyday, only solitary earthbound examples of that mighty aircraft remain, stilled, silent memorials to a bygone chapter in aviation history. No longer can be experienced the esoteric thrill of watching, hearing, feeling the furious cleaving of water as a stately Sunderland gathered speed on take-off, followed by the suddenly hushed climax as the hull lifted gracefully free of the sea, climbing away into its other natural element, the azure sky. No longer the sibilant 'kiss' of hull against waves as the giant boat regained contact on landing. As one newspaper described the Sunderland: 'There is good reason for the faraway look that comes into the eye of the airman at the mention of the Sunderland, which links the sea with the air, a faithful old workhorse of a flying boat which has about it something of the mystique attached to sailing ships, solid yet graceful, mistress of the winds and of the oceans.' *Nelson Evening Mail, NZ. Oct 1966.*

In this book I have attempted to provide a *basic* reference record of the Sunderland and *some* of its achievements. Accordingly, the bulk of my text is deliberately devoted to the Service uses of the Sunderland, with only condensed accounts of the ultimate civil versions and developments, far greater details of which can be found readily in various volumes in the list of associated literature at the rear of this title, notably *Shorts Aircraft Since 1900* by C. H. Barnes and *British Civil Aircraft Since 1919* by the late A. J. Jackson.

No author could possibly assemble even a basic record such as this one without the unselfish voluntary assistance of a host of fellow aviation history nuts, friends, acquaintances, even total strangers, and that is certainly the case with this book. Therefore, I wish to acknowledge with deep and sincere gratitude my debts to many individuals without whose ever-ready help I could have achieved little. Invidious though it may seem, I must first single out W. R. 'Bill' Chorley and Norman L. R. Franks, both of whom provided the results of long hours of unpaid labour cheerfully undertaken on my behalf amongst official archives. Equally ready to offer aid and the benefits of their own expertise – listed in no significant order – were Jean Cuny, Bruce Robertson, Ray C. Sturtivant, Sqn Ldr R. C. B. 'Chris' Ashworth, RAF Retd., Flt Lt

'Andy' Thomas, RAF, Reg Mack and Graham Thorneycroft of the RAF Museum, Hendon, Dave Becker of the SAAF Museum, Dave Vincent from 'Down Under', Mike Schoeman, Ken Smy, Ken Munson, Bryan Philpott, Captain 'Vic' Hodgkinson, DFC, MRAeS, M. O'Neill of Short & Harland, Belfast, John Evans, S. M. B. Lane, Ken Merrick, G. L. Clinch, W. 'Bill' Mortimer, Geoff Jones, Wg Cdr D. M. Gall, DFC, RAF Retd., Ray Gough, Wg Cdr D. K. Bednall, DFC, RAF Retd, L. Brookes, Nigel Argent, A. W. F. Burge, R. Codd, G. Lamplough, Steve Challen, Wg Cdr H. Lamond, RAF Retd, P. Layne, R. O. Bloch, S. Povey, John W. R. Taylor, Grp Capt D. R. S. Bevan-John, OBE, JP, RAF Retd, Peter G. Cooksley, Ron Wilson of British Airways, the staff of the RNZAF Museum, staff of the PRO, Kew, R. Boon, and as ever in any book of mine Dave Gray and Debbie of Walkers Studios, Scarborough. And a very special word of thanks to Sqn Ldr Kevin Baff, RNZAF, for his ready, generous permission for me to steal any extracts I needed from his superb, privately published history of No. 10 Squadron RAAF, *Maritime is Number Ten*.

A final word is vital in regard to the photographs used in this volume. Many come from my personal collection, but many more from various contributors. In each case I have credited copyright *and* actual print *source* where positively known, but – perhaps inevitably – a number have no *confirmed* copyright ownership. These latter have remained uncredited apart from 'via' the source from which I obtained my print. If I have used, unwittingly, any photograph having *positively* identifiable copyright ownership without an appropriate accreditation, may I at least offer my sincere apology for my ignorance of same.

Chaz Bowyer
Norwich, 1989

# 1. Heritage

To retrace the blood-line which ultimately produced the Short Sunderland is to return to the beginnings of British aviation in the contexts of powered aeroplanes and maritime aeronautics. In 1908 three remarkable brothers, Horace Leonard, Albert Eustace and Hugh Oswald Short, each investing an initial capital of £200, formed a new partnership, Short Brothers, for the purpose of designing and building aeroplanes, thereby becoming the world's first commercial aircraft manufacturing concern. Their previous connections with aeronautics had been with balloons, starting in 1897, when Eustace and Oswald made their first balloon flights and began manufacturing balloons on a site beneath two arches of the LBSC Railway at Battersea Park, London. In 1908, however, Eustace and Oswald heard of the series of demonstration flights being given in France that summer by the American pioneer flyers the Wright brothers and, though as yet not having ever seen the Wrights' aircraft, persuaded their elder brother Horace to join them in forming their new firm. By February 1909 Eustace Short had obtained a contract to build six replicas of the Wright Flyer, all destined for sale to members of the Aero Club of the United Kingdom (later the Royal Aero Club), plus an engineless 'glider' specifically for the Hon. Charles S. Rolls, and a privately designed aeroplane for Frank McClean. In March 1909, the Shorts' first 'factory' was erected on an area of marshland near Leysdown, Isle of Sheppey, in Kent; a corrugated iron shed 100 feet by 45 feet in size, which by August had been supplemented by a second shed. The initial order for the six Wright Flyer replicas – the world's first such aeroplane production contract – was fulfilled by February 1910, but even before that contract had been signed Horace Short had begun designing the Short Biplane No. 1, an original design albeit bearing a superficial resemblance to the Wrights' machine, for Frank McClean – the first of a long line of aeroplanes to be designed and built by the firm. By April 1910, the Short factory had been moved to larger accommodation with a flying ground at nearby Eastchurch, where, by May 1911, the first four Royal Navy officers were trained and qualified as pilots; the first of these being the piratically – bearded fierce enthusiast of aeronautics Lt Charles Rumney Samson[1], who, with Lt Arthur Longmore[2] (second to qualify), began a series of trials and experiments with aircraft for possible naval uses. In 1911-12 both men achieved various successful landings and take-offs from water surfaces and, in Samson's case, trouble-free take-offs from wooden platform-runways rigged aboard Royal Navy ships HMS *Africa* and *Hibernia* – all in Short-designed aircraft.

By 1913 the escalating volume of manufacture necessitated the construction of a new factory, primarily for seaplane production, and a site was selected on the right bank of the river Medway at Rochester, Kent, where Oswald Short took overall charge of production. With the outbreak of the European war in 1914 the firm's many aircraft designs had proved so successful for naval use that the Admiralty awarded licence contracts to many other manufacturers to build Short aircraft, particularly tractor floatplanes, while in 1916 the Short firm was asked to construct two rigid airships (Nos. 31 and 32) in addition to existing full orders for seaplanes. To accommodate the airship building programme land was purchased at Cardington, near Bedford, where a huge airship shed was erected. Contracts for two more airships (R37 and R38) were soon added, but in the event the Cardington complex was nationalized in 1919, becoming the Royal Airship Works, and Shorts, after due financial compensation, withdrew from airship manufacture albeit loaning a team of draughtsmen at Cardington to assist in completion of the R38. In the interim the eldest Short brother, Horace, after a brief illness, had died at Eastchurch on 6 April, 1917. With Eustace mainly involved still with the Battersea balloon factory, it now fell to Oswald to take responsibility for the Rochester base, which henceforth became the firm's headquarters; the Eastchurch works and airfield being transferred to the aegis of the Royal Naval Air Service (RNAS). Until Horace's death the brothers had avoided production of their own flying boat designs – due to Horace's adamant refusal to participate in such development – but now Oswald accepted Admiralty contracts to build Felixstowe F3 and F5 flying

[1] Later Air Commodore, CMG, DSO, AFC, who died 5 February, 1931
[2] Later Air Chief Marshal Sir Arthur, GCB, DSO

Short Biplane No. 2, 1909. At far right, Horace Short. (*Short Bros.*)

Short S.38 (L) and S.41 aboard HMS *Hibernia*, Weymouth, May 1912.

Original Short 184 at Rochester, March 1915. Note torpedo installed between floats.

Short Cromarty, N120, beached at St Mary's, Scillies, August 1922 after being holed in shallow water. (*G. S. Leslie*)

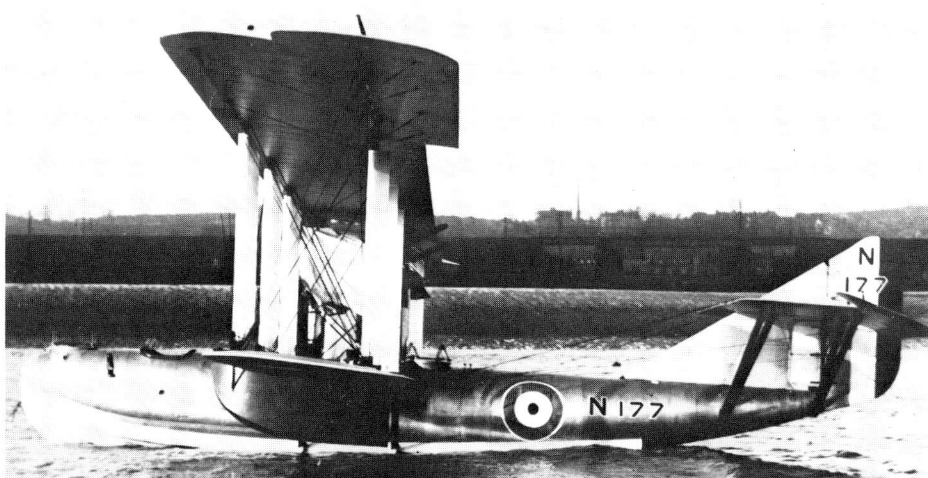


The metal-hulled F.5, N177, 1924.

boats at Rochester for the RNAS. Then, in 1918, he submitted a tender for a Short-designed twin-engined biplane flying boat for use by the RN's Grand Fleet. Three prototypes were ordered initially, but two were cancelled after the 1918 Armistice, leaving the sole example, serialled N120, to be completed. Titled Short N3 Cromarty, this first flew on 19 April, 1921, and after a string of modifications proved acceptable for Service purposes, but was then badly damaged in St Mary's Roads, Scilly Isles, in August 1922, and reduced to salvage. No further examples of the Cromarty were built, but it, and the licence-building of the F3 and F5 boats, had given Oswald Short and his team ample insight into the problems of constructing and designing flying boats. In particular this experience had shown Oswald the disadvantages of using the contemporary wooden construction of boat hulls with their water soakage penalty.

Throughout the 1914-18 conflict Shorts had produced thousands of floatplanes for the RNAS and RAF, the most prolific design being the Short 184 and its many derivatives, which gave splendid service both in British coastal waters and on active operations in many foreign climes, where they flew despite primitive maintenance and operating conditions.

On cessation of hostilities, however, Shorts, like myriad other firms concerned with manufacturing aircraft and/or components, suffered a severe retrenchment in production orders and was forced to diversify by building a variety of small vessels – barges, lifeboats, motor boats, etc. – and, by 1924, even lightweight bodies for London omnibuses. Nevertheless, aeroplanes remained the prime interest for Oswald Short. In 1916 he had designed and successfully tested the first duralumin wing ribs, being convinced that metals would replace wood as the basic aircraft construction material in the future, especially in designs intended for maritime operations, where water soakage in hulls and floats imposed unnecessary added weight to any aeroplane. His views were not shared by contemporary officialdom's 'experts', who distrusted the alloy duralumin in particular. Undismayed, Oswald and his design team proceeded with the construction of a private venture all-metal-constructed single-seat biplane, named originally Short Swallow, but later retitled Silver Streak, which first met the public gaze at the Olympia Aero Show on 9 July, 1920. Totally unorthodox for its period it contained no wood or fabric materials in its basic airframe, only steels, aluminium skinning and duralumin. Official antipathy towards Oswald's design was soon manifested when the Silver Streak was refused a Certificate of Airworthiness, but it was purchased for exhaustive testing by the Air Ministry, which had it modified as a two-seater and spent nearly two years trying to justify the 'expert' distrust of alloy metal construction for aircraft. Even its allotted official serial, J6854, was never applied to the aircraft and it was eventually scrapped in December 1923. A military development of the design, named Short Springbok, was contracted in 1922 with a view to replacing Bristol F2Bs and De Havilland 9As in overseas RAF squadrons, but with the lingering prejudice against metal, only five examples were built and none saw RAF squadron use abroad.

In 1924 the Air Ministry invited tenders for two flying boat hulls of 'modern design' [*sic*] to replace the wooden hulls of the standard Felixstowe F5, still in RAF first-line use. Despite official obstruction initially, Oswald Short obtained a contract to provide one metal hull, which was fitted to F5 N177[3] and this hybrid first flew on 5 January, 1925, then went to the MAEE for extensive Service testing in March. At the MAEE over the following year the 'Tin Five', as its RAF crews dubbed it, produced very successful performances and the eventual result was an invitation to Shorts to tender for an improved, all-metal development of the Short Cromarty. Contracted to Specification 13/24, the prototype of this new flying boat titled Short Singapore I, serial N179, was eventually launched and first flown on 17 August, 1926. In the following months it showed a clear superiority to contemporary rival designs by the firms of Blackburn, Saunders and Supermarine, yet the final production order was awarded to Blackburn and the Singapore I was relegated to the MAEE at Felixstowe for 'routine duties'. It received a temporary lease of active life when the Air Ministry was persuaded to loan the aircraft for one year to Shorts in order to allow Sir Alan Cobham to pilot the machine on a proposed 23,000-mile survey around Africa on behalf of

[3] The second hull, of wood, was by the firm of S. E. Saunders and was fitted to N178.

Short Singapore I, N179, in its original configuration.

Short Singapore II, N246, in original form during full-speed trials on the Medway, 22 April, 1930. (*Short Bros.*)

Short Calcutta, G–EBVG, first of its type, July 1928, eventually scrapped 1937. (*Short Bros.*)

Short Singapore III, K3592 (the first Mk III), 26 July, 1934. (*Short Bros.*)

Imperial Airways. Given the civil registration G-EBUP, the Singapore I eventually completed the Africa survey, despite a chapter of accidents, damage and prolonged delays *en route*, on 11 June, 1929, after which the aircraft was returned to Air Ministry care and became a vehicle for various modifications and experimental installations, some of which were to be of relevance to future versions of the basic design.

An 'off-shoot' of the Singapore I in 1926 was the three-engined flying boat, the Short Calcutta, intended to augment Imperial Airways' fleet. Two examples were ordered initially, registered as G – EBVG and G – EBVH, these achieving first flights on 14 February, 1928, and 3 May, 1928, respectively. In all just five Calcuttas were built for Imperial Airways, but two more were exported to France and a further six emerged as militarized variants for the RAF, renamed Short Rangoon. The first three Rangoons contracted, serialled S1433, S1434 and S1435, were flown to Basra to start re-equipment of No. 203 Squadron RAF in 1931, followed by three more (K2134, K2809 and K3678) by 1934. All six Rangoons remained on 203 Squadron until August 1935, when they were flown back to the UK, and five of them were issued to No. 210 Squadron. Meanwhile, in the face of continuing apathy from bureaucratic hierarchy, Oswald Short had been pressing a claim to build a four-engined version of the Singapore I and was eventually, reluctantly, given a contract for a single prototype, serial N246, to be titled Singapore II. Fully militarized for a six-man crew, including two pilots, the Singapore II first flew on 27 March, 1930. Subsequent Service trials at the MAEE produced a number of suggested modifications, including exchanging the large single rudder for a triple rudder empennage incorporating a tail gunner's cockpit. Further intensive testing and tropical trials ensued until August 1933, when a production order for four aircraft was placed with Shorts, these to be titled Singapore IIIs, and the first to emerge was K3592, which had its first flight on 15 June, 1934. Further production orders soon followed and the first RAF squadron to re-equip with the type was No. 203 at Basra in August 1935, followed successively by Nos. 230, 210, 205, 228, 209 and 240 Squadrons. Despite the relatively few Singapore IIIs built, merely 37 in all, these gave excellent service for many years before being retired from RAF first-line use in 1941, but four examples then equipped No. 5 Squadron RNZAF at Fiji and remained on active service until 1945.

On 8 April, 1932, Eustace Short, making his customary near-daily flight in a Short Mussel II light amphibian, was seen to land perfectly on the Medway but fail to taxy to his normal mooring, and on investigation was found to be dead in his cockpit, the victim of a heart attack. His demise came at a period of adventuring experimentation by the Shorts firm. One outstanding example of such enterprise was the Short Sarafand flying boat, a six-engined behemoth with wings spanning 120 feet and a fuselage length of almost 90 feet, which was built as a single prototype, serial S1589, in 1931 – 32 and made its first flight – a cautious ten minutes in duration – on 30 June, 1932, piloted as ever by John Lankester Parker, Shorts' chief test pilot. In essence an enlarged version of the Singapore II, the mighty Sarafand – at that moment the world's second largest aircraft built – was intended to have a ten-man crew and full appropriate military equipment and was accepted and tested by the RAF, being ultimately scrapped at Felixstowe in 1936, leaving behind a record of excellent performance unmatched by any contemporary large flying boat of any other design. A second example of Oswald

Short's faith in all-metal construction and vision was the Short R.24/31 Knuckleduster flying boat, a gull-winged, twin-engined monoplane, serial K3574, which was first airborne on 30 November, 1933, with John Parker, as usual, at the helm. One of the design's prime terms of reference was to test the performance of its experimental Rolls-Royce Goshawk steam-cooled engines, while its trials produced a succession of modifications to airframe and engines before the machine was 'retired' as an instructional airframe (1154M) for the unskilled attentions of Boy Entrants at RAF Cosford in 1938. Its unique features had provided a wealth of data which would prove invaluable to the Shorts' designers in subsequent years.

For the civil airline field Shorts also produced enlarged four-engined versions of the Calcutta flying boat, which had been ordered by Imperial Airways and titled Short Kent. Only three Kents were built, registered as G – ABFA (*Scipio*), G – ABFB (*Sylvanus*) and G – ABFC (*Satyrus*), for the airline's overseas routes, and the first, G – ABFA, made its initial flight on 24 February, 1931. These gave satisfactory and, for their time, somewhat luxurious passenger service for several years, the longest serving being G – AFBC, which was not scrapped until June 1938 at Hythe. Meanwhile Imperial Airways asked Shorts for a landplane variant of the Kent and two such versions fitted with wheeled undercarriages were produced, registered as G – ACJJ (*Scylla*) and G – ACJK (*Syrinx*). Both made their first flights in early 1934 and were to remain in service with both Imperial Airways and, in 1939 – 40, with the RAF before being scrapped. They shared with the Singapore the distinction of being the final Shorts' biplane designs to remain in service somewhere around the world.

Undoubtedly the most significant products of the Short firm during the 1930s resulted from a proposed Empire Air Mail Scheme by Imperial Airways which received Parliamentary approval in December 1934 and was intended to commence by early 1937 in order to compete with many burgeoning foreign airlines. Coupled with this scheme was a decision to re-equip all Imperial Airways' trunk routes with flying boats in order to simplify transfers of passengers, mail and freight. Accordingly, the airline asked Shorts to submit proposals for an 'improved' [*sic*] Kent flying boat capable of conveying 24 passengers and 1½ tons of mail over an economical range of 800 miles, with an initial expectation of eventually ordering two prototype aircraft. At first the Shorts' design team, headed by Arthur (later Sir Arthur) Gouge, considered a biplane layout, but soon switched ideas to a monoplane and proceeded to design a clean, four-engined, high-winged monoplane flying boat of elegant appearance which the firm indexed as the Short S.23 and Imperial Airways designated as 'C-Class', though common usage soon established the more popular description of Empire Boat. When the S.23's initial design was shown to Imperial Airways its immediate reaction was to change the intended order for merely two prototypes to a contract for 14 production aircraft, and soon after increased this required total to 28 – an order 'off the drawing board' which indicated the airline's readiness to sign contracts even before results of prototype trials were available. Such faith in the design was to be amply justified. The flagship of this new 'C-Class' flying boat, G – ADHL, named *Canopus*, made its first flight from the Medway on 3 July, 1936, followed on 11 September by the initial flight of the second boat to emerge from the factory, G – ADHM, *Caledonia*. Shortly after full production of these 28 aircraft for Imperial Airways commenced, a further order for three 'C-Class' boats came from QANTAS, while yet another 12 modified versions, designated S.30 or S.33, were to be built subsequently. All provided very high standards of passenger accommodation and facilities, apart from their prime *raison d'être*, carriage of air mail with various British[4] and Dominion airlines globally, and continued to offer invaluable services as civil airliners and RAF transports throughout the 1939 – 45 war.

Another design plainly derived from the basic planform of the 'C-Class' flying boat was the Short S.26. Only three examples were built and were much larger developments, having wingspans of 134 feet 4 inches and fuselage lengths of 101 feet 4 inches, clearly outstripping in size the previous giant Sarafand. Intended for direct transatlantic mail services, the three S.26s, designated 'G-Class', were registered as G – AFCI, *Golden Hind*, G – AFCJ, *Grenadier*, and G – AFCK, *Grenville* originally,

[4] On 1 April, 1940, the UK airlines Imperial Airways and British Airways merged to become the new British Overseas Airways Corporation.

First Short Rangoon, S1433, on test prior to delivery to No. 203 Squadron at Basra. Later civilianized as G–AEIM and scrapped 1938. (*Short Bros.*)

Short R.24/31 'Knuckleduster', 1934. Only one (K3574) built and seen here in original form under test at Felixstowe. (*Short Bros.*)

though later *Grenadier* was renamed *Golden Fleece* and *Grenville* became *Golden Horn*. *Golden Hind* first flew on 21 July, 1939, and in September 1939 all three 'G' boats were requisitioned by the RAF and quickly modified to accommodate dorsal gun turrets, bomb racks, ASV search radar and other necessary military impedimenta for active service under the aegis of Coastal Command. All three saw subsequent operational use with Nos. 10 RAAF and 119 RAF Squadrons before two were returned to BOAC and reconverted; *Golden Fleece* in its RAF guise as X8274 having been lost *en route* to Gibraltar on 20 June, 1941. Of the surviving pair *Golden Horn* was wrecked in a crash at Lisbon on 9 January, 1943, while *Golden Hind* flew its ultimate flight on 17 April, 1948, then languished ashore until being scrapped in May 1954. Shorts' ultimate flying boat design, intended to replace the Sunderland in the RAF, proved also to be the largest ever built by the firm. This was the Short Shetland, just two examples being manufactured in 1944–45, each having wings spanning 150 feet 4 inches. Designated Short S.35, the first Shetland, serial DX166, first flew from the Medway on 14 December, 1944, but perished in a fire at its MAEE Felixstowe moorings on 28 January, 1946. The second, Shetland II (allotted serial DX171 but not wearing this marking), was civil-registered as G–AGVD and first flew on 17 September 1947 and went to BOAC, but never carried a fare-paying passenger before finally being scrapped in 1951. Proposed developments of the basic Shetland never proceeded further than the drawing boards and the firm's only other sea-going design built was to be the Short Sealand, a light, twin-engined amphibian commercial 'feeder' design, the first example making its initial test flight on 22 January, 1948; a total of 15 Sealands eventually were manufactured. Thus ended almost 40 years of the firm's association with maritime

Short Sarafand, S1589, eventually scrapped 1936.

Short Scylla, G–ACJJ, first flown on 26 March, 1934, and wrecked in a gale at Drem, April 1940. (*Short Bros.*)

Short S.17 Kent, G–ABFC, *Satyrus* of Imperial Airways, the third Kent built, launched 30 April, 1931, and scrapped at Hythe, June 1938. (*British Airways*, Ref: A61.)

aircraft designs. Not that the firm was not also noted for many outstanding landplanes – the Short Shirl torpedo-bomber of WWI, Stirling bomber of WWII, and post-1945 designs like the Belfast and Skyvan added lustre to an already long-established reputation – but the name Shorts is always primarily, almost automatically, coupled with flying boats and maritime aircraft in general. And the aircraft most commonly associated with Shorts' name was the Sunderland.

The genesis of the Sunderland is occasionally confused with the parallel birth of the Short S.23 'Empire Boat', not without reason, since both designs commenced within weeks of each other. Pedantically speaking, the first of the two designs was the Sunderland project, which resulted from an Air Ministry invitation to tender for a long-range, four-engined flying boat for the RAF, to meet the general requirements of Air Ministry Specification R.2/33, dated 23 November, 1933. Then, shortly after, came a request from Imperial Airways for a separate design, which would eventually emerge as the S.23 flying boat. The Air Ministry Specification laid down a number of general requirements, including a range of 1400 sea miles at 2000 feet at normal cruising speed with full reconnaissance load, landing speed not exceeding 55 knots, service ceiling of at least 15,000 feet, ability to continue full flight on two engines only with a full military load (40 per cent of full load) and on three engines with maximum load. Envisaging a crew of six, to include two pilots, sleeping accommodation was to be provided for each crew member, along with full catering facilities for prolonged patrols. Armament was to include provision for four gunners' cockpits, each having a 0.303-inch calibre Lewis machine gun with appropriate gun mountings initially, though an alternative idea originally was the installation of a 37mm COW cannon in the bow location, while an even more ambitious suggestion was for two COW cannons to be fixed to fire vertically

Short S.23 'Empire' Class, G–ADUU, 'Cavalier' of Imperial Airways. Lost at sea 21 January, 1939. (*British Airways*, Ref: A263.)

Short 'Empire', VH–ABB, 'Coolangatta' of QANTAS. Impressed by RAAF as A18–13, it returned to QANTAS on 13 July, 1943, but crashed in Sydney Harbour 11 October, 1944. (*QANTAS*)

Short Shetland, DX166, destroyed in a fire 28 January, 1946.

Short Scion Senior, L9786, on the Medway, October 1939 and lost at sea, 1944. (*Short Bros.*)

Three views of the prototype Short Sunderland I, K4774 (*Short Bros*; RAF Museum P9085)

downwards through the planing bottom via watertight mountings. Both suggested COW installations were discarded, with the bow gun being replaced by a single 0.303-inch Lewis or Vickers 'K' machine gun in a Frazer-Nash FN 11 gun turret. At the same time the tail gun was to be replaced by a 4 × 0.303-inch machine gun quartet in an FN13 turret.

The installation of the FN13 tail turret resulted in a significant shift rearwards of the centre of gravity of the design and to compensate for this the original straight (i.e. unswept) wings had to be swept back by 4¼ degrees, while the main step had to be moved back a corresponding distance, thereby changing the step depth. This slight sweeping back of the wings planform left all four engine installations at an angle to the flight path. These alterations were agreed in the context of production aircraft, but the prototype S.25 (as the Sunderland project was indexed by Shorts), serialled K4774, remained straight winged for its initial trials. On 14 October, 1937, powered temporarily by four 950hp Bristol Pegasus X engines, K4774 was launched from Shorts' No. 3 Shop at Rochester and completed taxiing trials successfully, then two days later with John Parker and Harold Piper as pilot and co-pilot K4774 made its first brief flights. With only minor adjustments found necessary the prototype S.25 was then returned to the shop to have its wings swept back and its engines exchanged for Pegasus XXIIs (1010hp), after which it resumed flying trials on 7 March, 1938. These proved satisfactory and on 8 April, 1938, K4774 was handed over to the RAF at the MAEE Felixstowe for Service appraisal testing.

Both the S.25 (Sunderland) and S.23 (Empire) flying boat designs might well have been biplanes – the Air Ministry and Imperial Airways' original requests had not specified biplane or monoplane planforms – but a visit by Oswald Short, Arthur Gouge and John Parker to Mildenhall in October 1934 to witness the start of the MacRobertson 'Empire Air Race' to Australia led the Shorts design team to decide on monoplane configuration for both projects, having been deeply impressed by the American entrant for the race, a Douglas DC-2 monoplane airliner with its 'ultramodern' [*sic*] equipment and overall capacity. At the Rochester base the design team decided to base both projected designs on scaled-up versions of an earlier product, the Short Scion Senior. The excellent performance of the Scion Senior and general geometry of design, combined with the fact that its Pobjoy Niagara engines were exactly half the size of the proposed Bristol Pegasus powerplants envisaged for the S.25, led Oswald Short and his team to simply double the linear dimensions of the Scion Senior for their startpoint on the new flying boats. Even after the Sunderland and Empire boats were in full production the Scion Senior continued to contribute to the Sunderland's design progress, when the last Scion Senior to be delivered, registered G – AETH, was bought by the Air Ministry for experimental modification in flying boat hull design. Serialled L9786, this aircraft had a half-scale Sunderland 'hull' (float) fitted centrally under its fuselage and underwing floats, and first flew in this guise on 18 October, 1939, with John Parker at the controls. Its successful tests ultimately produced valuable data towards the hull faired main step of the Mark III Sunderland, apart from other facets of full-scale Sunderland performance.

Of the two orders for flying boats, that of Imperial Airways for the S.23 Empire boats was the more urgent, hence the first S.23, *Canopus*, had made its maiden air test on 3 July, 1936, well before the prototype Sunderland took to the air initially. Nevertheless, actual production of Sunderland Is had commenced while the prototype was being put through its paces, and the first production batch, serialled L2158 – L 2168, made their first flights in the following date order:

L2158 – 21 April, 1938
L2159 – 4 May, 1938
L2160 – 18 May, 1938
L2161 – 23 May, 1938
L2162 – 1 June, 1938
L2163 – 17 June, 1938
L2164 – 30 June, 1938
L2165 – 12 July, 1938
L2166 – 27 July, 1938
L2167 – 27 July, 1938
L2168 – 10 August, 1938

In production form the Sunderland I was slightly smaller than its stablemate S.23 Empire boat, being nearly three feet shorter in fuselage length and just over a foot less in wingspan. However, the Sunderland I had greater weight figures all round than its civil sister and better power sources and performance figures.

To its first crews the Sunderland's sheer size was awesome. As one RAF pilot described his initial reactions: 'On first stepping inside a Sunderland I was immediately struck by the vast, almost cavernous interior space, almost like the feeling one gets on entering a cathedral. After my experiences in the cramped, wet, uncomfortable cockpits of former biplane flying boats, this was sheer luxury. A proper bridge for the skipper and his cohort, with more than merely generous space for the other crew members' working offices. Then there were the rest bunks, fully fitted kitchen and "dining room", and other hitherto unknown facilities – truly a floating hotel. Perhaps the biggest novelty to me was my ability to walk upright around most of this two-floor 'ship-of-the-air.' Indeed, Shorts' designers had ensured that Sunderland crews would be almost literally self-sufficient in facilities for extended flights, where they would need to live aboard while moored away from normal bases – true home-from-homes. In the years to come such foresight was to prove invaluable for individual Sunderland crews around the globe, both in war and in peacetime.

# 2. Into Service

The first production Sunderland, L2158, after initial flight tests at Rochester, was flown to the MAEE at Felixstowe on 25 April, 1938, and retained there for more exhaustive Service appraisal, but little time was wasted in issuing Sunderlands for RAF squadron use, and the second production machine, L2159, skippered by Flt Lt W. A. Hughes and a 210 Squadron crew, left Pembroke Dock on 9 June, 1938, *en route* to Singapore. Staging via Gibraltar, Malta, Alexandria, Habbaniya, Bahrain, Karachi, Gwalior, Calcutta, Rangoon and Mergui, Hughes finally landed at Seletar, Singapore, on 22 June, where he officially handed over charge of L2159 to No. 230 Squadron. On that same date L2160, piloted by Sqn Ldr A. M. Watts-Read, left Pembroke Dock to follow Hughes's route, eventually reaching Seletar on 4 July. The rest of the first production batch, L2161 – L2168, were initially delivered to No. 210 Squadron at Pembroke Dock during June-August 1938 as temporary replacements for the squadron's Short Singapores. Of these, L2162, code-lettered 'G', had a brief career. On 20 September, 1938, with Sqn Ldr A. M. Watts-Read at the controls, it took off from Pembroke Dock on a night-flying training exercise, but crashed on to the flare path in Angle Bay, Milford Haven, killing two crew airmen and injuring six other crew members. Its total flying hours had been 77.

Meanwhile 230 Squadron at Seletar was working up on the new flying boats and soon received further examples; L2161 arriving on 26 July, L2164 on 16 August and L2166 on 5 September. Of these first five Sunderlands on 230 Squadron's strength, four had been 'bought' as a gift from a 2½-million-dollars' fund presented by the Sultans of the Federated Malay States to the Imperial Government aimed at eventually providing two new squadrons for the defence of Malaya. These four were ceremoniously named as *Perak*, *Selangor*, *Pahang* and *Negri Sembilan* by the Sultans of those States during September – November 1938. Two more Sunderlands, L5801 and L5804, were delivered to 230 Squadron by the close of 1938, while the receipt of L5803 on 16 January, 1939, brought the squadron's strength up to its establishment of eight aircraft. In the United Kingdom, meanwhile, No. 210 Squadron at Pembroke Dock was steadily exchanging its outmoded Singapore biplanes for Sunderlands, receiving a total of nine (including the ill-fated L2162) by the end of November 1938, thereby becoming the first UK-based complete Sunderland squadron. The third overall Sunderland unit was initially intended to be No. 202 Squadron, which received two examples, N6135 and N9021, in April 1939 for crew conversion training, but both were transferred to No. 228 Squadron in May for that purpose and 202 Squadron was not to be equipped with Sunderlands until December 1941. No. 228 Squadron, based with 210 Squadron at Pembroke Dock, commenced official re-equipment with Sunderlands on 24 November, 1938, with the receipt of L5805 and by April 1939 had added seven more to its strength. Once having reached this full establishment 228 Squadron left Pembroke Dock to become based at Alexandria, Egypt, with effect from 5 June, 1939. The fourth and last squadron prior to the war to re-equip with Sunderlands was No. 204 Squadron based at Mount Batten, Plymouth, flying Saro Londons. Its first arrival was N9028 on 8 June, 1939, followed in order of receipt by L5799, L5802, N9022, N9024, N9030, N9044 and N9045 by 26 July, 1939.

By the outbreak of the European war on 3 September, 1939, a total of 40 Sunderlands had been officially taken on RAF charge, though two of these had been already struck off charge due to accidental losses. Apart from the loss of L2162 of 210 Squadron, previously mentioned, a second loss had followed on 5 June, 1939, that of L5801 of 230 Squadron. On that date Flying Officer W. W. Campbell was briefed to fly a Camera Obscura exercise, but within 90 seconds of the take-off L5801 suddenly dipped its nose, plunged head-on into the Johore Straits at full power and broke up, killing four crew men and injuring four others. Fortunately Campbell survived this crash and was later to achieve the feat of sinking two Italian submarines on consecutive days while still serving on 230 Squadron (see Chapter 4).

A fifth Sunderland squadron had been projected prior to the declaration of war, but

L2159 at MAEE prior to delivery to RAF. Served with 209 and 230 Sqns, then destroyed in air raid, Greenock, 7 May, 1941.

L2159 at Kalafrana, Malta, during delivery flight to Singapore. (*RAF Museum* PO20034.)

L5801 over Singapore, early 1939. It crashed into the Johore Straits, 5 June, 1939, killing four crew men. (*RAF Museum* PO16292.)

L2160, 230 Sqn, being 'christened' *Selangor* at Port Swettenham on 19 October, 1938, by Sultan of Selangor.

L2160 on 3 June, 1938, during fuel jettison trials over Walton Battery on the Orwell, Felixstowe. Later with 230 Sqn and 228 Sqn (DQ–T), it eventually became an instructional airframe (3372M), 1942.

*Above and opposite*
Two views of L5806 which served with 228, 210 and 230 Sqns and was missing in action 25 July, 1942.

not for the RAF. In Australia No. 10 (General Reconnaissance) Squadron RAAF was officially formed at Point Cook, Victoria, on 1 July, 1939, commanded by Sqn Ldr Leon Lachal (later, Air Commodore, CBE). Intended to move to a newly built flying boat base at Rathmines, NSW, the squadron was also planned to be equipped later with Sunderlands, nine of which were ordered from Shorts for this purpose. Accordingly, in late July seven pilots, followed later by a party of one officer with 14 airmen, were despatched to England in order to receive, prepare, than ferry the Sunderlands back to Australia. After brief 'conversion' training on Short Singapores at RAF Calshot, the the pilots joined their ground party at Pembroke Dock, where they were 'attached' to the resident 210 Squadron RAF for Sunderland familiarization. Collection of the first three ordered Sunderlands from the Rochester factory commenced in September, these being N9048, 'A', on 11 September, N9049, 'B', on 19 September, and N9050, 'D', on 3 October, while four of the RAAF pilots, Flt Lts Charles Pearce and Dick Cohen,[1] F/Os Ivan Podger[2] and Hugh Birch,[3] were 'loaned' to the resident RAF units for operational experience in Sunderlands on convoy escorts and anti-U-boat patrols during September.

The initial ferry flight to Australia of the first three Sunderlands received was planned to commence in early October, but on 8 October Lachal was notified that his detachment was to remain in the UK for active service, and two days later No. 10 Squadron undertook its first official operational flight when N9049, 'B', transported a spare engine to Bizerta, Tunisia, for No. 228 Squadron. By 21 December, 1939, the squadron had received seven more Sunderlands (P9600, P9601, P9602, P9603,

[1] Name changed by Deed Poll, August 1947, and became Sir Richard Kingsland, CBE, DFC.
[2] Later, Group Captain, DFC
[3] Later, Group Captain, DFC

P9604 and P9605, plus N9047 from 210 Squadron); while on 26 December the bulk of 10 Squadron's personnel in Australia had finally arrived in the UK and joined their 'detachment' at Pembroke Dock, thereby raising overall personnel strength to 16 officers and 197 non-commissioned ranks. On 3 January, 1940, the squadron was formally taken under the aegis of No. 15 Group, Coastal Command, RAF, and the squadron's first official *war* sortie was flown on 6 February, 1940, by Flt Lt Pearce skippering P9605, 'K', on a daylight escort for a naval force. It should be noted that this sortie was the first all-Australian-crewed aircraft operational sortie of World War Two.

Over the following eight weeks more routine patrols were flown, then the squadron moved base, with effect from 1 April, to Mount Batten, Plymouth, commanded now by Sqn Ldr C. W. Pearce (later, Air Commodore, CBE, DFC). From here, except for a few months' 'break' at Pembroke Dock in late 1941, No. 10 Squadron RAAF was to operate for the entire war – the first-ever 'Dominion' squadron to operate in Europe during the 1939 – 45 conflict, and the only such squadron to fly operations continuously from 1940 to 1945 in that theatre of the war. One other 'first' proudly recorded by 'Aussie Ten' was the award of a DFC to Charles Pearce in July 1940; not only the squadron's first gallantry decoration, but the first DFC awarded to any member of the RAAF since its formation.

The next unit to re-equip with Sunderlands was the RAF's most senior 'maritime' squadron, No. 201. Based at Invergordon flying Saro Londons under the command of W/Cdr C. H. Cahill, AFC (later, Group Captain, DFC, AFC), 201's first two Sunderlands to be taken on charge, N6138 and P9606, arrived on 13 April, 1940, to be followed by seven more eventually, albeit in slow stages, until the end of September, in the receipt order L5802, N6133, L2168, L5800, L5805, P9621 and P9622, by which time command of the squadron had passed to W/Cdr C. S. Riccard (later, Group Captain, CBE), and the unit had moved base to Sullom Voe.

Although re-equipment of maritime units with Sunderlands was to be relatively tardy and protracted throughout the war years – merely two 'new' squadrons equipped in 1941, five in 1942, three in 1943, two more in 1944, and five in 1945 – the existing Sunderland squadrons at the outbreak of war swung into action immediately. The distinction of flying the very first wartime Sunderland sortie fell to L2165, 'B',[4] of No. 210 Squadron, skippered by Flt Lt A. S. Ainslie, on 3 September, 1939, a convoy patrol escort for shipping routes into Milford Haven. Allan Ainslie was to be awarded a DFC in February 1940, but on 29 June, 1940, piloting N9026, he was lost on operations. On 4 September No. 204 Squadron carried out its first war patrol when Flt Lt R. P. A. Harrison captained L5799, 'D', on an escort cover for shipping in St George's Channel. No. 228 Squadron, based still at Alexandria on 3 September, received orders five days later to return to Pembroke Dock, and on 10 September one of its Sunderlands, N6135, still marked in pre-war coding as BH – U, landed downwind in bad weather at Angle Bay, damaging its wing floats. Later, while being towed, the Sunderland turned turtle and sank. Though salvaged later, it was then written off charge.

[4] L2165 crashed at Milford Haven on 17 September, 1939, killing Flt Lt T. I. Davies and his crew.

Rare view of four Sunderlands in formation, 1939. (*V. A. Hodgkinson, DFC.*)

L5805, BH–Q, 228 Sqn, 1939. Later served with 201, 95 and 202 Sqns and crashed in South Atlantic 10 June, 1942. (*RAF Museum* PO12196.)

*Above.* Sunderlands were big . . . note retractable nose gun turret. (*Flight*, Ref: W29/19.)

*Opposite.* Tall Tail. Standard RAF hangars in 1939 could not completely house the giant Sunderland. (*Flight*, Ref: 16751S.)

L5803 'on the trolley' at Pembroke Dock, 1939. Later served with 210, 230, 228, 95 and 204 Sqns, eventually SOC 8 October, 1942. (*V. A. Hodgkinson, DFC.*)

The loss of N6135 did not deter 228 Squadron from commencing its war operations, the first such patrol being flown on 12 September. As with all units of Coastal Command, the Sunderland squadrons' crews' prime enemy sought was the German U-boat. On the day war was declared between Britain and Germany just 57 U-boats were in service with the German *Kriegsmarine*, commanded by Admiral Karl Dönitz, of which number only 27 were fit for ocean-going operations; 17 of these had already put to sea in August and, by 3 September, were ringing the United Kingdom athwart the UK's merchant shipping lifeline routes. At 7.43 pm on that first day of war the U-30, commanded by Kapitänleutnant zür See Fritz Julius Lemp, launched two torpedoes, which sank the passenger liner *Athenia* bound for Canada with a complement of 1418 passengers and crew, costing the lives of 118 people, including 22 American civilians. Although an error in Lemp's judgement – he had assumed the *Athenia* to be a troopship – and in direct contravention of internationally agreed sea warfare conduct by submarines, the sinking emphasized the menace of the U-boat. This menace was re-emphasized by U-boat attacks on the aircraft carrier *Ark Royal* on 14 September by U-39 (which failed) and the sinking three days later of the carrier *Courageous* by U-29.

Elsewhere attacks by U-boats on individual merchant ships, ie those not part of any escorted convoy, mounted steadily and with increasing success. During September 1939 Coastal Command crews reported a number of U-boat sightings and attempted attacks, though none proved fruitful (despite several over-optimistic 'confirmations' of U-boats 'sunk' by the Admiralty hierarchy). Apart from the obvious problems of locating any U-boat in the ocean vastness – a 'needle-in-a-haystack' situation at best – Coastal Command's anti-submarine armament was virtually useless, being primarily standard RAF General Purpose 250 lb high-explosive bombs, which could have no appreciable effect against a U-boat except by sheer luck.

While the U-boat was to remain the most sought after target by Coastal crews throughout the war, the prime operational requirement remained general reconnaissance and overall escort protection from air, surface *and* underwater enemy onslaughts against the UK's merchant shipping. A classic example of this air-sea co-operation occurred on 18 September, 1939, when the SS *Kensington Court*, a 4900-ton merchant ship bringing a cargo of wheat from Argentina to Birkenhead, was some 70 miles off the Scillies when it was shelled by a surfaced U-boat. The ship's captain, J. Schofield, had an SOS signal transmitted, then ordered his 34-man crew to take to the boats. Of the two boats launched, one became swamped, leaving the whole crew aboard or clinging to the remaining boat. The U-boat commander continued shelling until satisfied that *Kensington Court* was sinking, then left the scene.

L5799, VG–D of 210 Sqn at Pembroke Dock on Empire Air Day, May 1939. Later, with 204 Sqn, it was lost over Norway, 7 April, 1940. (*Grp Capt G. A. Bolland via J. Evans.*)

Early members of No. 10 Sqn RAAF. L–R: D. F. Crockford, S. G. Goddard, R. S. Smith, J. B. Jewell, T. H. Jensen, S. J. Nicholls, E. A. Cocks, J. H. Lanyon. (*V. A. Hodgkinson, DFC.*)

N6135, BH–U, 228 Sqn which crashed landing at Pembroke Dock, 10 September, 1939. (*D. Purcell via J. Evans.*)

L5802, RF–F, 204 Sqn, which Flt Lt J. Barrett flew during the *Kensington Court* rescue. It later served with 201, 95, 461 Sqns and 4(C) OTU, and crashed at Alness, 16 January, 1943. (*via R. C. B. Ashworth.*)

First Awards. L–R: Fg Off A. McPherson, Flt Lt T. M. W. Smith, Flt Lt K. C. Doran, Flt Lt J. Barrett, Sgt Willits at an investiture, 2 November, 1939, after receiving the first DFC and DFM awards to the RAF in WW2.

The radioed distress signal was heard by several Sunderlands patrolling within 100 miles of the area, and first to arrive on the scene was a 228 Squadron Sunderland N9025, piloted by Flt Lt Thurston M. W. Smith, who landed on the heavy swell half a mile away from the lifeboat and launched his aircraft dinghies by trailing lines behind his aircraft to begin retrieving the sailors. Shortly afterwards a second Sunderland, L5802, 'E', of 204 Squadron, skippered by Flt Lt John Barrett, arrived and also landed nearby. Smith, having taken aboard 20 seamen, then took off, leaving Barrett to rescue the remaining 14. On 2 November, 1939, both pilots attended an investiture at Buckingham Palace to receive a DFC award apiece for their mercy mission – the first DFCs awarded to any Sunderland crew men.

After the first few weeks of the war's heightened expectations of operational activity, most Coastal Command crews, particularly those in Sunderlands, had become almost 'resigned' to the fact that the bulk of their operational patrols would consist of long hours of 'watching water' over a limitless vista of heaving ocean with few distractions; an ultra-patient succession of careful searching and monotonous flights requiring mental and physical stamina peculiar to their specific roles, yet also necessitating a constant qui vive, so that when a rare occasion like sighting a U-boat or other enemy vessel occurred they could respond instantly. It was a form of drudgery experienced by all flying boat crews throughout the war, while the summation of his own operations by Wing Commander L. G. J. Archambault, AFC, one-time commander of No. 423 Squadron RCAF (Sunderlands), exemplified a majority of flying boat crews' operations when he said: 'I flew like a son-of-a-gun, never saw anything, never shot at anything, nobody ever shot at me, not even my friends, and I never saw a German.' Or as another experienced Sunderland pilot put it: 'Ninety-nine per cent boredom, interrupted only rarely by one per cent heart-thumping action.'

Such conditions were simply the consequence of far too few aircraft possessing even reasonably lengthy range and endurance attempting to cover multi-million square miles of shifting seas. In late 1939 the Sunderland was the RAF's only 'long-range' maritime aircraft in first-line service, but its range was limited, incapable of providing total aerial protection to transatlantic merchant convoys beyond eastern reaches. Similarly, the hard-pressed Royal Navy was spread so thinly around the world's oceans that it could never provide adequate surface escorts for the merchant shipping routes. Recognition of Coastal Command's numerical insufficiency led to the 'loan' from Bomber Command of No. 58 Squadron (Whitley bombers) in September 1939 until its return to its parent Command in February 1940, followed by similar 'loans' of bomber squadrons in early 1940. Such hasty measures assisted the Command's patrol strength around the UK coastal areas, but still left the Sunderland shouldering full responsibility for covering deeper waters.

# 3. Development

Once the Sunderland Mk I was in steady production, albeit in small batches, Gouge and his design team naturally commenced seeking possible improvements to the aircraft, partly in the light of in-Service experience but also with an eye to future operational needs. Selecting Sunderland I, T9083 from a Dumbarton-built batch as a 'prototype', the design team had its intended Pegasus XXII engines changed to Pegasus XVIIIs with two-speed superchargers initially. Then the necessity expressed by the RAF for more effective defensive armament led to the open-hatch dorsal gunners' cockpits being replaced by a single dorsal Frazer-Nash (FN) 7 power-operated gun turret mounting twin 0.303-inch Browning machine guns; while the former FN13 four-gun tail turret was exchanged for an FN4A four-gun turret having double the FN13's ammunition supply capacity (i.e. 1000 rounds per gun as against 500 rpg). Even as these improvements began being installed in production Mk IIs further paraphernalia was added in the shape of ASV Mk II search radar, outwardly evidenced by four characteristic vertical dipole 'masts' sprouting from the top of the aircraft's rear fuselage, plus 16 transmitter loops on the rear hull and Yagi homing aerials underwing outboard of the wing floats.

Apart from the 'prototype' conversion T9083, only 43 Mk IIs came from the various production lines (W3976-W3998, W6000-W6004, and W6050-W6064) before future production began concentrating on another improved design, the Mark III. The main change to Mk III standard involved installing a faired main step to improve all-round handling and air perfomance. A 'prototype' Mk III, T9042, was thus converted at Rochester and first flew in its new guise on 28 June, 1941, while the first production Mk III, W3999, made its first test flight on 15 December, 1941, each time with John Parker at the controls. After this latest modification to the hull the main airframe design was to remain unchanged for production Sunderlands for the remainder of their lengthy careers, with only powerplants and ancillary equipment changing for Service requirements progressively – a tribute to the designers' foresight and expertise. Apart from increasingly better ASV radar installations in subsequent years, the most obvious innovations related to more powerful engines and, particularly, defensive and offensive armament. In the case of engines – the Pegasus range – many of which had already seen service with Bomber Command aircraft before being reconditioned and re-issued to Coastal Command, the prime problem was the steadily increasing operational weight being imposed upon Sunderlands as the air-sea conflict became more intense. The constant search for greater operational range and efficiency led inevitably to the Mk IIIs' stalwart Pegasus engines being usually run at full boost for lengthy periods well above design expectations. The resulting wear and tear on the engines produced many engine failures in flight due to overheating and/or sheer component fatigue, coupled with the fact that fully feathering propellers were not fitted to early marks of the design, causing 'props' to shear off in the air on occasion; this left operational Sunderland crews at a distinct disadvantage when patrolling in such enemy-infested areas as the notorious Bay of Biscay.

By early 1942 Shorts' designers had become well aware of a need for a faster, more reliably powered version of the basic design and put in hand a projected Mk IV variant, intended to employ Bristol Hercules XIX engines of 1700 hp each and to have far heavier armament, apart from modest refinements to the hull. Under the aegis of Specification R.8/42, two Mk IV prototypes, MZ269 and MZ271, plus an initial contract for 40 production aircraft (NJ200 – NJ239) were ordered. The Mk IV prototype wing design was to remain unaltered from the Mk III, but the Mk IV tailplane was given nearly five degrees dihedral to increase spray clearance. The main modifications came in the Mk IV's hull, which was lengthened and slightly deepened, with a new planing bottom. For armament the Mk IV was planned to include a Bristol B.17 mid-upper turret housing twin 20mm Hispano cannons, an FN83 nose turret housing two 0.50-inch calibre Brownings, plus a Glenn Martin tail turret also mounting twin 0.50s. In addition a 0.50-inch Browning was to be provided for each of two beam

Short Sunderlands in production at the Belfast factory. (*Short Bros PLC*, Ref: SU384.)

*Left*. One of the total of 240 Sunderlands built at the Dumbarton factory.

*Bottom Left*. Tail Sting. The early FN13 tail gun turret housing four 0.303-inch-calibre Brownings.

*Bottom Right*. 1st pilot's view of his Pegasus engines. (*Imperial War Museum*, Ref: CH11079.)

*Below*. Dorsal gun hatch on a Sunderland I (one Vickers Gas-Operated (VGO) 0.303-inch-calibre, hand-operated machine gun). (*Imperial War Museum*, Ref: CH541.)

hatches, while a pair of fixed, forward-firing 0.303-inch Brownings were to be installed just above the chines of the nose section. The first Mk IV prototype, MZ269, made its first test flight on 30 August, 1944, at Rochester and, as a result of early asssessments, was modified to have a taller, larger area fin and tailplane, and eventually further modified to include a dorsal extension to the fin leading edge. In the event, the Mk IV variant was not considered sufficiently improved over the Mk V to justify entry to RAF squadron service and only eight were built; the remainder of the initial production batch (NJ208 – NJ239) being cancelled[1] while the eight actually produced were renamed the Short Seaford. After operational trials with No. 201 Squadron, NJ201 went to Transport Command for evaluation as a potential unarmed transport, then was given a fully streamlined nose and tail and registered as G – AGWU for BOAC evaluation. After all these trials, NJ200 and NJ201 went to the MAEE, Felixstowe, to become experimental test vehicles, while the other six Seafords NJ202 – NJ207, were returned to Belfast for civil conversion to Short Solents for BOAC.

The origins of the Mark V Sunderland were directly related to a long-felt need by operational crews for greater, more reliable engine performance with a view to wider operational efficiency. It was a requirement already recognized by both the makers and user-units during 1942-43, but suggestions for replacement powerplants had all entailed larger, heavier engines than the existing Pegasus and it was felt that the Sunderland's existing wing would not be able to cope with such additional stress. It fell to Group Captain Jim Alexander,[2] ex-commander of No. 10 Squadron RAAF and now Station Commander at that unit's base, Mount Batten, to press firmly for permission to modify a Sunderland to accept Pratt & Whitney Twin Wasp R-1830-90 engines with fully feathering propellers. Late in 1943 Alexander managed to arrange for Group Captain A. F. Scroggs of the Air Ministry to visit Mount Batten to discuss the idea, and Scroggs informed Alexander that Shorts had already begun investigation into the design of such an engine installation, and moreover were certain that the heavier engines would not overstress a Sunderland's existing wing spar. The eventual outcome was that No. 10 Squadron RAAF was given permission to modify one Sunderland to (mainly) the squadron's ideas, while Shorts also proceeded to modify another Sunderland to their own concept. For these purposes the squadron was allotted Sunderland ML839, while the makers used ML765 as their guinea pig.

The two conversions proceeded in parallel, with Shorts giving full co-operation to the Australians in the contexts of technical expertise, advice and components. At Mount Batten No. 10 Squadron's toiling maintenance airmen soon found themselves short of a variety of suitable fittings and instruments which the makers could not supply, but with traditional Aussie skills in 'scrounging', these were obtained from such sources as crashed Liberators at St Eval. The four American engines for ML839 were collected from the Ministry of Aircraft Production – these had originally been intended for experimental fitting in Bristol Beauforts – while the engine nacelles for the Twin Wasps came from Shorts, and technical drawings from both Shorts and the Blackburn Company. Meanwhile, at Shorts ML765 was completed and first flown in March 1944, then went to the MAEE on 22 April for full Service evaluation. At Mount Batten ML839, now coded RB – A, made its first test flight on 4 May, 1944, piloted by Alexander, and was pronounced a success except for the cropped propellers fitted at that stage. This 'defect' was 'cured' in typical Aussie manner – the propellers were exchanged for more suitable props from a Catalina . . .! No. 10 Squadron then retained ML839, carrying out at least 100 hours of test flying before permitting the new Mark V, as the conversion was now titled, to fly on operations. It was destined to have a brief career, sinking at its moorings on 12 October, 1944, during a gale, when a hatch had not been secured properly.

The Mark V was now accepted for production and the opportunity was taken to update the ASV radar equipment by installing the latest ASV Mk VIc, which incorporated split scanners under the wing-tips in place of the former ASV Mk III's Yagi aerials[3]. Mark Vs from the production lines began entering RAF and RAAF squadron service in February 1945, initially with Nos. 228 Squadron RAF and 461 Squadron RAAF, but 10 Squadron RAAF, which had in effect 'pioneered' the Mk V, had to wait

[1] Intended NJ208 – NJ219 became Solents before completion as Seafords, while NJ230 – NJ239 were serials allotted but never built.

[2] Later, Air Commodore, OBE, RAAF.

[3] Some Mk IIIs were already fitted with ASV VIc and in consequence were designated Mk IIIAs

Stablemates. Sunderland II (unserialled) facing a Short Stirling at Belfast.

T9042, the prototype Mk III which first flew on 28 June, 1941. (*Short Bros.*)

Well-known but excellent view of an operational Mk III, W4004, 'Z', of 10 Sqn RAAF at Mount Batten, lost over Biscay 17 May, 1943 (Flt Lt K. McKenzie & crew). (*Imperial War Museum*, Ref: CH16145.)

MZ269, the first Mk IV prototype, which became the Seaford prototype.

The FN4a tail turret which superseded the original FN13.

Warrant Officer 'Bill' Bendon, 10 Sqn RAAF in his dorsal turret, 1944. (*R. O. Bloch.*)

Four 250 lb AS bombs aboard N9027, 10 Sqn RAAF. (*Imperial War Museum*, Ref: CH806.)

450 lb depth charges on a Sunderland's rack.

MZ269's starboard outer engine fire at Felixstowe, 15 July, 1947. (*via S. Howe.*)

ML765, the Mk V prototype. (*Short Bros.*)

FN4a tail turret fitted in EK590, a Mk V which served with 422, 201 and 461 Sqns and 4(C) OTU before being sold as scrap 26 March, 1947. (*Imperial War Museum*, Ref: CH11804.)

NJ201 in unarmed state. Later OZZA with RAF Transport Command, it became G–AGWU with BOAC.

PP151, a Mk V with modified fin.

for its own new Marks until June 1945. After the war the RAF retained Mk Vs, more usually designated GR5s, for its few flying boat squadrons, which were to give sterling service until finally being retired from first-line RAF use in May 1959, being superseded (mainly) by land-based Avro Shackletons. Thereafter Sunderlands continued in operational service with squadrons of the French Aeronavale, RNZAF and SAAF until the early 1960s; the ultimate *Service* flight by a Sunderland being flown by NZ4107, 'D', of the RNZAF (ex-VB883, RAF) on 2 April, 1967. Long before that date the 'jet era' had become firmly established in aviation, and this, coupled with overall military policies, sounded the death knell of the flying boat for Service uses.

One vital aspect of Sunderland progressive 'development' was armament. At the outset of hostilities in September 1939 the few Sunderlands in squadron service were equipped with a four-gun tail turret, a single gun in the nose turret (soon exchanged for a twin-gun turret), and two single VGO ('K') guns handoperated in mid-fuselage open hatches. Though considered sufficient for purely *defensive* armament, even these offered no protection against attack from below, and the usual tactic practised by Sunderland skippers when attacked by enemy aircraft was to drop down to sea level, hugging the waves to protect the vulnerable hull, and ward off (if possible) all onslaughts. As the maritime air war gradually intensified, and Sunderlands met increased opposition from marauding Luftwaffe fighters *et al*, many Sunderland crews began 'fighting back', scoring several outstanding successes in aerial combat against faster and more heavily armed opponents; so much so that Luftwaffe crews dubbed the ungainly flying boat *Fliegende Stachelschwein* (*'Flying Porcupine'*) in tribute to its multi-gun abilities. The introduction of a power-operated twin-gun dorsal turret to replace former open hatch-guns was a step forward, but most enemy aircraft concentrated on beam attacks, often from below, leading Sunderland crews to agitate for additional firepower in beam and galley locations, similar in effect to the 'waist' guns installed in such aircraft as the American B-17 Fortress bombers.

First ideas were to install swivel-mounted Vickers 'K' guns in galley hatches – EJ134, 'N', of 461 Squadron RAAF being the first Sunderland to incorporate such fittings – but by early 1943 a need for even better protection led the two RAAF squadrons, Nos. 461 and 10, to seek improved armament; not only for defence against aerial attack but equally to challenge the heavy flak opposition being encountered from U-boats' defences when caught on the sea surface. Both squadrons eventually produced satisfactory galley gun mountings, employing flexible, hand-operated 0.50-inch belt-fed Brownings to counter beam assaults; while the problem of countering the U-boat's daunting flak defences was resolved largely by the introduction of a fixed, forward-firing 'battery' of machine guns in the flanks of the nose section, initially twin 0.303-inch Brownings[4] which were eventually increased to four. With this nose-gun quartet, operated by the pilot, Sunderlands could now strafe any U-boat's flak crews on the run-in to depth-charge. The first Sunderland of No. 10 Squadron RAAF to employ this nose-gun 'battery' was DD852, RB – J, in August 1943; this installation was initiated by Group Captain Jim Alexander, RAAF, though the general suggestion for some form of fixed nose guns had previously been considered by members of Nos. 422 Squadron, RCAF, and 461 Squadron, RAAF.

The Sunderland's only anti-submarine weapons at the start of the war were ancient 100 lb and 250 lb 'anti-submarine' high-explosive bombs – merely adaptations of standard RAF General Purpose bombs – the effect of which against any U-boat hull was negligible; indeed, a Royal Navy submarine, HMS *SNAPPER*, on routine patrol on 3 December, 1939, was attacked by a 'friendly' RAF aircraft, which scored a direct hit on the submarine's conning tower with a 100 lb AS bomb. Total damage amounted to four electric light bulbs shattered in *SNAPPER's* control room! The AOC-in-C, Coastal Command, Air Chief Marshal Sir Frederick Bowhill, made strong representations for more effective weaponry for anti-submarine operations, but since the creation of any truly new weapon would probably take years to reach operational use a hasty compromise was adopted – the Royal Navy's standard Mk VII, 450 lb depth charge. Fitted with a rounded nose fairing, tail 'fins' and normal bomb carrier hook, the hybrid weapon was tested satisfactorily, and by August 1940 Coastal Command possessed a stock of some 700 ready for use. Later, a Mk VIII, 250 lb depth charge, suitably modified, was added to the Command's armoury, and these two items were to remain the Sunderlands' prime weapons for attacking U-boats throughout the war. A normal load for a Sunderland was at least eight depth charges, plus a standard array of marine pyrotechnics – sea markers, flame and smoke floats, etc – with an upper bomb load weight of nearly 5000 lb.

Further development of the standard Mk V Sunderland was not undertaken, although a number of individual machines served as test vehicles for installations intended for the Short Shetland and Saro Princess flying boats in post-1945 years. Instead, development of the basic Sunderland airframe was switched to production of civil derivatives – Short Sandringham, Hythe and Solent – for BOAC and foreign airlines; these being more fully described in a later chapter.

[4] A two-gun installation was first fitted to T9110, RB – C, 10 Squadron, RAAF.

# 4. Over The Med

The outbreak of war with Germany in September 1939 gave immediate importance to the need for protection of Britain's existing sea routes through the Mediterranean Sea, which not only maintained resupply and reinforcement of British bases in the bordering countries of Egypt, Palestine and Trans-Jordan and vital naval anchorages at Malta, Gibraltar and Alexandria, but also gave access to the Suez Canal and the Red Sea, through which came the UK's oil supply lines from Iraq and Persia (Iran). In the context of aerial protection such an overall responsibility came directly under the aegis of RAF Middle East Command, a rather nebulous title encompassing *all* RAF units based or operating over Egypt, the Sudan, Palestine, Trans-Jordan, Aden, East Africa, Iraq, Somaliland, Cyprus, the Red Sea, Persian Gulf and the Mediterranean Sea, in geographical terms, an area amounting to some four and a half million square miles. In September 1939, the AOC-in-C of this Command was ACM Sir William G. S. Mitchell, who had at his immediate disposal just 20 RAF squadrons to meet all commitments, half of these based in Egypt or the Sudan. On 13 May, 1940, he was succeeded as AOC-in-C by ACM Sir Arthur Longmore, who, by 10 June, 1940, when Italy declared war against Britain and her allies, could muster a total of 29 squadrons comprising approximately 300 'first-line' [*sic*] aircraft with a 'reserve' of almost 300 more 'in stock'. By then the situation in northern Europe had taken a disastrous turn for the Allies, with the imminent surrender of France and the subsequent Battle of Britain already beginning. Hence, Longmore's prospects for further reinforcements in aircraft and personnel were restricted to a thin trickle of (mainly) out-dated types of aeroplane.

Among Longmore's available establishment at that moment were two Sunderland units, No. 230 Squadron, commanded by Wg Cdr G. Francis, which had arrived at Alexandria on 6 May, 1940, and No. 228 Squadron, commanded by Wg Cdr G. E. Nicholetts, DFC, which flew from the UK and arrived at Malta on 10 June, then flew to Alexandria at dawn on the 11th, shortly before its overnight moorings were bombed! Both squadrons commenced operations quickly and almost immediately claimed victims from Italy's submarine fleet. On 28 June, 1940, Flt Lt W. W. Campbell, flying Sunderland L5804, 'S', of 230 Squadron, attacked and sank the *Argonauta*, then next day in the same aircraft sank the *Rubino*, and landed nearby to rescue four survivors of the Italian crew; a double feat of arms which brought 'Willie' Campbell a well-deserved DFC award. Nevertheless, Italian (and German) submarines were as yet rare targets in the Mediterranean and the two flying boat units spent the bulk of their flying hours on their normal watch-and-ward shipping escort patrols, general maritime reconnaissance seeking enemy shipping, with occasional air-sea rescue incidents.

Sunderland L5804 of 230 Squadron was also one of the first to engage Italian aircraft in combat when, on 28 July, 1940, Sqn Ldr C. Ryley left Kalafrana to recce Sicilian coastal waters and was attacked by three Macchi MC200 fighters from 6° Gruppo Autonomo C. T. The ensuing engagement lasted almost an hour, during which time three of the Sunderland's gunners were wounded and the boat suffered serious damage, including holed wing fuel tanks. Ryley managed to fly the aircraft back to Malta, where it was quickly beached before it could sink. Two other Sunderlands which flew recces on the same date also encountered Italian fighter opposition, but returned safely. Despite rather optimistic claims from the Sunderlands' crews involved in these combats for enemy fighters shot down, in fact no Italian fighter was lost that day. A few days later, however, the Italian fighters were to claim a Sunderland shot down with positive evidence of their victory.

On 6 August, 1940, Sqn Ldr G. L. Menzies of 228 Squadron carried out a general recce of Cretan and Libyan waters and eventually came upon an Italian shipping convoy. While shadowing this convoy Menzies radioed to base for a Sunderland to relieve him, being almost at the limit of his fuel, and accordingly Flt Lt T. Smith, DFC,[1] piloting N9025, 'Y', of 228 Squadron soon arrived on the scene to take over the convoy shadow. Smith's orders were to continue shadowing the enemy ships and to home in a formation of Fleet Air Arm Swordfish aircraft, which would attack with

[1] Smith had been awarded his DFC for his part in the SS *Kensington Court* rescue of 18 September, 1939.

Sunderland I, N9021, of 202 Sqn at Kalafrana, Malta, April 1939. (*Courtesy 202 Sqn archives.*)

Engine change on N9029, NM–V, 230 Sqn. (*Imperial War Museum*, Ref: CM2456.)

N9029, 'V', 230 Sqn 'unsticks' at Alexandria. Later 'V' with 228 Sqn, it crashed in the Mediterranean, 1 January, 1943. (*Imperial War Museum*, Ref: CM2317.)

N9029, NM–V, of 230 Sqn over the eastern Mediterranean, 1941.

torpedoes; should any Swordfish be forced to ditch in the sea the Sunderland was to land and retrieve its crew. The whole affair was under RN operational control. Two hours passed without any sign of the expected Swordfish, then a gaggle of Italian Fiat CR42 fighters appeared, these being from 10° Gruppo, based at Benina, Libya. These immediately attacked the Sunderland from all angles and eventually shot it down, actual credit for the victory being given to Capitano Monti, and the flying boat's crew were rescued by an Italian destroyer summoned to the scene.

Details of this combat finally reached 228 Squadron months later when, in an unprecedented act of chivalry, an Italian aircraft dropped a letter behind British lines. Dated 2 February, 1941, the letter was addressed to Wg Cdr Nicholetts and written by Fg Off D. R. S. Bevan-John,[2] co-pilot in Smith's crew, from an Italian PoW camp at Fonte d'Amore, Sulmona, and read in part, 'We were attacked by two or three CR42s while at 400 feet. The rear turret was put out of action in the first attack, which came out of the sun. The next attack hit the starboard midship gun causing it to jam and making it unfit for further use. The third attack put the port midships gun out of action. Baxter got three flesh wounds, Jones was hit in the stomach by an explosive bullet and died after about an hour. Davies, the other midships gunner, got hit twice in the stomach and once in the left eye. He was in a nasty mess. Price and Pitt both got away with flesh wounds and the rest of us were miraculously unhurt. The starboard inner (engine) stopped and the starboard main tank was set on fire. We were attacked twice more without being able to reply; they closed to 150 yards. Smithy landed, as we were expecting the tanks to explode at any moment. As soon as we landed the fighters stopped firing and went off to fetch a destroyer to come and pick us up. We came down at 4.20 after about 15 minutes battle. . .the destroyer arrived at 7 pm and sent a boat, taking off all wounded, though Jones had died by then. . . . Our captors were extremely good to us and dressed all wounds with clean dressings and antiseptic. Davies was in a shocking state and I never thought he would live. We were taken to Tobruk and Davies and the wounded to a naval hospital. Three surgeons operated on Davies for three hours – took out his eye and also a rib – and pulled him through, and Baxter told me he was smoking in a week's time. And that's about all – oh! We had our bombs on when we landed.'

A footnote to this event concerned the reason for Bevan-John writing his letter. Naval prisoners in the same PoW camp had told him that when the Swordfish finally arrived far too late, they had reported back that the Sunderland had bombed the convoy, been shot down, and that the Sunderland had been 'captured'; hence Bevan-John's determination to have the facts on record. Flt Lt Smith eventually escaped from captivity, arriving in neutral Switzerland on 3 October, 1944, but the other crew members of N9025, Plt Off I. T. G. Stewart, Sgt H. J. Baxter, LACs P. F. O. Davies, W. J. Pitt, A. McWhinnie and AC1 W. D. Price, remained PoWs, while LAC C. J. C. Jones was buried with military honours. N9025 sank in 100 fathoms of water, leaving no trace.

Despite the sheer bulk of a Sunderland it could on occasion be confidently flown as an aggressor, as exemplified on 17 September, 1940, when Sqn Ldr Menzies of 228 Squadron met an Italian Cant Z501 flying boat during a recce and promptly shot it into the sea. Such victories were rare, however, and once under determined attack a Sunderland could only hug the waves and rely on its defensive guns for salvation. On 1 November, 1940, for example, two of 228's Sunderlands, N9020, 'W' (Sqn Ldr Menzies), and L5806, 'Q' (Flt Lt E. M. Ware), set out to search for a missing Wellington bomber crew. Near Augusta, Sicily, N9020 was attacked by a pair of Macchi MC200 fighters from 6° Gruppo, 88ª Squadrigla, piloted by Tenente Armanino and Sgt Major Stabile, and shot down with all its crew killed. Its companion, L5806, while returning later in the day, was also intercepted near Malta by two Macchi MC200s and a Fiat CR42. The Sunderland suffered extensive bullet damage and two of its crew were wounded, one of whom, LAC R. J. Barton, remained at his gun throughout the fight. Ware managed to land safely at Kalafrana and was later awarded a DFC, while Barton received a DFM.

Only days before these combats a new factor had erupted in the Mediterranean

[2] Later, Group Captain, OBE, JP.

Sunderlands of 230 Sqn, including NM–X, evacuating Allied troops from Greece. (*Imperial War Museum*, Ref: CM759.)

T9071, 'M', 230 Sqn after being shot down by enemy aircraft off Libya, 21 December, 1941. (*D. Robinson*.)

L5807 of 228 Sqn, strafed by Bf109 at Kalafrana, Malta, 27 April, 1941.

theatre of war when, on 28 October, 1940, Italian forces invaded Greece's northern border territory. British military aid for the Greeks was immediately forthcoming, including eight Blenheims of No. 30 Squadron RAF which flew in to Eleusis on 3 November, to be followed soon after by Wellingtons of 70 Squadron and more Blenheims from 84 Squadron, with the promise of further RAF fighters and bombers to come; the whole RAF contingent in Greece being commanded by AVM J. H. D'Albiac with his HQ in Athens. The two Sunderland squadrons continued to be primarily based in Egypt, but with turn-round detachments at Kalafrana, Malta, and Scaramanga, Greece. The Malta-based flying boats, in addition to their routine sea reeces, were occasionally called upon to act as shepherds for batches of desperately needed Hurricane fighters being carried aboard RN aircraft carriers into the western Mediterranean, then flown off to complete the final 350-400-mile 'leg' of their journey by air, relying on the Sunderlands (or other lead aircraft) for navigation. Such a lengthy flight over trackless sea meant marginal limits to fuel for the Hurricane pilots and many were fated to fall with dry fuel tanks into an untraceable sea grave *en route*, though if luck held an escorting Sunderland would land to retrieve the ditched pilot. By the end of 1940 the Malta-based detachment of 228 Squadron comprised four available Sunderlands with two more 'in reserve', while those of 230 Squadron detached to Scaramanga, Greece, continued to be employed as ship-hunters around the Greek coast and as freight and passenger vehicles to the British forces in Greece.

The first few weeks of 1941 brought appalling weather conditions over Greece, including a raging gale on 25 February which tore Sunderland L5804 loose from its moorings at Scaramanga and sank the aircraft. Further losses at this period included the 228 Squadron Sunderlands based at Malta. On 7 March, 1941, Sunderland L2164,

'U', moored in St Paul's Bay, was strafed by Messerschmitt Bf109s from 7/JG26 and badly damaged. Three days later the Bf109s again strafed St Paul's Bay, damaging Sunderland T9046 and completing the destruction of L2164, which caught fire and eventually sank while attempts were being made to tow it ashore. It was not the last Sunderland operating from Malta to suffer at the hands of strafing fighters of the Luftwaffe. On 27 April, 1941, Sunderland L5807, 'F', skippered by Flt Lt L. G. M. Rees, was detailed as part of the 'shepherd' escort for reinforcement Hurricanes aboard HMS *Ark Royal*. Rees met his 'flock' of seven Hurricanes and duly 'delivered' these to Malta, then landed at Kalafrana. As the Sunderland began being beached two Bf109s from 7/JG26, led by Obltn Joachim Müncheberg, came out of the sun and accurately strafed the flying boat, setting fire to a wing tank. The fire spread rapidly along the starboard wing until the Sunderland finally burned out, gushing a pall of black smoke to mark its grave. Two weeks later Sunderland N9049, 'B', of No. 10 Squadron RAAF, piloted by Fg Off Gil Thurstun, left RAF Mount Batten on 5 May and eventually arrived at Malta on 7 May carrying a load of ammunition destined for the Beaufighters of No. 272 Squadron, based in Egypt. N9049 remained moored in Marsaxlokk Bay, about a mile from Kalafrana, for three days until 10 May, when, in the early evening, a dogfight between Hurricanes and Bf109s from 7/JG26 developed overhead. Then one Bf109, piloted by Obltn Joachim Müncheberg, broke away from the aerial brawl and dived towards the anchored Sunderland. Firing just one five-second burst of cannon and machine gun fire, Müncheberg's aim was deadly accurate, hitting an oil tank in the boat's port wing and starting a fire which rapidly spread. The Sunderland sank in a plume of smoke, leaving just its starboard wing and float protruding at a forlorn angle from the sea.

Thurstun's flight was one of several undertaken by the Australian crews of No. 10 Squadron RAAF at this period, ferrying ammunition and personnel to Egypt via Gibraltar and Malta. One such trip, flown by Flt Lt Vic Hodgkinson, was in Sunderland T9071, 'M', on 25 May, reaching Alexandria on schedule in company with P9604, 'J'. On 2 June, Hodgkinson prepared to leave Alexandria to return to the UK, only to be hit by a merchant tanker in the busy harbour, causing damage which delayed his departure until 4 July. In the interim Hodgkinson flew a few operations with 230 Squadron;

. . . landed in Crete to contact Australian and New Zealand troops after the evacuation and got shot up; shadowed the Vichy French hospital ship *Canada* and gave her a burst across the bridge when she wouldn't comply with our instructions to proceed to Haifa for inspection; also shadowed a Vichy French destroyer sailing to Beirut – subsequently sunk by Swordfish off Crete.[3]

While Malta's siege continued, events in the Italo-Greek struggle had begun to assume serious proportions. After various invasions and advances in the Balkan countries north of Greece in early 1941, German forces finally commenced an invasion of Greece on 6 April. This heavy reinforcement to the Italian forces, air and ground, soon produced successes against a greatly weakened Allied resistance, and within a week, due to aerial attacks, 230 Squadron's detachment of Sunderlands at Scaramanga had to withdraw south to Suda Bay, Crete, although Scaramanga was to remain a prime venue in the following weeks, particularly when evacuation of Allied personnel from Greece commenced. The subsequent land and air campaign in Greece effectively ceased in victory for the Axis forces by 1 May, on which date Sunderland T9050, 'Y', of 230 Squadron, piloted by Wg Cdr Francis, flew from Suda Bay to Alexandria carrying AVM D'Albiac, General Maitland-Wilson and the Greek royals, Prince Paul and his family. Space does not permit a full description of the intense operations by the RAF during those fateful weeks of April 1941,[4] but no small part of those efforts was undertaken by the handful of available Sunderlands of 228 and especially 230 Squadrons.

The prime role for the Sunderlands during April was air evacuation of Allied personnel from selected coastal bays of Yugoslavia and later Greece. On 16 April, for example, Sqn Ldr P. R. Woodward and Fg Off E. Brand flew two Sunderlands of 230 Squadron up to Kotor harbour, Yugoslavia, to evacuate the British Legation staff of Belgrade, but returned with 48 other personnel when the Legation staff failed to

[3] *Maritime is Number Ten* by K. Baff, private pubn., 1983.

[4] Readers are highly commended to read *Air War for Yugoslavia, Greece and Crete, 1940–41* by Shores, Cull and Malizia, published by Grub Steet, 1987, for details.

Sunderland II, W3989, DQ–L, 228 Sqn. (*RAF Museum*, Ref: PO15665.)

L5798, KG–B, 204 Sqn at Gibraltar 1942 *en route* to West Africa. (*Imperial War Museum*, Ref: CM2309.)

materialize. Six days later, on 22 April, Woodward flew to Scaramanga and airlifted 18 RAF men and some Greek royals to Suda Bay. These were merely two of a near-daily 'routine' flown by all available Sunderlands in assisting the escalating Allied withdrawal from Greece to Crete initially. On 23 April, Sunderland L2161, 'P', of 230 Squadron, moored at Scaramanga, became the target for seven Junkers Ju 87 'Stuka' divebombers, whose bombs and guns set the boat aflame, though two of the Sunderland's gunners, Sgts V. C. Cordery and G. C. Starkey, stuck to their guns throughout the attack and claimed at least one Ju 87 shot down. Both gunners were later each awarded a Military Medal. Two days later Sunderland T9048, DQ – N, of 228 Squadron, skippered by Flt Lt Harry Lamond, flew to the Githeon area to 'lift' a reported RAF party waiting there. Eventually attracted by signals from a hand-mirror ashore, Lamond found a group of 101 officers and airmen of No. 112 Squadron RAF under the command of a Flt Lt Magner. Taking aboard 52 men (an overload of over 9000 lb), Lamond flew these back to Suda after promising to return that evening for the rest. In the event Lamond was ordered to fly to Kalamata instead to pick up some army and RAF personnel, still flying T9048. Here he took aboard as many as he could, or in his own words, 'I didn't have all that much fuel and calculated we would be all right with 80 and took on that number (I believe they were counted off as 82!) – that made 92 on board with the crew. But it was no trouble to T9048 and she took off like a bird.'

Lamond's third trip that day was fated. Ordered to fly to Kalamata he left Suda Bay in darkness, without benefit of a flare path, and eventually reached Kalamata. Without sufficient fuel to wait for daylight Lamond started a landing in near-pitch black mist, could not see the sea surface, and hit an obstruction, stoving in the aircraft's nose. The Sunderland turned over, its fuselage tearing away from its wing, leaving only four crew survivors alive, including three injured, one of whom was Lamond. The only uninjured member was able to get away on a small surface craft, but Lamond chose to stay with the other injured men and was captured by the Germans the following night. Next day, 26 April, Flt Lt (later, Wg Cdr, DFC) Alex Frame of 228 Squadron returned from Greece with a passenger load of 50 men, thereby bringing the total number of 'evacuees' rescued by 228 alone in three days to 339, of which 324 were RAF. Alex

Frame, a New Zealander by birth, had joined the RAF in 1938 and previously served in Sunderlands of No. 210 Squadron, and by 1944 was commanding No. 204 Squadron in West Africa. Other New Zealanders skippering Sunderlands in these types of operations included Lamond, H. L. M. Glover, D. N. Milligan and S. W. R. Hughes.

With the Greek campaign completed the next obvious target for German conquest was Crete, where the Allies had initially sent troops evacuated from Greece and which island was now to be reinforced in preparation for the expected German invasion. In the event the furious battle for Crete was to be a repetition of the Greek disaster and by the end of May 1941 Allied resistance on the island had ceased. During the first two weeks of that month operational activity was sporadic over Crete itself, during which period the Sunderlands were steadily used to transport men and supplies between Crete and Egypt; on one such trip Wg Cdr Francis in T9050 airlifted a total of 74 men apart from his ten crew men back to Egypt, including Captain James Roosevelt, son of the USA's President, who being ostensibly 'neutral' had been a 'military observer and adviser' in Greece. On 14 May Luftwaffe attacks on the RAF in Crete began in earnest, bombing and strafing continuously all known RAF landing fields, an assault which continued relentlessly for the next week. Then, on 20 May, came the first shock wave of German paratroops as nearly 500 Junkers Ju 52s appeared over the island accompanied by Heinkel He111s, some towing assault gliders packed with troops. The real battle for Crete had begun. For the next 11 days of massive action by the opposing forces the few available Sunderlands continued to operate between Crete and Egypt, but on 31 May came the final Sunderland evacuation sorties, when Sunderland T9046 of 228 Squadron and N9029 of 230 Squadron picked up various 'key personnel' [*sic*] at Sphakia and flew these to safety at Alexandria.

The hectic operations throughout the Greek and Crete campaigns had given the two Sunderland units invaluable lessons in the extreme limits possible for their aircraft, particularly in the context of sheer load capacities, but had also given little respite in terms of maintenance for the boats, which now showed plentiful signs of wear and tear. One of 230 Squadron's Sunderlands, L2159, 'W', which had returned to the UK, was destroyed in an air raid on Greenock on 7 May, 1941, but no replacement or fresh aircraft were forthcoming immediately. No. 228 Squadron received L5803 on 10 May, 1941, but had to wait until the following November before further Sunderlands were allocated – P9600, W3990, W3995 and W3996 all arriving in that month – followed by W3989 in late December. No. 230 Squadron fared no better, receiving W3987 in September, L5806 in November and T9071 in December. This last Sunderland, T9071, 'M', was to have the briefest operational career with 230 Squadron. On 22 December, 1941, 'M', piloted by Flt Lt S. W. R. Hughes, left Aboukir Bay to fly to Kalafrana, carrying various air crew personnel back to their Malta bases and much needed supplies (including a bag of gold sovereigns weighing 100 lb intended for HQ Malta). When north-east of Benghazi, however, the Sunderland was attacked by two Messerschmitt Bf110s of III/ZG26, which caused severe damage to the boat and forced Hughes to ditch off-shore at Ras Amt, with one passenger dead and several wounded.

Hughes and his crew managed to 'sail' the crippled Sunderland on to the nearby rocky shoreline, where the aircraft was eventually reduced to a wreck by the pounding waves. The surviving crew were then taken prisoner by some Italian troops of the 102 Caribineri and eventually the whole entourage set out to walk to the British lines (the Italians, depressed at being abandoned by their German 'allies', were only in the mood to go home), but before the long trek was completed Hughes found himself 'in command' of some 156 Italians only too willing to surrender! Finally being found by some Indian infantry, Hughes regained the Allied lines, only to be faced with a possible court-martial for '. . . failing to take off at the time detailed' according to his original briefing! The charge was quashed on the grounds of 'condonation' – in the interim Hughes had been promoted to Squadron Leader, given his own command, and awarded an OBE. Hughes eventually retired from the RAF as an Air Marshal, CB, CBE, AFC.[5]

Before the loss of Hughes's T9071, No. 230 Squadron had suffered two other losses when on 1 August, 1941, L2166 failed to return, believed to have been shot

[5] For full details of this remarkable journey see *Sunderland at War* by C. Bowyer, Ian Allan, 1976.

down by an enemy submarine's flak, while on 29 September, T9050, 'Y', had crashed in Aboukir Bay during darkness, killing three crew men. By then No. 228 Squadron had left the Mediterranean scene, moving to Bathurst in West Africa under the command of Wg Cdr E. J. Brooks, DFC – at least, that was the official intention – but (as described in Chapter 9, West African Skies) this move was cancelled and 228 returned to the UK in early October 1941 to be based at Stranraer. No. 230 Squadron remained based at Aboukir until the close of 1942 before moving out of the Command to Dar-es-Salaam in January 1943. The only other Sunderland squadrons to be based in the Mediterranean zones were Nos. 202 and 204, albeit briefly. No. 204's stay was really in transit, leaving its base at Reykjavik, Iceland, in July 1941 to fly to Gibraltar, but leaving the 'Rock' at the end of August to move to West Africa. No. 202 Squadron had been originally intended to re-equip with Sunderlands as early as April 1939 and received two aircraft, N6135 and N9021, in that month to begin air crew conversion training. In the event both Sunderlands were transferred to No. 228 Squadron in the following month. By December 1941 No. 202 Squadron was based at Gibraltar flying Catalinas, but on 20 December received its first Sunderland for operations (T9084) and over the following nine months took on charge at various dates an overall total of 23 known Sunderlands, though only a few were on strength at any given date, and these operated alongside the unit's Catalinas. The last Sunderland sortie by 202 Squadron was flown on 20 September, 1942, after which the three remaining Sunderlands were transferred to the UK. Nevertheless, 202 made its mark on the Mediterranean zone in the context of Sunderland operations when, on 14 September, 1942, Flt Lt E. P. Walshe, piloting W6002, AX – R, found and sank an Italian submarine, *Alabastro*, off Algiers, after which some 40 Italians were seen in the sea, though their fate is unknown.

# 5. Seek and Destroy

Within the first month of war in September 1939, just four Sunderland units were based in Britain. Three of these were housed at Pembroke Dock, these being No. 210 Squadron commanded by Wg Cdr W. J. Daddo-Langlois and No. 228 Squadron commanded by Wg Cdr L. K. Barnes; while the third, No. 10 Squadron RAAF, had received its first Sunderland on 11 September and would add a further eight before Christmas. The fourth unit, No. 204 Squadron commanded by Wg Cdr K. B. Lloyd, AFC, was based at Mount Batten. At that time all four squadrons could muster a total of barely two dozen Sunderlands ready for operations. Both stations at Pembroke Dock and Mount Batten came under the operational control of No. 15 Group, Coastal Command, and Group HQ was located at Plymouth, closely liaising with Naval Command, Western Approaches. The Group's prime roles were convoy escort and anti-submarine patrols over the North-West and South-West Approaches. The sole training unit at that time was based at Calshot, where would-be flying boat pilots were taught the basics of marine aviation, flying well-worn Short Singapore IIIs and Supermarine Scapas before completing their 'instruction' on posting to their respective Sunderland squadrons. The first-ever wartime operational sortie by a UK-based Sunderland was flown by L2165, 'B', of 210 Squadron on the first day of the war, while next day 204 Squadron flew its first patrol in L5799, 'D'. 228 Squadron, which had returned from Egypt on 10 September, was soon in action, but No. 10 Squadron RAAF was not declared operational *officially* until 1 February, 1940, and therefore flew its first *war* sortie five days later (P9605, 'K'), although it should be noted that several of the squadron's pilots had already flown sorties 'on loan' to Nos. 210 and 228 Squadrons while awaiting delivery of No. 10's full complement of aircraft. Until 3 January, 1940, when No. 10 Squadron was formally incorporated into the aegis of No. 15 Group, the Australian 'detachment' was simply a 'lodger unit' with no specific status in RAF Coastal Command.

The first eight months of the war – dubbed the 'Phoney War' by the UK national media – was by no means 'phoney' in the case of the war at sea, particularly in the North Sea and eastern Atlantic waters. The British Admiralty's prime concern for protection of the merchant shipping life-lines had seen a convoy system being drawn up prior to the war, which was instigated within days of the outbreak of hostilities with Germany. Such a move had been anticipated by Karl Dönitz, the U-boat fleet commander-in-chief, but the means at his immediate disposal was a total of 57 U-boats, of which roughly one-third was not at sea at any given date, while less than a dozen could be stated to be in position at sea to attack any Allied target by day or night. Even those rated 'operational' were suffering frustration due to defective torpedoes, which either failed to detonate or did so too early or too late when despatched against any objective. Nevertheless, during that period U-boats accounted for more than 200 Allied vessels sunk – some 90 per cent of these being ships sailing independently of escorted convoys – for the loss of 24 U-boats due to a variety of causes. Replacement of lost U-boats from the German construction shipyards was still insufficient to compensate, but increased in quantity during 1940 – 42.

During that period the state of Dönitz' U-boat fleet was, of course, largely unknown to the Admiralty and Air Ministry – British Intelligence had yet to obtain full advantage of breaking the German *Enigma* coding signal system – who therefore could only assume the worst situation and act accordingly, relying heavily on the escorted convoy system, which appeared to offer minimum losses (relatively). In the context of aerial 'protection' Coastal Command was severely limited in terms of types and quantity of aircraft available and, particularly, the operational ranges of such aircraft. Among the motley collection of biplane Londons and Scapas and monoplane Ansons, Beauforts, Hudsons and others, only the Sunderland could offer a worthwhile range and endurance for escort operations. It was to remain the Command's only 'long-range' aircraft until 1941, when American-designed Consolidated B-24 Liberators and Catalinas began equipping certain Coastal squadrons. Initially, Sunderlands were

*Above.* P9605, RB–K, of 10 Sqn RAAF, Mount Batten. The first all-Australian-crewed aircraft to fly operations in WWII (on 6 February, 1940). (*V. A. Hodgkinson, DFC.*)

*Left.* Gross-Admiral Karl Dönitz, U-boat supremo throughout WWII. (*via G. Jones.*)

*Below.* W3986, RB–U, 10 Sqn RAAF, which damaged the U-71 and the *Reginaldo Guiliano* in 1942, then crashed on fire 20 May, 1943, killing 12 crew members. (*Imperial War Museum*, Ref: MH5148.)

L5798, DA–A of 210 Sqn (later DA–Z), which then served with 204 Sqn as KG–B. (*Imperial War Museum*, Ref: CH842.)

concerned mainly with convoy escort patrols, although anti-shipping and anti-submarine 'watches' were an integral part of any such sorties. Reported sightings and attacks against U-boats were relatively frequent during late 1939, but brought no confirmed 'kills' – a number of innocent whales were to be frightened by certain over-enthusiastic crews – and it was not until 30 January, 1940, that any Sunderland was to feature in a positive U-boat loss, when N9025, 'Y', of 228 Squadron, skippered by Fg Off E. J. Brooks, on escort cover for Convoy OA.80G, shared the credit with two RN ships for the sinking of U-55, which was scuttled by its crew rather than surrender.

At the end of March 1940 two Sunderland squadrons moved bases when 10 Squadron RAAF flew south to Mount Batten on 1 April, while 204 Squadron left Mount Batten next day heading north to the remote base at Sullom Voe in the Shetlands. At Sullom Voe 204 Squadron now came under the control of No. 18 Group, Coastal Command, whose main HQ was located at Pitreavie Castle, and the squadron's patrol area was now to be the 'gap' between Norway and Iceland through which the U-boats made their way into the Atlantic. At Sullom Voe, until full accommodation (Nissen huts mainly) was provided ashore, the station was controlled by No. 100 Wing aboard the depot ship *Manela* moored offshore. In the same month, April 1940, U-boat activities suddenly diminished, having been ordered to stand by to assist a German invasion of Norway scheduled to commence in April, coincidental with an invasion of Denmark. Just four weeks later German forces launched a triple invasion of Holland, Belgium and Luxembourg on 10 May – a *blitzkrieg* aimed at the defeat of France. The 'Phoney War' was over. . .

In review, the pre-blitzkrieg months of war had mainly been a period of routine boredom, punctured by isolated moments of excitement, for most Sunderland crews. Their prime role as convoy escorts meant long hours shepherding gaggles of merchant ships – usually 35–40 vessels in lines of 'parallel-fours' with RN destroyers and frigates acting as scouts in front and along the sides of each phalanx – all set against a monotonous grey-green sea. U-boats had indeed been sighted on many occasions – some 57 sightings during the first four months of the war by Coastal Command crews alone – but, apart from Brooks's one-off success in January 1940, with no positive results. Ironically, the first U-boat 'kill' by any RAF aircraft unaided in European waters was by a Bomber Command pilot, Sqn Ldr Miles Delap, in Blenheim IV, P4852, 'O', of 82 Squadron, when he bombed and sank U-31 on 11 March, 1940. By early April, 1940, however, the tempo of operations was quickening, especially over the North Sea. German ships, carrying Swedish iron ore and other vital war materials, had long been utilizing routes down the Inner Leads between neutral Norway's many islands and its mainland, where they could not be attacked by the Allied forces. Winston Churchill, frustrated by this apparent immunity of the German supplies, proposed sowing mines along the route, only to be dissuaded by the British Foreign Office for fear of 'invading neutral waters' [*sic*]. On Hitler's part he had hoped that his Norwegian Nazi puppet, Quisling, might take control of Norway for German occupation, but as a precaution drew up a pre-emptive plan for the invasion of Norway – *Operation Weserübung* – which Hitler signed on 1 March with a view to execution in early April 1940. Equally interested in possible occupation of Norway's four main ports of Narvik, Bergen, Trondheim and Stavanger was the British Admiralty, which drew up its own potential plan – 'Plan R4' – for such an event, and accordingly troops and naval forces began being concentrated in Scottish ports for such an eventuality. This plan was to be preceded by a widespread mining of the more important Norwegian waterways, but would only be instigated if German reaction to the mining provoked a German attempt to occupy Norway.

Hitler's planned invasion of Norway commenced when the first German ships set sail on 3 April, but it was four days later before the British Home Fleet left Scapa Flow. Then, on 9 April, the full German invasion force descended on Norway and rapidly occupied all salient ports and airfields within 24 hours. Coastal Command Sunderlands had been involved in the pre-invasion week by flying various patrols from Invergordon and Sullom Voe, where detachment aircraft from 204, 210 and 228 Squadrons were temporarily based. On 7 April, 204 Squadron lost Sunderland L5799, 'D', to enemy aircraft, while two days later Flt Lt P. W. H. Kite in L2167, 'H', of 210 Squadron left Invergordon at 1300 hours for a recce of Oslo Fiord and was shot down by flak, crashing near Sylling, 27 km west of Oslo, with only one survivor from its crew. The German invasion fleet had been spotted on 8 April by Sunderland N9047 while escorting the Home Fleet, and confirmed next day. Allied troops were landed at Trondheim's outskirts and on 15 April a 228 Squadron Sunderland piloted by a Canadian, Flt Lt L. W. Skey, flew to Namsen Fiord to put ashore General Carton de Wiart and his staff to command one of the Allied troop forces at Namsos. It arrived in the middle of a German bombing attack on RN ships in the fiord, but Skey landed alongside a destroyer, transferred his VIP passengers despite German bombs and machine-gunning, then took off and returned to Invergordon.

On 22 April, Sunderland N9025 of 228 Squadron, piloted by Flt Lt Robert Craven with Plt Off L. L. Jones, a Canadian, as his second pilot, flew to Invergordon on detachment and three days later transported some naval men and radio equipment to Namsos without incident, but on 27 April Craven and Jones, still flying N9025, were detailed to transport some RAF personnel and equipment from Invergordon to Aandalsnes for No. 263 Squadron (Gladiator fighters). Craven's orders were to land in Molde Fiord and transfer his 'cargo' to the destroyer HMS *Witherington*. Taking off at 1250 hours in atrocious weather conditions for the first four hours, Craven finally reached the Norwegian coast and Molde Fiord, only to find the RN ships there being bombed by Ju 88s. Craven landed alongside *Witherington* despite the continuing bombing by 12 Ju 88s and minor damage to his aircraft from bomb splinters, then eventually transferred his passengers and cargo to the destroyer and joining them in order to ascertain the situation ashore, leaving Lawrence Jones at the helm of the Sunderland. With bombs still raining down nearby Jones began taxiing and evading the assault, but this manoeuvring soon overheated the engines and he decided to get airborne. Shortly after lifting off a Messerschmitt Bf110 fighter bore in, only to be met with accurate gunfire from the Sunderland and be sent smoking down to crash inland. Once the Luftwaffe had cleared the area temporarily, Jones landed back in the fiord, took Craven on board again, and flew to Aandalsnes, where the Sunderland, with no anchorage available, was forced to drift about during the night until finally setting off for Invergordon in the early hours of the following morning. The same crew returned to Norway on 30 April and 1 May carrying army personnel out and bringing back wounded soldiers. The Craven/Jones duo flew their last sortie of the Norwegian campaign on 4 May, escorting a naval convoy bringing troops back to Britain. In the same month Craven and Jones were each awarded a DFC. Robert Craven eventually rose to Air Commodore, OBE, DFC, while 'Larry' Jones ended the war as Squadron Leader, DFC, AFC. Flt Lt Skey (mentioned earlier) rose to Wing Commander, DFC, and commanded No. 422 Squadron RCAF (Sunderlands) from July 1942 to October 1943. The ill-fated Norwegian débâcle, which ended in early June 1940 with an Allied withdrawal, had repercussions on the Atlantic struggle inasmuch as the British government calmly occupied the Danish Faroe Islands on 13 April, then seized neutral

U-26 after a second attack by Flt Lt W. N. 'Hoot' Gibson in P9603, 'H', 10 Sqn RAAF on 1 July, 1940.

P9602, RB–G of 10 Sqn RAAF after Flt Lt Cohen ran aground on 2 September, 1940, Oban. (*V. A. Hodgkinson, DFC.*)

W3981, ZM–W, 'Weary Willie' of 201 Sqn on patrol, 28 October, 1941. Note ASV II array of aerials, etc. (*Courtesy OC 201 Squadron RAF*)

Iceland in order to obtain more westerly bases for the protection of the transatlantic merchant convoy supply routes, having been denied western ports in neutral Eire.

The German assaults on the Low Countries and France in May–June 1940 brought the nine Sunderlands of No. 10 Squadron RAAF at Mount Batten directly into the 'firing line', and the Aussie crews commenced an intense programme of shipping escort and anti-submarine sorties by day and night, occasionally utilizing Brest as a starting point. These sorties included diverting Allied merchant ships from intended French port venues, if necessary by force of machine gun fire and bombs! Meanwhile a 'new' Sunderland unit had begun when No. 201 Squadron, flying obsolete Saro Londons from Sullom Voe, received its first two Sunderlands, N6138 and P9606, on 13 April, 1940, followed by a third, L5802, five days later. It was to receive five more Sunderlands by the end of September 1940, by which time the squadron had moved base to Invergordon and was commanded by Wg Cdr C. Riccard (later, Grp Capt, CBE). The unit's first Sunderland loss occurred on 9 July, 1940, when N6133 failed to return from a patrol. Other losses during those fateful summer months included N9026 of 210 Squadron, which left Pembroke Dock at 0430 hours on 29 June with Flt Lt A. S. Ainslie, DFC, as pilot and was lost without trace; while on 21 July N9028, 'A', of 204 Squadron on a recce off the Norwegian coast was shot down by Bf109s in Trondheim Fiord. Other clashes with the Luftwaffe included the classic combat of Flt Lt Frank Phillips of 204 Squadron on 3 April (see Chapter 10 Kaleidoscope).

With the defeat of Norway, Holland, Belgium, Luxembourg and France Karl Dönitz was at last able to reinforce his U-boats' continuing assaults on Allied shipping in the Atlantic, having now the bonus of ports in the Brest peninsula and Biscay available to him for future bases. It was the start of *Die gluckliche zeit* ('Happy Time') for the U-boat crews, able now to undertake lengthier hunting patrols in Atlantic waters from these French ports. On 1 July, 1940, Flt Lt W. N. 'Hoot' Gibson of 10 Squadron RAAF took off in P9603, 'H', for an anti-submarine patrol, but was ordered to escort Convoy OA.175 and search for a torpedoed ship SS *Zarian* and its killer. Before Gibson arrived on the scene, this U-boat, U-26, had been located by HMS *Gladiolus*, whose depth-charging finally forced the submarine to surface some four hours later. By then Gibson had located the *Zarian* and he started circling, looking for any sign of a U-boat. Then he spotted a disturbance on the sea two miles away, immediately attacked and dropped four 250 lb anti-submarine bombs, though the U-boat had just submerged again. Within minutes U-26's bow surfaced yet again. Gibson once more bombed from low level, while HMS *Rochester*[1] now closed to 1000 yards range and commenced firing. Aboard U-26 its commander, Heinz Scheringer, had already given his crew an order to abandon ship and scuttle his boat. All the German crew were rescued and official credit for U-26 was shared between Gibson and HMS *Gladiolus*. Despite the greatly increased U-boat activity in the following months, Sunderland crews could only

[1] HMS *Rochester* was to be torpedoed by U-558 on 16 October, 1941.

Castle Archdale panorama 1945. (*RAF Museum*, Ref: PO17741.)

claim one more U-boat in 1940 in European waters, when Fg Off E. R. Baker in P9624, 'H', of 210 Squadron, on cover escort for Convoy OA.198 on 16 August, attacked U-51, but could only claim it as damaged.

With the imminent possibility of German forces invading Britain, and the Battle of Britain reaching its peak in the late summer of 1940, there was still plentiful action for the Sunderland crews apart from their main maritime duties. With Luftwaffe fighters and bombers now based along the French coast of the English Channel, RAF Mount Batten came within easy range of German bombing raids, receiving its first air raid warning on 1 July and 40 more by the end of that month. Luckily, none of these seriously interfered with Sunderland operations on 10 Squadron, several of which continued wide searching patrols at sea, while others were detailed for recces of French ports along the English Channel, which harboured the invasion barge fleet being assembled for Hitler's intended invasion. During these sorties enemy aircraft were often encountered, as on 13 July, when 'Hoot' Gibson in N9050, 'D', was attacked by a Bf110, which riddled the flying boat, puncturing both port fuel tanks, but was in turn hit by return fire and quit the combat trailing smoke from its starboard engine; while on 15 July Flt Lt Hugh Birch in P9603, 'H', coolly tackled five Heinkel He111s attacking the SS *City of Limerick* south of Bishop's Rock, Scilly Isles. One Heinkel was last seen pouring smoke as it dived into clouds and the other four soon disappeared. By the end of July, however, many 10 Squadron crews were operating as detachments far from Mount Batten. Previous convoy routes via the English Channel were now being rerouted by ocean convoys north of Ireland, and in August four of 10 Squadron's Sunderlands, along with two from 210 Squadron, were temporarily based for operations at Oban on the Firth of Lorn, Scotland, with their maintenance base on nearby Kerrera Island. In the same month 10 Squadron received a new commander from Australia, Wg Cdr E. G. Knox-Knight, on 16 August. Though in many ways a good base in terms of accommodation, Oban was subject to dense fog and low cloud in winter, creating difficult flying conditions. Such was the case on 2 September, 1940, when Flt Lt Cohen returned from a convoy escort patrol in P9602, 'G'. The final two hours were flown through thick sea fog and on arrival over Oban Cohen finally landed along the flarepath – three power-boats steaming into wind displaying flares – only to crash into Lismore Island, completely wrecking the Sunderland and injuring most crew men. The flare-path boats had drifted, leaving virtually no overshoot. A second Sunderland, T9043 of 210 Squadron, also out on patrol, failed to return to Oban that night – possibly another victim of the weather conditions.

The approaching winter of 1940 brought a number of Sunderland casualties, with nine being lost or having to be written off by the end of December, only three of which could be attributed to enemy action. On 28 October P9620 of 210 Squadron failed to return from patrol, its fate unconfirmed, while the same day saw N9046 of 204 Squadron – the doughty warhorse flown by Flt Lt Frank Phillips on 3 April, 1940 – catch fire at its Sullom Voe moorings and sink. Next day came two more losses, when T9045 of 204 Squadron was forced to land five miles off Strathy Point, Sunderland, and sank (though its crew were saved), and P9622, 'W', of 201 Squadron crashed at night at Dunnett, Caithness, killing four of its crew. On 21 November T9044 from 210 Squadron sank in a fierce gale at Pembroke Dock. Six nights later No. 10 Squadron RAAF's base at Mount Batten was heavily bombed by the Luftwaffe, resulting in the destruction of N9048, 'A', in its hangar and P9601, 'E', at its moorings as well as damaging three other Sunderlands and various buildings. In December N9021 of 201 Squadron sank at Sullom Voe on the 15th, and on the 27th N9022 of 210 Squadron crash-landed at Oban, killing the ten crew men aboard.

These losses were slow to be replaced by factory-fresh Sunderlands. Production was not to reach a peak until 1943, as can be illustrated by the following table:

| | |
|---|---|
| 3 September, 1939 – 31 December, 1939 .... | 9 |
| 1940 .................................................... | 20 |
| 1941 .................................................... | 32 |
| 1942 .................................................... | 114 |
| 1943 .................................................... | 202 |
| 1944 .................................................... | 196 |
| 1 January 1945 – 8 May, 1945 .................. | 54 |

These totals refer to newly produced Sunderlands officially delivered and taken on charge by the RAF, all of which had first to be given complete inspections, testing and the appropriate latest Service modifications prior to actual issue to any operational unit. Thus, the re-equipping and creation of more Sunderland squadrons was slow to be implemented, with only Nos. 95 and 202 Squadrons equipping in 1941, neither of these operating from UK bases. Major maintenance of the existing Sunderlands' flying operations around the UK remained in the hands of the squadrons or base station facilities in the main. No. 57 Maintenance Unit (MU) at Wig Bay, which was to become the premier flying boat servicing and storage MU in Britain, was not officially established *per se* until October 1943, although Servicing Units had existed here previously.

The lack of sufficient Sunderlands in 1940 – 41 led to shifts of existing squadrons in attempts to cope with the ever-increasing maritime requirements of the war. No. 228 Squadron returned to the Mediterranean theatre in June 1940 to assist 230 Squadron, and was not to return to a UK base (Stranraer) until October 1941. No. 210 Squadron began exchanging its Sunderlands for Catalinas in April 1941, flying its first Catalina operational sorties on 19 April and continuing to use 'Cats' until the end of the war. Before 'conversion', however, 210 squadron *claimed* the only U-boat sunk by any UK-based Sunderland in 1941. On 6 January, Fg Off E. R. Baker, DFC, piloting P9624, 'H', attacked an Italian submarine the *Marcello*, some 150 miles west of Cape Wrath, and claimed it sunk. No. 204 Squadron at Sullom Voe moved base on 5 April, 1941, going to Reykjavik, Iceland. Though ostensibly neutral, Iceland, a Danish possession then, was 'occupied' from April by Allied forces to prevent any German extension of its invasions of Denmark and Norway. 204's stay in Iceland was to be brief, however, and the unit left there in July 1941 *en route* to West Africa, where it was to remain until disbandment in June 1945. These various moves left just two Sunderland squadrons, No. 10 RAAF and No. 201 RAF, based in the UK during the remainder of 1941, No. 10 moving base to Pembroke Dock in May, and 201 leaving Invergordon in September to fly to Lough Erne, Northern Ireland, remaining across the Irish Sea until mid-1944.

RAF Lough Erne (later renamed Castle Archdale) was hardly an improvement on Sullom Voe in terms of initial accommodation and facilities. When 201 Squadron's crews arrived from Invergordon (renamed Alness on 10 February, 1943), they were at first billeted in the Charter School, Kesh, some seven miles from the moorings. Their billet had no lights and only one bath to share between nearly 50 officers – when water was available, this commodity being fetched by lorry from Lough Erne...! Eventually, however, all crews moved into Nissen hut accommodation nearer the squadron's offices and aircraft moorings. In later years Lough Erne was to house several squadrons and become a major flying boat base for the Western Approaches operations. The obvious desirability of having RAF bases in Eire had been nullified by the Anglo-Irish Agreement of 1938, which relinquished Britain's hitherto 'right' to use any such airfields, bases or ports; a decision reinforced by the Eire Prime Minister (*Taoiseach*) Eamon de Valera's declaration of Eire's strict neutrality in 1939; a ploy partially to persuade the British government to reunify the whole of Ireland. At first Winston Churchill, characteristically, urged military occupation of certain ports in Eire, but, fortunately, was overruled by ministers more concerned with not offending the USA's contemporary attitude to neutrality. In May 1940, however, De Valera informed Churchill, now British Prime Minister, that Eire *would* fight if Germany attacked her and, if necessary, would ask for British help. In the event Eire was to remain neutral, but acceded to a request from Britain to permit air use of a narrow 'corridor' over Eire territory from Lough Erne to the Atlantic, the first RAF use of this being flown on 6 February, 1941. It should be added that as the war progressed the strictly neutral policy of Eire became increasingly 'elastic'.

From Lough Erne 201 Squadron's Sunderlands could now fly deeper over Atlantic waters to protect the convoys, but also carried out extended reconnaissance sorties of the 'gap' between Iceland and Greenland areas, as well as occasional VIP passenger trips to warmer climes in the Mediterranean, delivering to such 'hot spots' as the besieged island of Malta. The other UK-based unit, No. 10 Squadron RAAF, at Pembroke Dock, was also called upon for a variety of pure freight and passenger detachment flights during mid – 1941, particularly to Malta and Alexandria as the Middle East situation worsened for the Allies there. These flights had to be sandwiched in between the unit's continuing responsibilities for recces of the Brest coastal waters, seeking U-boats or other enemy shipping, such sorties bringing the lone Sunderlands well within range of French-based German aircraft. Back at base the crews also had their problems. Apart from several German bombing raids during mid – 1941, the weather conditions in June led to a number of 'hairy' incidents. On 24 June Flt Lt Tom Stokes piloting P9603, 'H', carried out an anti-submarine patrol off Brest then returned to Pembroke Dock in the early hours of the 25th and crashed on landing, the airframe, wings and engines being ripped apart followed by fire. All three pilots received injuries from which two later died. Six days later P9600, 'E', out on patrol, was attacked by a Focke-Wulf Fw200, which was beaten off, but not before causing damage in the Sunderland's hull, port float and, most seriously, in its port outer oil tank. With seemingly certain engine failure in prospect the skipper, Fg Off Wearne, set course for base, while his engine fitter, LAC Milton Griffin, crawled along the inside of the port wing to the damaged engine, assessed the situation, then for the next two and a half hours continually crawled back and forth, fetching and pouring fresh oil into the temporarily plugged oil tank. Griffin's determined efforts succeeded and the

W6055, ZM–R, 201 Sqn, off Benbecula after a forced landing on 27 September, 1942. Its skipper, Flt Lt Doug Gall, was making his first operational patrol as captain of his own Sunderland. Beached for months, it was later salvaged and flew with 330 Sqn, being scuttled in Wig Bay eventually on 11 December, 1946.

Sunderland returned safely. On 9 July Griffin was awarded a DFM.

By the close of July 1941, No. 10 Squadron's aircraft strength was just six Sunderlands plus a solitary Catalina (W8406) on brief loan, while 201 Squadron, due to a spate of unserviceabilities, was barely able to put up three Sunderlands fit for operations on any one day. Yet the crews continued to meet all commitments where practicable. August 1941 brought few contacts with U-boats, but the month was not free of incident. On the 14th Flt Lt Vic Hodgkinson in W3979, 'Q', of 10 Squadron clashed with a four-engined Fw200 from 1/KG40, which was last seen heading into cloud cover shedding pieces of fuselage and trailing dense smoke from its damaged port inner engine. September saw an increase in U-boat sighting reports though no successful attacks, but routine convoy escort patrols and general anti-shipping reconnaissance continued apace. On many occasions Sunderlands were detailed for specific sorties to locate survivors of torpedoed ships or ditched RAF air crews, as on 22 October, when Flt Lt Reg Burrage of 10 Squadron landed on an angry sea to retrieve the ditched crew of a Whitley bomber of No. 502 Squadron (Plt Off Limbrey) which had suffered engine failure after setting out from St Eval. Two nights later a fellow Australian, Flt Lt Wearne flying P9605, 'K', of 10 Squadron, shortly after leaving for an anti-submarine sortie found himself the target for streams of tracer bullets from below. These ruptured the Sunderland's port outer oil tank and the crew fitters crawled into the narrow confines of the wing, plugged the bullet holes in the tank, then fed fresh oil in for the next two hours in relays until the Sunderland regained base safely. Wearne had not been briefed about a convoy assembling in his vicinity and had unwittingly flown directly over it – hence the tracers from the ever-alert RN escort's gunners!

Weather conditions during October-November 1941 severely restricted the Sunderlands' operations from Mount Batten and Pembroke Dock, the biggest problem being fog, which caused many convoy escorts or searches to be abandoned after three or four hours' flying time due to total lack of visibility. Throughout November, for example, operations for such duties were possible on only 11 days, but Sunderlands of 10 Squadron spent much of the month on passenger and freight delivery flights to Malta, Aboukir and Gibraltar, airlifting much-needed RAF fighter pilots to these venues and bringing home other personnel. During the same period Karl Dönitz had begun redeploying some of his U-boats from the Atlantic to the Mediterranean following the initial success of the second Allied offensive in Libya, and Sunderlands flying to the Middle East theatre were often delayed at Gibraltar to carry out anti-submarine operations in the zone. This pattern of operations continued for 10 Squadron through December 1941, but an opportunity for direct action came on 23 December, when Flt Lt Vic Hodgkinson in P9605, 'K', was ordered to attack an enemy tanker – a U-boat 'mother' ship – in the Biscay area. Despite accurate flak, which punched large holes in the flying boat's hull, apart from other minor damage, the tanker was duly bombed and left pouring smoke and trailing an oil streak some 200 yards wide. Hodgkinson then flew back to Mount Batten and beached the Sunderland without any problems – his 173rd and ultimate operation with No. 10 Squadron RAAF – after which he returned to Australia and continued operations with Catalinas on No. 20 Squadron RAAF in the Pacific theatre. His tanker victim was then harassed

W3984, RB–S of 10 Sqn RAAF. (*Imperial War Museum*, Ref: CH7501.)

and pursued until finally being torpedoed by a Beaufort of No. 22 Squadron RAF and forced to beach at Puerto Carino on the northwest coast of Spain.

The overall situation in the maritime struggle by the close of 1941 was a serious one for the Allied merchant shipping. In the period August to December (inclusive) shipping losses around the UK and in North Atlantic waters had totalled 213 ships (721,440 tons), yet U-boats, which had accounted for a high proportion, had suffered relatively few losses, and none of these was attributable to Sunderlands. The one 'bright spot' in this gloomy vista was the enforced entry of the USA into the war after the Japanese attack on Pearl Harbor on 7 December, thereby offering the potential of future reinforcement by sea and air of the North Atlantic convoy routes. In late December Dönitz's U-boat fleet could count a total of 91 operational vessels, 26 of these either in or about to enter the Mediterranean zone, six others stationed west of Gibraltar, and four along the Norwegian coast. Of the rest, only 22 were actually at sea, and five of them were despatched that month to hunt along the USA's eastern coastline. At the same time the Australian government requested the recall of No. 10 Squadron RAAF for operational duties in the Pacific theatre. Legally the unit was still only 'on loan' to Coastal Command, with a proviso that it could be taken back to Australia should any threat occur in the Pacific, as was now the case since Japan's entry into the conflict. In the event a compromise was reached whereby the RAF passed on Catalinas sent from Canada for the RAF, and No. 10 Squadron was permitted to remain based in the UK to continue operations with Coastal Command.

The new year, 1942, opened with continuing atrocious weather conditions for the UK Sunderland units to cope with in January – February. When flying was possible the Sunderland crews still had little comfort, as Flt Lt Reg Burrage commented, 'It's a tense business on a wild night flying over the Atlantic at an altitude of 500 feet or so above a mighty surging sea. It is so black that the only visible features are patches of white foam. We are ceaselessly tossed and buffeted around and wrestle continuously with the wheel and rudder pedals. Towards dawn – the "dead-beat" hour of the night – the instruments begin to look vague and indistinct as they waiver before tired eyes. Now there is a fleeting glimpse of cloud mass. Often you cannot be sure whether you are in a cloud or not. The dawn comes grey and slowly and with that an awakening and expectation of the sight of a U-boat or enemy aircraft. The roughness of the sea is more apparent, but the clouds and sky seem friendlier.'[1]

Reinforcement for Nos. 10 and 201 Squadrons arrived in October 1941, when No. 228 Squadron returned from overseas to be based initially at Stranraer, moving base to Oban in March 1942, by when it was commanded by Wg Cdr B. A. Davey. Even before its move the squadron lost Sunderland L2163, which sank in a gale at Stranraer on 15 January, 1942. This was one of three losses of aircraft from the meagre total of

[1] *Maritime is Number Ten* by K. Baff; private pubn, 1983.

Sunderlands on UK-based squadrons at this period. On 5 December, 1941, T9072, 'V', of 10 Squadron had left Oban on a ferry flight, carrying the squadron's latest commander, Wg Cdr 'Axel' Richards, only to have its port outer engine disintegrate in mid-air, causing the Sunderland to crash near the Skerries, killing four men aboard, though Richards was fortunately among the survivors later rescued from the sea. The third loss was W3998 of 201 Squadron, which crashed on take-off from Mount Batten on 20 December, 1941, killing 11 and injuring four other men. Even with the addition of 228's experienced crews all three squadrons could hardly muster two dozen Sunderlands at full operational strength, while several of these aircraft were now ageing visibly. Moreover, with the imminent approach of spring and possible better weather the Sunderland crews were being tasked with increased sorties as the war at sea progressed in intensity.

Actual sightings of U-boats remained a rarity – in March 1942 there was only one during the whole month by 10 Squadron RAAF and that one submerged well before the Sunderland could attack – but patrols, mainly anti-shipping, were increased along the Spanish and Portuguese coasts, albeit with few results. With the introduction of ASV radar in Sunderlands many such searches could now be flown regularly by night, though the early ASV apparatus was not entirely reliable, and too often innocent (?) Spanish fishing boats were given 'undue' attention, including bombing. . .! Accidents continued to reduce the number of operational Sunderlands. On 1 March, W3999, 'Y', of 10 Squadron met a heavy wind shear while about to land and snapped off a float, dipped the port wing and its outer engine into the sea, and broke the hull. The near-wreck, with a somewhat shaken-up crew, was towed in by pinnace. On the same date another 10 Squadron aircraft, W 3979, 'Q' (Flt Lt M. L. Judell), met bad weather on return from patrol, was diverted first to Calshot then on to Pembroke Dock, and after 90 minutes of frustrated attempts to alight finally force-landed on a heavy swell near St Govan's Head. One float was torn away and the Sunderland slowly turned turtle. Its crew was quickly rescued by a nearby trawler, but the Sunderland, being an obvious hazard to shipping, was sunk by gunfire from a destroyer on the scene. The earlier mention of ASV radar applied to the Mk I Sunderlands still being flown on squadrons in the UK. Its introduction to No. 10 Squadron as ASV Mk I had been in late August 1940, but the improved ASV Mk II became an integral installation on Mk II Sunderlands when these began leaving their factories in April 1942, having the characteristic array of four vertical dipole masts along the top fuselage and 16 transmitting loops along the hull rear, with central and underwing Yagi homing aerials well in evidence. A 10 Squadron Sunderland, N 9050, 'D', was also the test vehicle in August 1940 for another secret device, MDS (Magnetic Detection of Submarines), intended to locate *submerged* submarines by their underwater magnetic field disturbance. Though eventually abandoned despite encouraging test results, MDS played a part in a later American-designed device, MAD (Magnetic Anomaly Detector), used with success from 1943.

By June 1942 the toll of Allied shipping was to reach its peak – a global total of 834,196 tons in that month, the worst month of the entire war at sea, of which enemy submarines had accounted for some 700,000 tons in June alone, with 624,000 tons being sunk in the North Atlantic. Such horrendous figures included a host of unescorted American ships in the western waters of the Atlantic during early 1942; a second 'Happy Time' for Germany's U-boat crews, despite the fact that they were still being frustrated by defective torpedoes and achieving only some 50 per cent of the 'kills' which they would have scored had their deadly 'fish' been efficient. The June figure was, however, to prove a prelude to a steady reversal in fortunes for both the Allies and Dönitz's U-boat fleet. In July 1942 Dönitz could boast a total of 331 U-boats in his command of which 140 were operational with others about to be. Yet Allied shipping construction figures in that month slightly surpassed the sinking figures for the first time since the outbreak of war; the tide was about to turn, albeit gradually, in the overall maritime struggle in favour of the Allies. In addition, aerial strength for combating the U-boats was about to increase steadily in quantity and efficiency within Coastal Command.

# 6. Constant Endeavour

With the flow of new Sunderlands from the factories from early 1942 it began to be possible not only to sustain the existing squadrons in the UK and overseas but also to add new squadrons to the UK strength of Coastal Command for its bitter campaign over the North Atlantic and Western Approaches. Between April and November 1942 five new units equipped with Sunderlands joined the ranks of the Command, the first being No. 461 Squadron RAAF. The 'birth' of this second Australian Sunderland squadron was accomplished by provision of a nucleus of two Sunderlands and three officers from No. 10 Squadron RAAF, and its first (temporary) commander was Sqn Ldr Reg Burrage, who was officially 'attached' to the new 'squadron' with effect from 21 April, 1942; the unit being officially designated on 25 April, to be based at Mount Batten. The first Sunderland allocated, T9090, 'arrived' on 22 April, followed two days later by T9085 and T9109, and personnel comprised of ex-10 Squadron ground crews and air crews from the Empire Training Scheme soon followed. May and June were taken up with training the new, inexperienced air crews and the squadron was not declared operational until 1 July, on which date Wg Cdr N. A. R. Halliday was appointed as commanding officer and the same day flew the unit's first official operational sortie. By then aircraft strength had risen to six Sunderlands, with five more arriving during that month.

Even as 461 Squadron began getting into its stride another Commonwealth Sunderland unit came into being when No. 423 Squadron RCAF was formed initially at Oban on 18 May and received its first Sunderland, W6001, on 17 July, followed by W6000 on 18 July, W6052 on 22 July and W6053 on 7 August; this last Sunderland, coded AB – E, flying the squadron's first operation on 23 August with Flt Lt J. Musgrave as skipper on a 13-hour anti-submarine search. Shortly after, No. 246 Squadron RAF was formed at Bowmore on 1 September under the command of Wg Cdr L. M. Laws (later, Grp Capt), and received its first two Sunderlands, W6056 and W6057, on 16 September. By the end of November 1942 the unit had nine Sunderlands on strength and was declared operational with effect from 12 December, when its first operational sortie was flown. In the event 246 Squadron only retained Sunderlands until April 1943 and was disbanded on 30 April. A second RAF unit to become Sunderland equipped at this time was No. 119 Squadron, which had originally been formed on 13 March, 1941, to fly a variety of flying boats from Bowmore, but which by early 1942 had become virtually non-operational, ferrying Catalinas from the USA. On 4 September, 1942, however, it 'reassembled' at Pembroke Dock, commanded by Wg Cdr D. McC. Gordon, AFC (later, Grp Capt, CBE, AFC), and received its first new Sunderland, W4024, on 12 September, with seven more arriving before the end of that month. Again, its existence as a Sunderland squadron was to be brief, being disbanded at Pembroke Dock on 17 April, 1943.

The fifth unit to be formed to fly Sunderlands in 1942 in the UK was another Canadian formation, No. 422 Squadron RCAF, which originally came into being from 2 April at Lough Erne equipped with Saro Lerwicks (non-operational) and Catalinas. Still operational, the squadron moved base to Oban from 5 November, commanded by Wg Cdr L. W. Skey, DFC, and began re-equipping with Sunderlands, receiving its first, W6028, on 1 November followed by three more in November and four others in December. Nicknamed 'The Flying Yachtsmen', 422 Squadron RCAF was declared fully operational on Sunderlands from 1 March, 1943, when W6026, 'C', with Wg Cdr Skey at the helm, flew the first Sunderland operation.[1] During its working-up period on Sunderlands, however, the squadron suffered the loss of W6029, which on return from a trip to Sullom Voe broke up as it landed on a rough sea at Oban, killing seven men aboard.

Coastal Command's continuing vital need for and dependence on the Sunderland in early 1942 may be readily judged when it is realized how few other aircraft available within the Command could offer any comparative range and endurance for maritime duties over the oceans. Of those few, Catalina flying boats equipped only two UK-

[1] Though this was the first official operation, Fg Off P. T. Sargent had flown a 'war' sortie four days before, escorting a convoy.

Convoy Escort. The most common task for Coastal Command. (*Imperial War Museum*, Ref: CH801.)

DV960, 'H', of 461 Sqn RAAF on 26 July, 1942 – a superb view of a 'working' Sunderland. (*D. Roberts via D. Vincent*.)

RN282, UT–N of 461 Sqn RAAF, which saw lengthy service with 10 Sqn RAAF, 201, 88, 209 and 205/209 Sqns before finally being scrapped on 13 May, 1958. (*Short Bros. PLC*, Ref: SU449.)

based units, Nos. 210 and 240 Squadrons, with a third, No. 202 Squadron at Gibraltar; while the Command's first true VLR (Very Long Range) design, the American Consolidated B-24 Liberator, had only as yet equipped one unit, No. 120 Squadron in Northern Ireland, which was to remain the sole Liberator unit fully operational within the Command until late 1942. With the introduction of Mk II Sunderlands in mid-1942 the range of anti-shipping devices now included ASV Mk II radar, more efficient depth charges and increased gun armament, while by the end of the year further improved ASV Mk III and homing torpedoes were in prospect. There still remained the simple question of quantity of aircraft available *and* suitable for protection of the North Atlantic convoys, apart from anti-submarine searches. With the increasing emphasis on strengthening RAF Bomber Command to attack the German homeland, Coastal Command remained a poor cousin in the context of aircraft priorities, particularly four-engined, long-range bombers capable of assisting the war at sea. It was a situation long familiar to Coastal Command.

For the Sunderland crews operating from UK bases, the year 1942 proved a frustrating period in terms of U-boats actually sunk, but was a period of constant action, epitomizing Coastal Command's official motto, 'Constant Endeavour'. Sunderland losses throughout the year from UK units amounted to eight missing in action, with 16 others lost due to crashes, ditchings at sea or other non-operational causes. Added to further losses among Sunderland squadrons in the Middle East and West African theatres, such losses represented the equivalent of some four complete squadron aircraft strengths; a proportional percentage of all available Sunderlands only barely matched by fresh replacement production aircraft from the manufacturer firms at Rochester and Belfast (Shorts) and the Blackburn Aircraft company, in conjunction with the Denny Brothers firm at Dumbarton. All three production factories had received only relatively small batch orders for Sunderlands, which, alongside the Shorts production of the huge Short Stirling bombers, did not lend themselves to 'normal' mass-production methods. Much later a fourth Sunderland production factory was to be opened at Windermere, though too late to affect wartime needs in any great measure.

The bad weather during the early months of 1942 precluded any positive clashes with U-boats, though as the weather improved in April – May Coastal Command mounted an increased effort over the Bay of Biscay, resulting in eight U-boats being sighted and attacked by Sunderlands of 10 Squadron RAAF in April alone, though no U-boat was actually sunk or seriously damaged. Patrolling along the Brest – Biscay waters inevitably 'invited' Luftwaffe opposition on numerous occasions, often by single Arado Ar196 aircraft or small gaggles of Junkers Ju 88s. On 5 April two 10 Squadron Sunderlands, W3994, 'X', and W4004, 'Z', were hastily briefed to provide 'anti-aircraft protection' for a convoy, this being a secret Commando force which had intended landing near Biarritz but which had been turned back by very rough seas and was now coming under aerial attack. The Sunderlands reached the beleaguered convoy and in the next four hours managed to ward off no less than 14 Ju 88 assaults and the convoy reached safety unscathed. On that occasion the Sunderlands had been joined by Liberators from 120 Squadron and the novelty for the RAF and RAAF skippers of using their lumbering aircraft in virtually a pure fighter role was to prove useful experience in future air-to-air engagements.

Though as stated no U-boat was actually sunk by UK-based Sunderlands throughout 1942, a number of the many attacked were at least damaged and forced to return to safe refuges. On 5 June, for example, Flt Lt S. R. C. Wood in W3986, 'U', of 10 Squadron found U-71 west of Bordeaux and promptly depth-charged it only seconds after the U-boat crash-dived. U-71 resurfaced gushing air bubbles and oil from its stern fuel tanks to be met by a hail of bullets from the Sunderland's gunners. Returning this onslaught the U-boat's guns scored several hits on the flying boat before submerging again and heading back to base trailing a heavy oil slick. With all his depth charges expended Wood could only signal the U-boat's probable course to base, but shortly after was attacked four times by a Fw200 Condor over a period of an hour and a quarter, being continuously holed by cannon fire. As the Condor pressed home its fourth attack

ML884, DG–Z of 422 Sqn RCAF taxiing to its mooring buoy at Pembroke Dock, 8 December, 1944 (Flt Lt F. B. Fallis). (*RCAF*, Ref: PL–41279.)

it came within machine gun range and was hit, killing one German crew member and seriously wounding a second. The Focke-Wulf quickly quit the scene and headed for base.

Early next day Plt Off T. A. Egerton in W3994, 'X', of 10 Squadron sighted a submarine off the Spanish coast near Santander, recognized it as Italian, and attacked out of the sun, dropping eight 250 lb depth charges right across his target despite heavy defensive fire which wounded two Sunderland crew men. As the spray eruption subsided the submarine, *Luigi Torello*, was still surfaced but steering erratically at reduced speed due to damage. Joined now by Flt Lt E. St C. Yeoman in Sunderland W4019, 'A', Egerton continued shadowing the submarine while Yeoman carried out a depth charge attack, receiving heavy flak damage in return. Then, short of fuel and with wounded men aboard both damaged Sunderlands, the flying boats returned to base. The *Luigi Torello* was forced to seek haven in Santander for extensive repairs, but eventually escaped being interned by Spanish authorities and, in 1943, went to the Far East, being successively operated by the Germans as UIT–25 then, in May 1945, by the Japanese as the RO-504, before finally being scuttled in 1946. No. 10 Squadron RAAF crews were to claim two more submarines as positively damaged during June 1942. On 11 June Flt Lt Eric Martin, piloting W3993, 'W', attacked a fully surfaced U-105, causing sufficient damage to force its commander, Jurgen Nissen, to seek refuge in the neutral Spanish port at El Ferrol. Two days later Sqn Ldr R. Burrage, with a scratch crew in W4028, 'B' – which they had ferried out to No. 202 Squadron at Gibraltar and to which they had been temporarily attached for operations – spotted a large Italian submarine, the *Otaria*, captained by Alberto Gorini, near Sardinia and immediately attacked with depth charges and strafing machine-gun fire. The submarine eventually managed to submerge, pouring smoke from aft of its conning tower. On the 'debit' side, however, W3999, 'Y' (Flt Lt Judell), was lost on 21 June. Briefed for an air-sea rescue search for a ditched 172 Squadron Wellington crew's dinghy, the Sunderland was attacked by an Arado Ar196 shortly after arrival in the search area and forced to alight on the sea with its starboard inner engine smoking. Witnesses in a nearby 58 Squadron Whitley reported that just after the Sunderland became stationary the damaged engine exploded violently and the Sunderland 'completely disappeared' [*sic*]. There were no survivors of the 11-man crew.

July 1942 saw both Australian squadrons at Mount Batten tot up a combined total of 850 hours on operations without any positive results, though on 11 July Flt Lt Yeoman of 10 Squadron in W4019, 'A', attacked and damaged U-162. Tragically, Eddie Yeoman and his crew in the same Sunderland failed to return from a Biscay patrol four weeks later, on 9 August. A second 10 Squadron crew lost at this period was that of Flt Lt E. Martin in W3994, 'X', while flying an anti-shipping search close to the Spanish coast, probably a victim of the Luftwaffe, on 30 July; while next day a 201 Squadron

U-71 under attack on 5 June, 1942, by Flt Lt S. R. C. Wood in W3986, 'U', 10 Sqn RAAF. The U-71 was damaged and forced to seek refuge in La Pallice. (*Imperial War Museum*, Ref: C2612.)

P9600, DQ–T, 228 Sqn, which also served with 10 Sqn RAAF as RB–E, eventually scuttled in Wig Bay 11 December, 1946. (*Imperial War Museum*, Ref: CH7235.)

High and Dry. W6058, 'O', of 246 Sqn on a Scottish beach after a severe gale, remarkably undamaged. It later served with 330 Sqn, then became an instructional airframe 4789M. (*Imperial War Museum*, Ref: CH10191.)

V-Victor of 330 Sqn forced to land with engine problems near Orkney, with HSL 2725 about to tow it back to base.

Sunderland, W4025, 'P', was shot down by the 'friendly' guns of Convoy WS.21 with no crew survivors. On 1 August W4000, 'R', of 201 Squadron, covering the same convoy, WS.21, was seen to force-land on the sea some five miles from the convoy, then disappear in a furious explosion. Again, there were no crew survivors.

Four other Sunderlands were lost in August, all in flying accidents. At Invergordon on the 11th W4035 of 4 OTU crashed while landing. On the 25th W4026, 'M', of No. 228 Squadron took off after mid-day from Invergordon bound for Iceland, piloted by Flt Lt F. M. Goyen, with 15 men aboard, including Air Commodore HRH The Duke of Kent and Wg Cdr T. L. Moseley, commander of 228 Squadron, who was acting as second pilot. Only some 50 miles from its point of departure the Sunderland, flying in fog, crashed at full bore into the 800-foot-high Eagle's Rock, near Dunbeath, and its two and a half thousand gallons of fuel erupted in an inferno of flames. Only one man survived, the rear gunner Flt Sgt Andrew Jack, who was flung clear on impact, bruised and badly burned. The official inquiry into this crash partly blamed the pilot, but the true cause has never been fully established.[2] At Gibraltar No. 202 Squadron had to write off two Sunderlands, W6003 and W4029, due to crashes on the 12th and 21st respectively. The first day of September brought yet another casualty, when Fg Off R. H. H. Hosband in T9113, 'B', of 461 Squadron RAAF was shot down over the Bay of Biscay. Hosband's loss might well have been due to the increasing Luftwaffe opposition now being met by RAF aircraft patrolling the Biscay areas, principally Ju 88Cs from 5/KG40 based at Kerlin Bastard and Merignac. These Ju 88s had a nose battery of three 20 mm cannons and three machine guns and usually operated in pairs or threesomes, thereby allowing them to attack in different directions simultaneously.

U-boats continued to be elusive during the closing months of 1942, but the number of sightings and actual attacks produced occasional results. On 1 September two 10 Squadron RAAF Sunderlands, W3986, 'U', (Flt Lt S. R. C. Wood) and W3983, 'R' (Fg Off H. G. Pockley), along with a 461 Squadron RAAF aircraft, detected a surfaced Italian submarine some 60 miles north of Gijon and homed in for an attack. Dropping 250 lb semi-armour-piercing bombs and strafing, they killed the submarine's captain apart from other casualties. They then lost contact, but next morning a Wellington from No. 304 (Polish) Squadron further damaged the same submarine, the *Reginaldo Giuliano*, which was forced to put in to Santander for repairs. Two weeks later, on 14 September, No. 202 Squadron scored a kill when Flt Lt E. P. Walshe in W6002, 'R', attacked and sank the Italian submarine *Alabastro* off Algiers, leaving about 40 submarine crew survivors struggling in the sea. Nevertheless, these were isolated successes during late 1942 and the Sunderland squadrons, flying 40 or more sorties each month per unit, had be content with occasional attacks on surface vessels. In between the routine convoy escort and anti-submarine patrols, individual Sunderlands continued to be flown ferrying passengers and supplies to such venues as Gilbraltar, particularly immediately prior to and during Operation Torch, the combined Anglo-US invasion of northwest Africa, which commenced on 8 November, 1942. During the evening of 10 November Fg Off W. Thorpe, piloting W6054, 'D', of 10 Squadron RAAF left Mount Batten to fly to Gilbraltar, carrying six staff officers as passengers, and landed at the 'Rock' without incident. Refuelled, the Sunderland then took off on the return flight to Mount Batten on the 13th, carrying out an anti-shipping recce *en route* despite atrocious weather conditions. On reaching Mount Batten, which was shrouded in heavy fog, Thorpe crashed on his second approach. The aircrew all survived, though with injuries, but five passengers in the wardroom were all killed. One of these was Captain F. T. Peters, DSO, DSC, RN, who was on his way back to the UK to be invested with a Victoria Cross for bravery during the initial Torch invasion of 8 November.

During the months of November and December 1942 four more Sunderlands had to be written off, all due to accidents, while a fifth, W6000 at No. 1 FBSU, Wig Bay, sank at its moorings during one of a series of violent gales and near-hurricanes which plagued all aerial activity well into 1943. A sixth loss was due directly to enemy action, when DV971, 'A', of 119 Squadron and its eleven-man crew failed to return from patrol on 15 December. It was a period when despite continuing day and night searches no

[2] Certain relevant documents, eg, pilot's flight plan and the court of inquiry documentation, etc, are still unavailable for public inspecion . . .

submarines were even sighted by Sunderland crews, yet during November – December nearly 200 U-boats are known to have made passages through the Bay of Biscay to and from operational zones. The strength of Karl Dönitz's U-boat fleet, as stated in his own report dated 24 December, stood at a gross total of 382, of which 110 at that time were either already in or proceeding to or from their designated operational hunting areas, while the remainder were variously in port, working up or relegated for training new crews. At his operational headquarters in Paris, Dönitz could look back on 1942 as at least more successful than the previous year in terms of gross Allied shipping tonnage sunk 'balanced' against U-boat losses. His personal status was also enhanced when, from 31 January, 1943, he was appointed Commander-in-Chief of the German Navy with promotion to Grand Admiral in place of Admiral Raeder, the latter having incurred his Führer's 'grave displeasure'. . .

Almost coincidentally, RAF Coastal Command received a new AOC-in-C, Air Marshal Sir John Slessor, KCB, MC, DFC, who succeeded ACM Sir Philip Joubert with effect from 5 February, 1943, and was to remain in that post until January 1944. At Slessor's immediate disposal on taking up his latest appointment was a total of some 60 squadrons with an overall strength of about 850 aircraft of all types, apart from three USN squadrons under his operational control. Of these, 12 squadrons were equipped with flying boats, eight with Sunderlands and the rest with Catalinas, while the desperately needed VLR Liberators amounted to just 23 available for operations.

The UK Command's Sunderland strength was boosted in March 1943, when the mainly Norwegian-manned No. 330 Squadron based at Sullom Voe began re-equipment from Catalinas; it received its first, W6064, on 9 February, followed by six more before April, flying the unit's first Sunderland operation on 20 April. However, two existing Sunderland squadrons, Nos. 119 and 246, were then disbanded in April 1943, reducing the overall strength to seven operational squadrons. At the same period two established flying boat bases received new titles. Lough Erne, originally known as Castle Archdale until 18 February, 1941, reverted to its former name in January 1943, while Invergordon was retitled RAF Alness with effect from 10 February 1943; administrative decisions presumably taken in deference to an old RAF axiom that '. . . if you change the label, it becomes more efficient . . .' These various changes took place at a time of appalling weather conditions, which severely restricted operations for most squadrons yet also saw an escalating rate of Allied shipping losses after January 1943 due mainly to U-boats. The so-termed 'Battle of the Atlantic' was about to reach a peak of intensive activity at sea and in the air.

# 7. Battle Over the Bay

Although the U-boat war in 1943 commenced with a relatively low toll of Allied shipping in the North Atlantic throughout January, some 173,000 tons, due primarily to atrocious weather conditions, but also to the redeployment of some U-boats to harass the Allies' Operation Torch sea supply routes, a build-up of U-boat strength to attack the Atlantic convoys was already under way. This was manifested immediately by the Allied shipping losses for February and March – 289,000 tons and almost half a million tons respectively – with few U-boat losses in proportion. To counter this alarming increase Coastal Command not only stepped up its regular air escort patrols with the convoys but instigated Operation Gondola in the first two weeks of February, which entailed regular air searches of a large defined area of the Bay of Biscay athwart the transit routes of U-boats entering or leaving the Bay. By 15 February six U-boats had been claimed sunk by Coastal Command aircraft but none by Sunderland crews.

On that date the Command's Sunderland squadrons were as follows:

| *Squadron* | *Base* | *CO* |
|---|---|---|
| 10 RAAF | Mount Batten | Wg Cdr J. Alexander, OBE |
| 119 | Pembroke Dock | Wg Cdr R. C. O. Lovelock, DFC |
| 201 | Castle Archdale | Wg Cdr J. B. Burnett |
| 228 | Castle Archdale | Wg Cdr E. F. Eagleton, DFC |
| 246 | Bowmore | Wg Cdr L. M. Laws |
| 330 | Oban | Cdr T. Diesen |
| 422 RCAF | Oban | Wg Cdr L. W. Skey, DFC |
| 423 RCAF | Castle Archdale | Wg Cdr F. J. Rump |
| 461 RAAF | Hamworthy (Poole) | Wg Cdr D. L. G. Douglas, DFC |

However, as previously stated, Nos. 119 and 246 Squadrons were to be disbanded in April 1943 and their Sunderlands were reissued to various other units to implement the latest increase in squadron aircraft establishment from nine to 12 per squadron. Hamworthy Junction, usually referred to as Poole, to which base 461 Squadron RAAF had moved in September 1942, had only been opened officially as an RAF flying boat base on 1 August, 1942, though sharing it with BOAC's civil fleet, its facilities and geography were far from ideal for intensive Sunderland operations and maintenance. Accordingly, 461's crews flew to Mount Batten before undertaking any night take-off sorties, but had no regrets when the squadron moved on to Pembroke Dock in April 1943.

Operation Gondola produced little positive result, but was the harbinger of an increasing effort by Coastal Command to defeat the U-boats, particularly in the Biscay area. This effort was greatly enhanced by the tardy introduction of ASV Mk III 10-centimetre wavelength radar in early 1943 for Coastal Command anti-submarine aircraft. Delayed by a production priority given to a similar H2S radar for Bomber Command, the new ASV Mk III was not detectable on the U-boats' existing radar search-receivers, and it was only when a complete H2S set was retrieved from a shot-down RAF bomber near Rotterdam in February 1943 that German technicians were able to proceed with producing an effective countermeasure, code-name *Naxos,* which entered service in late 1943. Alongside this new radar Coastal Command and the Royal Navy continued to benefit from having broken the high-frequency *Hydra* (and later *Triton*) cyphers (encrypted by the Enigma – M machine) used by all Atlantic U-boats when communicating with their Paris operations HQ. At this HQ Karl Dönitz and the head of Naval Intelligence, Vice-Admiral Erhard Maertens, were both near-convinced that the cypher system *had* been broken by Allied Intelligence, but continued to be emphatically assured by German 'experts' that the cyphers were 'unbreakable'!

In March 1943 the bitter struggle in the North Atlantic reached near-disaster level for Allied merchant shipping, specifically those in convoys. On 20 March Fg Off W. C. Robertson piloting Sunderland W6051, 'T', of 201 Squadron was flying air escort for

ML774, '2-F' of 422 Sqn RCAF having its beaching wheels affixed at Pembroke Dock, 8 December, 1944. Note the ports for the nose four-guns fixed battery. (*RCAF,* Ref: PL-41246.)

convoys HX.229 and SC.122 and at 1713 hours sighted a U-boat some seven miles off his starboard bow. Diving to attack at 170 knots the Sunderland arrived over the U-boat just as its periscope disappeared below the sea, so no attack was made. At 1754 hours, however, a surfaced U-boat was spotted six miles away. Turning to attack, Robertson noticed his target also turn, remaining surfaced and obviously prepared to fight it out with the Sunderland. Despite a hail of three-inch shells and machine gun bursts from the U-boat's flak guns, Robertson pressed home his attack, releasing his depth charges. When the cloud of spray subsided the U-boat was seen to slide under the sea stern first. The 'post-mortem' RN inquiry awarded Robertson confirmation of sinking the U-384, but in 1983 the Naval Historical Branch (with far more evidence to hand) declared that U-384 had been sunk the *previous* day by a 206 Squadron aircraft, and that Robertson had actually attacked U-631, which was *not* sunk.

Claims by Coastal Command skippers for U-boats sunk were always made on the basis of seemingly positive evidence and in good faith, as indeed were several subsequent 'confirmations' by contemporary Admiralty authorities, but (as will be seen) re-assessments with all conclusive evidence now (1988) have overturned long-standing records. Another case in point in the early months of 1943 came on 5 April, when Flt Lt C. L. Bradley in Sunderland W6008, 'H', of 423 Squadron RCAF claimed in perfectly good faith to have sunk a U-Boat later identified as U-338. In fact U-338 was not sunk until 20 September, 1943, by Fg Off J. Moffatt of 120 Squadron, flying Liberator AM917 while escorting Convoy ONS.18.

Another U-boat officially awarded a 'Sunk' assessment in April 1943 was U-119, after being closely attacked and depth-charged by Sunderlands from 10 Squadron RAAF, DP177, 'F' (Fg Off N. C. Gerrard), and 'P' from 461 Squadron RAAF (Fg Off R. de V. Gipps) on 29 April. In fact U-119 was destined to be sunk on 24 June, 1943, by HMS *Starling,* and had not even been damaged by the Sunderlands on 29 April. May 1943, however, was to produce no less than five U-boats definitely sunk and two others seriously damaged by various Sunderlands, commencing on the first day when Flt Lt E. C. Smith, flying DV968, 'M', of 461 Squadron RAAF, attacked and damaged U-415. Next day Smith, flying the same aircraft, sighted a U-boat at 10 miles range and approached it inside cloud cover to within four miles. As he dived to within one mile range the U-boat's flak opened up, but Smith dropped four depth charges, straddling the submarine, then turned and dropped four more in his second assault, again obtaining a perfect straddle. Brown vapour was now pouring out of the U-boat's stern and oil was freely flowing from its port side. After the second attack men from the U-boat crew were seen jumping into the sea, at least 15 by count, before U-332 sank stern first.

These instances of U-boats remaining surfaced during daylight and choosing to 'slug it out' with any attacking aircraft was a new tactic ordered by Dönitz at this time. Previously U-boats had normally remained submerged during the day as long as possible, only surfacing at night to recharge batteries and 'get some fresh air'. In recent weeks RAF Wellingtons fitted with Leigh Lights and other aircraft fitted with ASV Mk III radar (which was virtually as effective in the dark for locating surfaced vessels) had penetrated the 'cloak of darkness' safety factor enjoyed by U-boats. Hence, Dönitz ordered his U-boat commanders to stay submerged by night and surface by day only long enough to recharge, at the same time increasing the normal deck armament of the U-boats to provide them with heavier flak defences. Dönitz's order was to cost his U-boat fleet dearly within weeks, but not all U-boat commanders obeyed the order strictly, as on 7 May when Flt Lt G. G. Rossiter in Sunderland W3993, 'W', of 10 Squadron RAAF sighted a U-boat which immediately crash-dived to safe depths. Later in the patrol, however, Rossiter spotted another U-boat fully surfaced and immediately climbed into thick cloud cover, approaching his target flying on instruments until breaking cover two miles away from the submarine. A swift diving attack, which met no opposition from flak, followed, the U-boat swung beam on, and Rossiter swept over it releasing his depth charges within 50 feet of the target. A second attack released four more depth charges, three of which overshot, but the fourth fell within 20 feet of the vessel's port side just aft of the conning tower. The U-boat circled unsteadily, trailing oil and clearly badly damaged, then became stationary. Half an hour later the U-boat slowly submerged and was not seen again. It is known that U-465, commanded by Kapitänleutnant Heinz Wolf, sank some 65 miles NNW of Cape Ortegal with the loss of all aboard.

Ten days later Geoff Rossiter gave an unknown U-boat commander a fright by causing him to crash-dive and resurface three times in less than an hour (assuming it was the same U-boat on each occasion, of course) but being at the limit of his patrol and short of fuel, Rossiter had to abandon his 'cat-and-mouse' tactics and return without making any actual attack. While Rossiter was 'teasing' his U-boat, a fellow Australian from 461 Squadron, Flt Lt J. G. P. Weatherlake was having far greater problems, being attacked by six Ju 88s and returning with his Sunderland bearing over 200 cannon and bullet holes. On the same day, 17 May, 10 Squadron's Sunderland W4004, 'Z' (Flt Lt K. McKenzie), left Mount Batten at 0517 hours to hunt for U-boats in the Bay, only to be shot down by Ju 88s with no crew survivors. Such serious aerial opposition caused the technical staffs of Nos. 10 and 461 Squadrons to provide extra gun defences in the shape of galley 0.50-inch calibre machine guns (see Chapter 3, Development).

The next positive victim was U-456, commanded by Kapitänleutnant Max-Martin Teichert, on 13 May. Already damaged the previous day by an 86 Squadron Liberator (Flt Lt J. Wright, DFC), the U-boat was seen by Flt Lt J. Musgrave, piloting Sunderland W6006, 'G', from 423 Squadron RCAF while escorting Convoy HX.237. The U-boat was fully surfaced some 10 miles from the convoy and Musgrave flew into cloud cover, then dived to attack. When one mile from target the Sunderland was met with flak and Musgrave contacted the convoy for assistance, meanwhile continuing to exchange fire with the U-boat's gunners for the next 20 minutes and sustaining several hits by cannon shells. A Canadian corvette, HMCS *Drumheller* arrived on the scene and commenced firing, whereupon the U-boat submerged, being depth-charged by the Sunderland 30 seconds after. HMS *Lagan* also arrived and began depth-charging. The result was a confirmed kill shared between Musgrave and the corvettes.

The tactic of U-boats staying surfaced to fight off any aerial onslaught was epitomized aboard U-441, captained by Klaus Goetz von Hartmann, which had been specially modified to become an *Unterseeboot flugzeugfalle* (Submarine-aircraft-trap) by adding two quadruple 20mm cannon 'batteries' and one 37mm cannon on deck, served by a specially trained gun crew. U-441's first sortie in this form was on 22 May and two days later it was spotted by Flt Lt H. J. Debnam in Sunderland EJ139, 'L', from 228 Squadron. Attacking despite the unexpectedly heavy return fire, which caused serious damage to the aircraft, Debnam released a pattern of depth charges, damaging U-441's steering gear. The Sunderland began its return flight to base only to be intercepted by Ju 88s and shot down with no survivors, but U-441 was forced to return to Brest for repairs.

Four days later 461 Squadron RAAF lost a Sunderland when Flt Lt W. S. E. Dods was detailed for a mercy mission, seeking the ditched crew of a Whitley and finally spotted the missing crew's dinghy. Obtaining permission to alight, Dods set the Sunderland down on to a heavy swell, bounced off the waves three times, then stalled. The forward fuselage section snapped off just to the cockpit rear and Dods was killed instantly, while the rest of the crew managed to board their dinghy, then join up with the Whitley crew's dinghy. Help was soon on the way, including Sunderland T9114, 'E', of 461 Squadron piloted by Plt Off G. O. Singleton. Locating the dinghies, Singleton landed alongside and took the crews aboard, but could then not take off due to the extra weight. A French sloop, *La Combattante,* was contacted and, after taking off the ditched crews, took Singleton's Sunderland in tow with just a skeleton crew aboard. Four and a half hours later the tow rope parted in heavy seas, but Singleton started his engines and, after a nightmare three miles 'take-off' battered by the angry sea, managed to get airborne with a gaping seven-foot hole in the Sunderland's hull. Knowing he couldn't land on water without endangering the lives of the crewmen still with him, Singleton set course for Angle airfield, near Pembroke Dock, and finally made a safe crash-landing alongside the runway.

The final day in May 1943 brought two more U-boat sinkings in which Sunderlands participated. Flt Lt Douglas M. Gall of 201 Squadron set out at 1034 hours in Sunderland DD835, 'R', on a routine anti-sub patrol from Lough Erne, heading south-west. Flying at 5000 feet in beautiful weather, Gall, an experienced Sunderland pilot, was not too optimistic about his patrol; just another 14 – 15 hours of utter boredom 'watching water', having yet to even see a U-boat in his 18 months serving with 201, but then at 1711 hours he sighted a fully surfaced U-boat some eight miles off to his starboard. Wasting no time, Gall dived at full boost, anxious not to lose his prey. As he approached the U-boat's gunners began firing, only to be strafed by the Sunderland's nose gunner, Plt Off Martin. Gall described the next events. 'We dropped our stick of four depth charges from about 50 feet above the water. The dropping in those days was done visually by the pilot, and I must admit that I missed by yards! But it was to be my lucky day, for the U-boat captain decided to turn at the last minute. I was amazed at the speed with which he turned through 90 degrees, but delighted to see that he made the turn the "wrong way" right into the middle of the stick.'[1] Circling to port Gall saw two underwater explosions and bright flashes, then about four minutes later large eruptions began which lasted for several minutes, with oil spreading on the surface. Gall continued circling for another 15 minutes, then resumed his patrol. His victim was U-440, commanded by Kapitänleutnant Werner Schwaff, outward bound from St Nazaire on its fifth (and ultimate) patrol.

The second victim that day was U-563, commanded by Oberleutnant Gustav Borchardt, which had set out from Brest on 29 May for its eighth war patrol. The U-boat was first found by Wg Cdr W. E. Oulton flying Halifax HR774, 'R', from 58 Squadron. It was surfaced and Oulton attacked in a steep dive, flattening out at 50 feet and laying six depth charges in a pattern from the U-boat's starboard quarter to its port bow. The U-boat slowed then turned to starboard before Oulton attacked again and dropped his remaining three depth charges, while the German gunners fired rather wildly. This second 'stick' bracketed the U-boat's stern, but, though obviously damaged, it continued turning slowly to starboard. Oulton next reported to base and set up the standard W/T homing procedure to bring other aircraft to the scene. First to arrive was another 58 Squadron Halifax, DD838, 'X' (Fg Off E. L. Hartley), which joined Oulton in another attack, Oulton attempting to draw off the U-boat's flak while Hartley dropped his depth charges. These fell short, however, and U-563 remained at bay on the surface. Shortly afterwards Sunderland DV969, 'E', of 10 Squadron RAAF, skippered by Flt Lt Max Mainprize, appeared and attacked with depth charges, again too short. Finally Sunderland DD838, 'X', of 228 Squadron (Fg Off W. M. French) came on the scene, immediately attacked, and released his depth charges across the

1 *Conflict Over the Bay* by N. Franks, William Kimber, 1986.

U-518 under attack by Fg Off B. H. Layne in W6005, 'P', of 201 Sqn on 27 June, 1943. The UB was seriously damaged but survived. (*Courtesy OC 201 Squadron RAF.*)

U-106 about to be sunk by JM708, 'N', 228 Sqn (Flt Lt R. D. Hanbury) and DV968, 'M', 461 Sqn RAAF (Fg Off I. A. F. Clarke) in a joint attack, 2 August, 1943. (*Imperial War Museum*, Ref: C3885.)

U-boat's mid-section. The results of French's attack were spectacular. A huge multi-coloured explosion accompanied by a pillar of black smoke erupted among the fountain of sea spray and when this cleared there was no sign of the U-boat. Instead the sea surface was littered with wreckage and crewmen, some still obviously alive. Oulton then flew across the survivors and dropped two rubber dinghies and Mae West life preserver jackets before climbing to cloud cover and returning to base. Wilf Oulton was to rise eventually to become Air Vice-Marshal, CB, CBE, DSO, DFC.

Though a standard procedure to home in other RAF and/or RN assistance to finish off any damaged U-boat, Oulton's signals might equally have attracted Luftwaffe fighters if within their range. The stiffening aerial opposition to Sunderlands (and other aircraft) over Biscay, usually Ju 88s from KG40, was exemplified on 2 June, 1943, when Flt Lt Colin Walker set out from Pembroke Dock at the helm of Sunderland EJ134, 'N', of 461 Squadron RAAF for a *Derange* patrol in the western areas of the Bay. Five hours after take-off, however, Walker was debating whether to abort the patrol due to the port inner engine 'playing up'. Finally deciding to give the engine another 30 minutes at most after which, if its performance was no better, he would return to base, Walker continued his search. Before that half-hour was up his rear gunner, Warrant Officer R. M. Goode, DFM, reported eight Ju 88s at six miles range and closing rapidly. Walker rammed his throttles wide open, jettisoned the bomb load, signalled base, then prepared for the inevitable onslaught. The ensuing dogfight lasted 45 minutes, during which time the Sunderland became riddled with cannon and machine gun fire, and had a waist gunner killed and other crew members wounded, including Walker, but its gunners claimed three Ju 88s shot into the sea and a fourth mortally hit, which quit the combat trailing thick black smoke from a shattered engine. Once the remaining Junkers had left, Walker took stock. His aircraft had some 500 holes in its airframe, mostly in the planing surface and below the water line, while Walker's cockpit and controls were a shambles. He set course for the southern most tip of Cornwall as his nearest landfall and eventually arrived over Praa Sands beach, near Marazion. Then, despite the starboard inner engine cutting out at 800 feet, Walker set the wallowing flying boat down on the water, shuddering to a stop some 300 yards from the beach line. Sea water immediately gushed in through the perforated hull and as a final attempt to succour his crew Walker opened up his two good remaining engines and roared to within easy walking distance of dry beach. Walker was later awarded a DSO, while his crew received a DFC and two DFMs. Only weeks later, on 13 August, seven of his crew, along with the skipper, Fg Off W. J. Dowling, who had been Walker's co-pilot in the combat, were lost in Sunderland DV968, 'M', over Biscay, being attacked and shot down by six Ju 88s.[2]

Following his directive to U-boats to remain submerged by night and only surface by day to recharge batteries, Dönitz issued a further order on 30 May and directed U-boat commanders to sail in groups rather than singly, hoping thereby to avoid detection. Moreover, they were only to enter or leave the French ports in the early mornings or evening in order that Luftwaffe aircraft could provide aerial cover during daylight hours to the approach areas. Again, it was an order which was to result in further U-boat casualties, but during the first ten days of June 1943 it appeared to be working in the U-boats' favour, with very few RAF sightings of transient submarines and only two sunk by Coastal Command aircraft despite relatively heavy sailings across the Bay. Dönitz's optimism was to be short-lived in this context. During the remaining weeks of June Coastal Command sank five and damaged at least eight more U-boats, two of the 'damaged' being credited to Sunderlands, while many others were attacked without visible results.

On 13 June two 228 Squadron Sunderlands, DD834 (Flt Lt G. D. Lancaster) and DV967 (Fg Off L. B. Lee), left base separately to patrol over Biscay. Lancaster spotted one U-boat in the late afternoon and dropped six depth charges ahead of the submarine's diving swirl, but could see no evidence of any kill. Flying Officer Lee shortly later came upon a gaggle of five U-boats, but without hesitation attacked one, the U-564, only to be shot into the sea by the hail of flak which reached up for him. Lee had, nevertheless, completed his depth-charge drop, which damaged U-564 seriously, preventing it submerging and causing it to be escorted back to a Spanish port. On 27 June Fg Off B. E. H. Layne, piloting Sunderland W6005, 'P', of 201 Squadron, shortly after noon, saw U-518 some five miles ahead. Turning into an attack run, Layne came in astern of his objective as it started to submerge, dropped two depth charges, then saw the submarine resurface minutes later. Once surfaced the U-boat's flak gunners opened fire as Layne bore in from the starboard side. Two more depth charges were released, but the U-boat and aircraft gunners continued their gun battle, with the U-boat commander, Leutnant Offermann, continually bringing his vessel round to face the incoming Sunderland each time it attacked. Finally Offermann submerged and Layne lost contact, but U-518 had received sufficient damage to force its return to Lorient for repairs.

The policy of U-boats sailing in small groups was to continue in July and August 1943, resulting in fierce opposition from their combined flak defences to any single aircraft intent on attacking. On 13 July, for instance, Fg Off R. D. Hanbury flying Sunderland JM708, 'N', of 228 Squadron sighted three U-boats sailing fully surfaced in the early morning. At first Hanbury circled and attacked the trio with gun fire, waiting his chance. After 40 minutes of exchanging fire he saw one U-boat stray from the company of its companions and promptly attacked this, dropping seven depth charges on target. The bows and conning tower of the submarine were blown off and U-607, commanded by Oberleutnant Wolf Jeschonnek, sank immediately, leaving 25 of its crew struggling in the sea. Hanbury then dropped a dinghy and six U-boat crew men climbed into this and were subsequently rescued. In a sense Hanbury's victory was part

[2] For further details of Walker's epic combat see *Men of Coastal Command, 1939 – 45* by C. Bowyer, William Kimber, 1985.

compensation for 228 Squadron for the loss of Sunderland DV977, 'Y' (Sgt R. Codd), shot down by Ju 88s on the day before.

Another trio of U-boats discovered on 30 July attracted heavy attention by a variety of aircraft and naval opponents, resulting in all three being sunk. The three, U-461, U-462 and U-504, were sighted north of Cape Finisterre by several aircraft in the vicinity and were eventually attacked by a mixture of Halifaxes, Liberators and Sunderlands. Of the latter, Flt Lt Dudley Marrows piloting W6077, 'U', of 461 Squadron RAAF finally sank U-461 in a wave-top attack, dropping seven depth charges in the face of murderous flak. U-461 sank almost immediately, though some 25 of its crew, including its commander Wolf Stiebler, were left swimming in the after-explosion scum. Marrows dropped a dinghy for these men, who were later retrieved by HMS *Woodpecker* of the RN's 2nd Escort Group. Of U-461's companions, U-462 was sunk by a Halifax of 502 Squadron and U-504 by the RN Escort Group. Marrows, now low on fuel, left the scene, but half an hour later found another U-boat below, surfaced. With his one remaining depth charge Marrows attacked, only to meet determined flak opposition, which wrecked the depth-charge carrier among other damage. Having to be content with using his machine guns only on the submerging U-boat, Marrows set course for the Scillies; his fuel state was now too low to reach base. It remains an ironic coincidence that Marrows from No. 461 Squadron was fated to sink a U-boat numbered U-461.[3]

The first four days of August brought the Sunderlands four definite U-boat sinkings. On the first day Flt Lt Bob Fry, skippering Sunderland W4020, 'B', of 10 Squadron RAAF, was escorting the 2nd Escort Group, RN, north-west of Cape Finisterre, though ostensibly carrying out an anti-submarine routine sortie. At a point roughly 160 miles north-west of Cape Ortegal, Fry spotted a surfaced U-boat six miles from the RN Group and flew to attack it. Passing over the U-boat at 1700 feet, Fry circled, dived to 60 feet and attacked from the submarine's starboard quarter, dropping six depth charges from 50 feet which straddled the U-boat, three on each side. The target, U-454, commanded by Burkhard Hackländer, had left La Pallice two days before, remaining submerged by night, but surfacing first at 0800 hours on 1 August. In the following six hours Hackländer had been forced to submerge due to nearby reported enemy aircraft, so on resurfacing shortly after 1400 hours his U-boat batteries were almost exhausted. No sooner had he surfaced, however, than Fry's Sunderland was detected approaching fast. Too late to submerge, U-454 fought back, riddling the oncoming flying boat with cannon and machine gun fire and damaging engines and fuel tanks, and reducing the cockpit to a shambles. It seems certain that both Fry and his second pilot were wounded at that point, yet Fry continued his run-in, dropping six depth charges with deadly accuracy. As Hackländer reported later, 'According to my sense of time, the vessel went down in barely 30 seconds over the prow. I ordered the appropriate short blast to be emitted (the abandon-ship signal), but there probably wasn't enough time. I came across only 14 men in the water – the bridge watch, the anti-aircraft command and several munitions men from the tower. Only one man escaped from the forecastle. He said there had been a massive inrush of water from above between the bow-room and the OF room and that most of the instruments and apparatus had been torn from their supports.'

Meanwhile Fry's Sunderland, severely damaged, was seen to gradually approach the sea, bounce several times off the swell, then plunge straight into a 15-foot-high roller wave. HMS *Wren* from the nearby 2nd Escort Group raced to the scene, but on arrival ten minutes later found only five of the air crew clinging precariously to the stump of a main plane with a sixth swimming nearby. These were finally rescued, but Fry and five other men were never found. Later Hackländer and the surviving U-boat crew men were taken aboard HMS *Kite*, where they met German survivors of the U-461 and U-462 sunk two days previously. Fry's navigator, Flt Lt J. H. Portus, who survived, was to be awarded a DFC on completion of his operational tour in January 1944, but Bob Fry could only receive a posthumous Mentioned in Despatches for his courage and devotion to duty.

Only hours after Fry's attack on U-454, a 228 Squadron Sunderland, JM678, 'V',

[3] Full details of this epic engagement can be found in *Conflict Over the Bay* by N. Franks, William Kimber, 1986, and *Coastal Command at War* by C. Bowyer, Ian Allan, 1979.

Flt Lt D. Marrows, DSO, DFC, of 461 Sqn RAAF, who sank U-461 on 30 July, 1943, flying Sunderland 'U'/461 Sqn.

Survivors of Sunderland W4020, 'B', 10 Sqn RAAF (Flt Lt K. G. Fry), which crashed into the sea after sinking U-454 on 1 August, 1943. Here they are about to be retrieved by HMS *Wren*.

with Flt Lt Stan White as captain, sighted a surfaced submarine west of Brest and promptly commenced an attacking run-in. His target was U-383, commanded by Horst Kremser, which had left Brest in company with U-218. As White closed the range the U-boat's flak opened up, shooting away the Sunderland's starboard float and aileron and holing the port wing and its hull, while its commander took violent evasive action. The Sunderland's gunners replied, splashing bullets around the U-boat's conning tower and flak crew, then dropped seven depth charges in a straddle, leaving U-383 smothered in spray and listing heavily to port. White then, due to the serious damage received, flew back to base. Unbeknown to the Sunderland crew U-383 was still afloat, albeit severely crippled, but it foundered during the night with all hands. Stan White was later awarded a DFC.

On 2 August, U-106, commanded by Wolf-Dietrich Dammerow, which had already survived one aerial attack on 30 July and then been badly damaged by a Wellington of 407 Squadron RCAF in the early morning of 2 August, was attempting to return to a French port for repairs that evening when it was spotted by two Sunderlands, JM708, 'N', from 228 Squadron (Flt Lt R. D. Hanbury) and Fg Off I. A. F. Clarke skippering DV968, 'M', from 461 Squadron RAAF. Attacking from opposite beams to confuse the U-boat's flak gunners, each Sunderland dropped its depth charges, 'Chick' Clarke making the first run-in while Hanbury circled to come in with the sun behind him. Each roared across their objective, releasing their depth charges within 30 seconds of each other. Inside the U-boat chaos reigned as the damaged motors and batteries filled the hull with smoke and chlorine gas. It came to a stop, the abandon-ship order was given, and after the surviving crew had jumped overboard U-106 blew up at 8.40 pm. Dammerow and 35 of his crew were later rescued from their dinghies and life-rafts by RN ships.

Two days after U-106's demise yet another Sunderland victim was claimed, though the victor was lost too. Flying Officer Albert ('Al') Bishop, a Canadian, took off from Castle Archdale just before dawn intending to carry out an anti-submarine search patrol in the 'Moorings Area', a zone of probable U-boat activity stretching from the northern Hebrides to Iceland. Such sorties by 423 Squadron's crews were often on a shuttle scheme, where Sunderlands would complete their patrols by landing at Reykjavik then fly a second patrol on the return flight to base. At the controls of DD859, 'G', Bishop was cruising at 4000 feet, some four hours into his patrol, when he sighted a surfaced U-boat south of Iceland. It was U-489, a Type XIV *Milchkuh* ('Milk Cow') resupply tanker-submarine commanded by Oberleutnant Adalbert Schmandt, which on seeing Bishop's Sunderland commenced evasive action but remained surfaced. It had already survived undamaged, an air attack the previous day by Hudson 'J' of 269 Squadron and had faith in its flak defences with good cause. Bishop's initial approach was cautious, flying in circles at 500 – 600 feet above the jinking submarine, though under fire from its flak guns. Finally, flattening out at 300 feet, Bishop started his attack run, weaving from side to side at first then settling into a rock-steady course in order to release his depth charges accurately. At 500 yards range his nose gunner began strafing ahead, but return fire wounded both Bishop's co-pilot, Fg Off D. M. Wettlaufer, and the nose gunner, Sgt H. E. Finn, slammed shells through the bomb galley and port wing, and started fires in three sections. Bishop continued his run, released six depth charges from 50 feet along the U-boat from dead astern, but now had his aileron controls and trimming tabs destroyed, while the internal fires were raging fiercer. He had no alternative but to land quickly.

What followed was described by Bishop: 'We bounced once, twice, three times on the swell and after the third bounce the port wing dropped. The float was torn off, the wing-tip dug in, and the kite cartwheeled into the sea – one second there was a crash and the next we found outselves in the water. The port wing disappeared and a fire blazed where it should have been. The starboard wing, now also on fire, and the fuselage were still afloat. One of the boys sat on the tailplane for a while, but soon had to swim for it as the Sunderland went down within five minutes of hitting.' Five of Bishop's crew had been killed in the crash and the survivors were left swimming in the sea supported by their Mae Wests. Nearly half an hour later Bishop and his men were astonished to see their late target, U-489, approaching them very slowly, stern down, with virtually all its crew gathered on the forward decking trying to 'balance' the crippled boat. When only 200 yards away the U-boat halted and its crew started piling into dinghies and on to life-rafts, pulling clear of their doomed vessel. For the next few minutes both crews watched the death throes of U-489, which sank stern first until a shattering explosion and two underwater blasts signalled its end. Thereafter the RAF and U-boat survivors, less than 100 yards apart, regarded each other in silence. The Germans made no move to help the aircrew, but fortunately an RN destroyer, *Castleton*, attracted by the smoke from the burning Sunderland initially, arrived and rescued Bishop's crew and the 58 U-boat survivors, taking all to Iceland. Al Bishop was awarded a DFC.

Bishop's successful sortie was virtually the end of a particularly rewarding period for Coastal Command and the Royal Navy in their anti-submarine efforts. Karl Dönitz, acknowledging the fallacy of his recent tactical orders, now recalled a number of his U-boats about to enter the Atlantic and ceased the group sailings idea. He now also recognized the fallibility of the U-boats' existing radar search-receipt apparatus, *Metox*, which was clearly outclassed by the Allies 10cm radar, and could only order his commanders to restrict use of their *Metox* sets when any Allied aircraft were in the vicinity, while German scientists were hastily seeking better radar equipment.

From the point of view of the RAF's maritime air crews the ensuing dearth of U-boats during August – October 1943 was more than equalled by a sharp increase in Luftwaffe opposition, leading to a string of aircraft being shot down over the ocean. This stiffening of aerial assault commenced at the beginning of August, when, on the 3rd, Fg Off Alan Williams of 10 Squadron RAAF took off from Mount Batten at 1500 hours in Sunderland DD852, 'J', for an anti-submarine patrol over the Bay. This particular Sunderland was, in fact, the first of the squadron's boats to be fitted with four fixed, pilot-controlled 0.303-inch calibre Browning machine guns in its nose section. At about 1830 hours came the first sighting of an eventual gaggle of seven Ju 88s, which commenced a series of close attacks. The ensuing combat lasted some 80 minutes, during which one crew man was killed, four others wounded and the Sunderland sustained plentiful damage, including piercing the starboard main petrol tank, severing hydraulic lines and wrecking the R/T system and navigational apparatus. The aircraft's first fitter, Sgt W. C. Moser, actually crawled inside the mainplane to try plugging the leak in the ruptured petrol tank – this while the pilot was throwing his huge aircraft around in gut-wrenching evasive manoeuvres as each Ju 88 assault came in! After this Williams finally managed to get into broken cloud cover, but the Junkers persisted for nearly half an hour by waiting in ambush for the Sunderland to reappear, then ultimately firing time-fused shells into the clouds in the hope of causing damage before leaving the engagement to return to base. Two hours later the battered Sunderland reached base safely, and subsequently Williams and his navigator, Fg Off R. W. S. Gross, were awarded DFCs while Sgts R. F. Owen (Armourer/Air Gunner) and Moser received DFMs.

Another Australian veteran pilot on 10 Squadron was not so fortunate as Williams. Flt Lt Norman Gerrard flying Sunderland DP177, 'F', was attacked by six Ju 88s in the south of the Bay on 8 August, but escaped with only minor damage. Three days later, however, flying the same boat, he failed to return from patrol close to the Spanish coast. On the 13th, as previously stated, Fg Off W. J. Dowling in Sunderland DV968, 'M', of 461 Squadron RAAF became another victim of prowling Ju 88s, while on the 18th Flt Lt Hickson Skinner and his 10 Squadron crew were shot down in Sunderland W3985, 'T'. The final Sunderland loss to the Ju 88s in August came on the 30th, when Fg Off C. R. Croft, flying JM707 or 461 Squadron, was first attacked by three Ju 88s at 0953 hours but survived, only to be shot down at 1106 hours by three Ju 88s, possibly the same trio. One other Sunderland to perish in the same month was DD848, 'N', of 201 Squadron, which crashed into a hillside at Brandon Head, Co. Kerry, on 22 August, killing eight men aboard. Such losses, in addition to the by no means uncommon damaged Sunderlands which did regain base, created a heavy burden on the various squadron technical staffs, the 'Erks', whose unceasing labours were now virtually around the clock. Their toil was not helped by the poor performance of many engines being received at this period by squadron technical stores. On 10 Squadron RAAF, for merely one example, a particularly well-worn Sunderland had to have seven different engines successively installed before it could be declared fully fit to operational standards!

Compared to the fruitful months of July – August, the autumn period September – October showed a near-dearth in U-boat attacks and sinkings by Sunderlands (though the other squadrons of Coastal Command were to claim at least 16 sunk during those eight weeks). Luftwaffe activity showed no decline in intensity whenever weather conditions permitted, however. At the end of August Dönitz had cancelled his earlier order forbidding U-boats to sail from any blockaded Biscay bases, and was about to introduce better radar equipment such as the *Hagenuk* search receiver plus the new *Zaunkönig* acoustic homing torpedoes as well as the increased flak defences already fitted to most ocean-going vessels. In the near future Dönitz was also anticipating the introduction of vastly improved-performance types of U-boat, and in particular the fitting of *Schnorkel* (literally, 'Nose') air pipes which would permit a U-boat

Pembroke Dock scene, 8 December, 1944. Sunderland ML874, DG–U, 422 Sqn RCAF in background later served with 270 and 343 Sqns. (*RCAF*, Ref: PL-41242.)

to stay submerged without the need to surface to recharge batteries, and at the same time offer less chance of detection by aircraft. The *Schnorkel* may have had some technical drawbacks, for it would limite a U-boat's maximum speed and could not be used during actual attacks on shipping, but as a defensive measure against detection by enemy aircraft it would be at least a morale boost for the U-boat crews. Such a device would not be operational until 1944, while new designs in submarines could hardly be introduced quickly, but to Dönitz the future offered great promise in late 1943.

The main Coastal Command formation tackling the U-boat campaign over Biscay was No. 19 Group, which controlled stations in South Wales and south-west England, and the Group's policy, expounded in an instruction dated 7 September, 1943, to all squadrons, was simply: 'The whole aim of the 19 Group effort at the present time is the destruction of U-boats. . . all other considerations are to be subordinated to this aim' [*sic*]. This instruction also detailed certain specific tactics to be followed thereafter by all anti-submarine aircraft captains, such as patrol and bombing heights, which hitherto had been the sole prerogative of each individual pilot. These 'mandatory' limitations found little support from operational skippers in practice. As one Sunderland pilot put it, 'All very nice when outlined on a desk at the HQ paper factory, but I was the man on the job and I wasn't going to risk my crew just to satisfy some half-baked theory by any brass hat.' One gaping omission in the instruction was any solution to the menace of Luftwaffe fighter opposition. While Bomber Command continued to lay mines across the approaches to various Brest and Biscay ports, usually from obsolescent Wellington bombers, specific raids on Luftwaffe fighter bases in western France were not undertaken during the later months of 1943 due to Bomber Command's near-exclusive concentration on its aerial assault against the German homeland.

The constant threat of enemy fighter attacks against lone patrol Sunderlands caused a number of crews to spend as much time (if not more) watching the surrounding skies than watching the sea. The need for such vigilance was emphasized by the continuing losses of fellow crews to marauding Ju 88s from KG40. On 21 September Fg Off Glenn Jennison was piloting Sunderland DV969, 'E', of 10 Squadron RAAF on a routine patrol over the Bay and fell victim to a formation of six Ju 88s; while only days before, on 16 September, Flt Lt Dudley Marrows of 461 Squadron, piloting EK578 on what was intended to be his ultimate operational flight prior to returning to Australia, was attacked by six Ju 88s off the Spanish coast. The fierce combat lasted about an hour, during which several hits were claimed on the Ju 88s but the Sunderland was virtually slashed to ribbons, with several crew men wounded. Marrows was eventually forced to ditch in the sea and his crew hastily broke out the dinghies and emergency provisions, then as the dinghies paddled away the Sunderland slid almost gracefully into the depths. The ditched crewmen were finally located by a Leigh Light Catalina early next morning, which directed an RN destroyer group to the spot. By coincidence this was the same 2nd Destroyer Group which had participated in Marrow's action on 30 July, and its commander, the famed Captain F. J. Walker, CB, DSO, presented Dudley Marrows with the life-jacket and escape gear belonging to Kapitänleutnant Stiebler, commander of Marrow's victim U-461 on that date. On 2 October Fg Off Fred Lees of 10 Squadron RAAF left Mount Batten at 2315 hours for an anti-sumbarine search, flying DP179, 'M', but later reported engine problems and indicated that he was returning to base. Nothing further was heard of him, although later the squadron learned that a Sunderland, probably Lees' aircraft, had ditched 20 miles south of the Scillies at 0948 hours. Lees and his ten-man crew were listed as 'Missing, believed killed. . .'

Despite such odds the hunt for U-boats continued unabated, albeit with sightings now becoming rarer as the winter weather closed in. Only one positive sinking was claimed in the month of October 1943 by Sunderlands. This occurred on 8 October, when Fg Off A. H. Russell flying DD863, 'J', of 423 Squadron RCAF was engaged on escort cover for Convoy SC.143. Making rendezvous with the convoy at 1734 hours Russell was ordered to patrol astern of the convoy and on coming out of cloud at 1936 hours sighted a fully surfaced submarine 100 yards away on his port bow. At that moment Wg Cdr A. F. F. Frizzle was actually at the controls of the Sunderland, but

On Reflection . . . ZM–S of 201 Sqn 'on the beach'. (*Courtesy OC 201 Sqn RAF.*)

Russell immediately took his place at the helm and flew over the U-boat, exchanging fire with the German flak gunners. Banking tightly, Russell dived to 100 feet, selected four depth charges for release, dropped these (though one hung up on its carrier), and straddled the conning tower. The U-boat lifted some 15 – 20 feet then disappeared beneath the sea. As Russell swung back for a second attack he found only a mass of debris and 15 live U-boat crew struggling in the middle of a burgeoning oil patch. His victim had been the U-610, commanded by Kapitänleutnant Baron Walter von Freyberg-Eisenberg-Allmendingen.

Nine days later, on 17 October, a fellow Canadian, Flt Lt Paul T. Sargent, was detailed for a convoy escort patrol to shepherd Convoys ONS.20 and ON.206. Flying Sunderland JM712, 'S', from 422 Squadron RCAF, Sargent arrived over his charges and commenced the usual pattern of searches around the outer fringe areas of the convoys. Within minutes he spotted two U-boats, both surfaced and apparently operating together, some five miles off the flank of the convoys. Turning quickly he began an attack run-in against a hail of flak shells, to which his nose gunner – Flt Lt P. A. S. Woodwark, the Group Gunnery Officer along 'for the ride' – replied accurately, clearing some of the German gunners off their platform. Sargent released a stick of depth charges, but these fell short. Circling tightly to port Sargent prepared for a second attack with his two remaining depth charges. As he bore in the U-boat's flak began scoring direct hits, killing Woodwark and another gunner, and blowing the left leg off the navigator, Fg Off C. B. Steeves. Other damage included engine controls smashed, R/T and W/T systems wrecked, automatic pilot destroyed, and a hundred holes in the hull and airframe. Sargent completed his run-in and dropped his remaining depth charges in a perfect straddle. The U-boat was lifted bodily out of the sea by their explosions, then fell back and disappeared beneath the surface. The mortally wounded navigator, incredibly still standing, gave his skipper the DR position, then collapsed and died. With barely minimal control Sargent headed towards the convoy then attempted to land alongside one ship. On contact the Sunderland bounced heavily, then began breaking apart. Only seven crew members were recovered. Paul Sargent died with his aircraft and with the other 'missing' men.

The loss rate of Sunderlands continued in November. On the 13th DD863 (which had sunk U-610 on 8 October) from 423 Squadron RCAF failed to return from patrol, there being no indication of its fate. The same unit had also lost five aircrew members killed on 11 November, when DP181, 'D', crashed at Castle Archdale on its return from a sortie. On 17 November 10 Squadron RAAF lost DV993, 'Y' (Flt Lt R. Behrndt), shot down by enemy aircraft, while three days later W6031, 'G', from 422 Squadron RCAF also failed to return. Captained by Fg Off J. D. B. Ulrichsen, this Sunderland had signalled a U-boat sighting and some time later transmitted an SOS call, but no trace was found of it or its crew.

The last casualty that month was another Australian crew, captained by Fg Off D. S. P. Howe of 461 Squadron RAAF in JM676, 'P', which was lost without trace on

29 November, although the following day brought a very close shave for DD865, 'L', of 10 Squadron RAAF. Piloted by Flt Lt E. Clark, 'L-for-Leather' was almost on the point of return from an uneventful patrol when action erupted in the shape of six Ju 88s bent on prey. Jettisoning his depth charges, 'Ted' Clark prepared for battle. The Ju 88s soon attacked, wounding two gunners and creating a lot of damage (one cannon shell penetrated the port main fuel tank but did not explode), but after some 20 minutes of warding off attacks Clark reached cloud cover, leaving behind two of the Junkers with engines trailing smoke and flames. The interior of the Sunderland was 'a shambles' [*sic*] and amongst other serious damage the throttle controls to three engines had been shot away. Though virtually uncontrollable the Sunderland flew on at its previously set rated power and using up fuel at top rate. Clark had only 25 gallons of fuel left as he reached the Lizard (Cornwall) and shortly after all four engines cut out, starved of fuel. Clark brought the Sunderland down 'deadstick' for a smooth landing, but it immediately began shipping water. Luckily, a trawler nearby took the aircraft in tow and eventually brough it into Mount Batten. Clark's rear gunner, Flt Sgt F. C. Callander, in spite of being wounded, had stayed with his guns during the combat and claimed at least one of the Ju 88s – his courage earning him a DFM in December, and Clark a DFC in May 1944.

December 1943 proved to be a relatively quiet month in the context of maritime operations, due primarily to weather conditions which nullified or cancelled nearly half of all intended sorties. The only Sunderland losses that month were W6013 of 423 Squadron RCAF, which crashed into a mountain near Ballycastle, County Antrim, on the 5th, killing nine men, and DD864, 'K', from 228 Squadron, which failed to return from patrol on 14 December. By Christmas 1943 the UK-based Sunderland units were based as follows:

| *Sqn* | *Base* | *CO* |
|---|---|---|
| 10 RAAF | Mount Batten | Wg Cdr R. N. Gillies |
| 201 | Castle Archdale | Wg Cdr R. E. C. van der Kiste, DSO |
| 228 | Pembroke Dock | Wg Cdr P. A. Lombard |
| 330 | Sullom Voe | Cdr T. Diesen |
| 422 RCAF | St Angelo | Wg Cdr J. R. Frizzle |
| 423 RCAF | Castle Archdale | Wg Cdr L. G. J. Archambault |
| 461 RAAF | Pembroke Dock | Wg Cdr D. L. G. Douglas, DFC |

# 8. Atlantic Triumph

Although 1943 had brought the bitterly contested struggles in Biscay and the northern Atlantic to its peak of intensity, it was primarily the year in which the Allied forces involved reached the true turning point of that maritime war. 1944 was to witness the consolidation of that success with a continuing remorseless campaign of harassment and destuction of Karl Dönitz's U-boat marauders. On 1 January, 1944, Coastal Command HQ had under its aegis a gross total of 53 squadrons, these being variously based at Gibraltar (3), Iceland (1), the Azores (2) and 47 around the UK. Of this total five squadrons were now equipped with VLR Liberators and seven others with Sunderlands; the remainder mainly flew Catalinas, Wellingtons and Hudsons, apart from such support units as the air-sea rescue, strike and PRU units, which flew a mixture of appropriate types. Also offering direct liaison and support were several US Navy squadrons based in the UK flying Liberators and Catalinas; while across the ocean an increasing number of USN and RCAF squadrons were providing effective aerial 'umbrellas' over western Atlantic waters. Moreover, most first-line Coastal aircraft were now fitted with improved radar and armament countermeasure equipment designed specifically for anti-submarine location and attack.

On the German side Dönitz was about to introduce U-boats fitted with 'breathing' Schnorkel tubes – the first, U-264, was fated to be destroyed on 11 February, 1944, being abandoned by its crew in sinking condition after a seven-hour harassment by an RN escort group – as well as new radar equipment (which in the event proved little more effective in nullifying aerial detection) and the *Zaunkönig* homing torpedoes, in which the Germans had great faith but which proved equally ineffective in practice, either failing to detonate or doing so short of target in almost 50 per cent of cases. These and various other new devices introduced for U-boats did relatively little to prevent their continuing location and destruction. The only real asset enabling them to continue their offensive until the end of the war was the Schnorkel tube – a defensive device which reduced U-boats' 'visibility' to patrolling Allied aircraft by its ability to permit total submerging except for brief spells of surfacing by night to recharge batteries about every 30-36 hours. Though not in general use until mid – 1944, the Schnorkel or 'Snort', as it was dubbed by Allied airmen, had disadvantages for U-boat crews, but undoubtedly saved many from detection and probable death.

In January 1944 Dönitz decided to concentrate 22 of his fleet along an arc from the Faroes to Brest, west of Ireland, with roughly 30 miles between U-boats, in an attempt to cut the main convoy routes to the UK. These were to remain submerged by day and only surface at night when absolutely necessary for recharging. Their presence was quickly noted by Admiralty Intelligence, and Allied sea and air cover immediately increased. The result was a string of U-boats sunk by RN escorts, while on 8 January Fg Off J. P. Roberts flying Sunderland EK586, 'U', of 10 Squadron RAAF sighted a surfaced submarine at 1154 hours some 12 miles off his starboard bow. Swinging on to an attack course Roberts met heavy cannon flak at two miles range, but continued his run-in, diving to 50 feet above the sea, and once in range opening fire with his four fixed nose guns, sweeping several German gunners off the U-boat's deck. Trying to release depth charges, Roberts inadvertently pressed the release button before the depth charge trolleys had been run out. As a result the depth charges remained on their carriers and he had to bank steeply and attack a second time. Roaring in from the starboard quarter he released six depth charges and the U-boat immediately lost way, listed and began sinking by the stern. At 12 o'clock the U-boat's bow rose upwards, followed by an explosion, and U-426, commanded by Christian Reich, disappeared, leaving Reich and 36 seamen in the sea (all of whom perished according to German records). Nine days later John Roberts received an immediate DFC award.

The second Sunderland success in that month came on 28 January, when Flt Lt R. D. Lucas of 461 Squadron RAAF, piloting EK577, 'D', sighted U-571 (Oberleutnant Gustav Lüssow) 13 miles off his starboard side. The U-boat was surfaced and promptly put up fierce 20 mm cannon fire as Lucas homed in to attack. Returning fire from his nose guns, which swept the German gunners off their platform, Lucas's first attack with four depth charges fell some 30 yards short. Circling swiftly, he attacked again, obtaining a perfect straddle of the U-boat's conning tower with his two remaining depth charges. U-571 immediately blew up, leaving some 30 sailors in the midst of a large patch of debris. (Another aircraft which reached the area slightly later dropped a dinghy for these survivors.) The month was not without losses of Sunderlands: on 6 January JM709 of 228 Squadron was reported 'Missing in action' from a Biscay patrol, while a second 228 Sunderland, DD836, sank off the Scillies on 24 January. A third casualty was EK588 on a ferrying flight to No. 270 Squadron on 8 January, never heard of again *en route*. In all probability the lost Sunderlands were victims of the Luftwaffe, which continued to harass Allied aircraft, particularly over Biscay. Such opposition remained a constant hazard for Sunderlands, as on 15 February, when Flt Lt John McCulloch of 10 Squadron RAAF, captain of EK574, 'Q', flying a *Percussion* patrol, was attacked by no less than 16 Ju 88s.

Early that morning McCulloch spotted 12 unidentified aircraft some five miles away and immediately flew towards cloud cover. Even as he turned to make for that cloud a second formation of four more aircraft were sighted six miles away, all 16 now being identified as Ju 88s. These, on seeing the lone Sunderland, split into gaggles of four and proceeded to attack, closing to within 100 yards from differing quarters and firing. McCulloch flung his Sunderland into violent evasive actions, while his gunners took every opportunity to return fire. As the first onslaught died away McCulloch managed to reach cloud cover, his aircraft having sustained only slight damage, but with one dead tail gunner, Flt Sgt G. Mills. In balance, at least two Ju 88s were claimed as damaged, one of these being seen trailing smoke from a ruptured engine. In other respects, however, February proved to be a 'quiet' month, with few U-boat sightings or other serious incidents for the Sunderland crews. This relatively uneventful period extended into March, though in that month Sunderland ML740 of 461 Squadron (Fg Off Bunce) was attacked by nine Ju 88s on the 23rd and forced to ditch in the ocean with a mainplane afire. Of its crew, five were killed, but the other seven were rescued two days later by HMS *Saladin* after Sunderlands from both Australian squadrons had located and maintained patrols over the crew's dinghy.

On 10 March Warrant Officer W. F. Morton of 422 Squadron RCAF set out in EK591, 'U', for an escort patrol over Convoy SC. 154, his first operational patrol as a captain and being screened on this occasion by Flt Lt S. R. W. Butler. At 1500 hours the Sunderland reached its patrol area west of Eire with Butler actually at the controls when a surfaced U-boat was seen some six miles away to port. Butler immediately manoeuvred into attack position, reducing height from 1000 feet to 400 feet at one mile range, by which time the German flak crews had already begun putting up a wall of fire. As Butler jinked towards his target the U-boat manoeuvred to keep its stern towards the approaching aircraft. Opening fire at 1000 yards Butler found it difficult to match the U-boat commander's zigzagging manoeuvres, but dived in on its starboard quarter, dropped to 50 feet and attacked. Intense flak pierced the Sunderland's hull below the water line, but Butler released six depth charges in a straddle. Four appeared to explode astern of the U-boat, which then submerged, only to resurface three minutes later. As the Sunderland circled a visual signal, 'Fine bombish', was flashed from the U-boat's conning tower and its crew were seen to begin abandoning ship with various dinghies. Then at 1740 hours, with its bows lifting out of the sea, U-625 sank.

Ten days later, Sunderland DP183 from 330 Squadron failed to return from patrol – another Luftwaffe victim, it was assumed – while on 12 March W6008, 'H', of 423 Squadron RCAF (which had damaged U-338 on 5 April, 1943) was ditched at sea, though its crew were safely retrieved. These various incidents were relatively isolated events in the context of direct actions at this period; in May, for example, No. 10 Squadron RAAF flew a total of 52 sorties without any U-boat sightings and only three sightings of enemy aircraft, none of which involved combat.

Even so, other hazards still occurred. On 6 May Sunderland DD852, 'J' (Flt Lt R. Cargeeg), had just reached the outer limit of its patrol over Biscay when, some 500 miles from base and flying at 1000 feet, its port outer propeller sheared off

U-571 about to sink after two attacks by Flt Lt R. D. Lucas in EK577, 'D', of 461 Sqn RAAF on 28 January, 1944. (*D. Roberts via D. Vincent.*)

*Above.* U-426 sinking by the stern after attack by Fg Off J. P. Roberts in EK586, 'U', of 10 Sqn RAAF on 8 January, 1944. (*Imperial War Museum*, Ref: C4082.)

*Right.* Flt Lt R. D. 'Dick' Lucas in EK577, 'D', after sinking U-571. (*D. Roberts via D. Vincent.*)

*Below and Opposite.* Victor and Vanquished. Sunderland III, EK591, 'U', of 422 Sqn RCAF (Flt Lt S. R. W. Butler), which sank U-625 on 10 March, 1944. (*RCAF,* Refs: PL-40993 and PL-61342.)

with a mild explosion, bending one end of the port inner prop and gashing the mainplane. The port inner engine then began running rough, leaving Dick Cargeeg with only two good engines as the Sunderland began losing height and wallowing. Jettisoning all depth charges, guns and ammunition, floor boards and anything loose the crew could find, plus all 'surplus' fuel, leaving himself just sufficient to get back to base, Cargeeg then signalled a coded message to base: 'May be forced to land without further notice.' Base replied saying it was arranging for a Mosquito squadron to come out and escort them back across the Bay, but the Sunderland crew decided to maintain radio silence, for the Luftwaffe might well have intercepted their original signal and without guns they were a 'sitting duck' [*sic*].

Hours later, off the Scillies, the Sunderland was finally joined by two Hurricane fighters, which formated either side. Signalling base again, they received the reply; 'Try to make base but don't risk the boat.' One of the crew said, 'Bugger the boat, what about us . . .!' Cargeeg reached base and landed smoothly with his fuel tanks almost dry and the Sunderland was towed in by tender. Its subsequent career, though, proved equally unfortunate. After repair, DD852 returned to 10 Squadron, only to be hit by a ship during a gale on 1 September, 1944, and driven on to rocks in Jennycliff Bay and wrecked in a subsequent abortive salvage operation. Later Dick Cargeeg was almost a victim of another engine failure, when, on 1 June, attempting to take off in EK574, 'Q', his starboard outer failed and the Sunderland hit a buoy, holed its bow, and within minutes sank, though it crew scrambled to safety.

During April 1944 there was only one claim for sinking a U-boat by a Sunderland crew, this being U-311 claimed (and 'confirmed' by the contemporary authorities) by Flt Lt F. G. Fellows of 423 Squadron RCAF in DD862, 'A', on 24 April. More recent research by the Naval Historical Branch has revealed that in fact Fellows had actually attacked U-672, causing serious damage but not sinking it. May, however, brought two U-boats definitely sunk and at least two others damaged by Sunderlands. On 16 May, 2nd Lt C. T. Johnsen, piloting JM667, 'V', of 330 Squadron left Sullom Voe at 1327 hours and at 1720 hours sighted a surfaced U-boat three miles away. It was U-240, commanded by Leutnant Gunther Link, which remained surfaced, determined to fight it out. Johnsen's first run-in brought a heavy exchange of gunfire, which killed several German gunners, but during the second attack the flak scored several hits and killed the Sunderland's nose gunner, as well as wounding two other crew members and starting a fire in the front turret, smoke from which temporarily blinded Johnsen. Nevertheless, he pressed home his attack, dropping four depth charges from 50 feet. These exploded close to the U-boat's port side and its bows rose to a steep angle before it began submerging slowly, stern first, about one minute later. With both starboard engines damaged Johnsen was forced to leave the scene and, despite violent engine vibration *en route*, eventually achieved a safe landing at base.

The other U-boat sunk in May by a Sunderland was U-675, commanded by Ltn Karl-Heinz Sammler, which was first sighted a few minutes before 1400 hours on 24 May by Flt Lt T. F. P. Frizzell, DFC flying ML736, 'R', of No. 4(C) OTU. Seen fully surfaced at some five miles range, U-675 spotted the Sunderland quickly and its flak gunners began firing even before Frizzell was within range. As he closed the range, attempting to attack along the length of the U-boat, Frizzell met continuing flak and had to jink his aircraft to spoil the German gunners' aim, while Sammler increased his speed, then turned to port quickly as the Sunderland neared. Attacking from down sun at a mere 20 feet above the waves, Frizzell released six depth charges (one of which refused to leave its carrier). The fourth depth charge hit the U-boat's deck forward of the conning tower then rolled into the sea, while the fifth was seen to overshoot by some 60 feet. The combined explosions lifted U-675's bows almost vertically out of the sea, then as it sank a further explosion within the vessel erupted and it disappeared. Mushrooming air bubbles then began to appear followed by oil drums, planking, clothing and several bodies in the widening swirl. Frizzell continued circling for six minutes then, conscious that his port outer engine was misbehaving, he set course for base. On the same day Flt Lt R. H. Nesbitt in DW111, 'S', of 423 Squadron RCAF attacked and seriously damaged U-921 (Obltn Alfred Werner), which had to abandon its patrol and return to port for repairs, but 422 Squadron RCAF lost Sunderland DV990, 'R', which failed to return from patrol on the 24th. Three days earlier another 4 OTU Sunderland, 'S', captained by Plt Off E. T. King, had damaged U-995 (Kptnltn Walter Köhntopp) sufficiently to nullify its patrol.

During May 1944 full preparations for the imminent Allied invasion of Normandy were reaching completion. The highest priority for the Royal Navy and RAF forces was protection of the fleet of vessels bearing the invasion force across the Channel. For its part in this heavy responsibility Coastal Command mustered 29 of its total of 49 squadrons available under the control of No. 19 Group, Plymouth, with support from Nos. 15 and 16 Group units in Northern Ireland and south-east England, respectively. Of the seven UK-based Sunderland squadrons, six were to be directly involved, these being on 5/6 June 1944:

| *Squadron* | *Base* | *CO* |
|---|---|---|
| 10 RAAF | Mount Batten | Wg Cdr R. N. Gillies |
| 201 | Pembroke Dock | Wg Cdr R. E. C. van der Kiste, DSO |
| 228 | Pembroke Dock | Wg Cdr P. A. Lombard |
| 422 RCAF | Castle Archdale | Wg Cdr J. R. Frizzle |
| 423 RCAF | Castle Archdale | Wg Cdr L. G. J. Archambault |
| 461 RAAF | Pembroke Dock | Wg Cdr J. McL. Hampshire, DFC |

The seventh unit, No. 330 Squadron, still commanded by Cdr T. Diesen, remained based in the far north at Sullom Voe. Coastal Command's main objective in its protection of the cross-Channel invasion fleet was to bottle up both ends of the English Channel by preventing any German naval forces infiltrating. This operation, appropriately code-named *Cork* , meant providing constant patrol coverage of areas stretching from the southern Eire coast, across the western entrance to the Channel, and deep along the shores of Biscay. Single or pairs of aircraft were to fly regular, planned oblong search patterns over proscribed zones which would (theoretically) have the effect of detecting (by radar) any U-boat crossing any of the 12 designated zones at least once in every 30 minutes of flying time, provided the U-boat was *surfaced*. Since relatively few of Dönitz's U-boats were yet fitted with the new Schnorkel tubes, allowing them to proceed mainly submerged by day, the *Cork* system was to prove highly successful in blocking off the western approaches to the Channel.

The Allied invasion of Normandy commenced during the night of 5/6 June 1944 and at 0500 hours on the 6th the German Naval Forces West HQ issued orders bringing all U-boat commanders and their crews to 'Immediate Readiness' state, while Dönitz issued a directive emphasizing an absolute priority for his men to attack all

Allied cross-Channel shipping, saying: 'Every effort will be made to close with the enemy invasion fleet regardless of danger from shallow water, possible mine-fields, or anything else. Every boat that inflicts losses on the enemy while he is landing has fulfilled its primary purpose even though it perishes in so doing.' This order – tantamount to an invitation to commit suicide if need be – was nevertheless faithfully pursued by the U-boat commanders, for whom duty and honour were inextricably woven. That evening a total of 15 U-boats left Brest harbour in a long single file, some 300-400 yards apart, heading westwards initially, of which seven were fitted with Schnorkel tubes; this was the vanguard of a total of 49 U-boats to be despatched to penetrate the Channel at its western approaches. Of those first 15 to sail, 12 were destined never to reach their objective due to the vigilance of Coastal Command's *Cork* patrols.

That same night Sunderlands accounted for two U-boats sunk. At 2326 hours Flt Lt C. G. D. Lancaster, flying ML877, 'R', of 228 Squadron, obtained a contact at 15 miles range, some 20 degrees off his starboard bow, and seven minutes later sighted a surfaced U-boat by the glare of some air-dropped flares, west of Bordeaux. Attacking at 100 feet he dropped his depth charges, which straddled the U-boat aft of its conning tower. Within five minutes U-970 had sunk, leaving its commander Kptnltn Hans-Heinrich Ketels and 13 survivors of his crew to be eventually retrieved by the German air-sea rescue service. Meanwhile Flt Lt Les Baveystock, DFM, flying ML760, 'S', of 201 Squadron, had a radar contact at 2355 hours, some nine miles away, but this disappeared on investigation. Baveystock dropped some flares and just after midnight a distinct swirl was seen by his second pilot. Baveystock dropped a sea marker, then flew off 12 miles and began 'baiting' tactics for the next few hours. At 0244 hours his patience was rewarded with another definite contact at 11 miles range. Five minutes later a stream of flak tracer came up over the Sunderland's port wing as it came within a quarter of a mile's range. Diving, Baveystock dropped some flares, which immediately illuminated a surfaced U-boat some 600 yards off to port. Bringing his nose guns to bear, in conjunction with his mid-upper gunner, Baveystock silenced the flak guns then tracked over the U-boat, dropping six depth charges and a marker. These straddled the target at an angle of 15 degrees aft of its port beam, though four undershot. Seconds later the Sunderland crew heard and felt a 'heavy thud' [*sic*] and the flying boat 'jumped', though no damage was done. Radar contact with the U-boat ceased abruptly, but Baveystock remained circling the area for almost an hour before setting back to base. His victim was later confirmed as U-955, commanded by Obltn Johannes Baden. There came a tragic footnote to Baveystock's success on this occasion. On landing back at Pembroke Dock he was told that his father had died the previous day and he therefore left to travel to London. His crew's very next sortie was under the captaincy of Sqn Ldr W. D. B. Ruth, DFC, four nights later in the same Sunderland and they failed to return from a patrol, the last indications of their fate being a report by a 172 Squadron Wellington which described seeing tracer fire followed by an aircraft on fire in approximately Ruth's patrol area.

On 11 June Flt Lt M. E. Slaughter flying Ml880, 'U', of 228 Squadron attacked and damaged U-333 (Kptnltn G. Fiedler), but the Sunderland and its crew were not heard from again. Their victim, however, was sunk by HMS *Loch Killin* and *Starling* only weeks later, on 31 July. Slaughter's aircraft was one of four Sunderlands lost in June 1944; apart from ML760, already mentioned, 228 Squadron lost ML762 on 10 June, and ML811 on a ferry flight to Africa on 3 June, its wreckage being found later at Tornardo Lakka in the Congo. Although the initial air cover for the cross-Channel sea traffic conveying the Allied invasion force to Normandy had been totally successful in nullifying German interference, the need to maintain that aerial umbrella was just as vital in the subsequent months in order to protect the continuing reinforcement and supply sea routes to France. It meant no relaxation for the Coastal Command crews involved, who, in addition, were still needed to escort the constant Atlantic convoys further north and west. The *Cork* patrols were kept on a 'maximum effort' basis and No. 10 Squadron RAAF's crews flew a record 1146 hours on patrol in June alone, but weather conditions hampered many sorties in July. Most such patrols had been without

Some 201 Squadron crewmen, early 1944, at Pembroke Dock. Front row. L–R: Flt Lt W. Walters, Sqn Ldr 'Babe' Ruth, DFC, Wg Cdr van der Kiste, DSO, Sqn Ldr Powell, Flt Lt L. Baveystock, DSO, DFC, DFM. (*Late M. N. Anderson via J. Evans.*)

*Above*. Flt Lt W. B. 'Bill' Tilley, DFC, of 10 Sqn RAAF, who sank U-243 on 8 July, 1944. (*RAAF Official*.)

*Left*. U-243 being sunk by Flt Lt W. B. Tilley in W4030, 'H', 10 Sqn RAAF on 8 July, 1944. Note guns' tracks which killed the UB commander and its coxswain. (*D. Roberts via D. Vincent*.)

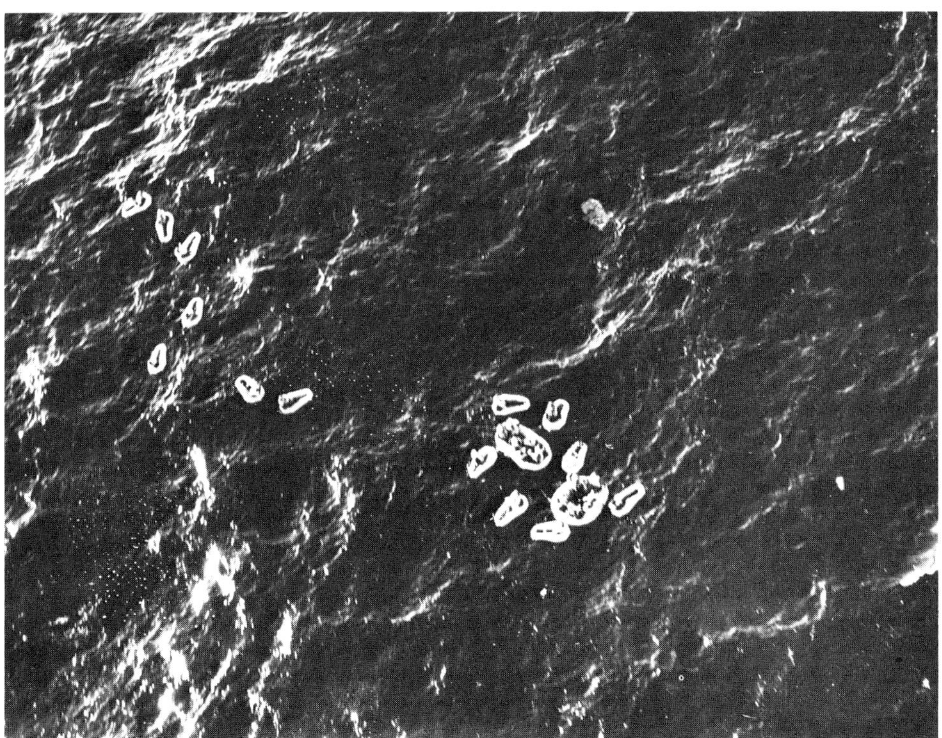

Aftermath. German survivors of U-243, 8 July, 1944. (*Imperial War Museum*, Ref: C4606.)

incident, but on 8 July yet another U-boat fell victim to a Sunderland.

On that date Flt Lt Bill Tilley set out in W4030, 'H', of 10 Squadron RAAF at 0705 hours and on his fifth circuit of his patrol area at 1435 hours came upon a surfaced U-boat travelling northwards west of Nantes. This was U-243, which had left Fleckefjord, Norway, on 6 June, sailed to Bergen, then round north of Britain into the western waters of the Channel, with specific orders *not* to submerge if attacked by Allied aircraft but to remain surfaced and fight back. Tilley, on sighting the U-boat, immediately attacked from its port quarter, firing his nose gun battery when within range and clearing the flak crews off its deck. Six depth charges were then dropped from 75 feet which straddled U-243 between its stern and conning tower. As Tilley circled he saw the U-boat listing to port and settling at the stern, then become stationary, its 20 mm flak crew still firing, although some of the German crew men were now seen taking to life-rafts and dinghies. Tilley meantime had signalled details to base and this brought a second Sunderland (JM684, 'K', 10 Squadron RAAF) and a USN Liberator to the scene, both of which made depth-charge attacks on the helpless U-boat. U-243's bows now rose vertically and at 1510 hours slid under the sea, leaving its fatally wounded commander, Kptnltn Hans Märtens, and 38 of his crew in dinghies. Tilley flew over the German survivors dropping food packages and one of his own dinghies, then helped guide a Canadian destroyer, HMCS *Restigouche* to the spot, which retrieved the German crew. A week later Bill Tilley was awarded an immediate DFC, and one of his crew, Flt Sgt L. Cooke, a DFM for their parts in sinking U-243.

July 1944 was to be the final month of operations by U-boats based along the Brest and Biscay coasts. The expanding Allied invasion area in northern France was now threatening U-boat and Luftwaffe bases, leaving Dönitz with no alternative but to withdraw his fleet to Norwegian ports in early August. In the interim his determination to attempt interference with the heavy cross-Channel sea routes kept his U-boats in the front lines of action. Due to the increasing number now being fitted with Schnorkel tubes, interception by Coastal Command aircraft became very much diminished, but occasional successes still occurred. On 11 July Flt Lt I. F. B. Walters, DFC, skippering ML881, 'P', of 201 Squadron, had been on patrol for nearly seven hours (despite a troublesome port inner engine) when he sighted a U-boat at 1345 hours just over eight miles away. The U-boat was actually submerged, relying on its Schnorkel, but its wake was clearly visible and Walters homed in on this for an attack. The U-boat's stern was seen to come out of the sea, apparently about to dive, but Walters completed his run-in, dropped five depth charges (a sixth had failed to release), and next saw the submarine's tail lift steeply clear of the surface. Apart from a widening circle of floating debris nothing more was seen of U-1222 (Kptnltn Heinz Bielfeld), later confirmed as sunk with all hands.

For the most part Sunderland crews' efforts during July and August were uneventful, their prime purpose being still to deter U-boats from entering the English Channel or attempting to attack any other Allied shipping in the UK western approaches. U-boats were still hunted in the hope of a 'kill', but opportunities grew fewer by August for the crews of No. 19 Group. It meant a continuation of intensive patrolling with little to show for their labours, but most Sunderland (and other) crews were well used to the monotony of maritime patrol work and its normal lack of direct action against an enemy. As one air gunner, Sgt Jim 'Taffy' Davis, put it, 'I totted up just over 400 flying hours in Sunderlands on ops and never once fired my Brownings at a German of any sort. My only consolation was that I'd been a tiny part of the reason many merchant seamen on the convoys survived the war, including my brother Ewen. He told me once when we were both on leave at the same time that he and his crew always felt a damned sight safer when even one RAF aircraft was flying above his convoy, no matter how many navy destroyers were around.'[1] Merchant seamen were not the only men to be thankful for the presence of the Sunderland in particular. Despite the general order prohibiting Sunderland captains from attempting rescue landings on open ocean seas, many skippers deliberately ignored the order to retrieve ditched air crews on occasion, though knowing full well the risks to aircraft and crew they were undertaking.

[1] Correspondence with author, 1978.

In the evening of 26 August, 1944, a Leigh Light Wellington from 172 Squadron (NB798, 'B', Flt Lt G. E. Whiteley) set out to patrol in the Bay of Biscay and found U-534 surfaced. Attacking this with depth charges the Wellington was shot into the sea by the U-boat's flak, killing all but four of the crew. One survivor, Fg Off R. B. Gray, RCAF, though severely injured, inflated one small dinghy and helped put his wounded captain Whiteley and another crew man, Flt Sgt J. W. C. Ford, into the dinghy, but refused to overcrowd the dinghy and remained clinging to its side, along with the fourth man, Warrant Officer G. H. Bulley. During the next 14 hours Gray died, still refusing to endanger the dinghy by climbing aboard, but the three remaining men were then located by Flt Lt Bill Tilley, DFC, of 10 Squadron RAAF. Tilley, piloting EK573, 'P', was on a routine patrol, but had been briefed on the ditched Wellington thought to be in his patrol area. Tilley picked up an IFF signal and homed in on it at a point about 80 miles west of Royan, and was soon joined by a second 10 Squadron Sunderland, ML856, 'A' (Flt Lt M. Ryan) and a Wellington from 172 Squadron. Reporting his sighting of the dinghy, Tilley and his companion aircraft circled overhead for an hour before he decided to waste no more time waiting for surface vessels to arrive and set about landing by jettisoning his depth charges at a safe distance then putting his Sunderland down smoothly on the sea. The three men and the dinghy were taken aboard, then Tilley took off again, albeit bouncing alarmingly off the crests of several heavy swells, and returned to Mount Batten. Subsequent to this mercy flight Fg Off Roderick B. Gray was awarded a posthumous George Cross for his selfless sacrifice in attempting to save his fellow Wellington crewmen.

Despite the transfer of his French-based U-boats to Norway in mid-August, Dönitz continued his assaults on Allied shipping in the Western Approaches and paid dearly in losses.[2] Three lost U-boats fell to Sunderlands during the month. On the 11th Plt Off Ivan Southall in ML741 of 461 Squadron RAAF home on to what turned out to be a radar decoy balloon released by U-385 (Kptnltn Guido Valentiner) some 150 miles south of Brest, then saw the surfaced submarine. He alerted a nearby RN escort group, then attacked with six depth charges spaced at 100 feet apart, four to starboard and two to port of the U-boat. After an ensuing brief exchange of fire, the depth charges exploded, but Southall then lost sight of his target. The RN escort group followed Southall's given location for the U-boat and eventually HMS *Starling* sank U-385 at 0641 hours next morning. On the 12th the second Sunderland success was U-270 late in the evening. It was sighted fully surfaced by Fg Off D. A. Little in ML735, 'A', of 461 Squadron RAAF, then attacked. Flying directly through a stream of flak tracer fire, to which his gunners were replying, Little dropped six depth charges from 300 feet across the middle of the U-boat, slightly forward of its conning tower. Two explosions were seen, but Little lost contact at two miles and flew back for a second attack, only to fail to regain sight or contact with the target. Eventually an RN escort group arrived at the last known location of Little's adversary and retrieved 71 of the U-boat's 81 crewmen, then signalled Little to confirm the sinking of U-270.

On 18 August came a particularly satisfactory 'kill', when a Sunderland sank U-107, a veteran submarine which had during its career claimed no fewer than 39 Allied ships as sunk. On that date Flt Lt Les Baveystock, DFC, DFM, of 201 Squadron, who had sunk U-955 in early June, joined that very rare company of pilots who claimed more than one U-boat sunk. He was skippering Sunderland EJ150, 'W', on this occasion and merely five minutes after reaching his patrol area sighted a wake. The ensuing action was described in the squadron diary: 'On the 18th NS-W was on patrol when at 1710 in fine clear weather, with aircraft at 500 feet, the second pilot and front turret simultaneously reported a wake visible some four miles distant on the port bow, Baveystock being on the bog [*toilet*] at the time. Aircraft continued on course: at three miles, with wake on port beam, periscope was identified. Second pilot sounded alarm and DCs were run out. Captain arrived on bridge: aircraft circled to port ahead of feather and captain took over in second pilot's seat. An immediate run in was made at a height of 50 feet and six DCs were dropped as aircraft tracked over a few feet ahead of periscope. A straddle was obtained with entry splashes clearly seen on either side of periscope.

[2] Between 10 and 18 August alone six U-boats were sunk by Coastal Command aircraft, ie, U-107, U-270, U-385, U-608, U-618 and U-981, though 31 others made their 'escape' successfully.

Survivors of Wellington of 172 Sqn being rescued by Flt Lt W. B Tilley, DFC, in EK573, 'P', 10 Sqn RAAF on 27 August, 1944. (*R. O. Bloch.*)

Immediately after the plumes had subsided a great circular eruption of bubbles rose slightly above the surface and these bubbles with air and froth continued erupting for a further 20 minutes. At ten minutes after the attack oil appeared on the surface, gradually increasing to a length of two miles. Floating wreckage also appeared, many pieces of broken wood and 40 or so white sheets of paper which proved to be German charts, and identified oil as U-boat diesel oil.' Baveystock added a personal note to this account: 'My second pilot and the crew did it all for me. I was just buttoning my trousers when I heard the alarm, and when I got up on the bridge they said, "Look, there's a periscope", and I looked and it *was* a periscope, so I just sat in the second pilot's seat and pressed the tits. It was too easy.' 'Easy' or not, Baveystock was later awarded a DSO later.[3]

The withdrawal of U-boats and Luftwaffe fighters from the Biscay zone in mid-August 1944 came as a mixed blessing to Sunderland crews of No.19 Group. On the one hand U-boats, now mainly based in Norway and the Baltic, would operate beyond the Group's usual operational areas, but the Sunderlands could now fly across Biscay waters without the fear of enemy fighters. Indeed, this lack of Luftwaffe opposition led to No. 10 Squadron RAAF receiving permission in late October to remove the aircraft mid-upper gun turrets to provide an additional look-out point for visual searches of enemy shipping. It also brought a lull in Sunderland losses to German aircraft, though flying accidents still accounted for occasional casualties, as on 12 August, when NJ175 'T', of 422 Squadron RCAF crashed and burned out at Belleek, County Fermanagh, killing three crewmen. In September, in addition to the loss of 10 Squadron RAAF'S

[3] Account from No. 201 Squadron Archives by courtesy of OC Squadron. Baveystock's 2nd Pilot on this sortie was Fg Off B. W. Landers.

ML747, 'N', of 461 Sqn RAAF beached. Note censored radar under wing. (*D. Roberts via D. Vincent.*)

Mk V, SZ560, 'D', of the FBTS, Pembroke Dock about to launch.

Baveystock's attack on U-995 on 7 June, 1944. (*Imperial War Museum*, Ref: C4599.)

Flt Lt L. H. Baveystock, DSO, DFC (Bar), DFM, of 201 Sqn, who sank U-955 on 7 June, 1944 and U-107 on 18 August, 1944. (*Imperial War Museum*, Ref: CH13830.)

DD852 (previously mentioned), 423 Squadron RCAF's ML823 crashed at sea on the 6th, killing nine men. The Biscay patrols were maintained after August, now seeking enemy surface shipping which might be used by German forces attempting to escape from western France to Spain or other refuge ports. Such sorties often meant flying very close to the Biscay coastline ports and occasionally Sunderlands thus engaged were fired on by shore batteries, albeit without sustaining any damage or casualties; an indication that isolated enemy posts were still manned. One example occurred on 7 October, when Sunderland JM685, 'Z', of 10 Squadron RAAF (Flt Lt W. A. Peach) was patrolling along the coast of southern France, finally flying in the Gironde Estuary. As it headed for the open sea it passed over a lighthouse displaying (apparently) a white ensign on its flag-staff. The rear gunner then noticed a swastika on this 'white ensign' and seconds later the Sunderland was bracketed by flak shells. The pilot instinctively pushed his aircraft into a sudden dive at full throttle. The result, due to temporary negative gravity, was that virtually all loose equipment became airborne inside the fuselage, including a cup of hot chocolate just handed to the skipper, which rose vertically then splashed down into his lap! Flattening out at sea level the Sunderland escaped without damage. By November these anti-shipping patrols had virtually ceased.

In the context of U-boats during the period August to December 1944, Coastal Command aircraft *claimed* a total of seven as 'sunk', of which two such claims were credited officially to Sunderlands. On 9 September Fg Off J. N. Farren, flying ML825, 'D', of 423 Squadron RCAF, saw some white vapour or steam on the sea surface, though had no radar contact indicated. Altering course, he lost height and closed in, but at two miles range the vapour disappeared, though a slight wake seemed to indicate a U-boat. Attacking this from ahead Farren released four depth charges, circled, then homed in three escort vessels, which included, HMCS *Dunver* and *Hespeler*, who proceeded to depth charge the area. There was no evidence of damage from either the air or sea attacks, but Farren remained in the area for the next six and a half hours, and officialdom credited Farren and the two named escort ships as sharing the sinking of U-484. Certainly, U-484 (Ltn Schäfer) was sunk on that date with no survivors off the Inner Hebrides, but several official naval histories fail to include the Sunderland as sharing the credit. A second victim for Sunderlands *officially* credited was U-322 on 25 November. This has in the past often been credited to Lt J. Buer, flying NJ188, 'G', of 330 Squadron in conjunction with HMS *Ascension*, sunk north-west of the Orkneys. In fact Buer had obtained a radar contact at 2157 hours at six miles range, lost height to attack, but could see nothing to bomb due to bad visibility conditions. Accordingly, he

DD852, 'J', of 10 Sqn RAAF on 2 September, 1944, Jennycliff Bay, after a storm the previous evening. (*K. Ginnane via K. Munson.*)

made W/T contact with nearby naval forces and, along with another aircraft, Liberator 'O' of 224 Squadron, homed in the naval ships, which establised an Asdic contact and sank the U-boat.

A third U-boat originally credited to a Sunderland (but later denied by the Naval Historical Branch re-assessment) was U-297 on 6 December, 1944. The Sunderland 'involved' was ML882, 'Y', from 201 Squadron, skippered by Flt Lt D. R. Hatton, and his after-report of his patrol gives evidence that it was he who initially located the U-boat, and that his attack appeared to have at least caused damage. Hatton's first sighting was a jet of white smoke or steam coming from the sea surface some eight miles away, which on closer inspection revealed a definite wake. Losing height to 50 feet Hatton then attacked, only to have his depth charge release distributor fail to function. Circling to port, Hatton made a second attack, this time dropping six depth charges from 50 feet. As he swung back on to a reciprocal track his nose gunner reported a widening pear-shaped depth-charge scum-patch. Hatton attempted to contact a nearby naval escort group, but without success, so flew to the ships and established visual contact before returning eight miles to the attack scene. Here he circled for 20 minutes and could see that the 'patch' had now increased in size considerably – roughly one mile long and half a mile wide – so he returned to the RN escorts and signalled location and direction before returning to base, having reached his PLE (Prudent Limit of Endurance). Naval records subsequently credited the destruction of the U-297 to HMS *Loch Insh* and *Goodall*, denying any 'share' to Hatton, though it might be added that a contemporary British Admiralty Intelligence report even stated that U-297 had returned to port.

If U-boats proved elusive during the closing months of 1944, due in no small measure to the increasing number being fitted with Schnorkel tubes, there was no lack of work for the Coastal crews. More attention was now being paid to the Norwegian coastal ports and the North Sea's upper exit area to the North Atlantic for U-boats intending to hunt the Allied convoys, though these were now being diverted south of Eire now that the Biscay ports were no longer occupied by U-boats. On 2 October Sunderland ML735 (which had sunk U-270 on 12 August) was lost over Bergen with Fg Off Godsall as skipper, while two days later NJ181, 'Z', of 330 Squadron failed to return from patrol, its fate unknown. Apart from ML839 of 10 Squadron RAAF, which sank at its Mount Batten moorings in a gale on 12 October, these were the only operational losses to the Sunderland squadrons by the end of the year.

Throughout the whole year of 1944 Coastal Command aircraft based in and around the UK had *claimed* a total of 62 U-boats sunk and numerous others damaged, though in certain cases sinkings had been shared with RN ships. Sixteen of the *claims* for U-boats sunk had been by Sunderlands (though as has been explained previously a few were incorrect), but such statistics do not reflect the overall efforts of the Coastal crews on their day and night vigils above the ocean. A typical year's work for a Sunderland squadron might be exemplified by the records of No. 10 Squadron RAAF for 1944. Its crews had flown 741 operational sorties, totting up 8540 flying hours, apart from a further 2940 hours on non-operational trips. They had reported nine U-boat sightings and made three attacks, which resulted in just two U-boats sunk (U-243 and U-426). Its only losses had been four Sunderlands, all in non-operational accidents, two airmen who died and one air gunner killed by enemy aircraft while on patrol.

As the new year, 1945, dawned British Intelligence was by no means complacent about the more recent diminution in U-boat activities, being aware that Dönitz's fleet might soon be reinforced by the introduction of greatly improved designs of U-boats. These included the large Type XXI and smaller Type XXIII U-boats already in production and at training depots. These incorporated anti-radar coated Schnorkel tubes, new radar receivers, hydrophones so sensitive they could detect a ship at 50 miles range, and new acoustic-type torpedoes which could be launched from a depth of 150 feet. Their speed, both surfaced and submerged, added to their potential new threat to all Allied shipping, while their near 'invisibility' to any aircraft severely hampered Coastal Command's chances of detection. RAF Bomber Command, by now

Sunderland III, ML778 '2-S', of 422 Sqn RCAF, Pembroke Dock, 8 December, 1944. Transferred to 201 Sqn on 2 May, 1945 as NS–Z, it flew the ultimate official convoy escort patrol on 3/4 June, 1945. Later (1951) it was transferred to the French Aeronavale. (*RCAF*, Ref: PL-41278.)

DD849, 'CA' and 'DH' of 131 OTU frozen in at Killadeas, January 1945 . . . when the crews could literally walk on water! (*RAF Museum*, Ref: P11896.)

W6066, 'CL', of 131 OTU, Killadeas, January 1945. (*RAF Museum*, Ref: P11895.)

U-363, showing its anti-aircraft flak guns.

ML778, NS-Z, 201 Sqn flying the last official Coastal Command convoy escort patrol on 3/4 June, 1945. (*Imperial War Museum*, Ref: CH15302.)

at sufficient strength to 'spare' aircraft for bombing attacks on specific targets in Germany which were associated with Dönitz's U-boat building programme, duly attacked and wrecked such vital waterways as the Dortmund-Ems Canal in late 1944, thereby disrupting the U-boat transportation system, as well as mining Baltic training ports and bombing U-boat construction yards at such places as Danzig and Hamburg.

The threat envisaged by the British Admiralty was a very real one. The first Type XXI U-boats began being delivered to training depots in mid-1944, while one of the first Type XXIIIs to claim success on operations, U-2322, sank a British freighter on 25 February, 1945. Fortunately for the Allies only two Type XXIs ever put to sea for war patrols, U2511 and U-3008, both in the last week of the European war, too late to make any impact. Dönitz was convinced (with good reasoning) that provided he could get sufficient numbers of such new U-boats on to operations he could not only cut the Allied supply lines to its armies in Europe but could also launch a new, decisive assault on the North Atlantic convoys. As he personally reported with full confidence to Hitler on 28 February, 1945, 'The deadly weapon of the pure submarine is at hand.'

From 1 January to 8 May, 1945 (VE-Day), Coastal Command aircraft were to claim at least 30 U-boats actually sunk of which only one Sunderland could claim any direct participation. On 30 April Flt Lt K. H. Foster in ML783, 'H', of 201 Squadron spotted smoke and a Schnorkel wake in the early morning and tried to attack, only to have the port bomb door refuse to open. He made a second attack run from 200 feet, but the port rack still remained closed. Firing some 1600 rounds from the nose and tail positions at the Schnorkel tube head, the Sunderland commenced a square search. At 1133 hours Foster sighted a Schnorkel's smoke two and a half miles away and immediately attacked, this time dropping six depth charges from 70 feet, but could see no results. Picking up signals from the U-boat he started another square search, having signalled base for reinforcements. At 1309 hours RN escort ships arrived and were given details of the two sightings before Foster resumed his patrol. The U-boat attacked was at first identified as U-325, but later reassessment established that U-242 (Ltn Riedel) was destroyed by two of the RN escorts, HMS *Hesperus* and *Havelock*.

During January – April 1945 no fewer than 16 Sunderlands were lost, all in flying accidents, crashes, gales or other non-operational causes, six of these from No.4 (C) OTU alone, but no Sunderland was lost due to enemy action, although Flt Lt Tom Gibson, flying PP138, 'M', of 10 Squadron RAAF, had a nearloss on 4 March when over the Irish Sea; his aircraft's starboard inner propeller sheared off damaging the starboard outer prop. After making a safe ditching, Gibson's aircraft was later taken on tow by a High Speed Launch and safely delivered to Pembroke Dock. Bad weather conditions during early 1945 cramped operational flying for all squadrons to a degree, but the Command's protection of shipping continued whenever possible. The Allied armies' rapid overrunning of German-held territories in Europe pointed to an imminent cessation of that war, but Coastal Command and the Admiralty's main worry now was the known commencement of transferring German forces, including U-boat bases, from the Baltic to Norway, where, it was highly suspected, Hitler intended to make a 'last stand'. In March 1945, for example, 28 U-boats sailed from the Baltic to Norwegian ports as the start of an increasing traffic in the following weeks. By then, however, Coastal Command's Strike Wings and Typhoon rocket-armed fighters from the 2nd Tactical Air Force (TAF), now based along the northern coast of Europe, were wreaking heavy losses among the transient German shipping in the North Sea reaches. The end was very near for Hitler's vaunted '1000-years Reich'.

While well aware that the Allied armies' conquest of Germany was rapidly reaching fruition, Coastal Command's crews could not relax their constant endeavours even after 8 May, 1945, which was declared the date when 'Peace' finally arrived. Even Karl Dönitz's edict that all U-boat commanders were to surrender immediately and make for Allied ports could not be relied upon to be obeyed. Fully armed patrols continued to be flown for many weeks after 8 May and Coastal captains had orders to attack any U-boat not displaying the black 'Surrender' flag or refusing to obey instructions to proceed to a specified Allied port. The last *official* wartime patrol, a convoy escort sortie, was flown on 3 – 4 June, 1945, by Wg Cdr John Barrett, DFC (of

Wg Cdr J. Barrett, DFC (far left), and his crew of ML778, NS–Z, 201 Sqn on 4 June, 1945, after flying the last convoy escort sortie. (*Imperial War Museum*, Ref: CH15304.)

U-516 surrendering to Flt Lt Allardice of 461 Sqn RAAF. Note black 'surrender' flag.

1939 *Kensington Court* fame), piloting Sunderland ML778, NS-Z of 201 Squadron, who received a 'cease' order at one minute after midnight and returned to Lough Erne, landing at 0321 hours. Thus Sunderlands had flown the very first *and* last operational sorties of Coastal Command in the 1939-45 European theatre of war.

The final chapter in the unceasing war against the U-boats began on 25 November, 1945, when *Operation Deadlight* was initiated – the scuttling of 110 surrendered U-boats gathered at Loch Ryan in south-west Scotland (86 boats) and Lisahally, near Londonderry (24 boats). On that date the destroyer HMS *Onslow*, commanded by Captain St J. A. Micklethwait, led out a small force of Allied ships towing the U-boats in batches, or 'trots' as the RN termed them, to their eventual graveyard about 100 miles north-west of Lough Swilly and 80 miles north-west of the Bloody Foreland in Donegal, where the Atlantic sea-bed shelved away sharply to a sudden depth of some 1000 fathoms; deep enough to obviate any wreckage, oil or other fuel coming to the surface and becoming a danger to shipping or fish. Proceeding at a four knots crawl in heavy seas, the towing force reached their destination early in the morning of the second day after leaving Loch Ryan, having lost one U-boat, which foundered *en route*. Once arrived, pre-set explosive charges aboard some U-boats were then detonated, while others were destroyed by gunfire. By mid-day that first batch of U-boats had been dispatched and *Onslow* was returning to port to collect more 'trots', passing the outward bound HMS *Onslaught* with its batch on the way. At the two ports there had been no farewell ceremonies by the German skeleton crews, who had maintained their vessels while in Allied custody. Once the U-boats had been initially

Farewell parade of No. 10 Squadron RAAF at Mount Batten, on 24 October, 1945, being addressed by Air Cmdre G. H. Boyce (on dias, back to camera.) In background Sunderland PP115, which continued in RAF service until being scrapped in August 1955. (*RAF Museum*, Ref: PO14221.)

secured to their towing cables all German crews had been put ashore, never to see their vessels again. Their supreme commander, Karl Dönitz, appointed Führer of the Third Reich by Hitler, had been arrested by the Allied Control Commission on 23 May, 1945, at Flensburg, tried for war crimes at the Nuremburg Trials, and sentenced to ten years' imprisonment in Spandau Gaol, Berlin, being finally released in 1955.

For the UK-based Sunderland squadrons the cessation of the war in Europe saw six of the seven leave Coastal Command, either transferred or disbanded within months. On 8 May, 1945, the seven squadrons were disposed:

| *Squadron* | *Base* | *CO* |
|---|---|---|
| 10 RAAF | Mount Battern | Wg Cdr H. G. Cooke, DFC |
| 201 | Castle Archdale | Wg Cdr J. Barrett, DFC |
| 228 | Pembroke Dock | Wg Cdr A. M. G. Lywood, DFC |
| 330 | Sullom Voe | Cdr C. R. Kaldager |
| 422 RCAF | Pembroke Dock | Wg Cdr J. R. Sumner |
| 423 RCAF | Castle Archdale | Wg Cdr S. R. McMillan |
| 461 RAAF | Pembroke Dock | Wg Cdr R. E. Oldham |

No. 10 Squadron RAAF flew its ultimate operational war sortie on 7 May, though it flew a further 51 sorties after VE-Day as armed patrols seeking surrendering U-boats. From 20 June the squadron ceased to come under the aegis of Coastal Command, on which date No. 466 Squadron RAAF, Transport Command, was retitled No. 10. Thereafter the remaining original 10 Squadron was declared 'redundant' with effect from 15 October, 1945, and was officially 'disbanded' on 26 October. No. 201 Squadron remained in RAF first-line strength, continuing to fly Sunderlands until ultimate disbandment in 1957, but its fellow veteran RAF Sunderland unit, No. 228 Squadron, was disbanded at Pembroke Dock on 4 June, 1945. The mainly Norwegian-manned 330 Squadron was transferred to No. 88 Group on 30 May, 1945, then became part of the Royal Norwegian Air Force from 21 November the same year. No. 422 Squadron RCAF flew its final war patrol on 1 June, 1945, when five of its Sunderlands provided aerial escort for a repatriation convoy, before being officially disbanded at Bassingbourn on 3 September; while the other Canadian unit, 423 Squadron RCAF flew its last patrol on 31 May and was also disbanded at Bassingbourn on 3 September, 1945. No. 461 Squadron RAAF, having flown its last patrol on 18 June, was formally disbanded at Pembroke Dock on 20 June and its personnel (mainly) returned to Australia at the end of October 1945.

# 9. West African Skies

Until the Italian dictator Mussolini dragged his country into the war on the side of the Axis powers in June 1940 the main Allied sea supply lines to North Africa and the Far East had been routed through the Mediterranean to Port Said, with the Suez Canal providing a 'short cut' to Far Eastern venues. With Italy's naval and air forces thereafter presenting a constant threat to any Mediterranean convoys these were re-routed to sail southwards along the Atlantic seaboard of Africa, round the South African cape, thence northwards to Suez or eastwards to Ceylon (now Sri Lanka) and Singapore. A vital convoy assembly and staging point for this route was Freetown, Sierra Leone, where the headquarters of the C-in-C South Atlantic was located. The only air unit of any description to be based in the zone prior to Italy's declaration of war was No. 710 Squadron of the Fleet Air Arm, which had been formed at Lee-on-Solent on 23 August, 1939, equipped with Walrus amphibians, six, plus three reserve aircraft, for service with the seaplane carrier HMS *Albatross*. This ship arrived in Freetown on 8 September, 1939, initially and 710 Squadron became based on a rough landing ground at Hastings, near Freetown, by July 1940, with detachment aircraft operating from Dakar and Bathurst on occasion, and also utilizing a second landing 'field' at Wellington, outside Freetown. By May 1941 the airfield at Hastings had become an official RN Air Station as the base for all aircraft of 710 Squadron, and in August 1941 a second FAA unit, No. 777 Squadron, joined 710 at Hastings, the new unit flying a few Fairey Swordfish and Blackburn Roc aircraft. By early 1942 No. 710 Squadron had moved on, leaving 777 Squadron to remain based at Hastings until being disbanded there on 25 December, 1944.

The importance of this new Allied convoy route, in particular the port at Freetown and its adjacent waters, was quickly recognized by Karl Dönitz, who despatched some of his (then) meagre force of ocean-going U-boats south from their Biscay bases in early 1940 to harass the Allied convoys. With its fleet strung thinly on a global basis, the Royal Navy had few vessels to spare for any reasonable escort protection for such merchantmen and the Admiralty appealed to RAF Coastal Command for possible help. The command's first response was to send an advance party of personnel only, which arrived in Bathurst in November 1940 to form RAF Marina Camp, located on a spit on the north side of St Mary's Island, near Bathurst. An order was next issued to No. 210 Squadron, based at Oban, to detach three of its own Sunderlands, L2163, P9623 and T9041, plus sufficient personnel and equipment, to fly to Freetown. This order was to be effective from 15 January, 1941, a date later ratified as the official formation date for No. 95 Squadron, as this detachment was eventually titled. On 16 January, accordingly, the three Sunderlands were flown from Oban to Pembroke Dock, where L2163 was replaced by N9027 and all three were then modified to accept extra fuel tanks in their bomb bays to top up the total fuel capacity to some 2400 gallons per aircraft.

Staging to RAF Mount Batten on 31 January, N9027, piloted by Fg Off S. G. Baggott, left to fly to Gibraltar on 2 February and, despite an oil leak and eventual port outer engine failure, reached the Rock safely. The other two Sunderlands, T9041 (Plt Off Bailey) and P9623 (Flt Lt C. E. W. Evison), left the UK on 14 February bound for Gibraltar, with the appointed flight leader, Sqn Ldr P. A. Lombard, aboard Evison's aircraft. T9041 completed its flight without mishap, but P9623 began losing fuel and was forced to land near Setubal, Portugal, where its crew and aircraft were immediately interned by the neutral Portuguese authorities. However, in the following month, thanks to some fast diplomatic 'footwork' by the British authorities in Portugal, Lombard, Evison and his crew were repatriated to England, though the Sunderland remained, bought by Portugal. Meanwhile, at Gibralter N9027 had become a victim of a raging gale on 15 February, though it was later salvaged and refloated, and T9041 had its bows damaged by a pinnace and, after a temporary repair, was flown back to the UK on 26 February for major overhaul and eventual re-issue to 201 Squadron in June 1941. During the same period the detachment's main party of personnel had sailed from the

UK on 8 February aboard the SS *Highland Brigade* and arrived in Freetown on 2 March, where the men were temporarily camped near a swamp teeming with malarial mosquitos – and not an aircraft in sight.

Three more Sunderlands were next allotted to 95 Squadron, L5805 (ex-201 Sqn), N9050 (ex-10 Sqn RAAF) and a brand-new T9078, and the first two of these finally reached Freetown on 17 and 18 March respectively, but T9078 was delayed for the fitment of the latest Mk II ASV radar 'black boxes' before being flown out, arriving at Freetown on 5 April and carrying the repatriated Sqn Ldr Lombard and the newly appointed squadron commander, Wg Cdr F. A. Pearce. In the interim, N9050, 'D', piloted by Fg Off Baggott, had flown 95 Squadron's first operational sortie on 24 March, a convoy escort patrol, while two days later L5805, 'B' (Plt Off Bailey), carried out the second operation, escorting a convoy leaving Freetown. Their presence was welcomed by the convoys, which were losing many ships now to U-boats lurking in the general Freetown area – at least seven of the underwater killers were scouring the seas off Sierra Leone at this time – losing 30 merchantment sunk in the month of May 1941 alone within a 600-mile radius of Freetown. Nevertheless, a mere three Sunderlands could never provide anything approaching adequate aerial cover and hasty steps were being taken by Coastal Command to increase the air strength in West Africa.

Initially, six Lockheed Hudsons of No. 200 Squadron[1] were sent to the ex-Lufthansa airfield at Jeswang, some seven miles west of Bathurst, in June 1941, while on 5 June No. 228 Squadron was ordered to despatch two Sunderlands to Bathurst. This pair, L5803 (Wg Cdr E. J. Brooks, DFC) and T9046 (Flt Lt A. Frame), after a chapter of mishaps and technical troubles, eventually reached Bathurst by the last day of June and moored off Half Die Camp, Bathurst, at first using the SS *Dumana* as crew accommodation and 'operations room'. In November, however, L5803 was flown back to the UK, while T9046 was officially transferred to 95 Squadron's strength. By the end of May 1941 four more Sunderlands had been received by 95 Squadron, L5802 (ex-201 Sqn), T9040 (ex-204 Sqn), T9041 (ex-210 Sqn) and T9073 (ex-210 Sqn), but further reinforcement was already being prepared in the shape of No. 204 Squadron, based then at Reykjavik, Iceland, and commanded by Wg Cdr D. I. Coote,[2] 204 Squadron despatched its first five Sunderlands, L5800, N9024, N9044, T9070 and T9074, to Bathurst on 28 August 1941, the start of four years' continuous operations in West Africa.

On arrival the 204 Squadron crews were accommodated aboard SS *Dumana*, still moored off Half Die Camp, but were transferred to its sister ship SS *Manela*[3] after this arrived in October carrying staff for the newly forming HQ West Africa Command to be based at Freetown, this new command being officially inaugurated from 22 October, 1941, 'divorced' from Coastal and Middle East Commands' control thereafter. The abrupt change from the frozen wastes of Iceland to the dank heat of West Africa, allied to a desperate shortage as yet of spares and adequate maintenance facilities, gave 204 Squadron's air and ground crews myriad problems in producing aircraft serviceable for operations, but, as with their counterparts on 95 Squadron, the ground crews in particular provided near-miracles of improvisation in order to 'keep 'em flying'; merely one more example of the invaluable, ubiquitous and, be it said, largely unsung efforts of RAF 'Erks' when faced with seemingly daunting conditions. Thanks to such efforts, 204 Squadron lost little time in resuming operations on 7 September, but apart from routine convoy escorts and air-sea rescue and reconnaissance sorties, the squadron was soon to meet aerial opposition, from Vichy French fighters based at Thies, north-east of Dakar in Senegal.

On 29 September, 1941, Sunderland N9044, 'C', skippered by Flying Officer Ken Dart, was detailed for a general recce to the north-west, including a 'look' at the Vichy French-occupied Dakar. Ray Gough, 1st pilot to Dart, takes up the story: 'We crossed the coast about 20 miles north of Dakar at zero altitude and flew down the main road. The battleship *Richelieu* and a cruiser were moored parallel and about 200 yards apart in the harbour. We flew over the town, just above the rooftops, and then even lower over the water across the harbour. By flying so low and in between the two warships we

[1] Re-formed at Bircham Newton on 25 May, 1941, from a nucleus supplied by 206 Squadron.
[2] Later, Group Captain, CBE.
[3] SS *Dumana* and SS *Manela*, both ex-British India Steamship Company vessels, served as floating accommodation and, on occasion, as operational HQ for many Coastal Command crews throughout the war, serving in locations from Iceland to Singapore.

SS *Manela* – seen here off Singapore, 8 January, 1946 – which served as floating billet and operations control for numerous Coastal Command crews throughout 1939-45.

T9072, 'F', of 204 Sqn at Reykjavik. Above the hatch door is a cartoon 'Ferdinand the Bull'. It later served as 'V' with 10 Sqn RAAF and crashed 5 December, 1941, killing four crewmen. (*Imperial War Museum*, Ref: MH6620.)

Half Die Camp, Bathurst, 1941. Marina Camp was beyond trees (top) on beach. (*R. Gough.*)

made things somewhat difficult for them to fire at us. We got away with the information we required – to check out a reported fire in fuel storage installations near the harbour – and jinked our way out to sea. Then we spotted four fighters rapidly overtaking us, Curtiss Mohawks of the Vichy French. We prepared the Sunderland for action, but were relieved to see another Sunderland from 204 Squadron, 'J', angling in to join the party.'[4] This second Sunderland, piloted by Fg Off Douglas, took up an 'echelon port' formation with 'C', then both boats dropped to sea level at full throttle and commenced evasive action. The four Curtiss Mohawks began concerted attacks, one closing behind Sunderland 'C', its fire putting the tail turret out of action, damaging elevator trimming gear and smashing the compass and wounding three crew members, including Gough. As this Hawk banked away it presented its belly to the Sunderland's midship gunners, who raked its fuselage, then saw it stall and splash into the sea. Its attacking partner also suffered when the same gunners shot off parts of the Hawk's engine cowling and other pieces of metal. The engagement was brief and only two Hawks were seen by the Sunderland crews to fly away. Though Sunderland 'J' had sustained just one bullet hole, Sunderland 'C' had received a total of 74 hits and on landing back at base Ken Dart had to beach his aircraft quickly to prevent it sinking due to its damage. He was later awarded a DFC, but his 3rd pilot later died of injuries.

The Vichy French Mohawks were from two units based at Thiès, *Groupes de Chasse* 1/4 and 11/5, and an ironic aftermath to this combat occurred in 1943, when Ray Gough was an instructor at No. 4 (C) OTU in Scotland. Among the pilots on one course were a few Frenchmen, one of whom was sporting the ribbon of a *Croix de Guerre*. Purely out of curiosity Gough asked him what he'd been awarded the cross for, to be told: 'For shooting down a Sunderland.' When log books were consulted it transpired that the Frenchman had been one of the Mohawk pilots of Gough's combat on 29 September, 1941. Gough then had no small pleasure in taking the Frenchman outside to see his claimed victim, Sunderland N9044, still wearing its patched bullet holes, and in which Gough was to give the pupil dual instruction . . .![5] A more serious outcome was the official realization that, in late 1941, Vichy French aerial opposition, based little more than 100 miles from Bathurst on the Sénégal coast, had to be countered. As a result No. 128 Squadron, equipped with Hawker Hurricanes, was formed at Bo temporarily, some 160 miles inland in Sierra Leone, on 7 October, 1941, commanded by Sqn Ldr Billy Drake, DFC, which derived from a nucleus supplied by 95 Squadron personnel. 128 soon moved base to Hastings near Freetown and was to remain based there until ultimate disbandment on 8 March, 1943, during which period it provided aerial escorts to the Sunderlands when requested.

Bathurst, with its Marina and Half Die Camps, the latter deriving its morbid title from a time when half the native population had been victims of a plague, was situated on a spur of land protruding into the Atlantic mouth of the Gambia River, and was never the most popular of RAF postings with its average annual rainfall of some 50 inches, temperatures ranging up to 105°F (October being the hottest month), and a host of pestilent diseases ever ready to prostrate the human race. The 'rain season' extended from June to October with tornadoes usually occurring at the start and finish of each such season. The overall effect was of excessive humidity and constant sweat with all their attendant discomforts. Two main airfields were to be established inland: Yundum, some 10 miles south-west of Bathurst, and Jeswang, eight miles north of Yundum. These were primarily the bases for 200 Squadron, although in the rain seasons in later years Yundum's single PSP-metal runway became so waterlogged that aircraft were moved to a USAAF field constructed at Rufisque, Sénégal in 1943. A pilot who joined 200 Squadron in 1943, by which time the squadron was re-equipping with Liberators, was John Griffin, and his own impressions of living and working conditions in Gambia applied to all units based there. 'It had long been known as the "White Man's Grave", where malaria and blackwater fever were a constant hazard and many squadron members contracted malaria despite all reasonable precautions being observed. The climate was always hot with two distinct seasons. For six months it rained some part of every day and flying was plagued by fog and major frontal storms out to sea. The remaining six months were totally without rain and the ground then became like talcum

[4] Correspondence with author 1976.
[5] C's attacker, from French records, appears to have been Sgt Lemare of GC 1/4.

T9070, 'E', of 204 Sqn, which caught fire and exploded at Half Die moorings on 16 August, 1942. (*Imperial War Museum*, Ref: MH6669.)

L2158, 'M', 204 Squ – the first production Sunderland I – which was lost on 17 August, 1942 while on convoy escort when it crashed into the sea and its depth charges exploded, killing four crewmen. (*Imperial War Museum*, Ref: MH6667.)

powder, with the easterly harmattan winds blowing in and carrying dust up to 10,000 feet and 800 miles out to sea. Visibility reduced to a few hundred feet and it was always necessary to fly on instruments even in full daylight. During the hot season aircraft became too hot to touch and maintenance was normally scheduled for early mornings and evenings. The fuel evaporation rate was exceptionally high during this period. Ground crews worked under the worst possible conditions, from which there was no escape for them from the camp confines, not even safe swimming facilities. Food was simple and monotonous, there being no local fruits or vegetables to add variety; only peanuts were grown and harvested by the natives. Yet the standard of maintenance was always exceptional despite the erks having every reason to be bored and careless.'[6]

One of those erks was the late Derek Anderson, a wartime-enlisted airframe mechanic, whose memories of his sojourn at Bathurst were by no means fragrant: 'I'd heard the expression "White Man's Grave" for French West Africa in my schooldays, but, naturally, had no thoughts of ever actually seeing the place – in those pre-war days foreign travel for a working-class lad like myself was out of the question. However, when I joined the RAF during the war and was told I'd been posted "Overseas" – nowhere specified – I innocently imagined myself basking in balmy sunshine with all the dreamy delights of the so-called "Mysterious East". What a comedown when my small draft was off-loaded at Bathurst! Stinking heat day and night, permanently damp kit, never-ending sweat, and nothing to do except work and more work keeping the kites serviceable. Nowhere to go off-duty, and the local native girls were hardly my idea of "Eastern charms"... Water got into everything in the rainy season and I can't remember *ever* feeling really dry all the time I was there. Many of my oppos (*friends*) caught malaria, but I was lucky in that respect. After Bathurst I never complained again about lousy RAF postings – that was *the* worst...'[7]

The two Sunderland units, 95 and 204 Squadrons, found little excitement on their regular patrols in the context of U-boats, although sinkings of Allied merchant ships reduced dramatically after their arrival in the Freetown zones from 30 sunk in May

[6] Correspondence with author, 1976.

[7] Correspondence with author, 1975.

N9050, still wearing its 10 Sqn RAAF codes, with 95 Sqn at Fourah Bay, Freetown, April 1941. (*Wg Cdr S. G. Baggot via A. Thomas.*)

1941 to five in June, one in July, one in August and none in September. This apparent run of success was not, of course, due solely to the RAF's efforts, owing much to the Royal Navy's sinking of many German refuelling and resupply ships sent to succour the U-boats operating in the area so far from their Biscay/Brest ports. Another reason was Dönitz's decision to transfer most U-boats operating off West Africa in late 1941 to northern Atlantic waters to intensify assaults on the USA-Britain convoy routes which he continued to regard as his fleet's prime objective. Nevertheless, if direct action was rare for the Sunderland crews there was no lack of other hazards. Even in their air-sea rescue role they occasionally needed rescuing themselves, as on 20 September, 1941, when Flt Lt T. P. Gibson, a New Zealander piloting T9078, 'A', on a convoy escort had an oil leak in the port outer engine and was forced to land on the sea off Cape Ann. Radio signals were sent and some four hours later a destroyer, HMS *Vansittart*, appeared and took on board six of the Sunderland's crew, then hooked up a tow line and began towing the flying boat slowly to Freetown. After an exhausting night for the skeleton crew aboard the Sunderland, helping to keep the aircraft afloat despite breaking tow lines and heavy ocean swells, they finally reached Freetown still on tow. Other Sunderlands were often called upon to locate survivors of sunk Allied shipping, usually directing the nearest RN ship to rescue these, though one Sunderland decided to land and take on board 56 seamen from a torpedoed merchant vessel; this gross overloading meant the Sunderland taking some five miles to finally 'unstick' and get airborne.

1942 brought a year of constant but uneventful maritime routine work for both

JM671, 'Z', 95 Sqn at St Vincent, Cape Verde Isles, 1943. (*Wg Cdr S. G. Baggott via A. Thomas.*)

Sunderland 'Q-Queenie' (DW109) of 270 Sqn. (*RAF Museum*, Ref: PO20754.)

Loading the racks. (*Imperial War Museum*, Ref: CM2575.)

EJ164, fresh from the Belfast factory, which served as 'E' with 270 Sqn and ditched in the South Atlantic, 3 October 1944. (*Short Bros. PLC*, Ref: SU312.)

JM671, 'Z', 95 Sqn down with engine troubles, Bathurst, 1944. (*R. Codd.*)

RN298, 'F', 240 Sqn at Koggala, 1945. (*RAF Museum*, Ref: PO18803.)

Sunderland units, but was not entirely free of casualties. On 28 June T9041, 'V', of 204 Squadron was forced to ditch at sea, killing two crew men, while on 16 August a second 204 aircraft, T9070, 'E', caught fire at its moorings at Half Die, then exploded. 95 Squadron also lost two aircraft – DV957, which crashed and burned out on 3 September, and DV975, which also crashed and burned out on 28 November, killing seven men aboard. Reinforcement for the Sunderland squadrons came in November 1942, when No. 270 Squadron was re-formed at Jui, a new base near Freetown whose name loosely translated as 'Swamp of death'. Initially equipped with Catalinas, the new Squadron moved base to Apapa on 23 July, 1943, where it continued operating Catalinas until starting re-equipment with Sunderlands in December that year. Ten Sunderlands arrived for 270 by the end of 1943 with an eleventh, DW106, being lost in transit on 18 December, and DW111, which had arrived on 5 December being flown back to the UK on 21 December. The squadron's original base, Jui, became occupied by another newly formed unit. No. 490 Squadron RNZAF, from 29 March, 1943. Commanded by Wg Cdr D. W. Baird it flew Catalinas at first, utilizing an advanced base at Fisherman's Lake on the Liberian coast, further south. Baird was succeeded as commander by Wg Cdr B. S. Nicholl on 1 December, 1943.

The only other Sunderland unit in the command in 1943 was No. 343 Squadron, which came into being with effect from 29 November with a merging of the French *Flottille* based at Dakar, details of which are described in the chapter *Foreign Forces*. Throughout the year all Sunderland units continued to suffer casualties in aircraft and men, summarized as follows:

| *Date* | *Aircraft* | *Squadron* | *Remarks* |
|---|---|---|---|
| 29/3/43 | W6063 | 95 | Crashed at sea, six killed |
| 14/4/43 | JM669, 'A' | 204 | Ditched/lost at sea |
| 31/5/43 | JM680, 'J' | 204 | Collided with H/95 on t/off and sank |
| 17/7/43 | EJ145, 'P' | 204 | Ditched at sea, 11 killed |
| 18/7/43 | JM687 | 204 | 'Missing in action' |
| 19/9/43 | DV986, 'E' | 343 | Lost at sea, 11 killed |
| 20/9/43 | L5798, 'B' | 204 | Damaged in gale, ret to UK |
| 22/9/43 | JM710, 'X' | 204 | Dived into sea, Bathurst |
| 1/10/43 | DV974, 'G' | 204 | Crashed Bathurst, 3 killed |
| 2/10/43 | W6079, 'C' | 204 | Crashed Pt Etienne, 1 killed |
| 22/10/43 | JM705, 'A' | 343 | Crashed/sank Dakar |

No. 490 Squadron RNZAF was soon to convert from Catalinas to Sunderlands, receiving its first pair on 4 May, 1944, and flying its first Sunderland operational sortie from Jui on 17 May (see Chapter 13 *Foreign Forces*). As with all other units in West Africa it rarely saw action against enemy forces and had to be content with the knowledge that the mere presence of their aircraft over convoys probably deterred many potential attacks on Allied merchant shipping. Merely operating the Sunderlands in the West African theatre, with its uncertain weather conditions, including sudden storms, gales, even tornadoes, offered plentiful problems even without any human enemy involved. The accident and loss rate did not diminish throughout 1944, with a total of 11 Sunderlands alone being lost, mostly in flying accidents;

| *Date* | *Aircraft* | *Squadron* | *Remarks* |
|---|---|---|---|
| 5/1/44 | DW105 | 95 | Crashed after t/off, Pt Etienne |
| 2/2/44 | DP182 | 343 | Ditched/exploded S. Atlantic |
| 5/2/44 | JM704 | 343 | Crashed Bel Air, Dakar, 4 killed |
| 26/4/44 | DV985 | 343 | Crashed in sea, 13 killed |
| 7/6/44 | EK585, 'V' | 270 | Burned out at moorings |
| 13/7/44 | DV991, 'Q' | 204 | Exploded on t/off, 9 killed |
| 14/7/44 | ML852, 'P' | 490 | Ditched/sank at sea, 2 killed |
| 28/8/44 | JM672, 'E' | 204 | Crashed on t/off, 5 killed |
| 27/9/44 | DW108, 'Y' | 270 | Crashed landing |
| 3/10/44 | EJ164, 'E' | 270 | Ditched S. Atlantic |
| 9/10/44 | EK580, 'B' | 204 | Night crash, 4 killed |

The end of the European war in May 1945 led to an immediate run-down in West Africa Command – no threat being likely from Japanese submarines in Atlantic waters – and order for disbandment arrived for Nos. 95, 204 and 270 Squadrons in May. Apart from a few Sunderlands handed over to the French-manned 343 Squadron, all three units proceeded reluctantly to destroy their Sunderlands by scuttling, nearly all on the same day, 21 June. All three RAF squadrons were then disbanded on the same date, 30 June, 1945. No. 490 Squadron RNZAF lingered a little longer, being then disbanded at Jui on 1 August, but the French 343 Squadron remained operational at Dakar until being officially transferred to Aeronavale on 27 November, 1945, and being retitled *Flottille* 7FE. For almost four years the handful of units based in West Africa had maintained a constant watch-and-ward role over Atlantic waters, flying in treacherous weather and debilitating climates, yet finally having precious little to show for their dogged labours in terms of enemy shipping destroyed. Even so, they had epitomized Coastal Command's overall prime contribution to the air-sea struggles in every theatre of war – deterrence.

# 10. Kaleidoscope

In keeping with its original designed purpose the Sunderland's prime operational roles remained general maritime reconnaissance and anti-shipping hunter-killer throughout the 1939 – 45 war. Nevertheless, the exigencies of war soon led to its employment in various other guises. Its jumbo-sized internal capacity lent itself naturally to a 'Carter Paterson' freight and passenger role and one of the first Sunderland units to undertake such tasks was No. 10 Squadron RAAF based at Pembroke Dock until moving base to Mount Batten from 1 April, 1940. Indeed, the squadron's first official 'operational' flight on 10 October, 1939, was in N9049, 'B', carrying a spare engine to Bizerta for 228 Squadron, flown non-stop across France in each direction. Several VIP passenger trips were flown thereafter, conveying senior officers as far afield as Egypt. Such flights intensified in June 1940 as France was on the brink of surrender and attempts were made to bring to England French politicians and senior military personnel wishing to continue the fight against Germany. These flights were not without dangers.

On 25 June, for example, Flt Lt Dick Cohen of 10 Squadron RAAF piloted P9602, 'G', from Calshot to Rabat in French Morocco, carrying the Allied C-in-C, Lord Gort, and the Minister of Information, Duff Cooper. Their purpose was to contact the French Minister Georges Mandel, who had already proclaimed his intention of creating a French resistance administration-cum-'government' to continue the war. Cohen landed in the narrow estuary of the Bou Regreg River only to meet obstruction and active hostility from the Vichy French authorities there, who did their utmost to frustrate the mission. After a series of unpleasant clashes with Vichy French police and military, including physical 'restraint' of Gort and Cohen, the British party, unable to contact Mandel, finally managed to get back aboard their Sunderland and Cohen, coolly ignoring an armed Vichy French boat deliberately circling the moored flying boat, started all four engines and taxied fast through the crowded shipping in the estuary until he reached the open sea, then flew to Gibraltar, refuelled, and returned to England on 27 June. For this and other actions Cohen was awarded a DFC in September 1940. While Cohen was embroiled with hostile Vichy French at Rabat, another 10 Squadron Sunderland, N9050, 'D' (Flt Lt H. Birch), flew to Malta on 26 June to deliver a load of Bofors gun ammunition, then picked up Vice-Admiral Muselier and two other French officers at Gibraltar on the return flight to England, the last occasion on which a Sunderland flew directly across France to the Mediterranean theatre for the next four years.

Earlier in 1940 Sunderlands were also active during the brief Norwegian campaign, transporting senior military personnel to Norway and providing aerial escort and reconnaissance for the Royal Navy. These flights across some 800 miles of the North Sea were often met with Luftwaffe opposition, one casualty being Sunderland L5799, 'D', of 204 Squadron (Flt Lt Harrison), which failed to return on 7 April. Others landed their passengers in Norwegian fjords, often under fire from marauding German bombers and fighters and, on occasion, taxiing out for take-off again, dodging bombs from the air.

If any single unit exemplified the ubiquity of its Sunderlands the most prominent during the war was almost certainly No. 230 Squadron, which was to see operational service in the three major theatres of war, Europe, Middle and Far East. Its mercy missions in the Greek/Crete campaigns of 1941 have been mentioned in Chapter 4, *Over the Med*, but its overall wartime activities were akin to the legendary 'wandering Bedouin', almost constantly shifting bases and having myriad brief detachments to meet immediate emergency requirements. As the first squadron to receive a full complement of Sunderlands prior to the war at Seletar, Singapore, 230 was to be successively based around the Mediterranean, Ceylon and Burma before finally returning to Seletar in late 1945, then becoming UK-based until final disbandment at Pembroke Dock on 31 July, 1957, having flown Sunderlands for 19 years, longer than any other RAF squadron. Having left the Middle East to become based at Dar-es-Salaam in January 1943, the squadron became based at Koggala, Ceylon, from

February 1944, where its role was to be anti-submarine patrols and convoy escorts. In the event no submarines were found and in May the unit was given a partial task of flying casualty evacuation sorties for the 3rd Indian Division, having a detachment at Assam for this purpose. This form of mercy role was to include a particularly hazardous operation in the following month when two Sunderlands and their crews formed a small detachment, commanded by Sqn Ldr Middleton, to evacuate casualties from Lake Indawgyi, inside Japanese territory in Burma, to a staging post on the Brahmaputra River for onward carriage to hospital at Dacca, India. The two Sunderlands undertaking these initial Chindit evacuations, JM659, 'Q' and 'O', were skippered by Flt Lts K. V. Garside and J. Rand, and flew, unescorted, high over the Ledo Pass at a ceiling of 10,000 feet, then landed on Lake Indawgyi, located some 70 miles west of Myitkyina, deep in enemy lines. Nicknamed 'Gert' and 'Daisy'[1], the two Sunderlands eventually airlifted a total of 537 wounded Chindits to safety. JM659, 'Queenie', the first to land on the Brahmaputra for this operation, was later lost on 4 July, 1944, sunk in the river by a raging whirlwind.

Returning to its normal maritime role 230 still found no enemy submarines, but lost one Sunderland, JM673, which failed to return on 28 November, 1944. Over the next few months, as the Burma war progressed steadily in the Allies' favour, 230 began operating from forward bases at Trombay, Akyab and the Redhills Lake, returning primarily to a freight transport role by lifting supplies for the army to the Chindwin River and delivered nearly half a million pounds of equipment in February and early March 1945. For the remaining months of the Burma campaign the squadron concentrated on seeking and destroying Japanese shipping, accounting for dozens of small and medium-tonnage craft off the coasts of Siam (Thailand) and Tenasserim. On 15 August, 1945, the Far East war with Japan officially ceased (VJ-Day') and 230 Squadron joined many other units in retrieving Allied prisoners of war from Japanese PoW camps; this type of operation was marred by the tragic loss of Sunderland NJ277 on 15 October, when it crashed on take-off from Koggala, killing 22 men aboard. After a brief sojourn at Seletar, flying a general courier service around the Far East theatre, 230 Squadron finally 'came home' to Castle Archdale in March 1946, moving to Calshot in the following month, and finally settling at Pembroke Dock from February 1949 until ultimate disbandment. Its motto, *Kita Chari jauh* ('We seek far'), reflected not only its strong Malayan bonds but also the nature of its varied assignments and globe-trotting existence.

230 Squadron was not the only flying boat unit to serve over the Indian Ocean and support the Allies in the Burma campaign. Other squadrons, Nos. 191, 205, 209, 212, 240, 259, 265, 321, 413 RCAF, 628 and 35 SAAF, all served at some period of 1943 – 45, but all flew Catalinas until the closing months of hostilities, 230 Squadron being the only fully operational Sunderland squadron during those years. Even so, 209 Squadron received at least two Sunderlands, NJ260 and NJ261, just before Christmas 1944, and in February 1945 began exchanging its Catalinas for more Sunderlands until by the end of April it had nine on charge. By October the same year 209 Squadron had moved to Kai Tak and was to continue flying Sunderlands in Far East waters for many years of the post-war era. On 1 July, 1945, No. 240 Squadron was officially disbanded at Redhills Lake, but immediately 're-formed' on the same date by having No. 212 Squadron retitled and this was also based at Redhills. Commanded by Wg Cdr C. B. Gavin-Robinson, AFC, the 'new' 240 Squadron had a total of 12 Sunderlands on charge by the end of July 1945, but its existence in the Far East was to prove brief, being disbanded at Koggala on 13 March, 1946. Across the Indian Ocean at Congella, Durban, No. 35 Squadron SAAF, formed initially with Catalinas in February 1945, began receiving ex-RAF reconditioned Sunderlands in late April, but was not fully equipped with the type until mid-October 1945 (See Chapter 13, *Foreign Forces*).

Despite its rugged structure and overall weight – a fully loaded Sunderland could top the scales at over 60,000 lb at take-off – the aircraft was never designed for take-offs or landings on open seas. Its hull planing surface, a mere sixteenth of an inch thick treated duralumin, was not intended to withstand the pulverizing hammering of ocean waves and swells. Yet Sunderland skippers, well aware of the possible consequences,

[1] Named after two characters invented by the popular music hall and radio comediennes Elsie and Doris Waters.

The Office. Cockpit array of a Sunderland III, 1943. (*R. O. Bloch.*)

Skipper. Vic Hodgkinson, DFC, of No. 10 Sqn RAAF takes time out for a 'cuppa' (*V. Hodgkinson, DFC.*)

The cavernous interior of a Sunderland I, scaled by two RAF men, looking towards the bridge.

Erks needed a head for heights, exemplified by this airframe mechanic redoping a fabric patch on DA-J, 210 Sqn. (*Imperial War Museum*, Ref: CH858.)

View towards the tail turret. (*Imperial War Museum*, Ref: CH11084.)

On the Panel. The flight engineer's 'office'. (*Imperial War Museum*, Ref: CH8573.)

WOP. Sgt L. J. Irving,
a wireless operator, of 423 Sqn RCAF, 10 August, 1943. Note trade badge – 'A fistful of lightning' – on his tunic sleeve. (*RCAF*, Ref: PL-22080.)

View forward internally. Note single 0.50-inch Browning gun at each beam hatch. Beyond is a step down to rest bunks, bomb room, wardroom; or upwards to radar deck, flight engineer's panel and finally the bridge.

and even in direct disobedience of higher authority orders, continued to set down on menacing seas in attempts to retrieve fellow fliers or survivors from sunk ships from almost certain death far from land. Such rescues began from almost the outset of the war and were to continue throughout the Sunderland's lengthy service in both war and peace. An example occurred on 17 October, 1940, when Sunderland P9600, 'E', of 10 Squadron RAAF (Flt Lt I. Podger), returning from a night patrol, spotted a faint light in the dusk some 30 miles away from the convoy Podger had been keeping an eye on. On investigation this proved to be a lifeboat containing 21 survivors of the *Stangrant*, sunk four days previously after straying from its convoy. Podger circled the lifeboat for a quarter of an hour, waiting for better visibility below, then dropped down, hugging the waves, to assess the sea surface condition. This was running a humpy swell, but Podger decided to chance it and duly landed about a quarter of a mile off the lifeboat. Stopping all engines, in order that the lifeboat could catch up with him, Podger ordered the lifeboat men to lower the boat's mast in case it damaged the Sunderland's wing, then directed them to the nose of the flying boat, where the sailors were taken aboard via the front gun tower. Many of the seamen started throwing their personal kit aboard, but Podger refused this, thinking of the weight overload, and only permitting the ship's captain to bring with him his ship's papers. Once aboard and 'distributed' along the fuselage to 'balance' overall weight, the exhausted survivors were given (to them) the sheer luxury of a hot meal cooked in the galley, their first in four days. The take-off was a series of skips and bounces off the ocean swells, but eventually achieved, and Podger returned to Oban. Ivan Podger was to be awarded a DFC in January 1942 at the end of his operational tour (121 operational sorties). Podger's air-sea rescue was but one of a total of 117 such sorties flown by members of 10 Squadron RAAF alone thoughout the war and most other Sunderland units could point to similar missions of mercy.

On the other hand several Sunderlands and most of their crews were lost in attempts to rescue ditched aircrews. On the night of 11/12 August, 1942, a Vickers Wellington of 172 Squadron, Coastal Command, on U-boat patrol over the Bay of Biscay was forced to ditch due to engine failure. As always, a search and rescue operation was put in motion and the following evening, among others, Wing Commander Neville Halliday, an English ex-Cranwell graduate and the first commanding officer of the recently formed No. 461 Squadron RAAF based at Mount Batten, set out in Sunderland T9090, 'B'. Arriving above the ditched crew's dinghy, Halliday could see below a heavy swell being whipped up by a 25-30-knot wind, but was not deterred. Jettisoning all depth charges (though one remained hung up on its carrier), then some 500 gallons of fuel to lighten ship, Halliday cut his throttles, went into a steep glide, then sliced through a huge wave. The sea broke the Sunderland's hull step, then tossed the aircraft back into the air. Slamming all throttles open, Halliday tried to keep airborne, but the battered boat vibrated madly on the point of a stall, whipped nose-down into another wave, ripped off the starboard float, dipped a wing-tip into the sea, then with tail rising the Sunderland rolled on its axis and crushed in its bow. One starboard engine burst into flames and sheared its propeller, then the aircraft dived into the sea and started shipping water inside its hull.

All the crew managed to struggle out, some into open water, while six, including Halliday, clambered on to the floating mainplane, then climbed into a dinghy. Their respite was short-lived as more waves swept some of the crew away to their deaths; leaving Halliday and just four others in the dinghy. The wrecked Sunderland soon sank, and the dinghy burst and scattered Halliday and the four men into the sea. Still Halliday survived and, clinging to the remains of the dinghy, remembered spotting an empty dinghy somewhere nearby, and Fg Off John H. F. Watson set off to swim to this, hoping to bring it back for the others. Though a former life-saver, Watson was completely exhausted by the time he found the empty dinghy and, on scrambling in, fell unconscious. On reviving later he could find no sign of Halliday or his other companions. Five days later Watson and, ironically, the surviving members of the Wellington crew were finally rescued. Of the Sunderland crew no trace was found.

On many occasions Sunderland crews forced to land on the open sea for a variety of reasons needed to be rescued themselves. In the case of T9047, 'L', of 10 Squadron RAAF, skippered by Flt Lt Gil Thurstun on 9 July, 1941, it was a question of the rescuers being rescued. Diverted from a patrol off the north-west coast of Spain to search for a reported U-boat, Thurstun received an amending order to search for a dinghy containing the crew of a ditched Lockheed Hudson, AE613 of No. 206 Squadron. On finding this dinghy Thurstun decided to land nearby, jettisoned his depth charges, then came down on a heaving swell in a series of jarring bounces. Once down the throttles were opened to taxi towards the dinghy, but there was no response from the port outer engine. On looking out Thurstun found that the entire port outer and its nacelle had disappeared, broken off by the Sunderland's impact with the sea, leaving just an oil tank dangling from the wing! Several crew members were hastily despatched out to sit on the starboard wing to redress the balance (otherwise the aircraft might have rolled over). The ditched Hudson crew (Plt Off T. Kennan and three others) were only 300 yards away and they were taken aboard the Sunderland via the rear entrance hatch, made comfortable, then given a bacon and egg 'breakfast'. Once this was accomplished Thurstun decided to attempt taxiing the 140 miles to the nearest haven, the Scillies and, with three crew men still perched on the starboard main

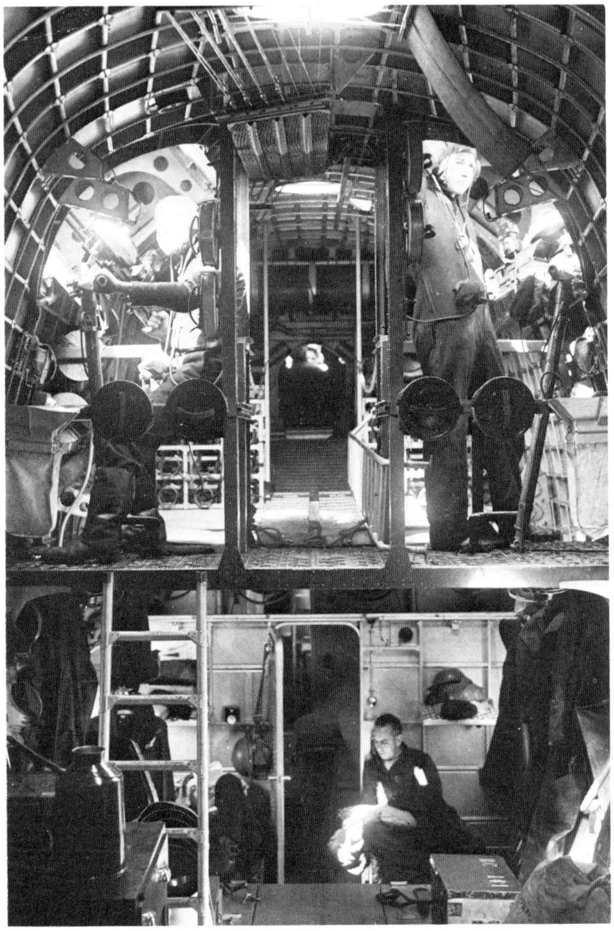

Another view forward, showing the early VGO gun hatches and (below) rest bunks. Note spare VGO ammunition drums. (*FOX Photos.*)

Navigator checking the master compass in the rear fuselage. In foreground is the fitter's work bench with vice, etc.

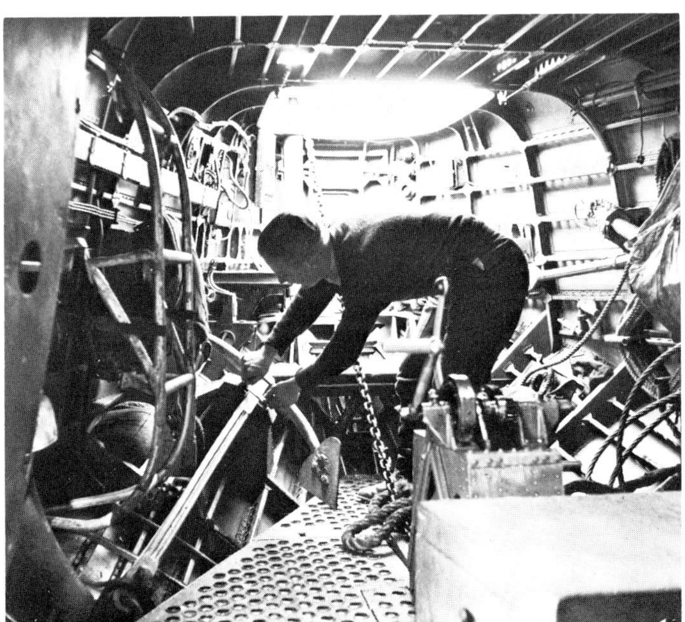

Stowing the anchor prior to take-off. (*Imperial War Museum*, Ref: CM2320.)

Water Baby. WAAF mechanic in full wading gear.

plane, commenced a three-knot taxiing course, privately estimating that it would take some 45 hours to complete the journey!

In the gathering darkness the Sunderland was found by a Hudson, which dropped a dinghy by parachute, followed by further Hudsons dropping food supplies and signalling that help should reach the boat within a few hours in the shape of two destroyers. Eventually, some 12 hours after the original landing, two destroyers appeared and hove to nearby. Thurstun was ordered to transfer his crew and passengers to one destroyer, HMS *Brocklesby*, which then moved off some 400 yards and proceeded to destroy the Sunderland by gunfire. The destroyers then resumed their interrupted anti-submarine patrols before finally disembarking the RAF crews at Plymouth. Thurstun was to suffer another close shave only 17 days later when, piloting P9604, 'J', on an intended anti-submarine patrol and only 300 miles out from Mount Batten, his starboard outer engine suddenly lost oil pressure. Reducing speed Thurstun set course back to base, ordering his crew to don life-jackets. Nearly two hours later, without pre-warning the whole airframe commenced vibrating alarmingly, breaking the controls to the starboard aileron. Fortunately, land was sighted shortly after and Thurstun took the Sunderland down to a forced landing at Coverack Cove, Cornwall, from where it was towed into Falmouth by a motor launch.[2]

In common with most Coastal Command aircraft Sunderlands were not immune to the Royal Navy's well-earned, albeit understandable, reputation for being 'trigger-happy' when any unidentified aircraft approached. On 1 March, 1942, Sunderland W3997 approached a convoy it had been detailed to escort, only to have one engine shot to pieces and forced to return to base. Its crew were more fortunate than that of W4025, ZM-P, of 201 Squadron, which arrived over Convoy WS.21 on 31 July, 1942, and was promptly shot into the sea by the naval gunners, killing all 12 crewmen aboard. Another Sunderland skipper, suffering the unwelcome attentions of an 'itchy-finger' naval gunner on a ship the flying boat was supposed to be protecting, signalled down in exasperation: 'If you come any f------ nearer, you'll have to marry me...!' The gunfire promptly ceased... Some aircraft casualties might have been classified as 'self-inflicted'; an example being JM678, 'B', of 10 Squadron RAAF. On 19 June, 1944, a maintenance crew were carrying out the routine DI (Daily Inspection), including in this case swabbing the fuselage floor with petrol spill. In the aircraft's galley one airman lit the primus stove to make tea; the resulting fire eventually forced the airmen to abandon ship and JM678 was burned out. Though later salvaged, the Sunderland had to be written off as 'damaged beyond repair'. A similar cause was suspected (though never possible to prove) for the loss of another 10 Squadron Sunderland. As Fg Off R. O. ('Bob') Bloch recalled, 'We had one crew who always used to have a cup of tea within about 15 minutes after take-off. One wingtip float was about all that was found down the coast a few miles... We (my crew) always had a strict rule that no primus or cigarette was to be lit until we had a reading on all fuel gauges and the flight engineer had sniffed around the aircraft, including bilges, and generally it was about one hour after take-off. If there was ever a fuel leak at any time from there on it was primus and cigarettes out for a start – you could never be too careful.'

Apart from the obvious hazards of ships' flak – enemy *and* 'friendly' – and the merciless, awesome might of raw nature, the Sunderland's prime foe was the Luftwaffe, particularly after June 1940, when German forces found fresh bases along the Biscay coast from which to despatch not only U-boat Atlantic raiders but fast fighters or other heavily armed aircraft to tackle Coastal Command air patrols around the Bay area. Against (mainly) such opposition as Junkers Ju 88s a Sunderland was at a distinct disadvantage, being far slower, far less manoeuvrable, and virtually 'blind' against any attack from below. Any Sunderland about to be attacked by enemy aircraft immediately dived to sea level, if possible, in order to protect its vulnerable belly, then relied upon its defensive guns and violent evasive action to thwart the onslaught. If too high the only other tactic was to seek cloud cover – and hope... Throughout the maritime air war Sunderlands figured in numerous clashes with the Luftwaffe, some engagements being outstanding near epics of skill and courage. The fighting odds against a solitary Sunderland were often too great even for the most determined crew; at least

[2] Wg Cdr G. R. Thurstun, DFC, died 6 September, 1947.

14 Sunderlands are known to have been shot down by German aircraft, while of 23 others simply recorded as 'Failed to Return' or 'Missing in Action', where the cause was unconfirmed, it is likely that a high proportion, if not all, were victims of aerial combat. Yet when scaled against the overall number of wartime sorties flown by Sunderlands, such a toll was relatively small, in itself a tribute to the boat and its crews.

The Sunderland's reputation as a doughty opponent among Luftwaffe crews was earned early in the conflict when it came to be dubbed 'Fliegende Stachelschwein' (*Flying Porcupine*) in deference to the apparently numerous guns bristling on it. This nickname would seem to have resulted from a series of combats endured by Sunderland N9046 of No. 204 Squadron on 3 April, 1940. With Flt Lt Frank Phillips at the helm, N9046 set out for a convoy escort sortie in the North Sea at 0935 hours, rendezvoused with his 'charges' as briefed, then settled down to the normal wide search pattern of the sea up to 20 – 25 miles around the convoy. By mid-afternoon Phillips and his crew had seen nothing untoward, then a pair of Junkers Ju 88s were spotted, flying low over the sea from the direction of Norway. Bringing his crew instantly to 'Action Stations', Phillips prepared to fight. After circling their intended prey, the Ju 88s split up and one bore in from the boat's starboard beam, opening fire at 800 yards and closing. In the Sunderland the three air gunners, LACs Frame and Dixon in the front turret and starboard hatch respectively, with Cpl Bill Lillie in the tail turret, waited patiently, then all three opened fire in brief bursts. This crossfire evidently made the Ju 88s pilots have second thoughts and both flew away. An hour later four more Ju 88s arrived and tried to bomb the convoy, only to be tackled by the Sunderland and driven off.

Shortly after, a third gaggle of six Ju 88s appeared over the convoy and two of these made a beeline for the flying boat, obviously pre-briefed by the former attackers. Realizing he was in for a sustained onslaught, Phillips took the Sunderland down to wave level. Both Junkers followed, attacking from a beam, to be followed by the remaining four Ju 88s, which attacked from astern, one at a time. In the rear turret Lillie coolly refrained from firing until the first antagonist was merely 100 yards away, then blasted it. The Ju 88 yawed crazily, erupted in flames and dived into the sea. Switching his sights to the second Ju boring in, Lillie hit its port engine and the Junkers broke away pluming smoke and headed back to base. A few minutes later it was joined by its four remaining companions. Aboard the Sunderland Phillips, nursing a slashed eyelid, surveyed the damage: all fuel tanks punctured, trimming gear wrecked, one bomb rack out of action, and myriad holes in the hull and tail section. Setting course for Invergordon, some 200 miles away, Phillips returned safely and was later awarded a DFC, while Bill Lillie received a DFM. The gunner's second victim was later confirmed as crashed at base. Sunderland N9046, 'F', duly repaired, met an ignominious end by catching fire at its Sullom Voe moorings and sinking on 28 October, 1940.

Over the following years Sunderland crews were to meet Luftwaffe opponents on many of their sorties, especially over the Bay of Biscay, almost always having to face alone superior numbers. Crews were aware of the deficiencies in defensive armament in the early Sunderlands and were quick to suggest or improvise additional guns, either hand-manipulated or in power-operated turrets. Nevertheless, all such armament remained basically of 0.303-inch calibre – no match in pure striking range to the cannons of 20 mm or larger calibre fitted in their German opponents. The reluctance of 'higher authority' – in 1940, specifically Lord Beaverbrook, controlling the Ministry of Aircraft Production, who ordered postponement of development of 20 mm cannons for RAF aircraft – to provide RAF bomber and maritime crews with far more effective defensive and offensive means remains a moot point of debate. The provision of even a single 20 mm cannon in the nose of a Sunderland for attacking U-boats or other enemy shipping would undoubtedly have produced far greater results than the standard pair of 0.303-inch Browning machine guns. Even the four-Browning fixed guns' nose installation later originated by No. 10 Squadron RAAF was only regarded as a strafing expedient for killing enemy ships' flak gunners on an attack run-in. A typical illustration of the advantage of a cannon's longer range than that of the Browning occurred on

5 June, 1942, when Flt Lt S. R. C. Wood, flying Sunderland W3986, 'U', of 10 Sqn RAAF, attacked and damaged U-71, but was then attacked by a Focke-Wulf Fw200. The German made several attacks in an engagement lasting some 75 minutes, holing the Sunderland repeatedly with its cannon but from beyond the range of the flying boat's machine guns. Only when the Fw200 bore in close could the Sunderland gunners register hits and the Fw200 flew off eastwards.

By 1942 Sunderland crews were only too familiar with Luftwaffe opposition over the Biscay patrol zones. On 17 May, 1942, Flt Lt J. G. P. Weatherlake of 461 Squadron RAAF fought off repeated attacks by Ju 88s and was lucky to return safely, his aircraft receiving some 200 holes from cannon and machine gun fire. On 27 July Flt Lt R. C. W. Humble of 10 Squadron RAAF fought an hour-long battle with four Ju 88s, but despite a damaged engine survived, while next day another 10 Squadron Sunderland, T9110, 'C', skippered by Flt Lt Reg Marks, attacked two enemy armed trawlers escorting a convoy and was itself attacked by a Messerschmitt Bf109 from a nearby coastal airfield. The Bf109 was promptly shot into the sea, but at the same instant a flak shell exploded on the Sunderland's hull. Other slivers of shell damaged two engines, sliced the pilot's control column and missed Marks face by inches. Setting course for Mount Batten, Marks and his crew set about throwing all loose equipment overboard, including parachutes and the anchor, in a bid to lighten ship. By careful nursing of his damaged engines Marks finally reached base without further incident. Such combats were to steadily increase in the continuing operations across the Bay of Biscay, a constant hazard for all Coastal crews until August 1944, when all Luftwaffe units were withdrawn from western France due to the successful Allied invasion of Normandy in June that year.

Purely technical problems often proved just as dangerous as any machinations by the enemy. Apart from major breakdowns by overheated reconditioned engines, an increasing probability until the introduction of the Pratt & Whitney Twin-Wasps, trifling items as small as an omitted split pin or loosely threaded nut could spell near-disaster for any airborne Sunderland, placing the crews' lives in jeopardy. Thus, the labours of the anonymous ground crews, the 'Erks', had to be of the highest standard. Naturally, that standard tended to vary between individual units, much depending on the energy and determination of the individual engineering officer in charge of maintenance and his NCOs, but could be impaired by the type of administration applicable to each squadron. In the case of a Commonwealth-administered unit like No. 10 Squadron RAAF, for instance, it was virtually autonomous and its manning aligned to RAAF policy in establishment. In practical terms this meant that personnel posted to the squadron's maintenance crews were retained on the squadron for at least two years (often serving much longer), thereby giving smooth continuity in the work. Under RAF administration, however, any airman or airwoman could be, and too often was, reposted within a short time to another unit, depending on the whim of the RAF Records Office, which controlled all personnel movements. Such a policy merely created a constantly shifting population in the maintenance hangars and workshops – hardly conducive to efficient planning of servicing or, for that matter, high morale among Erks thus affected. Little wonder that certain RAF engineering officers and SNCOs were heard grumbling an old RAF saying: 'Aircrew we can always get but good fitters are bloody hard to find . . .!

Men and women posted to Sunderland (or other) flying boat squadrons quickly came to realize that their daily round of work bore little resemblance in character to that on any 'normal' land-based unit. Much of routine maintenance entailed working on moored-out aircraft with all the concomitant problems, not least coping while their 'kite' moved continually, up, down and sideways, according to the state of the sea. Balanced precariously on small metal platforms let down from wing leading edges, engine fitters and mechanics, for example, needed a good head for heights preferably and soon learned the axiom 'A tool dropped is a tool lost forever'. It might also be remarked that personnel, air *and* ground crews, posted to flying boat units were never even asked first if they could swim! Nevertheless, the novelty of working on 'boats' appealed to most Erks, especially on such occasions as the great UK freeze in January

1945, when many Sunderlands at moorings were literally frozen into the sea and airmen could actually *walk* from shore to boat on the solid brine surface. It should also be borne in mind that ground crews in such trades as fitter, rigger, armourer and wireless serving on Sunderland squadrons were regularly included in aircrews for operations, yet as late as 1943 some such 'aircrew' were still humble Leading Aircraftmen (LACs) without the privileges of rank and pay accorded to 'proper' aircrew.

Ray Chapman was an LAC armourer when he arrived on No. 201 Squadron and had pleasant memories of his time on Sunderlands: 'When I reported in the first day I was, of course, dressed in my No. 1 best blue uniform, buttons brightly polished and boots with a shine you could shave in – on my previous unit the SWO (*Station Warrant Officer*) had been a right bastard about correct dress at all times, so I wasn't taking any chances on this new posting. I was directed to a billet and on entering soon realized I need hardly have bothered with all the "bull"; the various Erks lounging around were the scruffiest bunch I'd ever seen! "Uniform" seemed to be dirty white roll-neck sweaters under greasy battle-dress, with gumboots folded down to ankle level and even dirtier white thick socks over the fold. I was soon issued with my own sweater, socks and gumboots, plus a long black waterproof oilskin coat, then given my own box of tools from the stores; the Corporal who issued these was at great pains to emphasize that any tools I lost I'd have to pay for. I next found that while most riggers and fitters were usually allotted to a particular Sunderland as their baby, as an armourer I'd be called on to look after any aircraft needing my services. I also learned – and it gave me something of a thrill at the time – that I might be required to join the odd aircrew for ops if they needed an air gunner. Luckily I'd had a fair amount of experience on Frazer-Nash gun turrets and Browning machine guns on my previous squadron, so that thought of being allowed to actually operate them in anger gave me quite a kick.

'As I settled in to the daily grind I began to realize that the erks on 201 seemed to be a much closer bunch than I'd met before; almost like a family in a sense. We worked long hours, day and night often, but also "played" hard off-duty, sticking together and sharing. It was a great atmosphere to work in. Castle Archdale was a pleasant station in summer, with its surrounding countryside – my first-ever visit to Northern Ireland – and servicing facilities were pretty well organized, but the winter I was there was rough. When I was needed for servicing any moored Sunderland it meant a day out on the water, so I learned to make sure I had *every* item I would want, including food and drink, because if the sea was bad – as it usually was in winter – the boats taking us to and from the shore only made the early morning trip out and didn't come back until tea-time or even later. At times the sea was too rough even for that and I spent many a freezing night trying to sleep on board the Sunderland, though it had fairly good facilities for cooking, etc. Occasionally we had howling near-gale force winds lasting for days and nights and this meant having a skeleton crew on board throughout the storm, usually a pilot, flight engineer, and a couple of odd bods for extra hands. On those occasions the pitching and tossing of the kite made me wish I'd joined the army! I stayed with 201 for about eight months before being posted overseas to India and never saw a Sunderland again until many years after the war, when I attended an RAF Open Day one September. As part of the flying display a gleaming white Sunderland suddenly appeared and flew across the airfield very low and at slow speed. I confess that a lump came in my throat at the sight of that beautiful, graceful aircraft.'[3]

Chapman's remarks about the 'boats' which conveyed him and his fellow airmen to and from moored-out Sunderlands indicate just one task of a distinct 'ground' trade associated indispensably with flying boats, the RAF's Marine Branch. These 'light blue sailors' of the RAF's 'private navy' have a history stretching back to the 1914 – 18 war though, curiously, the RAF Marine Branch *per se* was not *officially* 'created' until 1948 in its own right. The marine crews were responsible for transfer of all crews from shore to aircraft and return, but also provided refuelling, supply and part-maintenance facilities by means of a wide variety of barges, pinnaces and other specialized vessels. They were a permanent background feature of all maritime, sea-borne aircraft and received little publicity, yet without them flying boat and seaplane units could never have operated. Speaking a language laden with salty expressions and naval terminology, the RAF

[3] Correspondence with author, 1976.

mariners also provided the nucleus and eventual manning of the Air-Sea Rescue Service when the RAF's responsibility for this came under the official aegis of Coastal Command from early 1941. As with all Erks throughout the RAF and its allied air forces, whether humble AC or horny-handed Flight Sergeant, the maintenance crews' invaluable contribution was rarely publicized and even more rarely rewarded with medals, yet without their devoted labours and dedication aircrews could have accomplished nothing – a simple fact readily acknowledged by all operational aircrews.

# 11. From The Cockpits

Aircrews' regard for the aircraft they were required to fly on operations during 1939-45 (or any other conflict) varied widely, often to extremes. Many such aircraft types were almost universally condemned as 'dogs', even 'death-traps' – the Avro Manchester and Lockheed Ventura spring readily to mind in those contexts – whereas others such as the Spitfire, Hurricane, Lancaster and Mosquito came to be near-revered by their 'owners'. Such homage included professional respect for a 'good kite', ie, one of particularly outstanding design and performance, but must have been part-motivated by a natural emotion of private gratitude to an aeroplane which had brought them unscathed through the hell of operations. Survival has ever been the prime instinct of the human race and any aid towards that end achieved a concomitant affection and affinity, however illogical this may appear to those who have never heard a bullet fired 'in anger'. For the men of Coastal Command the Short Sunderland was without question the 'Queen', unmatched in ubiquity and without peers in its designed role. Like every aeroplane ever produced it had its faults and some deficiencies when first flown to war, but these were purely technical facets which could be resolved in the light of experience, greater power, better armament and other minor operational facilities being quickly introduced as the war progressed. Nevertheless, the Sunderland's *basic* design was *right* from the outset – modifications and fresh equipment merely gilded the lily.

The following individual accounts of what it was really like to work in or on Sunderlands reflect not only the high professional skills and procedures required, but also the overall affection felt by all ex-'boat men' for the aircraft, each a sincere personal tribute.

Ray Gough, a former employee of the Shorts' factory at Rochester, who eventually achieved a personal ambition when he joined No. 204 Squadron in May 1941 as a Sergeant pilot to operate on Sunderlands, summarizes his (and myriad other aircrews') affection for the 'Queen': 'Remembering the Sunderland, that queen of the air, brings back for me above all the tactile and almost sensual pleasure of handling it; of flying it to its limits (and beyond on occasion). Of its utter sweetness on the controls; the complete confidence one felt in its response – almost human – to one's moods. To me, the unutterable feeling of "one-ness" with that superb aircraft . . . was an ultimate ambition fulfilled.' Gough's nostalgic memories of the Sunderland were echoed by A. W. F. Burge, an ex-Halton Aircraft Apprentice engine fitter who remustered to aircrew as a Flight Engineer in early 1942 and completed an operational tour with No. 461 Squadron RAAF before volunteering to continue operations with a new Coastal Command Halifax unit. 'It was not the same, flying in any old aircraft that happened to be serviceable, and no happy life aboard servicing and polishing one's "own" aircraft. The Sunderland is still, to me, *the* aircraft, which I look back on with affection. I suppose it was a life akin to that of the crew of a well-found yacht, and we were quite self-sufficent, being able to live on board, service our own kite, and had an inexhaustible number of possible bases.'

Burge's comment on Sunderland crews' self-sufficiency is further described: 'We always ate very well as our larder was stocked with goodies from the Australian Comforts Fund, and included tinned foods of all descriptions. The cooker was a nautical contraption called the Clyde Cooker, consisting of an oven in the middle of two Primus stoves in the outer sections providing two heating rings. Twenty-five gallons of fresh water were carried in five drums with fitted taps, so a cup of tea or coffee presented no difficulty. Naturally we had a sink in which to carry out our washing-up chores. We were equipped with a handsome WC, flushed by an eleven-gallon tank; our model was the "Gosport Baby" and was a normal marine "head", while in this small room was a wash basin and shaving mirror, so one could look spruce and clean before going ashore. Apart from servicing of the engines, airframe and other systems, a lot of cleaning and polishing had to be done constantly. In addition, bilges had to be pumped daily; the Sunderland was equipped with a fitted bilge system, pumped out by an APU

JM678, 'B', 10 Sqn RAAF beached at Cattewater, 19 June 1944, after being burned out while moored at No. 2 buoy; the primus stove had been lit while an Erk was cleaning the internal floor with petrol! (*R. O. Bloch.*)

EK573, 'P', 10 Sqn RAAF being towed from the Scillies to Plymouth on 11 November, 1943. (*R. O. Bloch.*)

Wg Cdr N. A. R. Halliday, RAF, OC 461 Sqn RAAF, killed on 13 August, 1942 while attempting to retrieve a ditched Wellington crew (see text).

through a valve control. We even fitted the "wardroom" with coloured curtains and a portable radio.' Vic Hodgkinson, DFC, an Australian skipper with No. 10 Squadron RAAF, expands on the 'creature comforts' available: 'Many 10 Squadron crews lived on board between trips. They had all they needed, including a galley equipped with two Primus stoves. It was quite common after fuelling up for some of the petrol to flow down the wing into the bilges and for crews, not to be deterred, to get these stoves going – accompanied by the usual starting-up flames from the Primus – in this explosive atmosphere for a quick "cuppa". All crews were very proud of their cutlery and crockery – "borrowed" for the duration from various cafés, hotels and the like – and an example of this pride was on 12 July, 1940. We were on a race of St Nazaire and Bordeaux looking for invasion barges, flying at 4000 feet over Bordeaux, when the rigger, who was setting up lunch in the wardroom, burst onto the flight deck, complaining bitterly that a bullet had come up through the hull, through the table, and smashed his sugar bowl![8]

Initial acquaintance with the Sunderland inevitably impressed the newcomer with a near-wondrous awe of its sheer size, both externally and internally; a virtual 'mobile workshop with all the conveniences of a two-storey flat' as one skipper expressed it. The flight deck's height above the water came as a surprise to pilots used to more conventional land aircraft, although anyone with first-hand experience of the boat's stablemate design, the Short Stirling heavy bomber, could offer similar opinions. It meant that most pilots new to the Sunderland needed to 'readjust' their visual attitudes to take-offs and, particularly, landings, but experience in handling soon resolved any such problems. It was the common practice in Sunderlands to carry three pilots, 'graded' downwards in the context of experience, and the most junior of these only attained captaincy of their 'own' boat and crew after being gradually 'promoted' to such a responsibility. It should be added that all Coastal Command flying boat pilots were also qualified as navigators in their own right – a vital attribute in view of their unique types of operations.

Apart from the normal trio of pilots the remaining members of a typical 10-men Sunderland crew were basically of engineering or wireless trades with, in 50 per cent of cases, additional training and qualification as air gunners. Many such crewmen had originally been ground tradesmen who had remustered to air crew, often on a 'hostilities only' basis, ie, once completing their stints of flying they were remustered back to their former ground trades. R. McD. Kirkwood joined the RAF in 1942 and was initially trained as an FME (Flight Mechanic Engines), then sent on an air gunnery course before finally joining his first operational Sunderland crew at OTU, followed by the crew's posting to No. 330 Squadron at Oban, with a Canadian pilot, Plt Off D. A. Weskett, as its skipper. At Oban 330 Squadron, mainly manned by Norwegian personnel, was completing working up to full operational status on Sunderlands, having taken its first Sunderland, W6064, on charge at the end of January 1943. In July 330 Squadron, commanded by Commander T. Diesen, moved base to Sullom Voe, but had already flown its first Sunderland operation on 20 April. Kirkwood was to continue flying operationally in Sunderlands until late 1944, during which time he was to see action in various zones of war. A few extracts from his personal memories of those days illustrate just some of the day-to-day 'incidents' experienced by virtually all Sunderland crews:[9]

'On 21 July, 1943, we went off in W6053, 'E', for a normal sweep between Scotland and Iceland and from the beginning there seemed to be a bit more vibration than usual. Then, when some two hours or so out from base, there was a tremendous shudder and the starboard inner engine screamed as its propeller spun off. We dropped like a stone and finally came out of the dive just holding height at about 400 feet. We quickly jettisoned all our depth charges, anchor and chain, all the Browning guns and their ammunition, all the crockery and cooking pots, pyrotechnics, and some of our petrol, then made for home, which we reached OK. There was the usual post-mortem on why it had happened – the reason was that some split pins had been left out when the propeller had last been replaced and consequently the prop's nut had become undone – but we were reprimanded for throwing the guns overboard!' Shortly after

[8] Extract from *Sunderland at War* by C. Bowyer, Ian Allan, 1976.
[9] Correspondence with author, 1973.

JM659, 'Q-Queenie', 230 Sqn during a Chindits' wounded evacuation. (*Imperial War Museum*, Ref: CI749.)

Wg Cdr D. K. Bednall, OC 230 Sqn, leads a 'farewell' flight in JM673, 'P', on relinquishing command, October 1944. (*Wg Cdr D. K. Bednall.*)

Black Peter. JM673 in all-black livery, flown by Wg Cdr D. K. Bednall, OC 230 Sqn, 1944. (*Wg Cdr D. K. Bednall.*)

Crews of the first Sunderlands to undertake evacuation of wounded Chindits from the Burmese jungle. L–R: Flt Lt J. Rand; Fg Off V. N. Verney; Flt Sgt F. Wright; WO R. Guerton; Flt Sgts R. Tulloch, D. Butcher, R. Webber, H. Neeve, J. B. Knox; Sqn Ldr J. L. Middleton – all of 230 Sqn. (*Imperial War Museum*, Ref: CI761.)

N9046, KG–F, 204 Sqn, in which Flt Lt F. Phillips fought six Ju 88s, 3 April, 1940 (see text). It later caught fire at moorings, Sullom Voe, and sank, 28 October, 1940.

Kirkwood's crew were posted to 201 Squadron at Castle Archdale, from where they continued operations: 'On one trip on 29 October, 1943, in DP185, we picked up a blip and homed on to it, but as we got nearer it resolved into a number of blips. On this trip we were carrying a new third pilot who was down by the flare chute when told to let a flare go. The only trouble was he had managed to get its static line caught and away it went, ignited, and we were then trailing the wretched thing along. At this point all hell broke loose and fire and brimstone came up at us. With the flare behind us we couldn't see anything in front and from the back we were blinded; a goodly lit target. Finally Johnny Mack got out of the rear turret and cut the line. We lost the flare, but were still getting everything flung up at us and couldn't get anywhere near, while the amount of flak suggested it wasn't a sub or subs. Position, etc, was passed by radio to base and we returned. It turned out that the cause was an American naval force 200 miles off course!

'In October a call came for volunteer crews for overseas and, as we had had enough of the rains of Ireland, we put in for it, were sent on leave, told to report to Wig Bay, Stranraer, to collect a Sunderland, then sent down to Pembroke Dock, where we did some gunnery and air tests. The squadron we were going to (No. 270) was equipped with Catalinas and the idea was for us to take a Catalina crew out with us. We were due off on 17 December, 1943, and at 2335 hrs left for Gibraltar in EK589. There was another Sunderland flying to Gib that same night and we had a bet with its crew that we would reach Gibraltar first, our aircraft being flush-riveted and therefore faster than most. On the way we alternated with the other Sunderland in "taking winds" by dropping flame floats until we lost them and finally landed at Gibraltar. We waited up for the other crew, but they never arrived. (*This Sunderland DW106, was shot down in the Bay of Biscay, Author*). Spending Christmas at Gibraltar while some engine repairs were completed, we left on 4 January, 1944, for the French outpost of Port Etienne, which was sweet FA in the middle of nowhere, then carried on to Bathurst on The Gambia, our first real taste of Africa, before leaving on 7 January for Freetown. The RAF

PP126, 'K', 212 Sqn at Redhills Lake on 1 July, 1945; the date on which 212 was retitled 240 Sqn. (*via A. Thomas.*)

PP130, 'A', 240 Sqn at Redhills Lake, July 1945. Serving later with 235 OCU as 'D–F', it was sold as scrap 30 June, 1955. (*via A. Thomas.*)

EJ143, 'S', 230 Sqn getting airborne from Diego Garcia on 21 August, 1944 with Sqn Ldr Deller at the helm. (*Imperial War Museum,* Ref: CF657.)

PP144, NS–A, 201 Sqn, August 1945. Serving later with 205 and 88 Sqns, it was scrapped 30 June, 1955. (*Courtesy OC 201 Sqn RAF.*)

Sunderland base was at Jui, a festering place in the middle of mangrove swamps where, later, I was to get a dose of malaria. Finally, on 9 January we took off for Apapa, Lagos and after almost ten hours in the air landed at Apapa and arrived at 270 Squadron.'

From Apapa base Kirkwood and his crew spent the following ten months flying convoy escorts, anti-submarine patrols and occasional ASR searches – in his own words: 'Coastal Command was a life of concentration, boredom, foul weather and very often trying conditions when on the ground' – before being shipped home to the UK and then returning to his ground trade, never to fly again except as a passenger.

In the present era of Concorde-type ultra-speedy flights over relatively vast distances it may not be appreciated just what was involved in the context of moving a squadron from one theatre of war to another during 1939–45. For merely one example, take the move of No. 230 Squadron from Dar-es-Salaam to Koggala, Ceylon, in early 1944. One member of the crew of the first squadron Sunderland to 'blaze the trail' was M. L. 'Les' Percival, an Instrument Repairer ground tradesman who was posted to the squadron initially in May 1943. His first reactions to meeting Sunderlands and subsequent flight to Ceylon were: 'On arrival at Dar-es-Salaam what a sight greeted me, Sunderland flying boats gently swaying at their moorings looking huge but ever so graceful and majestic. I'd been working previously at 72 OTU, Kenya, on Blenheims, Ansons, Bostons and Baltimores so you can imagine my delight on finding I was now part of 230 Squadron flying Sunderlands. Now I didn't walk to my aircraft when servicing them – I had to negotiate a long jetty about 30 inches wide floating on the water by means of oil drums, then wait for a motor boat to take me out to the appropriate Sunderland. When the job was finished I had to flash D-for-Dinghy in Morse with an Aldis Lamp and await a boat to return me to shore. It taught me to remember to take everything I required first time.

'Another new experience was learning how to climb up the beaching gear to board a Sunderland through the galley window when no steps were available to enter front or back doors. As an instrument repairer the Sunderland was my favourite aircraft. It certainly carried more equipment than any other aircraft I'd worked on, but the space available to do jobs was marvellous. For work behind the engines I could drop a panel on the leading edge and crawl into the engine nacelle, where all my instruments were. For work on the automatic pilot ('George') and behind the main instrument panels (pilot and co-pilot) there was a small door which gave access and I could kneel and work in comfort. My first flight in a Sunderland was on 1 June, 1943 – a short test flight – and from then on the Sunderland to me was the "Queen of the skies". In November 1943 I flew to Mombasa to work for a detachment we had there and one amazing sight while at Mombasa was a Sunderland which returned to base flying on only two engines as both engines on one wing had become u/s [*unserviceable*]. In January 1944, however, I was recalled to Dar-es-Salaam, having been selected to fly as the instrument repairer on the first boat flying to Ceylon, where the squadron had now been about to move to; we were to "pioneer" the route for the rest of the squadron. The Sunderland was coded 'Y' and the skipper was a Canadian. Take-off from Dar-es-Salaam was on 7 February, 1944, and our ETA (*Estimated Time of Arrival*) at Koggala was 1700 hours ten days later on 16 February, including a day rest at Aden and another at Trombay.

'At the end of the first day at Kisumu the five ground crew members volunteered to sleep aboard the Sunderland at its moorings on Lake Victoria – and it was uncanny when at midnight we heard a knock at the front door and were confronted by a native in a small boat selling tea and cakes! On the second day, as we were touching down on the Nile at Gordon's Tree, Khartoum, the starboard inner engine developed a very bad oil leak which prevented us taking off the following day until the fault had been finally located and repaired. However, by forgoing our scheduled rest day at Aden we were once more as per plan on day five as we took off for Masira Island. My first impression of Masira was a wrecked Blenheim V aircraft which had come down on the island shoreline. The RAF camp at Masira at this time consisted entirely of aircraft packing cases which served as cookhouse, mess and billets and the total strength was about 20 men. They had no conventional motor boat to ferry us to and from the Sunderland,

Winter at Pembroke Dock. Erks of 461 Sqn RAAF clearing snow and ice off a Sunderland. (*D. Roberts via D. Vincent.*)

Castle Archdale scene, 1945. Nearest Sunderland, NS–W was with 201 Sqn, while YI–D (ML825) belonged to 423 Sqn RCAF. (*RAF Museum*, Ref: PO17733.)

DA–J (N9027) of 210 Sqn undergoing engine maintenance, 1940. Serving later with 95 and 202 Sqns, it sank at its moorings at Gibraltar on 11 April, 1941. (*Imperial War Museum*, Ref: CH855.)

ML778, '2–S' of 422 Sqn RCAF at Pembroke Dock, 8 December, 1944, with attendant pinnace 2072. (*RCAF*, Ref: PL-41249.)

but used a lifeboat from a sunken ship which had been washed ashore. Day six saw us landing at Korangi Creek, Karachi, and for some reason we were not allowed to take off next day – rumour had it that we were the first Sunderland ever to land there and that the top brass wanted to show it off to their friends. Our skipper was very adamant that we were going to have our rest day at Bombay, so off we flew the following day to Trombay, an RN base near Bombay. Our Sunderland still had the normal red/white/blue roundels and that evening whilst in Bombay we heard from some soldiers that we had caused quite a stir – everyone thought it was a Japanese aircraft and the army had been on the point of firing at us before, fortunately, we were correctly identified. Day nine was indeed our rest day at Bombay and on the last day, to make up the day we were behind, the skipper suggested that instead of staying overnight at Cochin as planned we would land at Cochin, refuel and take off again the same day to Ceylon. This was agreed, and so on the tenth day we duly arrived at Ceylon and landed on the lake at Koggala. Total flying time had been 45 hours and 20 minutes and, apart from take-offs and landings, almost entirely the rest of the flight had been on automatic pilot.

'We had about a week at Koggala before the second boat arrived and thereafter they arrived at intervals of about seven days until the whole squadron was in Ceylon. Needless to say the first job on each Sunderland was to paint out the red and white of the roundels with light blue paint to bring us in line with normal SEAC [*South-East Asia Command*] colours. Finally towards the end of 1944 I was posted to No. 13 Staging Post at Mauripur, near Karachi, but despite the many different types of aircraft which passed through here I never found any to compare with the Sunderland.'[10]

Commanding No. 230 Squadron during most of Percival's time with the unit was Wing Commander D. K. Bednall (25 August, 1943, to October, 1944), a veteran Sunderland pilot who had flown operations with 230 previously in 1941 during the Greek/Crete campaigns, including being co-pilot to Flt Lt A. M. G. Lywood (later, Wing Commander, DFC) on 27 March, 1941, when the Italian Fleet was first sighted by the Sunderland crew and its location signalled to Admiral Cunningham, thereby setting in motion what would later be termed the Battle of Cape Matapan, which brought disastrous losses for the Italians. Among Derek Bednall's memories of his times with 230 were the following extracts:[11] 'My first operational tour ended, with eye strain, after nearly 800 operational hours, mostly spent staring at the glistening Mediterranean! In 1943 I was fortunate to be posted back to command 230 for a second operational tour after spending a so-called "rest period" at 70 OTU, Nakruru, Kenya. 230 were then at Dar-es-Salaam and were sent to Bizerta to assist in the invasion of Sicily, mainly for air-sea rescue duties. But we now had the Mk III Sunderland. Although the airframe had been improved, notably with a streamlined "step", our reconditioned engines began to give dangerously poor service. They suffered particularly from sticking valves. We were plagued with such an extraordinary high unserviceability rate that we were gradually ousted by Catalinas after we had been transferred to Koggala Lake in southern Ceylon. It was a trying and difficult time. I asked Group to give us new aircraft, etc, all to no avail, until some weeks after I had given up command of the squadron, Mk Vs with their excellent Pratt & Whitneys arrived for 230.

'In 1944, whilst at Dar-es-Salaam, I was somewhat anxious to give my crews a better chance of smothering defensive fire from enemy submarines, who were then fighting it out on the surface. We only had an ineffective single gun in the front turret. Our riggers and armament staff fitted one flying boat with a fixed 20 mm cannon, which we all looked forward to using. Alas, I was ordered to remove this "by the highest authority" . . ! Curiously, another idea I was toying with at the time was using a mirror to reflect the ASI [*Air Speed Indicator*] reading on to the windscreen to avoid looking down into the cockpit on a bombing run. I had not yet heard of the term "head-up display"! Yet another idea was painting my own Sunderland, 'P' (JM673), entirely black. This was done as I was hoping soon to be across the Bay of Bengal attacking enemy coastal shipping at dusk and dawn. We found the then white finish showed up the large Sunderland all too well in the clear tropical air. Black 'P' was less easily

[10] Correspondence with author, 1974.

[11] Correspondence with author, 1973.

observed from our target launch when light was fading. Unfortunately, she disappeared shortly after I left the squadron.' (*JM673, 'P', went missing on operations, 28/11/44, Author.*)

Les Percival's mention of seeing a Sunderland return on only two engines – "an amazing sight" – draws attention to a subject widely debated among Sunderland air crews, ie, whether the boat needed *all* four engines to maintain flight, and the general rumour-cum-myth that if an inner engine propeller sheared off it would also either take out the outer prop or slice through the pilots' cockpit. In fact there were a number of occasions when propellers sheared off, even two on the same wing, yet the Sunderland returned safely, albeit due in no small measure to sheer skill on the part of the men at the controls. On 11 November, 1943, for example, Flt Lt Alan Williams, DFC, set out from 10 Squadron RAAF's base at Mount Batten in Sunderland EK573, 'P-for-Purity', on an anti-submarine patrol in the Bay of Biscay. His 1st pilot, Fg Off 'Mac' McGregor, takes up the story: 'We were about an hour out from Plymouth on a westerly course at 2500 feet when the midships gunner reported what looked like smoke coming from the starboard inner engine. I was in the 2nd pilot's seat and turned to look at the engine. As I looked the propeller faltered and stopped suddenly. It had sheared off the engine at the reduction gear, hit the leading edge of the mainplane, and was then struck by the outer propeller which in turn sheared from its engine. Both propellers were carried over the top of the mainplane. This sequence took only a few seconds. The aircraft then went into a steep spiral dive to starboard. Alan [Williams] pulled off the starboard throttles, pushed the port engines to full power and applied full port aileron and rudder and back stick. He signalled to me to help him and it required all our strength with our left legs straight forward and right legs tucked behind us to hold the controls. The aircraft gave no sign of responding.' Still losing height, but at a much reduced rate, Williams ordered the crew to jettison everything movable, which included depth charges, guns, ammunition, tools, 1000 gallons of fuel and every loose article except the air-sea rescue packs. McGregor continues: 'The aircraft started to respond to the controls at about 500 feet and we came out of the spiral dive with only feet to spare above the water.'[12]

The battle with the controls of 'P' was to continue for another 40 minutes before Williams finally accomplished a safe landing in the open sea and was eventually towed back to the Scillies. The only casualty was LAC K. Burleigh, a fitter, who while throwing guns overboard had a dropped gun on the floor fire and wound him behind his left knee, a wound which ultimately resulted in his death some five weeks later. A further such 'incident' took place on 10 March, 1945, when Flt Lt Russell took up Sunderland 'H' of 270 Squadron from Lagos for an air test. Suddenly, while still over Lagos, the port inner propeller sheared at its reduction gear, after some 15 minutes of excessive vibration. With a loud bang the prop flew forward about five feet, then crashed back into the wing leading edge, knocking out the maintenance door, and finally rebounding forward and slashing a six-foot hole in the hull across the ward room, ending up some nine inches above the water line. Russell throttled back, switched off, then dived for the alighting area. This all happened at 1600 feet and the Sunderland speeded up to around 160 knots in its dive, but despite frightening vibration Russell accomplished a perfect landing without flaps. For Russell that was the second time he had suffered the literal loss of a propeller . . .

Most such occurrences concerned the earlier marks of Sunderland fitted with Pegasus engines, which had no feathering gear for propellers, many such engines being ex-Bomber Command and 'reconditioned' before being re-issued to Sunderland units. Such power plants had a common tendency to overheat and seize with an inevitable result of propeller damage. Eventual replacement of Pegasus engines with the more powerful Pratt & Whitney Twin Wasps, with fully feathering controls, virtually resolved such problems, although the engine nacelles, designed for Pegasus plants, could still give poor airflow cooling to the Wasps in overseas climatic temperature. Even so engine problems could still happen, as on 16 September, 1944, when Fg Off Max Johnson of 10 Squadron RAAF was on patrol in EK573, 'P', over the Biscay zone when his starboard outer engine suddenly erupted in flames. Johnson immediately pushed the

[12] *Maritime is Number Ten* by K. Baff, Private pubn, 1983.

Sunderland into a dive hoping to blow out the fire, but at 500 feet there came an explosion and the engine fell apart, then fell completely off. Straightening the aircraft out Johnson ordered everything loose to be jettisoned – he had already dropped his load of depth charges during the dive – and set course for base. Ninety minutes later the starboard inner failed and Johnson was forced to alight on the sea. Within half an hour two ASR Vickers Warwicks appeared and circled, and three hours later an RAF high-speed ASR launch took off the crew and another vessel took the Sunderland under tow, reaching base nine and a half hours later. It had been EK573's *second* such engine disaster (see the earlier account of McGregor)!

Apart from enemy action and purely technical problems Sunderlands, like any other 'boat', had natural 'foes', both sea and air. Unless undergoing maintenance in a hangar or on the shore, Sunderlands were normally moored at their base anchorages and automatically at the mercy of the elements. Gales alone accounted for at least 26 Sunderlands being sunk or wrecked at their moorings throughout the world, while many others suffered damage serious enough to render them unfit for flying for lengthy periods. Any forewarning of an imminent gale meant an 'emergency crew', usually consisting of a pilot, wireless operator, air gunner/fitter and an engineer, being sent out to every moored Sunderland. The crew's first duty was normally to run the APU (petrol engine in the starboard wing) to pump the bilges and to charge the accumulators before settling down for the watch. As Merv Brown of 10 Squadron RAAF recalled, 'We took a few rations, but before long no one was interested in food – and some parted with what they had. Hopefully, we could get the BBC via the intercom and we would then proceed to sit the gale out. Two sat in the "driving seats" and peered through the rain and gloom at the mooring buoy, often searching for it by the light of the Aldis lamp. If the buoy started to submerge it was a sign that the strain was too great. This was relieved by starting the two outboard engines, which had to be throttled up until the mooring buoy surfaced again. When it was rough the Sunderland bucked and twisted violently and, for the two not on watch, sleep was impossible. Every few seconds there would be a terrific bang and the hull would shudder and slew violently because a wave top had caught the airborne float. When the gale watch was over and the sea calm enough for a dinghy to come alongside, it was a wet and miserable group that came ashore.'[13]

As With all aircraft, but particularly flying boats or other maritime machines, the natural elements could make any flight either pleasant or decidedly uncomfortable, even terrifying. As Ron Codd, who served with 228 Squadron in 1943-44, has recorded;[14] 'It could happen that we would be making for the Spanish coast, cruising at about 110 knots in brilliant sunshine and a cloudless sky – with a resultant twitch in one's system at the prospect of meeting German fighters in decidedly unfavourable circumstances. At the other extreme were the patrols carried out in stormy and turbulent conditions, flying fairly low down over the sea for several hours with all the physical discomfort and air sickness that accompanied such conditions.' It might be added that the constant stench of diesel fuel on the dinghies or pinnaces which conveyed Sunderland crews out to their aircraft initally was hardly conducive to calming any crewman's already 'fragile' stomach . . .!' Other chores necessary prior to take-off could be equally off-putting, as Codd describes: 'To be in the bows on a black, cold and windy night, with a rough sea running, trying to remove the anchor chains from the buoy and get the aircraft on to a short rope slip prior to a night take-off was to me the very height of discomfort. Apart from distinctly nauseous stirrings in one's stomach at times, there was the physical activity involved in unloosening shackle pins with frozen hands, or holding the Aldis lamp in a suitable position for illumination, followed by the stowing of the mooring bollard and winding forward of the nose turret once we had slipped our moorings.'

As will be evident from certain individual accounts in previous chapters, virtually all pilots praised the handling qualities of the Sunderland, whichever mark, once airborne. When one takes into account the sheer bulk and weight of a fully war-loaded Sunderland, such a view reflects huge credit to the original design, which remained basically the same throughout the aircraft's Service careers. Vic Hodgkinson, whose

[13] *Maritime is Number Ten* by K. Baff, Private pubn, 1983.

[14] Correspondence with author, 1973.

lengthy acquaintance with the type in RAAF and BOAC included flying Mks. I, II, III and Sandringham versions, probably sums up most skippers' opinions: 'The aircraft in the air was a dream to fly – very stable and the deep hull giving no pendulum effect. Ailerons and elevators were light finger-tip control and the rudder a little heavier, though as with most heavy aircraft in the air this latter was not used much. If you could call it a difference (between marks) then handling was the only one. The Mk I had vp [*variable pitch*] airscrews and the following marks constant speed units; while the Pratt & Whitney Mk V had feathering props. The Pegasus was a very reliable and robust engine, though antiquated compared with the P & W R-1830.'

Perhaps the final word should go to the late Eric Hall: 'Having been born by the sea and grown up surrounded by sailors and ships of every possible sort, I have always had salt in my veins, so when I volunteered for aircrew in the RAF my biggest hope was to end up in flying boats. I was lucky, I was posted to a Sunderland unit and never regretted one moment of flying that beautiful aircraft. My time on her was fairly brief and unexciting in terms of operations, but the sheer pleasure I always felt when settling in to my "driving seat" for every flight remains as a vivid memory. Perhaps I'm being too over-the-top about the Sunderland, but to me she conjured up what it must have felt to have been skipper of one of those tall-mast tea clippers of a bygone age. Even at rest, moored out in the bay, she looked majestic, every inch a proud Queen of all she surveyed. No other aircraft I've ever flown since has given me that feeling of pride or privilege to have been its temporary "owner" – she was the best.'[15]

[15] Correspondence with author, 1974.

# 12. Peace and Goodwill

The declaration of peace in Europe (VE-Day) on 8 May, 1945, made no immediate difference to the work of Coastal Command, which continued its 'watch and ward' patrols around Britain's coastal waters, still seeking U-boats and other Axis shipping to ensure that their commanders obeyed the cease-fire order, and still carrying full war-loads of depth-charges, bombs and torpedoes should these prove to be needed. The last wartime U-boat 'kill' by Coastal Command came on 7 May, 1945, when a Catalina of No. 210 Squadron, skippered by Flt Lt K. Murray, depth-charged a hastily-submerging U-boat's *Schnorkel*-head. Following up by laying a pattern of sono-buoys (code-name *High Tea*), the aircraft picked up characteristic noises of a submarine stopped and with problems. Murray's victim was U-320 (Ltn Emmrich), which later sent a signal to base indicating serious damage and, on 9 May, then foundered with the loss of Emmrich and his crew. The last U-boat 'kill' in which a Sunderland featured occurred on 30 April, 1945, when Flt Lt K. H. Foster of 201 Squadron, piloting Sunderland ML783, 'H', attempted to depth-charge U-242 (Ltn Riedel), only to have these fail, leaving Foster with just the aircraft's guns to continue his assault. A signal soon brought up the RN's HMS *Hesperus* and *Havelock*, which duly completed the destruction of U-242.

On the same day that Foster and the Royal Navy accounted for U-242, Adolf Hitler poisoned, then shot, himself in Berlin, having already named Karl Dönitz as his successor. While seeking terms for a surrender in the West, Dönitz remained supreme commander of his U-boat fleet and on 5 May, 1945, at 0134 hours the fleet's command HQ issued the code-word order *Regenbogen* ('Rainbow'), the pre-arranged signal for submarine commanders to scuttle their vessels rather than surrendering them to Allied hands. Eight minutes later came another signal stating '. . . no scuttle or destruction should be undertaken'. Both signals had been transmitted only hours after Dönitz's general order to all U-boat commanders to cease offensive actions and to return to base, specifying that U-boats were to travel surfaced to their designated venue ports displaying on conning towers a large black or blue flag. A few U-boat commanders did not immediately receive the order to surrender, being submerged during those few days, and one such, Kapitänleutnant Heinrich Schröteler commanding U-1023, torpedoed a Norwegian mine-sweeper off Lyme Bay, southern England, at 1952 hours on 7 May, almost certainly the ultimate U-boat victim of the European War, although two other Allied vessels were sunk by U–2336 (Lt Emil Klusmeier) at about the same time, but actual times are not recorded. Of the 43 U-boats at sea when the cease-fire was ordered, 23 put into British ports and in all 156 U-boats were eventually surrendered to the Allies, but a further 221 were scuttled in defiance of their orders. During May-June 1945 all Coastal Command crews were briefed to act as 'shepherds' to any surrendering U-boat, but continued to maintain full war-loaded operational readiness while seeking their former prime enemies. Not all surrendering U-boat commanders particularly wished to put into British ports, preferring (naturally) to make for their homeland, as on May 12, when U-2326 was located in the North Sea by a 206 Squadron Liberator, skippered by Flying Officer M. J. Frost, DFC. Though the U-boat stopped when so ordered, its commander pretended not to understand Frost's signals to alter course to Scotland. Frost promptly dropped a single depth charge in front of the U-boat, which changed the German's mind . . .!

Of the gross total of 1162 U-boats (of all types) actually commissioned by the German Navy, 784 were lost through various causes, and of the 40,900 men who served in them 25,870 were killed and some 5000 more were made prisoners of war, a proportional percentage hardly equalled in sacrifice in any other specific armed formation throughout the war. Of the U-boats sunk by Allied actions at sea, in total 727, aircraft alone had accounted for 288, roughly two-thirds of these by Coastal Command, while a further 47 were sunk by joint RAF-RN actions, and at least 80 others destroyed at their bases by Allied strategic aerial bombing. Germany's main Axis partner from 1940 until 1943, Italy, who had possessed a much smaller submarine fleet, lost 75 in action, 14 of these directly to aerial attacks. As a 'campaign' the maritime air-sea struggle had been the most protracted of the war, lasting from the first day to the very last. Within Coastal Command the *only* aircraft to operate continuously from first to last had been the Short Sunderland, thus it might well be argued that Sunderlands bore the overall brunt of the Command's unceasing endeavours. The cost to the Sunderlands had not been small. Between 3 September, 1939, and 8 May, 1945, a total of 61 Sunderlands had been lost directly to enemy action, including most of their crews, while a further 167 had been lost in a variety of accidents, gales, or other causes non-attributable to enemy action, most of which involved the deaths of crew members, and one Sunderland had been interned in Portugal having force-landed *en route* to Gibraltar. Such figures may at first seem small when compared with the sacrifices of, say, RAF Bomber Command, but when considered against the overall total of Sunderlands engaged on operations they reveal a *proportional* loss seldom matched.

With the cessation of the U-boat menace to Allied shipping in May 1945 Coastal Command could re-assess its operational future and quickly returned to its more general reconnaissance role, at the same time rationalizing its future peacetime strength as demobilization of its 'hostilities only' personnel got under way. This relatively rapid run-down in overall establishment can be illustrated by the reduction in squadrons by the close of 1945:

| | |
|---|---|
| 10 Squadron RAAF | Disbanded 26/10/45, Mount Batten |
| 95 Squadron | Disbanded 30/6/45, Bathurst |
| 204 Squadron | Disbanded 30/6/45, Jui |
| 228 Squadron | Disbanded 4/6/45, Pembroke Dock |
| 259 Squadron | Disbanded 30/4/45, Dar-es-Salaam |
| 270 Squadron | Disbanded 30/6/45, Apapa |
| 330 Squadron | Transferred to RNAF 21/11/45 |
| 343 Squadron | Transferred to Aeronavale 27/11/45 |
| 422 Squadron RCAF | Disbanded 3/9/45, Bassingbourn |
| 423 Squadron RCAF | Disbanded 3/9/45, Bassingbourn |
| 461 Squadron RAAF | Disbanded 20/6/45, Pembroke Dock [4] |
| 490 Squadron RNZAF | Disbanded 1/8/45, Jui |

Thus, by 1 January, 1946, the only RAF Sunderland squadrons still in being were Nos. 88, 201, 205, 209, 230 and 240, although the last-named was also disbanded at Koggala on 13 March, 1946, having operated Sunderlands only since July 1945.

The RAF's return to peacetime roles included the continuing need to maintain communications and 'presence' around the extant British Empire and the necessity of retaining a few Sunderland units, the only flying boats in RAF squadron service, remained paramount, including arrangements for training future Sunderland aircrews. Accordingly, No. 4 (C) OTU was transferred to Pembroke Dock on 15 August, 1946, then in July of the following year moved south to Calshot, where it was retitled No. 235 Operational Conversion Unit (OCU), commanded by Squadron Leader D. B. Fitzpatrick (later, Group Captain, OBE, AFC). Here the OCU shared facilities with Nos. 201 and 230 Squadrons, both units having moved base to Calshot in April 1946. Of the remaining Sunderland squadrons at that period No. 88 was based at Kai Tak, No. 205 at Koggala and No. 209 at Seletar, Singapore. The return to peace and an inevitably greatly reduced RAF strength brought with it a general downgrading in rank establishments whereby, for example, squadron commanders, who in the war years had held Wing Commander rank, were now to be established as Squadron Leaders with similar 'drops' in rank for Flight commanders *et al*, a move which to many officers seemed primarily motivated by the Treasury's renowned parsimony. Further discontent among both air and ground crews in the immediate post-1945 era resulted from the tardiness at Air Ministry level in such matters as awards of permanent commissions and, in the case of younger regular-serving airmen such as wartime-enlisted Aircraft Apprentices, a decision to permit wartime-recruited men who had been rapidly promoted to Senior NCO and even Warrant Officer ranks to sign on for long engagements with only one reduction in their ultimate wartime rank, thereby

[4] Official disbandment date, but unit returned to Australia on 31/10/45.

In peaceful skies.

JM716, 'P', which became G-AHEO, *Halstead*, with BOAC, then went to Aquila Airways and flew 141 sorties during the Berlin Airlift.

presenting a hefty block to promotion for junior-ranked regular airmen. One result of such conditions was the loss to the RAF of many excellent air and ground crew men who, though desirous of remaining in the Service as a career, tired of the indecision in postwar establishment policy-making and simply opted to return to civilian life.

Meanwhile, factory production of Sunderlands ceased. At Rochester the last Sunderland to emerge from its production line, TX293, first flew on 27 September, 1945; at Blackburn's Dumbarton works its ultimate Sunderland to be built, VB889, left the factory on 19 October, 1945; while at Belfast Sunderland SZ599 was launched on 14 June, 1946, the very last Sunderland to be built and issued to the RAF, although later Sunderland conversions to airliners, etc, were to occupy the Belfast works for several years thereafter.

For the Sunderland units stationed in the Far East the immediate post-war period was one of busy and widely varying duties. Primarily used to evacuate Allied prisoners from the Japanese hell-camps to hospitals and convalescent homes, the Sunderlands soon became general freight and passenger carriers all around the Far East theatre. Among other loads transported were such items as mail, food, medical supplies and other necessities to Allied occupation forces in Japan, one Sunderland's full load consisting of curry for some Indian troops, while another Sunderland skipper was detailed to transport a full complement of Japanese war criminals to trial, these being well guarded *en route* by a detail of Ghurkas holding unsheathed kukris. . .! The most heavily employed unit for these transport duties was 88 Squadron, which had been re-formed from No. 1430 Flight at Kai Tak on 1 September, 1946, equipped with six Sunderlands converted internally to carry 20 passengers in crude seating and stripped of gun turrets and commanded by Wing Commander W. E. Ogle-Skan, AFC. 88 Squadron was to maintain its pure freight transport role until April 1948, by which time it had carried a total of 2368 passengers and more than 200,000 lb of stores. In April 1948, however, its Sunderlands were 'reconverted' by having nose and tail gun turrets re installed and being fully militarized prior to reverting to 'normal' duties, and commanded now by Squadron Leader D. M. Gall, DFC.

Douglas Gall, who had flown Sunderlands since 1941 with 201 Squadron, sinking the U-440 on 31 May, 1943, and later with 95 Squadron, was appointed OC 88 Squadron on 4 September, 1947, and recalled: 'This was the most exciting moment of my career, the fulfilment of all my dreams – a Sunderland squadron to myself! 88 Squadron was keeping the route from Hong Kong to Japan open for BOAC to take over eventually and, of course, as always, the Sunderland measured up splendidly to the task. The alighting area at Kai Tak, Hong Kong, is almost entirely surrounded by high ground and, as a result, flying was not carried out at night. However, I was worried that someone, some time, would be caught out after dark and therefore I organized a night circuit and some night-flying practice on a makeshift flarepath. This was not very popular with the pilots, but it did work and did more good than harm. Fortunately, we never had to use it in earnest. When BOAC was able to take over the transport role in 1948 my squadron reverted to its more familiar role. We tried as far as we could to simulate operational conditions in our exercises and operated closely with the Royal Navy. In August 1949 we had a most interesting and worthwhile large-scale exercise when we co-operated with the 8th Flotilla, alighting alongside the ships in places such as Sasebo, Kure and Yokohama as well as the established base at Iwakuni, thereby

RAF Calshot Spit, 1948, with GR5s of 201 and 230 Sqns and 235 OCU on its shore. In foreground is Calshot Castle (often mistakenly termed a Martello Tower), while the long hangar and slipway at left were used by the 1929 and 1931 Schneider Trophy RAF High Speed Flights.

displaying the versatility and flexibility of the Sunderland, while our future dealings with the Navy showed much more mutual understanding of each other's problems.

'There was one amusing incident I recall. I was invited to give a talk to the Hong Kong Rotary Club on my wartime experiences. As a bit of light relief I told the rather corny old story of how, instead of dropping depth charges, we would drop cans of green paint, which would break on impact and spread their contents over the surface of the sea. The U-boat would then surface, get the green paint on its periscope, think it was still submerged, and continue to come up. . . and up. . . and when it got to 1000 feet we would shoot it down! Imagine my embarrassment when, in the following morning's papers, I read the headline "Wartime pilot tells of Secret Weapon", followed by a full and completely serious account of my little joke![4]

During Douglas Gall's period of commanding 88 Squadron an 'incident' took place which received world headlines, though Gall himself happened to be in the UK delivering a squadron Sunderland for major maintenance overhaul at the time. On 21 April, 1949, HQ, FEAF was informed that the RN's HMS *Amethyst* had been fired upon, suffering casualties and damage, and run aground on the banks of the Yangtse River, where Chinese communist and nationalist troops were engaged in a gun battle. With its hull holed, Captain and First Lieutenant wounded and ship's doctor dead, the *Amethyst* was in dire trouble, and attempts by HMS *Blake* and *London* to reach her had failed. Accordingly, 88 Squadron was asked to help, and a Flight commander, Flt Lt Ken Letford, DSO, DFC, took on the job. Flying Sunderland ML772, Letford spent the next five days making several landings alongside the crippled *Amethyst*, despite continuing Chinese gunfire, which hit the Sunderland, bringing an RAF medical officer, Flt Lt M. E. Fearnley, an RN chaplain, replacement crews for the ship and vital supplies. A second Sunderland, NJ176, was then used to complete the airborne relief supply. On his eventual return to Kai Tak, Letford was awarded a Bar to his DFC, while all the Sunderland aircrew members involved received a Naval General Service Medal.

Eventually *Amethyst*, with a fresh skipper, Lt-Commander Kerans, managed to run the gauntlet of the Chinese communist shore batteries and escape to ultimately return to the UK. Just over two weeks later, on 14 May, the threat from Chinese communist troops closing in on Shanghai brought 88 Squadron back into another mercy mission when, next morning, Douglas Gall flew to Shanghai and evacuated 26 British nationals to Hong Kong. On 16 May Ken Letford also retrieved 38 British personnel, while another 88 Squadron Sunderland picked up 35 more, then on 17 May Pilot II Bartrum air-lifted a final batch of 22 refugees, completing the evacuation before Shanghai was taken over by the communists a few days later.

For the UK-based Sunderland units, Nos. 201 and 230 Squadrons and No. 235 OCU, the year 1948 was to involve them in a mercy operation on a much vaster scale: Operation *Plainfare* (originally code-named *Carter Paterson*), or as it was more familiarly dubbed the Berlin Airlift. From January 1948 the Russians had steadily closed off all surface movements in and out of the Western sectors of Berlin administered by Britain, France and the USA conjointly. By 24 June this blockade was complete, leaving only narrow air 'channels' available to the city. With some two million West Berliners plus the Allied occupation forces there to be fed and supplied with day-to-day essentials the RAF and USAF immediately mounted a joint freight airlift and the RAF's first mission was flown on 30 June. From then until the official raising of the Russian blockade on 12 May 1949 the greater bulk of freight and passengers was carried by a wide variety of civil and military landplanes, but Sunderlands and civil-convert Hythes made a valuable contribution. The three Sunderland units were based at Calshot and operated as a temporary Wing for operational control purposes under the command of Wing Commander J. L. Crosbie at Finkenwerder flying boat base on the River Elbe at Hamburg. From here the Sunderlands were to land their loads on the Havel River-lake, where the freight could be off-loaded into barges and taken ashore for distribution. Since the border between the British and Russian sectors cut through the Havel there was little room for inaccurate navigation by the Sunderland crews.

The lake at Havel, surrounded by low hills on all sides and with constant calm water, offered an almost unlimited landing area, although only on one heading, which

[4] Correspondence with the author, 1988.

NJ205, TA–F of 235 OCU at Calshot, 1948. It later became Solent 3, G–AKNS.

SZ568, TA–C of 235 OCU, Calshot. (*via R. C. B. Ashworth.*)

Two Queens. ML763 of ASWDU, Calshot, with RMS *Queen Elizabeth* in background.

Royal Escort. RN304, 'D–M' and 'B–Z', of 235 OCU escorting the royal yacht *Britannia*.

RN294, 'G–D', of 235 OCU, Calshot, March 1953, an ex-205 Sqn aircraft.

'F' of 88 Sqn, NJ176 at Kai Tak, Hong Kong, which crashed at Seletar, Singapore, on 21 November, 1949.

'C–Charlie' (RN282?) of 88 Sqn with Fg Off Brand and crew about to recce Korea's Yellow Sea coastal waters, 1950. Note squadron badge above hatch doorway.

Wg Cdr D. M. Gall, DFC, OC 88 Sqn, September 1947 to April 1950. (*Wg Cdr D. M. Gall, DFC.*)

ML772, 'D', 88 Sqn and its crew. Back row, L–R: G Morbey; D. Gray; Doyle; Price. Seated, M. Marshall; Flt Lt K. Letford, DSO, DFC; K. Dillon. (*G. Morbey via J. Evans.*)

VB889, NS–D, 201 Sqn on Havel Lake, 1948, during the Berlin Airlift. Later TA–K with 235 OCU, Calshot, it was SOC 8 August, 1956.

meant that most landings and take-offs had to be made cross-wind. In addition its use would be soon nullified by the onset of winter and consequent icing up of the lake. Apart from their obvious large freight capacity, Sunderlands were of particular value in that they could safely carry loads of bulk salt, which, if carried in landplanes, could corrode airframes and control cables. With loads of 10,000 lb or more stowed in bomb compartments and lower decks, the Sunderlands commenced operations in early July and the 'Wing' was soon averaging 16 sorties per day, despite unusually bad weather conditions. To many Berliners crowding the banks of the Havel lake the arrivals and departures of the Sunderlands was a new experience, for many had never seen a flying boat before and their reaction was perhaps summed by one German who wrote, 'Your Sunderlands have aroused utter amazement among the Ivans', referring to the astonishment of Russian authorities on seeing the flying boats begin to arrive daily. Once landed, the off-loading and turnround time averaged 20 minutes, although a 'record' was set on 9 December when a gang of 12 men off-loaded from a Sunderland 10,020 lb of salt in a mere three minutes and 12 seconds.

From 5 July to 14 December, 1948, the three Sunderland units maintained their daily gruelling routine, after which flying boat operations ceased due to icing on the Havel. In that period the Calshot 'Wing' completed just over a thousand individual sorties and, apart from the huge tonnage of pure freight airlifted, brought back to England a total of 1113 undernourished or starving German children. The largest tonnage of any single commodity flown to Berlin had been 2500 tons of salt. Among the various awards eventually made to the RAF's airlift crews were an AFC to Flt Lt Harkness of 230 Squadron and an AFM to Engineer II Bennett of 201 Squadron. At first it had been mooted that the flying boats would resume operations in the spring of 1949, but the near-saturation of the circuit of nearby Gatow airfield and increasing using of Tegel aerodrome led to the cancellation of such a project. The overall airlift was to continue until October 1949 in order to build up Berlin stocks. On withdrawal from '*Plainfare*' No. 201 Squadron returned to Pembroke Dock in January 1949, and 230 Squadron, which had totted up 1000 sorties, followed in February, leaving 235 OCU at Calshot to resume its training role.

While the Sunderland crews had been succouring Berlin, the general situation in certain Far East areas had deteriorated to a point where British forces became involved in active operations attempting to quell civil uprisings and rebellions against European authorities. The greatest of these occurred in Malaya in 1948, when, from 17 June, a state of emergency was declared and Operation *Firedog* commenced. The root cause was the Malayan Communist Party, led by the Chinese communist Chin Peng, who, incidentally, had been awarded an OBE by the British Government for his guerilla activities against the Japanese during 1941 – 45, and who was fanatically dedicated to the ousting of British (or any other European) control of the country. Chin Peng's well-organized, experienced 'army' of some 5 – 6000 guerillas (initially) was a direct descendant of the Allied wartime Force 136, later titled the Malayan People's Anti-Japanese Army (MPAJA), which in 1945 had not completely disbanded and had withheld sufficient arms to eventually form the nucleus of the MCPA's rebel force. Fighting on their home ground, with the geography of the country decidedly in their favour, these 'Bandits' or 'CTs' as they were to be called by British forces, were no mean opponents, being utterly ruthless in terrorist tactics and wholly dedicated to their cause.

The RAF in the Far East at that time was relatively thinly spread from Ceylon to

Koggala panorama, 1945. (*RAF Museum*, Ref: P2007.)

PP107, 'W', 209 Sqn at Koggala, 1945. (*RAF Museum*, Ref: PO18804.)

Sunderlands of 230 Sqn at Koggala, 1945. (*RAF Museum*, Ref: P2004.)

Hong Kong, having to contend with communist anti-European rebellions in various areas, and the only Sunderland units stationed in the Command[5] were No. 205 Squadron at Koggala, commanded by Sqn Ldr C. M. Owen, DFC, No. 209 Squadron at Seletar, commanded by Sqn Ldr P. R. Hatfield, DFC, and 88 Squadron at Koggala, commanded by Sqn Ldr D. M. Gall, DFC. Of these, 209 Squadron, being the only 'heavy' aircraft unit immediately available in Singapore, was soon involved in a pure bombing role, flying sorties against known CT targets and attacking these with box-loads of small fragmentation bombs liberally dispensed through side-hatches by *hand* at first, though this somewhat cavalier practice was quickly frowned upon by 'higher authority' and 'proper' use of bomb racks ordered for future operations. Joined by 205 Squadron at Seletar in September 1949, the two Sunderland units remained FEAF's 'heavy' force until the arrival of a detachment of No. 210 Squadron (Lancasters) from the UK in December 1949, followed in March 1950 by Lincolns of 57 Squadron from Waddington. Thereafter the flying boat crews reverted to their more natural maritime role, general reconnaissance over Malayan coastal waters on the *qui vive* for any vessels transporting supplies and/or reinforcements to the CT rebel forces, supplemented with very occasional jungle recces.

By 1950 all three Sunderland squadrons in FEAF were given further commitments operationally, becoming involved in the Korean war. For this detachments from all three squadrons were 'rotated' to fly from Iwakuni, an ex-Japanese naval air base some 100 miles from the Korean southern coast. These detachments, still interspersed with Malayan *Firedog* sorties, undertook general coastal reconnaissance and air-sea rescue sorties in Korean waters, usually of up to 15 hours' duration on average and in bitterly cold wintry weather conditions. In 1950 No. 88

[5] The Command's wartime title ACSEA was changed to Far East Air Force (FEAF) in 1949.

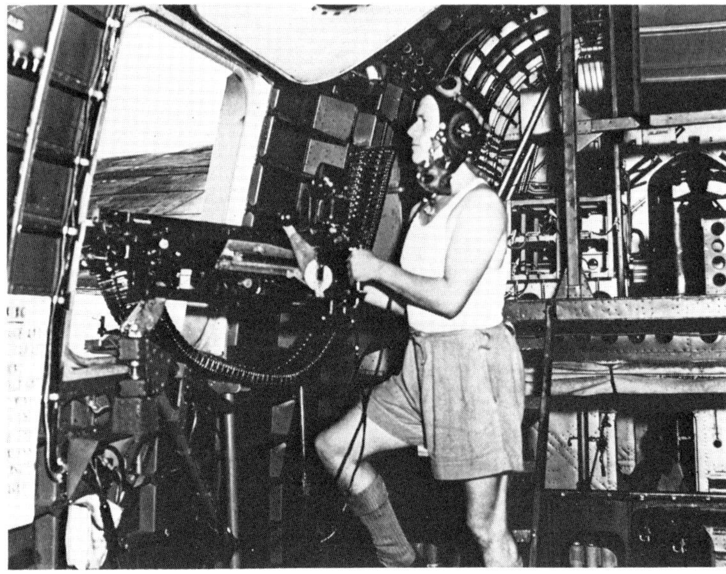

Sunderland beam gunner on patrol over Korean waters.

VB888, 'Z', 209 Sqn in tropical surroundings. (*Flt Lt L. Scott via R. C. B. Ashworth.*)

Facets of the Greenland Expedition, 1953. VB889 of 201 Sqn landing; salvaging 'C-Charlie' which ran aground on the shore of Britannia Lake; the return in 1954. (*CB Collection: Planet News: Topix Agency.*)

Squadron Sunderlands flew a total of 165 *Firedog* sorties, but thereafter became primarily involved in the Korean conflict, including transporting British troops to Japan for service in Korea. Over Korean waters the Sunderlands maintained day and night patrols combing the Yellow Sea for enemy blockade runners or other suspect vessels, increasing such surveillance to round-the-clock sorties on such occasions as the United Nations' invasion at Inchon, protecting the UN amphibious forces from any possible submarine or air attacks. The Korean war finally ceased on 27 July, 1953, with the signing of an armistice agreement at Panmunjom, and shortly after the Sunderland detachments returned to their base at Seletar where, on 1 October, 1954, No. 88 Squadron was officially disbanded as a flying boat unit, being re-formed with Canberra B(I)8 bombers at Wildenrath, Germany, on 15 January, 1956. One small sidelight on this very active period of RAF operations in FEAF concerned campaign medals. Any RAF personnel posted or detached to a flying boat squadron which operated in *Firedog* and Korean action *could* have been awarded a total of at least four medals, ie, General Service Medal with Malaya Clasp, United Nations Medal, Korean War Medal, and in 1953 the Coronation Medal. (The author can attest to at least one National Service

RN303 of 209 Sqn at Seletar. (*RAF Museum*, Ref: P8574.)

RN300, 'X', 209 Sqn. (*Flt Lt L. Scott via R. C. B. Ashworth*.)

RN284, 'A–F', 201 Sqn with underwing search radar. Later served with 230 Sqn, 235 OCU and Aeronavale, being finally SOC on 30 January, 1962.

Rare view of four 201 Sqn Sunderlands in formation, including RN285 (NS–H) and RN284 (NS–C), 1945. (*RAF Museum*, Ref: PO17734.)

airman, a catering assistant by trade, who returned to the UK for demobilization wearing all four medal ribbons . . . what price glory?).

In extreme contrast to the heat and humidity of Malayan operations, two UK-based Sunderland squadrons were actively involved in a peaceful scientific expedition to the icy wastes of Greenland in 1951 – 54. In early 1951, Nos. 201 and 230 Squadrons at Pembroke Dock were asked to provide one Sunderland initially to transport Commander C. J. W. Simpson and his party to a remote lake in northern Greenland for a preliminary survey to a projected full-scale exploration of Queen Louise Land, and on 23 July Wg Cdr Barrett and the OC 230 Squadron, Sqn Ldr J. Higgins, DFC, AFC, left Pembroke Dock carrying Simpson's party and their supplies, reaching a fiord off Ella Island, via Reykjavik, safely; this was the first time an RAF aircraft had landed in any Greenland fiord. From here they flew on to Seal Lake, some 700 miles from the North Pole, an uncharted lake dotted with small icebergs, where Barrett accomplished a safe landing. Returning at the end of August, Barrett retrieved Simpson's party. In 1952 a full expedition, the British North Greenland Expedition, led by Simpson, was transported by No. 230 Squadron, which supplied five Sunderlands in all, lifting the party and sufficient supplies for two years to Young Sound and Britannia Lake, in which operation No. 201 Squadron was also to become involved. Two years later, in August 1954, the Sunderlands finally brought the expedition back to the UK.[6]

No matter where they operated, Sunderlands were always made available for direct aid in what may be termed 'mercy' situations, where a flying boat was often the only type of aircraft capable of assistance. Such an occasion occurred on 11 August, 1953, when a severe earthquake devastated the Greek Ionian Islands and a detachment of No. 230 Squadron, based at Malta, set up a steady ferry service to fly medical supplies and personnel, clothing and other essential supplies to the earthquake zone, from 14 August to 2 September. Further east, on 19 November, 1956, an SOS was received from a Japanese fishing vessel, *Feizu Maru*, which had struck a rock off the Natuna Islands, some 300 miles north-east of Singapore and was sinking. A Sunderland from Seletar, skippered by Flt Lt E. C. Donoghue, AFC, flew to the stricken ship, dropped five survival packs, including a large dinghy, and remained circling until the ship's 20-man crew were seen to be safe with a rescue ship already on its way to the scene. These two individual examples represent myriad occasions when the 'great white ships' came to the aid of beleaguered or desperate communities around the globe during the 1950s.

Throughout those years, apart from the *Firedog* and Korean operations, Sunderland squadrons were responsible for routine general maritime reconnaissance and, particularly, air-sea rescue duties. In addition, normal peacetime training in navigational, bombing, gunnery, and anti-submarine 'war' exercises were flown, as with any RAF first-line unit. Nevertheless, the RAF's overall strength in Sunderlands inevitably lessened as the years went by, there being no production replacement aircraft for time-expired or written-off boats. Moreover, by the mid-1950s Air Ministry policy-makers were leaning heavily in favour of land-based aircraft for future re-equipment of maritime squadrons, the Avro Shackleton being the prime choice in this context. For the men on the Sunderland squadrons, especially the toiling maintenance ground crews, servicing and keeping their aircraft up to operational standards became a gradual uphill battle of dedication. This was particularly true of the two units based at Seletar, Singapore – the affectionately termed 'Kipper Fleet' – where Nos. 205 and 209 Squadrons had only a handful of serviceable Sunderlands between them by 1954. This situation was 'rationalized' on 1 January, 1955, when the two units were merged into a single No. 205/209 Squadron, commanded by Sqn Ldr D. J. G. Norton. This unit in turn became 'No. 209 Squadron Detachment' from 1 March, 1958, commanded by Wg Cdr R. A. N. McCready, OBE, but on 15 May, 1959, two Sunderlands, ML797 and DP198, flew a farewell ceremonial flight over Singapore to mark the RAF's withdrawal of all Sunderlands from first-line use. Five days later ML797, 'P', escorted Air Marshal the Earl of Bandon, AOC-in-C, FEAF, for the ultimate RAF Sunderland flight.

By the time Sunderlands had bowed out of service in Singapore their sister aircraft

[6] Readers seeking far greater details of this expedition are commended to *Flying Boat* by K. Poolman, William Kimber, 1962.

PP112, 'A–E', 201 Sqn at St Peter port, Guernsey, after hitting a submerged rock while landing, 15 September, 1954, which caused a 30-foot gash in the hull.

DP198, '201–A' of 201 Sqn on 11 September, 1956 during Battle of Britain Week demonstrations, captained here by Flt Lt Nicoll. (*Courtesy OC 201 Sqn RAF.*)

Bone-yard. Remains of Seletar's Sunderland 'Kipper Fleet' after Sunderlands were withdrawn from RAF service.

Coming Home. ML824, '50.S.9' of the French Aeronavale being escorted by an Avro Shackleton of 201 Sqn ('P'), March 1961 to Pembroke Dock for the Sunderland Trust. Now resident at the RAF Museum, Hendon. (*RAF Museum*, Ref: PO16592.)

in the UK had already disappeared from RAF squadron service. At Pembroke Dock No. 201 Squadron was officially disbanded on 28 February, 1957, to be followed on 31 July the same year by its companion unit, No. 230 Squadron; their aircraft were then ferried away to Wig Bay for possible refurbishment and, in a few cases, reissued to the sole FEAF squadron. At first several appeals by history-minded members of the RAF were made to higher authority to arrange for preservation of at least one Sunderland for posterity, but – as in too many similar cases – such ideas fell on deaf ears in the Air Ministry's Whitehall 'Paper Factory' and all extant Sunderlands (apart from those supplied to France, South Africa and New Zealand) were consigned to the hands of local scrap dealers. Fortunately, a poultry farmer from Pantgwyn, Cardigan, Peter Thomas, being a keen aviation enthusiast, refused to accept such official apathy and in 1959 commenced an eventual two-years campaign via the media and various aviation VIPs to be allowed to obtain one Sunderland for permanent preservation and display in the UK. His first thought was to buy one of the RNZAF's Sunderlands due for retirement, but the purely technical, not to mention financial difficulties likely in having such a Sunderland flown back to the UK finally nullified any such project.

Thomas's luck held, however, when he received a letter from Admiral Suquet, Chief of the French Aeronavale, offering to sell to the UK government one of Aeronavale's Sunderlands, due to be retired in 1960, for a nominal sum of about £6000, excluding fuel and other expenses involved in any actual transfer flight from Dakar to the UK. After prolonged negotiations one Sunderland, ex-RAF serial ML824, now based at Lanveoc-Poulmic, near Brest, was offered free of charge to the British Government, and agreement was completed by late January 1961. Accordingly, on 24 March, 1961, ML824, skippered by Capitaine Henri Luthereau, left Brest *en route* to rendezvous with two Avro Shackletons from No. 201 Squadron from St Mawgan, to be escorted to RAF Pembroke Dock, where the gleaming, all-white flying boat finally landed shortly before noon. At Pembroke Dock ML824 was hauled up and became the backdrop for the ceremonial hand-over reception, being 'accepted' by Air Marshal Sir Edward Chilton and Oswald Short. ML824 was to remain on display at Pembroke Dock, under the aegis of the Sunderland Trust, until being acquired by the Royal Air Force Museum on 21 March, 1971, where it may be viewed today, fully restored to its one-time 201 Squadron identity as NS-Z. A second Sunderland destined to find a permanent home in England was ML796, a Mk V built at Rochester in 1945 which saw four years' service with the RAF before being sold to the French Aeronavale service. Finally withdrawn from service in 1960 at Dakar, it was stored in France until being bought by a M. R. Bertin in 1965, who 'converted' the aircraft into a discothèque at Maisden-le-Riviere initially, then moved it to La Baule in Brittany as a café-bar. Eventually M. Bertin offered the aircraft free of charge to anyone willing to remove it, and in 1976 ML796 arrived in England aboard five trucks, for the hull had to be sliced horizontally along its centre-line in order to facilitate transportation, and on 9 July, 1976, the Sunderland arrived at the Imperial War Museum, Duxford, to be reconstructed and fully restored.

When Sunderlands of the Seletar 'fleet' flew the final RAF sorties in 1959, they also spelled *finis* to the active life of the 'Flying Boat Union', that unofficial group of men who, over a period of 40 years, had crewed flying boats of one type or another in RAF colours. Those 'flying seamen' had known a form of flying unmatched in any other sphere of RAF aerial operations and had jealously guarded their privilege. Now they would be transferred to land-based aircraft, 'Just office-boys' as one veteran Sunderland captain expressed it. Gone for ever was the unique independence of command and action peculiarly inherent with Sunderland operations. To summarize the feelings of many ex-Sunderland crewmen, it was not simply a superb aircraft but the ultimate representative of a way of life which would never be experienced by RAF crews again. The demise of the flying boat in RAF service, viewed objectively, was inevitable, a milestone on the road of progress. Given the same basic power any equivalent landplane could only be faster and more efficient in aerodynamic terms; sentimental arguments for retaining flying boats had to bow to pragmatic logic.

# 13. Foreign Forces

The wartime reputation of the Sunderland for dependability and ubiquity made it a prime choice by certain non-British air services at the close of the European war. New Zealand, as an island country, had a logical need for long-range flying boats to maintain 'home' air communications and also to establish a link route to the various outlying islands in the Pacific ocean. The Royal New Zealand Air Force (RNZAF) had possessed one Sunderland unit during the war, ie, No. 490 Squadron, formed at Jui on 29 March, 1943. Equipped initially with Catalinas, the unit had received its first two Sunderlands, ML850, 'B', and ML852, 'P', at Jui on 4 May, 1944, by which date the squadron was commanded by Wg Cdr B. S. Nicholl (later, Group Captain). The squadron's first Sunderland operational sortie was flown on 17 May by ML850, piloted by Flt Lt R. C. Dunn; an anti-submarine patrol lasting eight and a half hours without incident. Further Sunderlands were quickly added to squadron strength with EJ169, 'Y', arriving on 5 May, EJ165, 'R', on the 8th and ML835, 'Z', on the 12th. These were the first of an eventual 14 Sunderlands taken on charge by the end of the war. As with the other flying boat units in West Africa, 490's duties included anti-submarine searches, though U-boats were seldom operating in that area from 1943 onwards, and the more routine convoy escort and occasional air-sea rescue roles. These duties soon proved monotonous and unspectacular for the crews, but as their commander Barry Nicholl once expressed it, 'This game is rather like cricket. The runs saved in the field count just as much towards winning the game as the runs made off the bat.'

Monotonous or not such sorties were not without incidents. Apart from having to cope with appalling weather conditions on many occasions, there was always the possibility of mechanical failure while far from base. On 13 July Fg Off M. E. McGreal was skippering ML852, 'P', on a routine patrol 200 miles out to sea when both his port engines cut. Forced to land, McGreal achieved a good ditching, but the heavy swell soon broke up the Sunderland. Dinghies were launched quickly, but two crewmen went down with the wreck: Warrant Officer A. P. Opie, the wireless operator, last seen at his set attempting to send out distress signals, and the flight engineer, Sgt Scott. In the sea Flt Sgt D. C. Jones, a Welshman, though injured himself, supported another injured crewman until McGreal was able to inflate a second dinghy and retrieve its paddles for the injured men. Without food and water, the crew drifted until the following evening before being sighted, and were then rescued by an RAF High Speed Launch (HSL), No. 2523 of No. 201 ASR Unit. For the rest of the war period 490's crews continued their routine patrols without ever sighting an enemy submarine, but by the time of the squadron's ultimate disbandment at Jui on 1 August, 1945, its crews had flown a total of 463 operational sorties (4853 flying hours). In early December 1944 four Sunderlands from the squadron, ML792, ML793, ML794 and ML795, led by Wg Cdr D. W. Baird with Flt Lts J. S. Shephard, H. K. Patience and J. C. L. Pettit, and crewed almost wholly by tour-expired New Zealand crew members, were flown to New Zealand via Brazil, Texas and the Pacific. These Mk III Sunderlands were then officially taken on RNZAF charge and given new serial numbers, ie, NZ4101, NZ4102, NZ4103 and NZ4104 respectively. Thereafter the Sunderlands were employed in augmenting the existing air transport services between New Zealand, Noumea, Espiritu Santo and Lauthala Bay, Fiji. All four were eventually transferred to the NZ National Airways civil line and re-registered as ZK-AMJ, ZK-AMF, ZK-AMG and ZK-AMK (See Chapter 15, *Exports*).

By 1952 the RNZAF was looking to replace its ageing Catalinas, these having served the force well for ten years by then, and placed an order with Shorts for 16 Mk V Sunderlands from the UK. These 16, all ex-RAF reconditioned aircraft, were PP110, RN280, VB883, ML814, DP191, PP129, VB880, VB881, PP124, SZ561, SZ584, EJ167, RN286, RN306, PP143 and RN291, which were re-serialled in the range NZ4105 – NZ4120 respectively. They formed the new equipment of No. 5 Squadron RNZAF based at Lauthala Bay, Fiji, and No. 6 Squadron RNZAF, a mixed Regular/Territorial unit based at Hobsonville. In the event No. 6 Squadron was

NZ4111, KN–D of 5 Sqn RNZAF (ex-VB880). (*RNZAF Museum*.)

NZ4113 (ex-PP124) of the RNZAF.

replaced by the RNZAF's Maritime Operational Conversion Unit (MOCU), which itself became the Maritime Reconnaissance & Support Unit (MRSU), leaving No. 5 Squadron as the prime Sunderland operator from 1953 until 1967. During those years the New Zealand Sunderlands provided a lifeline to many isolated islands in the Pacific, conveying medical necessities, passengers and vital freight to venues where no 'land' aircraft could go, utilizing unlit, unmarked lagoons in many cases. To the myriad native inhabitants of such islands the huge white 'flying canoes' [*sic*] were a godsend, particularly when evacuating seriously ill patients to hospitals in mere hours, whereas any ship might have taken weeks for the same purpose. Despite many difficulties in the contexts of maintenance and flying conditions, the 16 Sunderlands gave doughty service with few accidents, only NZ4117, 'T' (ex-RAF RN286), having to be written off charge due to an accident on 15 April, 1961.

In April 1962 No. 5 Squadron's establishment of six Sunderlands was reduced to four and all major servicing facilities were transferred to Hobsonville, where the MOCU had its own establishment of three Sunderlands. Then in February 1965 the now-titled MRSU was disbanded and No. 5 Squadron was withdrawn from its base at Lauthala Bay to move back to Hobsonville, leaving a detachment of two Sunderlands at Fiji to continue covering routine commitments. Conversion training for RNZAF Sunderland crews ceased in October 1965 and the No. 5 Squadron Fiji detachment was reduced to a single Sunderland in 1966; this detachment finally ending on 31 March, 1967, when the RNZAF base at Lauthala was closed down. Its sole remaining Sunderland, NZ4107, 'D' (ex-RAF VB883), was then flown back to Hobsonville on 2 April, 1967, the RNZAF's ultimate official Sunderland sortie, thereby bringing to a close almost 30 years of continuous and faithful military service with many of the world's air forces. All remaining RNZAF Sunderlands were sold as scrap except NZ4108 (ex-RAF ML814), which was already flying as a civil airliner, VH-BRF, with the Ansett airline, and NZ4115, 'Q' (ex-RAF SZ584), which had been presented to the

RNZAF Sunderland over the main entrance to Lauthala Bay, Fiji. (*RNZAF Museum.*)

NZ4114, XX–A (ex-SZ561) of the MOCU, Hobsonville over Auckland, 1958. (*RNZAF Museum.*)

NZ4109, KN–C, 5 Sqn RNZAF (ex-DP191). (*RNZAF Museum.*)

NZ4120, KN–Z (ex-RN291) of 5 Sqn RNZAF.

NZ4107, 'D', of 5 Sqn RNZAF (ex-VB883) with Martin P5M Marlin (USN) (leading) and Lockheed Neptune of the RAAF.

PP153, 'M', which was delivered to SAAF on 25 April, 1945 and damaged next day, being eventually reduced to spares (as here). It never received a SAAF serial. (*D. Becker/SAAF Museum.*)

RB – Q, 1701 (ex-NJ262) of 35 Sqn SAAF in which Lt-Col du Toit flew his non-stop round-the-Union flight, July 1948. (*D. Becker/SAAF Museum.*)

Close Stuff. RB–K, 1702 (ex-PP125); RB–F, 1704 (ex-RN279); and RB–M, 1705 (ex-RN296), all of 35 Sqn SAAF, at an air show, Durban, late 1940s. (*D. Becker/SAAF Museum.*)

Auckland Museum of Transport & Technology on 12 December, 1966, for permanent preservation and public display.

A second non-British service to employ Sunderlands in the post-war era was the South African Air Force (SAAF). Only one unit was equipped, No. 35 Squadron SAAF, which had originally been formed at Congella, Durban, on 15 February, 1945, by the simple process of retitling the existing unit there, No. 262 Squadron RAF. Commanded first by Wg Cdr E. S. S. Nash, DFC, AFC, the 'new' squadron was initially equipped with Catalinas, but on 25 April, 1945, it began receiving Sunderlands. The first (of an eventual 16 ex-RAF reconditioned Mk Vs) to be received on that date was PP153, carrying a single code letter 'M' (but no 35 Squadron code markings). The very next day 'M' hit a submerged object at Umsingazi as it made its landing approach and was wrecked. By mid-October all the other 15 Sunderlands had been received, these being NJ262, PP125, PP109, RN279, RN296, RN305, NJ258, NJ263, ML798, RN281, NJ266, PP156, NJ259, RN295 and PP104, which were then reserialled in the SAAF number range 1701-1715 respectively. In the interim the unit received a new commander, Lt-Colonel D. A. du Toit, DFC, who, shortly after taking up his appointment, received orders to organize an airlift operation to Egypt in order to fly home South African personnel. He quickly set up a thrice-weekly service from Durban to Fayid on the Suez Canal and when this airlift was eventually completed totals of 1786 personnel and 655 tons of equipment had been flown back to South Africa. During the operation all Sunderlands involved had their mid-upper gun turrets removed to save weight, and although the turrets were replaced afterwards their guns were often omitted except when necessary for any peacetime operational exercises. As

RB–O, 1706 (ex-RN305) after an accident on 13 April, 1950 at Congella. It was SOC on 12 January, 1951 and scrapped eventually in 1957. (*D. Becker/SAAF Museum.*)

RB–J, 1712 (ex-PP156) of 35 Sqn SAAF at Congella, Durban, during the 1945 Egypt-Durban shuttle flights, and named *My Lucky Star.* (*D. Becker/SAAF Museum.*)

RB–N, 1714 (ex-RN295), 35 Sqn SAAF. (*D. Becker/SAAF Museum.*)

RB–D, 1710 (ex-RN281), *Dynamite Daisy*, 35 Sqn SAAF, which flew the ultimate official SAAF Sunderland flight on 8 October 1957. (*D. Becker/SAAF Museum.*)

Sunderland of 343 Squadron in wartime livery. (*via J. Cuny.*)

with all air forces, the SAAF in peacetime pursued a reasonably uneventful routine of practice exercise and general 'aid to the civil powers' when requested, and at the same time took responsibility for general maritime reconnaissance around South African territorial waters. Inevitably, 35 Squadron was also called upon to contribute to various air shows, being the 'owners' of the largest aircraft in SAAF service in the late 1940s and early 1950s; while in December 1947 the squadron was given responsibility for forming a Citizen Force section to fly Harvards from the nearby Stamford Hill aerodrome at Durban, this supplementary section later becoming No. 5 (City of Durban) Squadron and flying Spitfires as well as Harvards.

In 1948 Lt-Colonel du Toit undertook the first non-stop round-the-Union flight. Selecting Sunderland 1701, RB-Q (ex-RAF NJ262), for this attempt, he had its top turret removed and four extra fuel tanks installed in the bomb bays, then finally set off from Durban on 29 July. His route was via Port Elizabeth, Cape Town, Luderitz, Walvis Bay and Vaaldam and he landed back at Durban on 30 July with just one hour's fuel left in his tanks; a flight of 2880 miles in 19 hours and 50 minutes at an average speed of 130 mph, though strong headwinds on the Walvis Bay – Vaaldam leg had added three hours to that total time. It was a highlight in an otherwise fairly mundane existence for the squadron, although accidents were to occur later, with 1706, RB-O, having an accident on 13 April, 1950, 1714, RB-N, crashing on Lake Umsingazi at night on 1 November, 1956, and 1703, RB-H, hitting a bollard in Durban harbour with its port wingtip on 28 August, 1957, and not being repaired. Future replacements for the SAAF Sunderlands were already under consideration by 1952 and on 28 April that year three Avro Shackletons of No. 42 Squadron RAF arrived in South Africa on a goodwill visit, finally departing on 3 May, their appearance in part leading to a SAAF order for Shackletons as the future Sunderland replacements.

The run-down of the SAAF Sunderlands began in 1955, when eleven were sold off as scrap, leaving just 1703, 1710 and 1714 to soldier on. As stated, 1714 and 1703 were next written off charge due to accidents, while 1710, RB-D (ex-RAF RN281), was left to fly the final official SAAF Sunderland flight on 8 October, 1957, before it too was consigned to the scrap yard a few weeks later. In the same year, on 16 May, the first two SAAF Avro Shackleton MR3s were officially handed over to SAAF representatives at Woodford, England, and these went to RAF St Mawgan, Cornwall, for SAAF aircrews to 'convert' to in conjunction with RAF Coastal Command, prior to the eventual re-equipment of No. 35 Squadron SAAF in South Africa. At the time of writing (1988) the basic airframe of Sunderland 1714 has been (apparently) located at the bottom of Lake Umsingazi and efforts are being made to salvage this for possible future static display as a memorial to a classic aircraft.

A third non-British air service to employ Sunderlands, both during and after the war, was French. The first French units to receive the type were two Free French units,

EJ168, 'J', 343 Sqn which went later to Aeronavale and was SOC on 7 May, 1948.
*(via J. Cuny.)*

ML750 which was transferred to Aeronavale on 26 July, 1947 and was eventually SOC on 2 September, 1950. (*via J. Cuny.*)

7.F.6 of Aeronavale. (*via J. Cuny.*)

SZ571 which transferred to Aeronavale on 31 July, 1957 and was SOC, 17 April, 1961. (*via J. Cuny.*)

RN284, transferred to Aeronavale on 18 December, 1957 and SOC 30 January, 1962. (*via J. Cuny.*)

ML796 (50.S.3) of Aeronavale which after a 'mixed' career went to the Imperial War Museum, Duxford, on 9 July, 1976. (*via J. Cuny.*)

Nos. 3E and 4E, based at Dakar in mid-1943, which became merged as Escadrille 7F, then retitled 7FE (7[e] *Flottille d'Exploration*) in October 1943 and this unit was attached to No. 295 Wing RAF West Africa, based at Bathurst, being then retitled yet again as No. 343 Squadron RAF with effect from 29 November, 1943. The first Sunderlands to be 'loaned' to the Free French units in July 1943 were W6080, DP182 and JM674, followed in August by JM688 and JM706, and in September by DV985, DV986, DV987, JM689, JM704 and JM705. In October DP187 and DV965 were added to the French strength. Throughout 1944 nine more Sunderlands were taken on charge by 343 Squadron, EJ135, EJ168, JM670, ML835, ML851, ML854, ML870, ML871, ML874, while by June 1945 a further three, EJ163, EK587 and Ml841, were taken on squadron strength. From its 'inauguration' *per se* in November 1943 until mid-1945 No. 343 Squadron shared the maritime duties of its RAF companion-units at Bathurst and Freetown, flying routine anti-submarine, convoy escort and general sea reconnaissance sorties and, also like its RAF counterparts, was not immune to casualties during normal flying, losing six Sunderlands before the war's end. DV986 was the first Sunderland to be lost when it crashed in the sea off Port Etienne on 19 September, 1943, killing 13 men aboard, while a month later, on 22 October, JM705 crashed and sank at Dakar. On 2 February, 1944, DP182 suffered engine failure on patrol and was forced to ditch, though its crew were saved, but three days later JM704 crashed during landing at Bel Air, Dakar, killing four crewmen and injuring nine others. On 26 April DV985 caught fire in the air and crashed in the sea off Gorse Island with no survivors. The sixth wartime casualty was JM670, which was destroyed by fire in its hangar on 11 January, 1945, though an immediate post-war crash at Dakar during take-off by ML841 on 20 July, 1945, accounted for another write-off.

On 27 November, 1945, No. 343 Squadron RAF was officially 'disbanded' by being transferred *in toto* to the French Aeronavale when it now came to be retitled *Flottille* 7FE, based mainly at Dakar still and later receiving yet another change of nomenclature as 7F. In the post-war years other French Sunderland unit titles were to include *Escadrilles* 12S, 50S, 53S, while 7F became 27F. The French Aeronavale was to acquire four more 'batches' of Sunderlands during the post-1945 era. Two, ML750 and NJ172, were received in 1947 and 14 during 1951, these being ML757, ML764, ML778, ML779, ML781, ML796, ML799, ML816, ML819, ML820, ML821, ML866, ML872 and NJ170; four more in 1952, ML739, ML877, NJ182 and NJ190; and a final batch of five in 1957, ML800, ML824, RN284, SZ571 and SZ576. Of these, six were to be written off in flying accidents. On 16 November, 1948, ML874 was destroyed when its supply launch exploded at Port Etienne, killing four men in the process; while on 3 November, 1949, EJ163 smashed its hull on take-off and killed seven in the subsequent crash. On 18 July, 1950, ML750 was wrecked in a ground accident at Dakar; ML866 was wrecked on 16 January, 1957; SZ576 sank at Port Etienne on 23 October, 1957; and ML778 killed four men in an accident on 7 July, 1958. By 1960 Sunderlands had begun to be phased out of service with Aeronavale, the last two to be officially struck off charge being ML796 and RN284, both on 30 January, 1962. One Sunderland, ML824, which had originally been delivered to Aeronavale on 26 October, 1957, was given free of charge to the Sunderland Trust in Britain in 1961 and may be seen today (1989) fully refurbished at the Royal Air Force Museum at Hendon, London (see Chapter 12, Peace and Goodwill).

# 14. Queens In Mufti

At the outbreak of war in September 1939 the RAF possessed no separate Command tasked with the role of air transportation. Instead, one UK-based unit, No.24 Squadron at Hendon, equipped with a motley mixture of single and twin-engined light aircraft, was officially dubbed as a 'Communications' unit; while abroad a few squadrons were flying obsolescent, lumbering aircraft euphemistically designated 'bomber-transports', dual roles in neither of which they really excelled. This lack of a properly defined aerial transport force within the aegis of the RAF is perhaps all the more surprising in view of the numerous demonstrations of a need and obvious potential for such during the previous two decades. Thus, once hostilities with Nazi Germany commenced the RAF hastily commandeered a host of civil aircraft of sundry shapes, sizes and capacities to 'fill the gap', but immediate responsibility for air transportation within the European Zone fell on the experienced crews of Imperial Airways and, to a lesser extent, its rival airline British Airways. On 24 November, 1939, the British Overseas Airways Corporation Act was ratified which merged these two airlines into a single entity, *BOAC*, which commenced operations from April 1940.

Although all UK civil flying officially ceased with effect from 3 September, 1939, the airlines, both UK and certain Commonwealth, continued to operate along essential routes. Their aircraft remained a mixture of elderly and new designs, including the recently introduced Short 'C-Class' flying boats, but with the priority needs for production now channelled towards the crucial requirements of the RAF, no new designs or further production could be expected. The new BOAC's responsibilities steadily extended from 1940, with an increasing need for more aircraft to meet such demands, and it was logical to consider the possibility of using the Short C-Class's stablemate, the Sunderland, for such purposes; the latter's near-identical capacity and handling qualities appearing attractive in presenting few, if any, problems of 'conversion'. However, the serious escalation of the Atlantic naval war, in particular the rising successes of Germany's U-boat fleet's assaults on Allied merchant shipping lifelines, meant that Coastal Command was in no position to spare the few vital Sunderlands it already possessed in 1940-41; a situation further exacerbated by heavy demands (and losses) sustained by Sunderland squadrons based in the Mediterranean during 1941.

Although unable to transfer Sunderlands in any quantity for 'civilianization', the RAF loaned several individual aircraft to BOAC in 1940-41, including L5800 and L2158, but only for brief periods, and still basically unconverted. In December 1942, however, a small batch of six Sunderland IIIs, JM660 – JM665, were converted at the Rochester works by having all military equipment stripped out and relatively austere bench seating installed. The first such conversion received its initial testing flight on 26 December, 1942 (JM660), followed by JM661 (15/1/43), JM662 (16/1/43), JM663 (21/1/43), JM664 (29/1/43) and JM665 (29/1/43) – bracketed dates here being delivery dates to BOAC. By the end of January 1943 all had received their UK civil registrations, G-AGER, G-AGES, G-AGET, G-AGEU and G-AGEW respectively, and in March 1943 commenced flying the UK-West Africa route from BOAC's Poole base. All were initially given standard green/grey camouflage liveries with their civil registrations marked large on fuselage flanks in black with silver edging and underlining consisting of a red/white/blue heavy stripe. The first casualty was JM661 (G-AGES), which crashed in fog on Slieveglass, near Brandon Head, County Kerry on 28 July, 1943, and it was replaced by JM722 on 21 August, 1943, registered as G-AGHV. Five more Mk IIIs, ML725 – Ml729, were then converted and, registered respectively as G-AGHW, G-AGHX, G-AGHY, G-AGIA and G-AGIB, were delivered to BOAC between 27 August and 15 September, 1943. All such conversions, apart from their civil liveries, remained Sunderland IIIs in external appearance except for the obvious removal of the nose gun turret, which was replaced by a simple, retractable nose fairing, and tail turret.

From 25 March, 1943, the RAF brought into being its own Transport Command,

BOAC Sunderland at Poole, September 1943.

JM665, 'W', of BOAC at Kasfareet, Egypt. (*RAF Museum*, Ref: P10273.)

NJ201 in unarmed state, as delivered to Transport Command for trials ('OZZA'), then ended as G–AGWU with BOAC. Seen here at Calshot.

OQZF (ex-ML788), later G–AGKX, *Himalaya*, which became the prototype Sandringham I.

but left BOAC to continue operating its Sunderlands, which were mainly employed still on the UK – West Africa route. This route (for Sunderlands) ceased on 25 October, 1943, and the flying boats now undertook the lengthier route from Britain to Karachi via Cairo on a thrice-weekly initial schedule after the route had been trail-blazed by a Sunderland carrying seven passengers, covering the 5039 miles in 28 hours' flying time. This new route meant the Sunderlands had to fly through 'militarized zones' (ie, Egypt) and accordingly such flights were made under the 'protection' of RAF Transport Command, as a consequence of which the flying boats received fresh, albeit temporary, 'military' codings; OQZR (JM660), OQZC (ML725), OQZX (ML726), OQZZ (ML727) and OQZA (ML728). From January 1944 a further six Sunderland IIIs were added to BOAC's fleet, ML751 – Ml756, and these were given the Transport Command codes OQZJ, OQZK, OQZL, OQZM, OQZN and OQZO respectively, all being delivered between 13 January and 3 February, 1944. Finally, another batch of six Sunderland IIIs, ML786 – ML791, were allotted to BOAC between 12 July and 11 August, 1944; these too receiving Transport Command codings respectively as OQZD, OQZE, OQZF, OQZG, OQZH and OQZI.

Despite the obvious difficulties – and perils – of operating the Sunderland 'civvies' over semi-global routes, through enemy-threatening skies, the dependability of the flying boats was perhaps exemplified by the fact that only one more casualty occurred during the war years; this was ML729 (G-AGIB), which had a wing catch fire and part company with the aircraft on the night of 5 November, 1943, causing it to crash some 130 miles south of Tobruk at El Taurab Tawaali.[1] From the experience gained on the UK-Karachi route it was soon found possible to extend this as far as Calcutta, commencing on 10 May, 1944, following a flight plan from Poole to Gibraltar, then to Djerba (Tunis), Cairo, Habbaniya, Bahrein, Jiwani, Karachi, Gwalior and Calcutta. Once the Allied invasion of France had gained a firm impetus, this route could be flown slightly more directly across France (omitting Gibraltar) to Djerba beginning on 12 December, 1944. From 20 February, 1945, this route changed to stage via Augusta, Sicily; while on 9 October that same year Sunderland G-AGHX (ex-ML726, OQZX) flew the first extension stage to Rangoon.

With the return of peace BOAC's Sunderlands had all camouflage and military markings exchanged for an overall white livery with civil registrations applied largely, and interiors restored to proper civilian passenger fitments. First to receive such treatment was G-AGJM (ex-ML754), which was then named individually as *Hythe*; this name becoming the class name of all similarly converted aircraft. Meanwhile, with a view to realizing the full potential of the Sunderland design for pure commercial airline use, G-AGKX (ex-ML788) was returned to the Rochester factory for redesign of its nose and tail sections and general internal refurbishment. Retitled Sandringham I, it was then relaunched on 28 November, 1945, and, after brief trials under the aegis of RAF Transport Command, marked as OQZF, was returned to BOAC in June 1946 and remarked with BOAC livery and named *Himalaya*. Both the Hythe class and Sandringham I conversions offered seating for up to 24 passengers apart from luggage stowage, accommodation for some 6500 lb of air mail, dining facilities and, in the Sandringham I, even a cocktail bar. The Sandringham internal layout leaned heavily upon provision of comfort for passengers. Dressing rooms and a ladies' 'powder room' were located amidships on the starboard side, equipped with hot and cold running water, points for elecric razors and other minor amenities, while a toilet and linen locker were amidships to port, plus a cloak room for outer garments. On the upper deck, reached via a staircase located athwartships to starboard, were the bar and buffet facilities, adjoined by a dining 'saloon' which could accommodate eight passengers at one seating; this settee seating was convertible to four sleeping bunks in addition to the convertible seating on the lower deck for the same purpose when needed. Even the many windows incorporated in the fuselage were designed and located to afford a clear outer view from each seat. The seven-man crew were provided with the latest intrumentation and other equipment for operation, including a crew 'rest room' and flight engineer's compartment immediately behind the side-by-side dual-control pilots' cabin.

[1] Allotted Transport Command coding, but crashed before this was applied to the aircraft.

NJ201 as OZZA in pristine Transport Command paint scheme. (*British Airways*, Ref: 1436.)

OQZB (ex-JM722), which became G–AGHV, *Hamble* and capsized in a sandstorm at Rod-el-Faraq, 9/10 March, 1946. (*British Airways*, Ref: 17.)

G–AGEW (ex-JM665), *Hanwell*, of BOAC taking off from Southampton bound for Australia – the first flying boat operations from Southampton by BOAC, on 1 April, 1948.

G–AHZA, Sandringham 5 (ex-ML783), *Penzance*.

G–AHIN, *Southampton*, a Solent 2 later becoming Solent 3, *City of Southampton*, and (appropriately) passing over Southampton's docks.

G–AHIS, *Scapa*, in BOAC livery. Later converted to Solent 3, *City of York*, 1950.

Sandringham 5, G–AHYY, *Portsmouth* (ex-ML838).

G–AGJJ, *Henley* (ex-Mk III, ML751), in BOAC markings at Southampton docks.

The prime use envisaged for the Hythe-class flying boats was to re-open and extend the Empire aerial routes. To this end on 31 January, 1946, BOAC reopened its UK – Singapore route with a thrice-weekly initial service in Hythes; while between 17 February and 2 April that year G-AGJM *Hythe* flew a 35,313-mile survey flight from Poole to Australia, New Zealand, Hong Kong, Shanghai, Tokyo and return, thereby incidentally becoming the first British civil airliner to land on the Wang-poo at Shanghai (March 19) and on the Bay of Tokyo (March 21). Having 'proved' the route, BOAC next commenced the first post-war UK – Australia flying boat service on 12 May, 1946, with Hythes, in conjunction with the Australian airline QANTAS; the first eastbound flight was undertaken by G-AGJN, *Hudson* (ex-ML755) to Singapore and G-AGJL, *Hobart* (ex-ML753) from Singapore to Sydney. The reverse, ie, westbound flight, commenced on 18 May wiht G-AGJK, *Howard* (ex-ML752) flying the leg to Karachi, then G-AGJJ, *Henley* (ML751) completing the Karachi – Poole leg. Another inaugural *Hythe* service commenced on 26 August, 1946, when G-AGKZ, *Harwich* (ex-ML790) flew the initial weekly service from Singapore to Hong Kong.

Further developments of the original Sandringham I, which Shorts had hoped would be ordered by BOAC, were actually initiated by orders from an Argentinian airline, Compania Argentina de Aeronavigacion Dodero of Buenos Aires, owned by the shipowner Señor Dodero, who requested four Sunderland conversions to Sandringham standard, but with Pratt & Whitney Twin Wasp R-1830-92 engines in place of Pegasus power plants. Titled Sandringham 2, these, and further developments designated Sandringham 3, 5, 6 and 7, found ready buyers by various foreign airlines and their history will be detailed in Chapter 15 *'Exports'*, but BOAC eventually acquired nine Sandringham 5s and titled these as their Plymouth-class. These were given civil registrations as G-AHYY, *Portsmouth*, G-AHYZ, G-AHZA, *Penzance*, G-AHZB, *Portland*, G-AHZC, *Pembroke*, G-AHZD, *Portmarnock*, G-AHZE, *Portsea*, G-AHZF, *Poole*, G-AHZG, *Pevensey*, and later G-AJMZ, *Perth* to replace the loss of G-AHYZ, which was destroyed by fire while being converted at Belfast on 18 January, 1947. Three more were added to BOAC's Far East routes when the airline purchased Sandringham 7s, G-AKCO, *Saint George*, G-AKCP, *Saint David*, and G-AKCR, *Saint Andrew*, all of which entered service in 1947.

BOAC Sandringhams began operations from 2 May, 1947, on the Poole – Bahrein/Bahrein – Karachi route; while on 23 June they commenced a weekly schedule on the UK-Hong Kong so-termed *Dragon* service, supplementing the existing Hythes. Soon these Plymouth-Class flying boats were being operated along a wide variety of overseas BOAC routes. Meanwhile their sister boats, Hythes, continued to give trojan service for BOAC. On 31 March, 1948, BOAC's main UK flying boat base at Poole was transferred officially to Southampton Water, where regular services recommenced on 1 April, when G-AGEW, *Hanwell* (ex-JM665, previously named *Halton*) took off bound for Australia. Two weeks later, on 14 April, Lord Nathan, Minister of Civil Aviation, officially opened the Southampton flying boat terminal at Berth 50.

In the following month a new airline intended to employ flying boats was registered in the UK when Aquila Airways Ltd came into being from 18 May, 1948, with an initial capital of merely £20,000, and based at Hamble Water. Its founder was Barry Aikman, ex-wartime Wing Commander who had seen service with No. 210

Squadron and later as Chief Navigation Officer to RAF Transport Command. In July 1948 Aquila Airways had acquired its first three flying boats, G-AGEU, *Hampshire* (ex-JM663), G-AGIA, *Haslemere* (ex-ML728) and G-AHEO, *Halstead* (ex-JM716), all Hythes, and all three were quickly put into commercial service when, from 4 August, 1948, they began lifting sorely needed freight to Finkenwerder on the River Elbe as part of the Berlin Airlift. From Finkenwerder their supply loads were flown to the Havel lake on the Berlin outskirts and these near-daily supply flights finally terminated on 15 December, 1948, when the threat of ice forming on Havel lake nullified future landings there. All three Hythes had participated, running up totals of 141 sorties (G-AHEO), 118 sorties (G-AGIA) and six sorties (G-AGEU), completing a total of 700 flying hours and lifting a gross weight of 1409.2 tons of supplies.

After that profitable start Aquila Airways steadily acquired further Hythes during 1949, including G-AGER, *Hadfield* (ex-JM660), G-AGHZ, *Hawkesbury* (ex-ML727), G-AGJJ, *Henley* (ex-ML751), G-AGJK, *Howard* (ex-ML752), G-AGJL, *Hobart* (ex-ML753), G-AGJM, *Hythe* (ex-ML754), G-AGJN, *Hudson* (ex-ML755), G-AGKY, *Hungerford* (ex-ML789), G-AGLA, *Hunter* (ex-ML791), G-AHER, *Hemsdale* (ex-PP142), G-AGKX, *Himalaya* (ex-ML788) and G-ANAK (ex-PP162). Aquila next acquired a British European Airways (BEA) associate agreement to operate to Madeira, and on 24 March, 1949, G-AGEU, skippered by Captain D. Pearson, left Berth 50 and flew the 'proving' flight to Madeira, carrying a crew of eight, invited guests, and 100lb of Royal Mail, the first air mail for the island. Once 'proved', the first scheduled Southampton-Madeira flight took place on 14 May, again by G-AGEU. Other Aquila routes and services soon opened up, including a Lisbon – Funchal line shuttle service, Bordeaux and Las Palmas, apart from various UK domestic services from Southampton to Cornwall and northern Scotland. In between such scheduled services Aquila operated many 'one-off' charter flights. Most of Aquila's flying boats at this stage were ex-BOAC Hythes, acquired after BOAC flew its ultimate Hythe service on 16 February, 1949. In BOAC service Sunderlands nad Hythes had flown a total of just over 25-million miles and carried 79,793 passengers.

Over the following years Aquila expanded its horizons, introducting a Southampton – Jersey twice-weekly service from 7 July, 1951, converting one Sunderland to a 48-passenger version for charter flights to the Middle and Far East, transporting athletes to the 1952 Olympic Games in Helsinki, and even undertaking a survey of a possible route between the Falkland Islands and Montevideo. 1953 proved to be fateful for the airline. Its fleet at the start of the year comprised three Sunderlands (Hythes) and one Solent (G-AKNU), but two of the Hythes were lost in accidents;

G – AGJM, *Hythe* (ex-ML754 and OQZM), the first civil Mk III conversion.

Another view of G–AHIN, *Southampton*.

G–AGJO, *Honduras* (ex-ML756). (*QANTAS.*)

G-AGJN, *Hudson* broke up on rocks in Funchal Bay, Madeira, on 21 January and was written off, while G-AGKY, *Hungerford* sank in Southampton Water on 28 January during a take-off mishap. Though salvaged, G-AGKY was then scrapped in May 1953. For the moment these accidents left Aquila with just two aircraft, G-AGER and the Solent. In March 1953 came another change of fortune when Aquila was acquired, ie, its entire share capital was taken over, by Britavia (British Aviation Services Ltd), and shortly afterwards Aquila's founder, Barry Aikman, ceased to have any connection with the airline. Plans for expansion of Aquila now included the purchase of a Sunderland V convert, G-ANAK (ex-PP162), and another Solent, G-ANAJ, *City of Funchal*, although G-ANAK never entered Aquila service, having been damaged beyond repair on 27 November, 1954, at Hamble during a gale before its civil registration was applied. Aquila's fleet thereafter received only Solents to add to its services, and on 30 September, 1958, the airline ceased to be, despite further attempts to refloat the company in Portugal. With the 'death' of Aquila all British commercial flying boat operations also ended.

The ultimate step-sister variant of the Sunderland for civil operations was the Short Solent. Its origin lay with the second produced Short Seaford I, NJ201 which had served briefly on trial with Transport Command as OZZA, then been temporarily civil-registered as G-AGWU on loan to BOAC for evaluation in December 1945. Compared to the merely basic conversion standard of the Sandringham, this aircraft seemed a better prospect for eventual civil airline conversion, and Shorts accordingly offered a new version, titled Short Solent I. Larger and longer than the standard Sunderland design, with a planing bottom of increased area, the Solent offered a greater take-off weight, double decks and accommodation and full facilities for up to 30 passengers, a seven-personnel crew, plus freight stowage *et al.* An initial order for 12 production

G-AGHW (ex-ML725) in BOAC markings. (*British Airways*, Ref: 471.)

G-AGKY, *Hungerford* (ex-ML789), passing over the Gizeh Pyramids, south of Cairo, Egypt. (*British Airways*, Ref: 1180.)

aircraft was placed with the Short factory at Rochester, and the first to emerge was Solent 2 (as this batch was designated) G-AHIL, *Salisbury*, which was launched on 11 November, 1946, flown by Geoffrey Tyson, Short's latest chief test pilot. The remaining 11 Solent 2s gradually left the Rochester works during 1947-48, the last, G-AHIY, being launched on 8 April, 1948 – incidentally the ultimate *new* aircraft to be constructed at Rochester's seaplane factory, which finally closed down in July that year. These 12 Solent 2s were registered as G-AHIL, G-AHIM, *Scarborough*, G-AHIN, *Southampton*, G-AHIO, *Somerset*, G-AHIR, *Sark*, G-AHIS, *Scapa*, G-AHIT, *Severn*, G-AHIU, *Solway*, G-AHIV, *Salcombe*, G-AHIW, *Stornoway*, G-AHIX, *Sussex* and G-AHIY, *Southsea*. Though due to be operated by BOAC, this fleet of Solents was actually on lease from the Ministry of Civil Aviation at this stage.

On 4 May, 1948, the Solent 2 first entered commercial airline service when G-AHIT flew from Southampton to Johannesburg, but on 22 July the existing eight Solent 2s were temporarily withdrawn from service for modifications to their wing floats, these being relocated forward and outboard of the original positions and further stabilized by additional strutting and tie-rod braces. Once all had been so modified they were returned to BOAC service from 17 October. By then BOAC had obtained a further lease for six Seafords, NJ202 – NJ207, declared redundant for RAF purposes, to be reconverted at Belfast to civil Solents. Dubbed Solent 3, this variant offered accommodation for up to 39 passengers, and the first, G – AKNO (ex-NJ202), emerged in April 1949 and was named *City of London*. The remaining five became registered as G-AKNP, *City of Cardiff* (NJ203), G-AKNR, *City of Belfast* (NJ204), G-AKNS, *City of Liverpool* (NJ205), G-AKNT, *Singapore* (NJ206) and G – AKNU, *Sydney* (NJ207). Only four more Solents were built, these to an order from the New Zealand airline TEAL, the first of which was launched in early 1949. Their more powerful engines and all-round heavier weight changed their designated title to Solent 4 and their overseas careers will be found in the chapter 'Exports'. Two of this quartet eventually returned to the UK from New Zealand and were civil-registered as G-ANYI and G-AOBL, entering service with Aquila Airways in early 1955 and remaining with Aquila until that airline's demise on 30 September, 1958. In the following month, along with G-AHIN, they were sold to a Portuguese company, but all three boats were destined to remain beached on the banks of the Tagus estuary, Lisbon, for the next 13 years before finally suffering the ignominy of being broken up. With BOAC Solents had given excellent service during their relatively brief careers, but ceased operations with the airline in November 1950 when all BOAC flying boat services were turned over to land-based aircraft.

# 15. Exports

Throughout the 1920s and 1930s British civil airlines, alongside the RAF, played a leading role in pioneering and establishing aerial routes across the globe, particularly in linking the various member countries of the contemporary British Empire. A major proportion of that exploration had been achieved in flying boats and many emerging national civil airlines during that era also selected maritime aircraft, having uppermost in mind their requirements for overflying vast areas of river, lake and ocean. In the context of Short-designed flying boats the most significant 'pioneer' of the late 1930s was the Sunderland's stablemate, the Short S.23 C-Class ('Empire'), and interest in this design was manifested when six examples were taken on charge by the Australian airline QANTAS in 1937–38, these being initially G–AEUG, G–AEUH, G–AEUI, G–AFBJ, G–AFBK and G–AFBL (later re-registered in Australian codes and named respectively *Coogee, Corio, Coorong, Carpentaria, Coolangatta* and *Cooee*). Next to acquire C-Class flying boats was New Zealand, which received one example on 3 April, 1940, and on 26 April formed Tasman Empire Airways Ltd (TEAL), a joint UK–Australia–New Zealand company, which flew its first service, Auckland to Sydney, on 30 April, and was to carry a total of 1461 passengers during its first year of operations, flying Short S.30s.

The appearance of civil-converted Sunderlands came in the post-war era, when several overseas airlines placed orders, including Argentina, Australia, New Zealand, Norway and (eventually) Portugal. First to acquire civil versions of the Sunderland was the Argentinian ship magnate Señor Dodero, who ordered from Shorts four Sunderlands, converted by the makers to Sandringham standard but with Pratt & Whitney Twin Wasp engines, for his company Compania Argentina de Aeronavegacion Dodero, Buenos Aires, to exploit inter-city routes along the Rio de la Plata. This 1945 order resulted in two Sandringham 2s and two Sandringham 3s, the first, G–AGPZ, *Argentina* (ex–DD834), being launched at Belfast on 17 November, 1945, and arriving in Buenos Aires on 29 November. It was followed successively by G–AGPT, *Uruguay*[1] *(ex–DV964)*, on 26 December, 1945, G–AGPY, *Brasil* (ex–DD841), on 21 January, 1946, and G–AGTZ, *Inglaterra* (ex–EJ170), on 26 February. All four were then recoded as LV–AAO, LV–AAP, LV–AAR and LV–AAQ respectively. A fifth Sunderland III convert, G–AGWX (ex–ML876), was delivered to the firm Compania Aeronautica Uruguayana S.A. (CAUSA) and registered as CX–AKF, which was joined in May by G–AGWW (ex–EJ156) recoded as CX–AFA. Dodero's next acquisition was a Sandringham 2, G–AHRE, *Paraguay* (ex–ML843), recoded as LV–ACT, in 1946, which was followed by a converted Sunderland V (ex–DP195) re-registered as CX–AKR, *Capitan Bosio Lanza*. In 1947 two further converts, both ex-Marks Vs, were delivered to a new company, Aerolineas Argentinas (which absorbed the Dodero line by 1949); these were coded as LV–AHG (ex–EK579) and LW–AHH (ex–EJ171). Aerolineas Argentinas was to continue operating flying boats until 1962, adding an ex-Norwegian (DNL) Sandringham 6 (ex–JM714) reregistered as LV–AHM, *Almirante Zar* in the interim. With its cessation of flying boat services in 1962 the firm leased its six surviving aircraft (LV–AAO, LV–AAQ, LV–AAR, LV–ACT, LV–AHG and LV–AHM) to the Co-operative Argentina de Aeronavegantes company for projected air freight service. In the event this project was short-lived and all six flying boats were ultimately scrapped in January 1967.

In 1946, while the Dodero fleet was being assembled, the New Zealand TEAL company placed an order for four Sandringham 4s, modified to accommodate up to 30 passengers with full facilities. First to be delivered, on 17 July, 1946, was ZK–AMB, *Tasman* (ex–ML761), followed by ZK–AMD, *Australia* (ex–NJ255), ZK–AME, *New Zealand* (ex–NJ179), and ZK–AMH, *Auckland* (ex–JM715) in 1946–47. In service, however, these Sandringhams gave a number of problems. On 3 December, 1947, for one example, ZK–AME, on a return flight to Sydney, was forced to jettison all luggage in order to maintain height on three engines over the Tasman Sea with 29 passengers aboard, due to failure of an exhaust valve push-rod in one of its Pratt & Whitney

[1] Later renamed *Rio Aguilera*.

engines. In the event all Sandringhams of the TEAL service were grounded from 23 February until 17 June, 1948, for complete engine overhauls and rigorous testing before resuming normal services. By then plans were already afoot to replace the Sandringhams with Solents. First of an initial order for four Solents was ZK–AML, a Solent 4 named *Aotearoa II*[2] which was launched on 26 May, 1949, and delivered to TEAL on 29 September that year, followed by ZK–AMM, *Ararangui*,[2] ZK–AMN, *Awatere*,[3] and ZK–AMO, *Aranui*.[3] Later, on 15 September, 1951, they were joined by a Solent 3, ZK–AMQ, *Aparimu* (ex–NJ204).

TEAL's Solents commenced service on 14 November, 1949, incidentally, reducing the trans–Tasman flight time to 6½ hours, and four weeks later, on 19 December, TEAL flew its final Sandringham operation. Until 1950 TEAL had only operated the Auckland–Sydney route, but the enhanced capabilities of the Solents offered the chance to expand, and on 6 June, 1950, a second route, Auckland to Fiji (Suva), commenced, followed by additional routes such as Wellington–Sydney, Melbourne–Christchurch, and in December 1951 Auckland–Tahiti, the so-termed 'Coral route'. These busy and popular routes continued until 14 September, 1960, on which date TEAL's Solent ZK–AMO flew the firm's final flying boat service. Long before that date two of its fleet, ZK–AML and ZK–AMN, had been transferred to England in 1955, where they were reregistered as G–AOBL and G–ANYI respectively and purchased by Aquila Airways (See Chapter 14, *Queens in Mufti*).

TEAL was not the only New Zealand airline to operate civilianized ex-Sunderlands. At the end of the war in 1945 a number of temporary civil air routes began being flown by RNZAF Sunderlands of wartime vintage, but in November 1946 four such Sunderland IIIs of the RNZAF were taken over by the recently created New Zealand National Airways Corporation (NZNAC). This corporation effectively merged the previous Union Airways Ltd (UAL), Cook Strait Airways and Air Travel (NZ) Ltd, and commenced operations from 1 April, 1947. The four ex–RNZAF Sunderlands were NZ4101 (ex–RAF ML792), NZ4102 (ex–ML793), NZ4103 (ex–ML794) and NZ4104 (ex–ML795), which now became civil-registered as ZK–AMJ, *Tainui*[4], ZK–AMF, *Tokomaru*, ZK–AMG, *Mataatua*, and ZK–AMK, *Takitimu* respectively.[5] Of these, ZK–AMF and ZK–AMJ were soon to be cannibalized to maintain their sister boats, which gave solid service along the Pacific islands' chain routes until the mid-1950s.

Australia's association with Sunderlands and their civil off-shoots stretched back to 1939, when No. 10 Squadron RAAF had received its first Sunderland for war operations. Throughout the war 10 Squadron, and later a sister unit, No. 461 Squadron RAAF, continued operating Sunderlands and the Australian crews accumulated invaluable experience in handling the 'big boats', as did the many individual Australian crew members who served in RAF Sunderland units. A third RAAF unit, No. 40 Squadron RAAF, was formed at Townsville, Queensland, on 31 March, 1944, and was initially equipped with six Sunderland IIIs, these having been ferried from the UK in January and March that year. Of the six, three were eventually to be converted to civil airliners, as related later. Australia, being an 'island' continent, had always given high priority to the need for seaplanes and flying boats to equip its national and privately-owned airlines, and in the context of Short-designed products had ordered Short 'Empire' (C-Class) flying boats in 1937 for its QANTAS line, and in conjunction with BOAC commenced twice-weekly Poole to Sydney services on 12 May, 1946, with Short Hythes, the first post-war UK–Australia flying boat service. The flight took 5½ days.

On 24 February, 1947, a new Australian airline, Trans Oceanic Airways (TOA), was incorporated to operate charter and regular flying boat services from Rose Bay, Sydney, to Grafton and Lord Howe Island. Its initial aircraft were three ex-RAAF 40 Squadron Sunderlands, A26–2 (ex-RAF ML731), A26–4 (ex–ML733) and A26–5 (ex–ML734), which were civil-registered as VH–BKQ, VH–AKO and VH–AKP respectively. TOA Sunderland services began on 24 February, 1947, these converts becoming known officially as Short Hythes with the civil register being amended accordingly in November 1948. Soon TOA had added services to Hobart and Port

[2] 'Aotearoa' was a mythical land sought by the people of Hawaiiki many centuries ago when they set out across the Pacific Ocean in search of a new home.

[3] Loosely translated respectively as 'Skyway', 'Fast flowing stream' and 'Broad Path/Highway'.

[4] Registration ZK–AMJ was also allotted to a Supermarine Walrus I according to some official documents.

[5] Named after four canoes of the legendary Maori migration to New Zealand long ago.

Sandringham 2, G-AGPZ, which became LV-AAP, *Argentina* with Dodero and crashed 29 July, 1948.

Solent 3, G-AKNU, *Sydney* of Aquila Airways, formerly NJ207.

Moresby, then opened a Solomon Islands – New Caledonia route. In late 1950 TOA added three Solents to its fleet, VH-TOB, VH-TOC and VH-TOD, all of which were delivered by the end of 1951, although VH-TOC, delivered on 10 July, 1951, collided with an unlit, moored dredge at the end of the flare path on the Brisbane River on 28 October, 1951, losing 22 feet of its starboard wing just after becoming airborne. Though safely landed and quickly beached, it was not repaired.

The viability of TOA's flying boat services gradually declined from early 1952 and in April 1953 the company passed into liquidation. Of its surviving aircraft, Hythe VH-AKP was sold to Ansett Flying Boat Services and flew its ultimate flight on 12 March, 1954, being then scrapped at Rose Bay in late 1955. TOA's two Solents were first sold to an American company, Dollar Lines Inc. of Reno, Nevada, intended for operations by South Pacific Airlines. These projected operations were never flown and both Solents were then stored in the open at Oakland, California, before being purchased by the Howard Hughes Tool Company in 1961, having been refurbished for FAA certification in 1955–58. By 1975 the boats were owned by Dick and Herb Grottelli and were still 'beached' at Richmond, California, and still unflown. Mention should be made of two other ex-RAAF Sunderlands to come under TOA aegis in its early years, these being A26-1 (ex-RAF ML730) and A26-3 (ex-ML732). A26-3 was sold to Captain B. W. Monkton on 3 April, 1947, and allotted civil registrations VH-BFX and VH-BKP, though neither registration was taken up; while A26-1 was bought by Monkton on 10 July, 1947, and allotted civil registrations VH-ARQ and VH-BKO. Again, neither registration was taken up. Both Sunderlands ended their days at Rose Bay providing spare components for TOA's operating boats.

Other Australian airlines which employed ex-Sunderlands and Solents included QANTAS, Ansett, Barrier Reef Airlines, and Antilles Air Boats. Among those acquired by QANTAS were VH-EBZ, *Pacific Explorer* (ex-ML828) on 3 July, 1951; VH-EBY (ex-NJ188) in the same month; VH-EBX, *Pacific Chieftain* on 13 April, 1950

ZK–AMO, Solent 4, *Aranui*.

ZK–AML, *Aotearoa II* of TEAL.

ZK–AMO, *Arananui* in TEAL markings.

Another view of G–AGPZ (ex-DD834) when serving with Aerolineas Argentinas as LV–AAP, *Argentina*.

Originally NJ255, this aircraft became ZK-AMD, *Australia*, then VH-EBX, *Pacific Chieftain* (as here) with QANTAS, and later VH-BRE. (*QANTAS*)

(ex-NJ255), an ex-TEAL aircraft ZK-AMD, *Australia*, which was later sold to Barrier Reef Airlines as VH-BRE, *Pacific Chieftain* on 10 December, 1954, and was eventually wrecked at Lord Howe Island in a storm on 3 July,, 1963; and VH-EBV, *Pacific Warrior* (ex-NJ257 and BOAC, G-AHZD) in July 1951. The Ansett Flying Boat Services was formed in Brisbane on 1 April, 1950, by a merger of Barrier Reef Airways[6] and Ansett Airways, and acquired several ex-TEAL flying boats, including VH-BRC, *Beachcomber* (ex-JM715); VH-EBW, which was written off in an accident on 10 June, 1951; VH-BRF, *Islander* (ex-ML814 & NZ4108); and VH-BRD (ex-NJ179), which was written off on 31 October, 1952, when a fishing launch collided with the aircraft at its Brisbane moorings. One Sandringham 7 which became Australian-owned was a former BOAC boat G-AKCO, *Saint George* (ex-JM719), purchased in October 1954 by Captain Sir Gordon Taylor and reregistered as VH-APG named *Frigate Bird III*, for charter work in the New Guinea islands area. Four years later it was sold to the local branch of a French company Reseau Aerien Interinsulaire (RAI) to be registered as F-OBIP with Air Polynesie. In March 1953 Ansett FB Services bought the assets of TOA and moved its own head offices from Brisbane to Rose Bay, Sydney, but over the following five years gradually contracted its network of services. Then, in March 1958, although retaining its identity as a separate company, it came under the operating control of Airlines of New South Wales.

Of all these Australian-operated flying boats, several have survived until very recent years. VH-APG, which continued flying until 1970 with the French Polynesian concern, was bought by the Musée de l'Air du Bourget, dismantled and shipped by the French navy to France and the museum in November 1978, where it was restored, and despite being damaged later when blown against a hangar, was again refurbished. A second survivor, now resident in the UK, is JM715, originally built by Shorts in 1943. Its subsequent career over the past 45 years is worthy of a more detailed description. Originally delivered to the RAF at Wig Bay on 8 July, 1943, as a Sunderland III, JM715 next went to Scottish Aviation for conversion to Mk V standard on 10 April, 1945, then was taxied across the Irish Sea to Belfast in 1947, where it was further converted to become a Sandringham 4 as part of an order from the New Zealand/Australian/UK-owned TEAL company. Coded ZK-AMH and named *Auckland*, the aircraft was delivered to TEAL in 1947 and until 1949 flew the Auckland-Sydney route. By 1952 the boat had been acquired by the Ansett line, now registered as VH-BRC and named *Beachcomber*, employed primarily on the Sydney-Lord Howe Island service. It was to continue in Ansett service until 1974, when it was sold to Captain Charles Blair of Antilles Air Boats, along with another Ansett boat, VH-BRF, *Islander* (ex-ML814).

Under the Antilles aegis VH-BRC was renamed *Southern Cross* with a USA registration N158C (later to be reregistered as VP-LVE), while VH-BRF became dubbed *Excalibur VIII*. In 1980 Charles Blair, husband of the film actress Maureen O'Hara, was killed flying a Grumman Goose in the West Indies and VH-BRC lay derelict at Puerto Rico until the following year, when it was bought and flown to England, arriving at Calshot on 2 February, 1981, from the Virgin Islands via Killadeas, Northern Ireland, skippered by Captain Ron Gillies. It was followed by VH-BRF (USA registration

6 Barrier Reef Airways began operations from Brisbane in 1946, owned by partners Captains Poulson and S. C. Middlemiss. Poulson lost his life at sea in October 1946, but Middlemiss continued to operate until merging with Ansett on 1 April, 1950.

G–AKCO, *St George* (ex-JM719), as F–OBIP with the RAI line. (*J. Delmas.*)

Ex-ML814 moored on the Thames in the shadow of Tower Bridge, 1982. (*via J. Evans.*)

N158J) from Bermuda to Calshot by 1 May, 1981, this boat now being owned by Edward Hulton, to be registered as G–BJHS, named *Sir Arthur Gouge*. In the same year, 1981, VH–BRC was transferred to Southampton by Army barge, beaching next day at Southampton's East Docks. Disassembled, it was next moved to the Southampton Hall of Aviation on 27/28 August and reassembled by volunteers, including ex-wartime flying boat pilot and engineer Captain Vic Hodgkinson, DFC, and John Frogatt, and given its former Ansett livery as *Beachcomber*.

Far from such sunlit climes as Australia and New Zealand, Sandringhams were operated along the wintry coastline of Norway by that country's national airline, DNL. In 1946 three Sandringham 6s were initially ordered by DNL for its Arctic air route from Oslo to Tromsö, via Trondheim, Bodö and Harstad; these being ML809, which became LN–IAV, *Kvitbjorn*, ML807 registered as LN–IAU, *Bamse Brakar*, and JM720 registered as LN-IAW, *Bukken Bruse*. It was necessarily a seasonal service, operating only from April to October, but during April–August the service was daily, excluding Sundays, while in September and October it became just thrice-weekly. A unique feature of DNL's Sandringhams was the near-2000 lb of radio and radar equipment installed in each aircraft, including ASV Mk VIC with Plan Position Indicator (PPI), an application of the wartime Coastal Command scanner which was the only post-war use by an airline for navigational purposes, but one of inestimable value to the DNL crews when threading their way along the maze of islands, channels and up to 7000 ft peaks *en route*. This original batch of three Sandringhams was fated. LN–IAV was destroyed in a crash at Tjelesund on 28 August, 1947; LN–IAW crashed on 2 October, 1948; while LN–IAU crashed on 15 May, 1950. To replace these losses two more Sandringhams were bought by DNL, LN–LAI, *Jutulen* LN–LMK, *Polarbjorn*; these being ex–W4037 and ex–JM714 respectively. In 1951, however, DNL became merged into the Scandinavian Airlines and the two surviving boats were disposed of; LN–LAI went to France–Hydro and sank at Bangui in French Equatorial Africa on 15 November, 1952, while LN–LMK was sold to Aerolineas Argentinas in 1955 and recoded as LV–PAE, being eventually re-registered as LV–AHM, *Almirante Zar*.

# *Appendix 1* – Service Use

### Squadrons

RAF: Nos. 88, 95, 119, 201, 202, 204, 205, 209, 205/209, 210, 228, 230, 240, 246, 259, 270, 330, 343
RAAF: 10, 40, 461
RCAF: 422, 423
RNZAF: 5, 6, 490
SAAF: 35
Aeronavale: Flottilles 7F/7FE, 12S, 27F, 50S, 53S

### Misc Units

431 GR Flt/69 Sqn; 4(C) OTU, Alness/Calshot; 131 OTC, Killadeas; 235 OCU, Calshot/Pembroke Dock; Coastal Command Instructors School; Flying Boat Training Squadron; Air Sea Warfare Development Unit, Calshot; 302 Ferry Transport Unit; 308 Ferry Transport Unit, Pembroke Dock/Oban; 1 Flying Boat Servicing Unit, Wig Bay; 2 FBSU, Greenock; 3 FBSU, Pembroke Dock; 6 FBSU, Calshot; Coastal Command Development Unit, Pembroke Dock; 11 Flying Boat Fitting Unit, Wig Bay; 57 Maintenance Unit, Wig Bay; 62 MU, Greenock; 272 MU, Killadeas; 374 MU, Korangi Creek; 12 Preparation & Modification Unit, Calshot; Marine Aircraft Experimental Establishment, Felixstowe/Helensburgh; Station Flt, Pembroke Dock; Station Flt, Mount Batten; Iraq Communication Flt; RNZAF Marine Operational Conversion Unit, Hobsonville.

# *Appendix 2* – Squadrons (Sunderland periods only)

## 10 Squadron RAAF

**Codes:** PB; RB

**Main bases:**
Pembroke Dock *26 December, 1939;* Mount Batten *1 April, 1940;* Pembroke Dock *May, 1941;* Mount Batten *5 January, 1942*

**COs:**
Wg Cdr L. V. Lachal *1 July, 1939;* Sqn Ldr C. W. Pearce *1 February, 1940;* Wg Cdr E. G. Knox-Knight *16 August, 1940;* Wg Cdr A. X. Richards *20 December, 1941;* Wg Cdr J. Alexander, OBE *30 September, 1942;* Wg Cdr G. C. Hartnell *9 March, 1943;* Wg Cdr R. N. Gillies *1 December, 1943;* Wg Cdr H. G. Cooke, DFC *2 October, 1944*

First Sunderland (N9048, 'A') received 11 September, 1939; sqn declared operational wef 1 February, 1940; first operational sortie 6 February, 1940 (P9605, 'K'); last wartime sortie 7 May, 1945 (NJ256, 'F'); sqn ceased operations wef 1 June, 1945; disbanded 26 October, 1945; total war operational sorties 3239; personnel fatalities 151.

## 88 Squadron

**Codes:** RH

**Main bases:**
Kai Tak *1 September, 1946;* Seletar *24 June, 1951*

**COs:**
Wg Cdr W. E. Ogle-Skan, AFC *1 September, 1946;* Sqn Ldr K. J. Heinbuch *2 October, 1946;* Sqn Ldr R. E. C. van der Kiste, DSO *23 December, 1946;* Sqn Ldr K. J. Heinbuch *4 February, 1947;* Sqn Ldr W. E. Ogle-Skan, AFC *22 March, 1947;* Flt Lt P. E. H. Thomas *19 May, 1947;* Sqn Ldr D. M. Gall, DFC *4 September, 1947;* Sqn Ldr J. M. Helme, AFC *4 April, 1950;* Sqn Ldr H. T. Francis *1 August, 1952*

Formed from 1430 Flight, Kai Tak, 1 September, 1946; disbanded Seletar 1 October, 1954

## 95 Squadron

**Codes:** SE; DQ

**Main bases:**
Oban *15 January, 1941;* Pembroke Dock *16 January, 1941;* Freetown *17 March, 1941;* Jui *9 April, 1942;* Bathurst *7 March, 1943*

**COs**
Wg Cdr F. J. Fressanges *15 January, 1941;* Wg Cdr F. A. Pearce *31 March, 1941;* Wg Cdr J. J. Zwarenstein *21 November, 1941;* Wg Cdr V. H. Furlong *1 September, 1942;* Wg Cdr P. R. Hatfield, DFC *24 March, 1943;* Wg Cdr D. Michell *29 April, 1944;* Wg Cdr M. O. Scott *3 March, 1945*

Formed Oban 15 January, 1941; first operations from Freetown 24 March, 1941; flying ceased wef 25 May, 1945; disbanded Bathurst 30 June, 1945.

## 119 Squadron

**Codes** NH

**Main bases:**
Pembroke Dock *4 September, 1942* (re-assembled)

**COs**
Wg Cdr D. McC. Gordon, AFC *14 April, 1942;* Wg Cdr R. C. O. Lovelock, DFC *14 January, 1943*

Equipped Sunderlands September, 1942–April, 1943 only; disbanded Pembroke Dock 17 April, 1943.

## 201 Squadron

**Codes** ZM; NS; A; 201

**Main bases**
Sullom Voe *7 June, 1939;* Invergordon *4 June, 1940;* Lough Erne *18 September, 1941;* Castle Archdale *9 October, 1941;* Pembroke Dock *3 March, 1944;* Castle Archdale *3 November, 1944;* Pembroke Dock *3 August, 1945;* Calshot *1 April, 1946;* Pembroke Dock *17 January, 1949*

**COs**
Wg Cdr C. H. Cahill, DFC, AFC *1 February, 1939;* Wg Cdr C. S. Riccard *18 August, 1940;* Wg Cdr W. G. Abrams *15 April, 1941;* Wg Cdr J. L. Crosbie *23 December, 1941;* Wg Cdr J. B. Burnett *19 August, 1942;* Wg Cdr R. E. C. van der Kiste, DSO *4 May, 1943;* Wg Cdr K. R. Coates *15 July, 1944;* Wg Cdr J. Barrett, DFC *22 February, 1945;* Wg Cdr J. W. Louw *26 August, 1945* Wg Cdr W. H. Tremear *21 March, 1946;* Wg Cdr J. L. Crosbie *5 May, 1947;* Sqn Ldr D. H. F. Horner *1 September, 1947;* Sqn Ldr R. C. L. Parkhouse *27 January, 1949;* Sqn Ldr H. A. S. Disney *7 February, 1950;* Sqn Ldr P. A. S. Rumbold *4 December, 1950;* Sqn Ldr R. A. N. McCready *11 November, 1952;* Sqn Ldr D. W. Bedford *24 December, 1954*

First Sunderlands, N6138 & P9606, received 13 April, 1940; disbanded 28 February, 1957.

## 202 Squadron

**Codes** TQ; AX

**Main base**
Gibraltar *10 September, 1939*

**COs**
Wg Cdr E. A. Blake, MM *29 March, 1939–15 March, 1940;* Wg Cdr L. F. Brown *4 March, 1941;* Wg Cdr A. A. Case *2 February, 1942*

Two Sunderlands, N6135 & N9021, received April 1939 for conversion training but transferred 228 Sqn May 1939; Sunderlands 20 December, 1941–September, 1942 only; last Sunderland operational sortie 20 September, 1942.

## 204 Squadron

**Codes** RF; KG

**Main bases**
Mount Batten *5 August, 1936;* Sullom Voe *2 April, 1940;* Reykjavik *5 April, 1941;* Gibraltar *15 July, 1941;* Bathurst *28 August, 1941;* Jui *28 January, 1944;* Bathurst *1 April, 1944;* Jui *8 April, 1944*

**COs**
Wg Cdr K. B. Lloyd, AFC *19 October, 1937;* Wg Cdr E. S. C. Davies, AFC *18 March, 1940;* Wg Cdr K. F. T. Pickles *14 August, 1940;* Wg Cdr D. I. Coote *22 May, 1941;* Wg Cdr P. R. Hatfield, DFC *28 February, 1943;* Wg Cdr C. E. V. Evison *24 March, 1943;* Wg Cdr H. J. L. Hawkins *19 September, 1943;* Wg Cdr A. Frame, DFC *17 August, 1944;* Wg Cdr D. Michell *12 January, 1945*

First Sunderland, N9028, received 8 June, 1939; by 2 September, 1939 six on strength; first Sunderland operational sortie 4 September, 1939 (L5799, 'D'); disbanded Jui 30 June, 1945

## 205 Squadron

**Codes** FV; KM

**Main bases**
Koggala *23 July, 1942;* Seletar *15 September, 1949;* Iwakuni *28 October, 1950;* Seletar *4 May, 1951*

COs
Wg Cdr R. J. Fursman, DFC *22 February, 1945;* Wg Cdr R. C. O. Lovelock, DFC *1 December, 1945;* Wg Cdr H. J. A. Thewles, OBE *4 March, 1946;* Sqn Ldr J. H. Dunn *31 May, 1946;* Wg Cdr A. J. Mason, DFC *August 1947;* Sqn Ldr C. M. Owen, DFC *16 February, 1948;* Sqn Ldr J. E. Proctor, DFC *February 1950;* Sqn Ldr J. T. Ormston, DFC *4 February, 1952;* Sqn Ldr D. J. G. Norton *4 December, 1953;* Wg Cdr G. Burgess *1954*

Sunderlands from March, 1945–1 January, 1955 when merged to form 205/209 Squadron.

## 205/209 Squadron
Base
Seletar *1 January, 1955*

COs
Sqn Ldr D. J. G. Norton *1 January, 1955;* Wg Cdr A. F. Fegen *July 1955;* Wg Cdr R. A. N. McCready, OBE *February 1958*

Sunderlands withdrawn wef 1 March, 1958 to form '209 Sqn Detachment' & this formation disbanded 31 May, 1959.

## 209 Squadron
Codes WQ

Bases
Felixstowe *17 December, 1937–29 September, 1938;* Kipevu (Kenya) *15 June, 1942;* Koggala *21 July, 1945;* Kai Tak *17 September, 1945;* Seletar *28 April, 1946*

COs
Wg Cdr C. L. Scott, DSC *15 January, 1938–25 November, 1938;* Wg Cdr P. R. Woodward, DFC *6 September, 1944;* Lt-Col H. J. T. Sheldon, SAAF *1 June, 1945;* Wg Cdr L. M Lawes *1 September, 1946;* Sqn Ldr P. R. Hatfield, DFC *26 May, 1947;* Sqn Ldr P. deL. Le Cheminant, DFC *8 September, 1949*

Had few Sunderlands on occasion 1944; all-Sunderland wef February 1945; merged with 205 Sqn wef 1 January, 1955.

## 210 Squadron
Codes VG; DA

Bases
Pembroke Dock *18 December, 1937;* Tayport *29 September, 1938;* Pembroke Dock *8 October, 1938;* Invergordon *23 October, 1938;* Oban *13 July, 1940*

COs
Wg Cdr W. N. Plenderleith *26 October, 1935;* Sqn Ldr G. A. Bolland *December 1938;* Wg Cdr W. J. Daddo-Langlois *19 January, 1939;* Wg Cdr F. J. Fressanges *10 January, 1940;* Wg Cdr G. G. Barrett *16 January, 1941*

First squadron to receive Sunderlands; first received, L2161, on 3 July, 1938; six on strength by September, 1939; disbanded 31 December, 1943.

## 228 Squadron
Codes TO; BH; NM; DQ

Bases
Pembroke Dock *9 October, 1938;* Alexandria *5 June, 1939;* Pembroke Dock *10 September, 1939;* Alexandria *10 June, 1940;* Aboukir *10 September, 1940;* Kalafrana *13 September, 1940;* Aboukir *25 March, 1941;* Bathurst *1 August, 1941;* Stranraer *9 October, 1941;* Oban *10 March, 1942;* Lough Erne *11 December, 1942;* Pembroke Dock *4 May, 1943*

COs
Sqn Ldr J. E. G. H. Thomas, DFC *15 February, 1937;* Wg Cdr L. K. Barnes *3 September, 1939;* Wg Cdr G. E. Nicholetts, DFC *9 November, 1939;* Wg Cdr E. J. Brooks, DFC *13 May, 1941;* Wg Cdr B. A. Davey *28 December, 1941;* Wg Cdr T. L. Moseley *2 May, 1942*;* Wg Cdr E. F. Eagleton, DFC *1 September, 1942;* P. A. Lombard *1 September, 1943;* A. M. G. Lywood, DFC *October 1944*

First Sunderland (L5805) received 24 November, 1938; disbanded Pembroke Dock 4 June, 1945. *Killed in accident 25 August, 1942.

## 230 Squadron
Codes FV; 4X; B

Bases
Seletar *25 June, 1938;* Penang *15 October, 1939;* Koggala *13 February, 1940;* Alexandria *6 May, 1940;* Aboukir *19 June, 1941;* Dar-es-Salaam *9 January, 1943;* Koggala *7 February, 1944;* Akyab *17 April, 1945;* Redhills Lake *26 July, 1945;* Seletar *30 November, 1945;* Castle Archdale *15 March, 1946;* Calshot *5 April, 1946;* Pembroke Dock *16 February, 1949*

COs
Wg Cdr W. H. Dunn, DSC *23 Feburary, 1935;* Wg Cdr G. M. Bryer, OBE, AFC *3 November, 1938;* Wg Cdr G. Francis *13 May, 1940;* Wg Cdr T. W. G. Eady *13 September, 1941;* Wg Cdr M. C. Collins *9 October, 1941;* Wg Cdr C. R. Taylor *17 November, 1942;* Wg Cdr D. K. Bednall *25 August, 1943;* Wg Cdr C. E. L. Powell *6 October, 1944;* Wg Cdr D. E. Hawkins, DFC *13 August, 1945;* Wg Cdr V. H. A. McBratney, AFC *3 October, 1946;* Sqn Ldr G. A. Huxford *17 June, 1947;* Sqn Ldr A. J. Payn, MBE *5 April, 1948;* Sqn Ldr O. J. Wells *13 February, 1950;* Sqn Ldr A. M. Campbell *20 November, 1950;* Sqn Ldr J. G. Higgins, DFC, AFC *January 1952;* Sqn Ldr E. C. Bennett, DFM *7 December, 1953;* Sqn Ldr C. M. Stavert, AFC *3 January, 1955;* Sqn Ldr P. G. Adams, DSO *28 December, 1955*

First Sunderland (L2159) received 25 June, 1938; by January 1939 eight on strength; flew 1000 sorties in Berlin Airlift; disbanded officially wef 31 July, 1957.

## 240 Squadron
Codes BN

Bases
Redhills Lake *1 July, 1945;* Koggala *10 January, 1946*

CO
Wg Cdr C. B. Gavin-Robinson *15 February, 1945*

Formed Redhills Lake 1 July, 1945 (212 Sqn retitled); Sunderlands from July 1945–March 1946 only; disbanded Koggala 13 March, 1946.

## 246 Squadron
Codes OY; VU

Base
Bowmore *1 September, 1942* (Formation date)

CO
Wg Cdr L. M. Laws *1 September, 1942*

Sunderlands from September 1942–April 1943 only; declared operational wef 12 December, 1942; first operational sortie 12 December, 1942; disbanded 30 April, 1943.

## 259 Squadron
Base
Dar-es-Salaam *14 September, 1943*

CO
Wg Cdr N. L. Smith *February 1944*

Sunderlands March 1945–April 1945 only; aircraft transferred to SAAF; disbanded Dar-es-Salaam 30 April, 1945.

## 270 Squadron
Base
Apapa *23 July, 1943*

CO
Wg Cdr R. L. C. Branson *August 1943;* Wg Cdr S. G. Hall *10 September, 1944*

Sunderlands wef 5 December, 1943; disbanded Apapa 30 June, 1945.

## 330 Squadron
Codes WH

Bases
Reykjavik *25 April, 1941;* Oban *28 January, 1943;* Sullom Voe *12 July, 1943;* Stavanger *30 May, 1945*

COs
Cdr T. Diesen *January 1943;* Cdr C. R. Kaldager *October 1944*

Titularly Norwegian squadron; first Sunderland W6064 wef 9 February, 1943; first operational Sunderland sortie 20 April, 1943; transferred to RNAF wef 21 November, 1945.

## 343 Squadron (French *Flottilles* 1FE/7FE/7F/27F/12S/50S/53S)
Bases
Dakar, Bathurst, Freetown

COs 7F/27F
LV Fournier *1 April, 1943;* LV Brard *8 October, 1944;* LV De Rugy *26 August, 1947;* LV Jacquin *1 November, 1951;* LV Le Berre *12 June, 1953;* LV Fouchier *9 June, 1955;* LV De Gervillier *2 February, 1957;* LV Labit *15 June, 1958*

50s
LV D'Arcangues *28 February, 1951;* LV Vallet *28 February, 1953;* LV Thierry *28 February, 1955;* LV Tissot *12 December, 1956;* LV Bachellerie *16 November, 1957;* LV Yeche *11 November, 1959;* LV Vallette *1 October, 1961;* LV Senechal *10 September, 1962*

### 53S
LV Labit *31 May, 1952;* LV Pestel *1 August, 1954*

### 12S
LV Barthelemy *16 February, 1954;* LV Assie *7 May, 1957;*
LV Poucin *11 May, 1959*

First Sunderlands arrived July 1943 to equip French 3E and 4E (*Flottille* 1); merged October 1943 to form *Flottille* 7F; retitled 343 Squadron RAF at Dakar 29 November, 1943; transferred to French Aeronavale wef 27 November, 1945 and retitled *Flottille* 7FE, etc.

## 422 Squadron RCAF
Codes DG; 2; YI

### Bases
Oban *5 November, 1942;* Bowmore *8 May, 1943;* St Angelo *3 November, 1943;* Castle Archdale *13 April, 1944;* Pembroke Dock *4 November, 1944*

### COs
Wg Cdr L. W. Skey, DFC *1 July, 1942;* Wg Cdr J. R. Frizzle *27 October, 1943;* Wg Cdr J. R. Sumner *31 October, 1944*

Unit title 'Flying Yachtsmen'; formed initially Lough Erne 2 April, 1942; first Sunderland received 1 November, 1942; first Sunderland operational sortie 1 March, 1943 (W6026, 'C'); last operational sorties (five aircraft) 1–2 June, 1945; disbanded Bassingbourn 3 September, 1945; casualties 42 killed (9 aircraft) on operations; total 1116 operational sorties.

## 423 Squadron RCAF
Codes AB; 3; AB

### Bases
Oban *18 May, 1942;* Castle Archdale *2 November, 1942*

### COs
Wg Cdr F. J. Rump *18 May, 1942;* Wg Cdr L. G. J. Archambault *10 July, 1943;* Wg Cdr P. J. Grant *17 July, 1944;* Wg Cdr S. R. McMillan *1 March, 1945*

Formed initially Oban 18 May, 1942; first Sunderland received 17 July, 1942 (W6001); first Sunderland operational sortie 23 August, 1942 (W6053, 'E'); last operational sortie 31 May, 1945, (ML777;'F'); disbanded Bassingbourn 3 September, 1945; casualties 40 killed (6 aircraft) on operations; total operational sorties 1392.

## 461 Squadron RAAF
Codes UT; 2

### Bases
Mount Batten *25 April, 1942;* Hamworthy Junction *3 September, 1942;* Pembroke Dock *20 April, 1943*

### COs
Sqn Ldr R. B. Burrage *25 April, 1942;* Wg Cdr N. A. R. Halliday *1 July, 1942*;* Wg Cdr R. C. O. Lovelock, DFC *13 August, 1942;* Wg Cdr D. L. G. Douglas, DFC *9 January, 1943;* Wg Cdr J. McL. Hampshire, DFC *14 February, 1944;* Wg Cdr R. E. Oldham *8 February, 1945;* *KIA *13 August, 1942*

Formed Mount Batten 25 April, 1942; first operational sortie 1 July, 1942; last operational sortie 18 June, 1945; disbanded officially 20 June, 1945 at Pembroke Dock and returned Australia wef 31 October, 1945; 86 aircrew personnel KIA (14 aircraft).

## 490 Squadron RNZAF
### Base
Jui *28 March, 1943* (Formation date)

### COs
Wg Cdr B. S. Nicholl *1 December, 1943;* Wg Cdr T. F. Gill, DSO *4 September, 1944*

Sunderlands from 4 May, 1944–1 August, 1945 only; first two arrived Jui 4 May, 1944 (ML850 and ML852); first Sunderland operational sortie 17 May, 1944 (ML850, 'B'); disbanded Jui 1 August, 1945.

## 40 Squadron RAAF
### Bases
Townsville *31 March, 1944;* Port Moresby *30 April, 1944*

### COs
Wg Cdr V. A. Hodgkinson, DFC *31 March, 1944;* Sqn Ldr G. Rossiter, DFC *11 May, 1945;* Wg Cdr R. Gillies

Initially six Sunderlands ferried out from UK; first two left UK 27 January, 1944 and rest on 1 March, 1944.

## 35 Squadron SAAF
Codes RB

### Base
Congella *15 February, 1945*

### COs:
Wg Cdr E. S. S. Nash, DFC, AFC *15 February, 1945;* Lt-Col D. A. du Toit, DFC *13 April, 1945;* Maj D. W. Pidsley DFC, *1 December, 1949;* Lt-Col O. F. Wellington, DFC *7 April, 1951;* Maj A. L. Thackwray, DFC *1 April, 1954;* Maj R. P. Spence, DFC *April 1953;* Maj A. L. Thackwray, DFC *January 1954;* Maj R. P. Spence, DFC *July 1954;* Cmdt M. J. Uys, AFC *19 August, 1952–2 January, 1960*

Formed Congella 15 February, 1945 by retitling 262 Sqn RAF; first three Sunderlands received 24 April, 1945; last official SAAF Sunderland flight 8 October, 1957 (1710, RB–D); had begun re-equipt with Avro Shackletons 1954–55.

## 5 Squadron RNZAF
Codes KN

### Bases
Hobsonville and Lauthala, Fiji

### COs
Flt Lt J. B. Wilson *July 1953;* Sqn Ldr K. R. Walker, AFC *April 1954;* Wg Cdr R. D. McVicker, AFC *October 1956;* Wg Cdr R. L. Scott, DFC *June 1958;* Wg Cdr J. L. Scott, DFC *October 1961;* Wg Cdr D. B. Flintoff *January 1964*

Sunderlands 1953–66

## 6 Squadron RNZAF
Codes XX

### Base
Hobsonville

### COs
Flt Lt D. F. Clarke, DFC, AFC *August 1952;* Sqn Ldr R. L. Scott, DFC *August 1953;* Sqn Ldr K. R. Walker, AFC *January 1954;* Sqn Ldr J. B. Wilson *April 1954;* Sqn Ldr D. T. Sheehan *May 1955;* Sqn Ldr J. B. Spencer *January 1956*

Sunderlands 1953-57; disbanded 1 August, 1957.

## Misc Sunderland Units
### 4(C) OTU
Formed Wig Bay 16 March, 1941, (FBTS retitled); to Invergordon June, 1941 and station renamed Alness wef 10 February, 1943; to Pembroke Dock 15 August, 1946; to Calshot, retitled 235 OCU 1 July, 1947; OCU ceased at Calshot 17 October, 1953, moved to Pembroke Dock and retitled FBTS same date.

### FBTS
To Wig Bay from Calshot 23 June, 1940; retitled 4(C) OTU; re-formed as FBTS Pembroke Dock 17 October, 1953; disbanded 1 October, 1956.

### 131 OTU
Formed Killadeas 20 July, 1942; satellite at Rock Bay, Boa Island 31 May, 1944 – March 1945; disbanded 28 June, 1945.

### 302 FTU
Formed Lough Erne 9 September, 1942; to Stranraer 1 December, 1942; to Oban 21 July, 1943; to Killadeas 15 April, 1945; to Alness 1 July, 1945; disbanded 1 April, 1946.

### 308 FTU
Formed Pembroke Dock 22 March, 1943; merged with 302 FTU at Oban 12 January, 1944.

### 1 FBSU
Wig Bay wef 12 March, 1942; amalgamated with 57 MU 1 February, 1944.

### 57 MU, Wig Bay
Formed October 1943; amalgamated with FBSU 1 February, 1944

### MAEE
Felixstowe pre-war; transferred to Helensburgh wef 3 September, 1939; returned Felixstowe May 1945.

### 11 FBFU
Formed Wig Bay 15 July, 1943; absorbed by 1 FBSU 1943.

### 12 FB and PM Unit
Calshot October 1945–April 1946.

# *Appendix 3* – Sunderland Log

The following much condensed 'histories' of every Sunderland built have been compiled by cross-reference to official aircraft record cards, unit records, individual aircrew log books, photographic evidence and various other contemporary documentation. Perhaps, inevitably, many 'gaps' will be evident in the contexts of dates and user-units, due to lack of authentic confirmation in extant records; while individual aircraft code letters given here, though positively known, may not have been the only such codes applied. All dates given are those of official *allotment* of aircraft to units indicated but not *necessarily* the dates of actual *arrival* on units. It might also be noted that SOC (Struck Off Charge) dates in many cases did not always coincide with dates of physical disposal of aircraft; dates given here being ultimate administrative notations. Errors in original transcriptions by user-units and/or individual aircrews may well have occurred and consequently been unwittingly repeated here, albeit in good faith. Accordingly, the author would welcome any/all corrections and additional data to fill 'gaps', provided these are supported by *authentic* evidence and not merely quoted from past-published books *et al*.

**K4774** 1st Prototype; first flew Rochester 16 October, 1937; to MAEE 8 April, 1938; damaged in accident 13 February, 1942; SOC 21 June, 1947 (AM Card).

**L2158** 1st production a/c; first flew 21 April, 1938; to MAEE, allotted 25 April, 1938 and arrived 2 June, 1938; to BOAC 11 March, 1941–30 May, 1941; to 204 Sqn 30 May, 1941, KG–M, and lost 17 August, 1942 from Bathurst on convoy escort/crashed and DCs exploded (4 crew killed).

**L2159** First flew 4 May, 1938; to MAEE 9 May, 1938; to 209 Sqn 9 May, 1938; to 230 Sqn 22 June, 1938, later NM–W and destroyed in air raid Greenock, 7 May, 1941.

**L2160** First flew 18 May, 1938; to 209 Sqn 23 May, 1938; to 230 Sqn 4 July, 1938 and christened *Selangor*, 19 October, 1938; to 228 Sqn, DQ–T; to 4 OTU 2 April, 1942; became 3372M, 1942.

**L2161** First flew 23 May, 1938; to 210 Sqn 3 June, 1938; to 230 Sqn 26 July, 1938 and christened *Negri Sembilan* 25 November, 1938, sunk by Ju 87s at Scaramanga, Greece 23 April, 1941.

**L2162** First flew 1 June, 1938; to 210 Sqn 21 June, 1938, 'G', and crashed Milford Haven 20 September, 1938 (Sqn Ldr A. M. Watts-Read).

**L2163** First flew 17 June, 1938; to 210 Sqn 24 June, 1938, 'C'; to 240 Sqn May 1941; to 10 Sqn RAAF June 1941, RB–P; to 95 Sqn, 'G'; to 228 Sqn 16 December, 1941 and sank in gale, Stranraer 15 January, 1942; to mkrs 21 April, 1943.

**L2164** First flew 30 June, 1938; to 210 Sqn 7 July, 1938; to 230 Sqn 16 August, 1938, 'B', and christened *Pahang* 21 October, 1938, later NM–U; burned at moorings at St Paul's Bay, Malta, by Bf109, 7/JG26 on 10 March, 1941.

**L2165** First flew 12 July, 1938; to 210 Sqn 16 July, 1938, 'B', flew first-ever Sunderland wartime sortie 3 September, 1939 (Flt Lt A. S. Ainslie); crashed Milford Haven 17 September, 1939 (Flt Lt T. I. Davies and 9 crew killed).

**L2166** First flew 27 July, 1938; to 210 Sqn 26 July, 1938; to 230 Sqn 5 September, 1938 and christened *Perak* 30 September, 1938, sank Italian UB *Gondar* 30 September, 1940, shot down in Mediterranean by U-boat 1 August 1941.

**L2167** First flew 27 July, 1938; to 210 Sqn 12 August, 1938, later DA-H and lost to flak, Oslo Fiord 9 April, 1940 (Flt Lt P. W. H. Kite and all but one crew killed).

**L2168** First flew 10 August, 1938; to 210 Sqn 27 August, 1938; to 201 Sqn 13 May, 1940, ZM–Z; to 228 Sqn 28 January, 1942–1 April, 1942; to 4 OTU 22 April, 1942 and crashed nr Nigg, 21 November, 1943 (1 killed, 4 'missing').

**L5798** First flew 1 September, 1938; to 210 Sqn 8 September, 1938, later DA–A and DA–Z; to 201 Sqn 22 April, 1941, 'Z'; to 204 Sqn 31 July, 1941, KG–B and damaged in gale, Gibraltar 20 September, 1943; ret to Calshot and scrapped 26 October, 1943.

**L5799** To 210 Sqn 19 September, 1938, VG–D; to 204 Sqn 19 June, 1939, later KG–D and shot down off Sullom Voe by ea, 7 April, 1940; SOC 14 July, 1940.

**L5800** To 210 Sqn 29 September, 1938; to 201 Sqn 13 June, 1940, ZM–S; to BOAC 28 October, 1940–5 June, 1941; to 204 Sqn 1 August, 1941–18 December, 1942, KG–L and KG–J; to 4 OTU 22 April, 1943; SOC 2 July, 1944.

**L5801** To 210 Sqn 15 October, 1938; to 230 Sqn 3 November, 1938 and dived into Johore Straits on t/off, 5 June, 1939 (Fg Off W. W. Campbell), 4 killed.

**L5802** To 210 Sqn 24 October, 1938, 'U'; to 204 Sqn 19 June, 1939, RF–E, RF–F, KG–E (Barrett's a/c in *Kensington Court* rescue); to 201 Sqn 18 April, 1940, 'U'; to 95 Sqn 31 May, 1941, SE–F; to BOAC 17 July, 1942–26 July, 1942; to 461 Sqn RAAF 26 July, 1942; to 4 OTU 14 November, 1942 and crashed Alness 16 January, 1943.

**L5803** To 210 Sqn 3 November, 1938; to 230 Sqn 16 January, 1939, later NM–T; to 228 Sqn 10 May, 1941, DQ–T; to 95 Sqn 14 October, 1941; to 204 Sqn 30 January, 1942 and Cat. E, 22 August, 1942; SOC 8 October, 1942.

**L5804** To 210 Sqn 10 November, 1938; to 230 Sqn 8 December, 1938, later NM–S and sank Italian UB *Argon Auta*, 28 June, 1940 (Flt Lt W. W. Campbell), then sank Italian UB *Rubino*, 29 June, 1940 (Flt Lt W. W. Campbell); sank in gale at Scaramanga, Greece, 25 February, 1941; SOC 15 June, 1941.

**L5805** To 228 Sqn 24 November, 1938, BH–Q; to 201 Sqn 16 July, 1940, 'Y'; to 95 Sqn 17 March, 1941, SE–B; to 202 Sqn 7 May 1942; to 95 Sqn 12 May, 1942 and crashed in S. Atlantic 10 June, 1942; SOC 8 October, 1942.

**L5806** To 228 Sqn 9 December, 1938, later DQ–Q; to 210 Sqn 13 July, 1939; to 228 Sqn 22 August, 1939; to M/East 20 March, 1941, DX–Q and MIA 25 July, 1942; SOC 9 August, 1942.

**L5807** First flew 4 January, 1939; to 210 Sqn 17 August, 1939; to 228 Sqn, 'R' and 'F', and burned out Kalafrana, Malta, on 27 April, 1941 by Obltn J. Müncheberg, Bf109 of 7/JG26; SOC 8 May, 1941.

**N6133** To 228 Sqn 12 February, 1939–27 August, 1939; to 202 Sqn, TQ–S; to 201 Sqn 6 May, 1940 and MIA 9 July, 1940.

**N6135** To 202 Sqn initially as TQ–W; to 228 Sqn 17 February, 1939, TO–U and BH–U; to 210 Sqn 13 July, 1939; to 228 Sqn 22 August, 1939 and crashed/sank Pembroke Dock 10 September, 1939.

**N6138** To 228 Sqn 27 February, 1939; to 201 Sqn 13 April, 1940, ZM–V; to 4 OTU 19 December, 1941; to BOAC 9 July, 1942–22 August, 1942; to 4 OTU 20 October, 1942 and crashed Alness 17 July, 1943.

**N9020** To 228 Sqn 9 March, 1939, TO–W; shot down 1 November, 1940 by Macchi 200s, 88ª6° *Gruppo* (Sqn Ldr G. L. Menzies and crew killed); SOC 20 November, 1940.

**N9021** First flew 14 March, 1939; to MAEE 17 March, 1939; to 202 Sqn April 1939; to 228 Sqn May 1939; to 204 Sqn 19 August, 1939, later KG–C and KG–G; to 201 Sqn 9 October, 1940 and sank Sullom Voe 15 December, 1940; SOC 10 January, 1941.

**N9022** To 210 Sqn 29 March, 1939; to 204 Sqn 19 June, 1939; to 210 Sqn 26 September, 1939 and crashed landing Oban 27 December, 1940 (10 killed); SOC 8 March, 1941.

**N9023** To 228 Sqn 6 April, 1939–7 June, 1940; to 204 Sqn 16 July, 1940 and crashed at Fragjadalsfjall, Iceland in fog, 24 April, 1941 (3 killed); SOC 1 May, 1941.

**N9024** To 210 Sqn 28 April, 1939; to 204 Sqn 19 June, 1939, later KG–H and KG–A; to 95 Sqn; to 4 OTU 4 July, 1943, 'HH'; SOC 16 August, 1944.

**N9025** To 228 Sqn 6 May, 1939, 'Y' (*Kensington Court* rescue); to 210 Sqn 18 July, 1939; to 228 Sqn 8 August, 1939, 'Y' and shot down by Fiat CR42, 10° *Gruppo*, 6 August, 1940 (Flt Lt T. Smith, DFC), crew PoWs; SOC 22 August, 1940.

**N9026** To 210 Sqn 17 May, 1939 and MIA 29 June, 1940 (Flt Lt A. S. Ainslie, DFC); SOC 27 August, 1940.

**N9027** To 228 Sqn 30 May, 1939; to 210 Sqn 19 June, 1939, later DA–J; to 95 Sqn 22 January, 1941; to 202 Sqn and sank at moorings, Gibraltar (gale) 11 April, 1941; SOC 13 April, 1941.

**N9028** To 204 Sqn 8 June, 1939, later KG–A, shot down by Bf109s, Trondheim Fiord 21 July, 1940.

**N9029** To 230 Sqn 20 July, 1939, later NM–V; to 228 Sqn, 'V' and crashed in Mediterranean 1 January, 1943; SOC 23 January, 1943.

**N9030** To 204 Sqn 4 July, 1939, later KG–B, crashed landing Mount Batten, 15 October, 1939, (Flt Lt Johnson), 4 killed.

**N9044** To 204 Sqn 13 July 1939, later KG–C; to 4 OTU 3 July, 1943, 'CC'; SOC 24 July, 1944.

**N9045** To 204 Sqn 26 July, 1939, later KG–J, sank landing nr Scillies 13 October, 1939 (Flt Lt Hyde and crew rescued).

**N9046** To 204 Sqn 4 August, 1939, later KG–F (Flt Lt Phillips fought six Ju 88s, 3 April, 1940); caught fire at moorings, Sullom Voe and sank 28 October, 1940; SOC 11 January, 1941.

**N9047** To 210 Sqn 18 August, 1939–13 October, 1939; to 10 Sqn RAAF November 1939, RB–L; to 204 Sqn 26 October, 1939, KG–B, and caught fire/sank while refuelling at Skerjafiordur, Reykjavik 10 June, 1941; SOC 17 April, 1942.

**N9048** To 210 Sqn 11 September, 1939; to 10 Sqn RAAF, RB–B and RB–A, and destroyed in air raid, Mount Batten 27 November, 1940; SOC 4 February, 1941.

**N9049** To 10 Sqn RAAF 19 September, 1939, RB – B; to 201 Sqn, 'O'; to 10 Sqn RAAF and burned out by Obltn J Müncheberg, Bf109, 7/JG26 at Malta, 10 May, 1941.

**N9050** To 210 Sqn 3 October, 1939; to 10 Sqn RAAF 30 November, 1939, RB–C; to 95 Sqn 14 March, 1941, SE–D; to 202 Sqn 10 February, 1942; to Calshot 12 February, 1942; to 95 Sqn 3 April, 1942; to 4 OTU 16 April, 1943, 'C'; SOC 29 July, 1944.

**P9600** To 210 Sqn 27 October, 1939; to 10 Sqn RAAF 27 October, 1939, RB–E; to 228 Sqn 19 November, 1941, DQ–T; to 4 OTU 2 March, 1942; scuttled Wig Bay 11 December, 1946.

**P9601** To 10 Sqn RAAF 3 November, 1939, RB–E, and destroyed in air raid Mount Batten 27 November, 1940; SOC 4 February, 1941.

**P9602** To 210 Sqn 13 November, 1939; to 10 Sqn RAAF 13 November, 1939, RB–G and crashed Lismore 2 September, 1940; SOC 25 September, 1940.

**P9603** To 10 Sqn RAAF 28 November, 1939, RB–H, shared sinking U–26, 1 July, 1940, then overshot/crashed Milford Haven 24 June, 1941 (2 killed); SOC 7 July, 1941.

**P9604** To 10 Sqn RAAF 15 December, 1939, RB–J, RB–M, RB–U; to 201 Sqn 29 October, 1941; to 4 OTU 12 December, 1941 and crashed into hangars, Wig Bay 11 June, 1942; SOC 1 July, 1942.

**P9605** To 10 Sqn RAAF 21 December, 1939, RB–K (first all-Australian crewed a/c to fly operations in WW2); to 4 OTU 14 March, 1942; broken up for spares 12 February, 1944.

**P9606** To 10 Sqn RAAF 21 January, 1940; to 201 Sqn 13 April, 1940–11 August, 1941, ZM–R, *'Battling Reilly-Ffoull'*; to 204 Sqn, ; to 4 OTU 29 December, 1941, TA–E; SOC 10 May, 1944.

**P9620** To 204 Sqn 21 April, 1940, KG–K; attached 210 Sqn and lost in Atlantic 28 October, 1940 (4 killed, rest saved); SOC 31 October, 1940.

**P9621** To 228 Sqn 7 June, 1940; to 201 Sqn 30 September, 1940 and damaged 9 October, 1940; SOC 4 December, 1940.

**P9622** To 228 Sqn 7 June, 1940; to 201 Sqn 30 September, 1940, ZM–W and crashed Dunnett, Caithness, night 29 October, 1940 (4 killed); SOC 7 January, 1941.

**P9623** To 210 13 April, 1940; to 95 Sqn 22 January, 1941, SE–E, *'The Lazy E'*, and interned Portugal 14 February, 1941; SOC 20 May, 1941.

**P9624** To 210 Sqn 19 April, 1940, 'Q' and 'H'; crashed landing Oban 15 March, 1941 (4 killed); SOC 1 April, 1941.

**T9040** To 204 Sqn 21 August, 1940; to 95 Sqn 16 April, 1941, SE–R and SE–E; to 202 Sqn 7 May, 1942; to BOAC 15 September, 1942–26 February, 1943; to 95 Sqn 26 February, 1943; to 4 OTU and engines caught fire taxiing, Alness, 2 July, 1944.

**T9041** To 210 Sqn 9 September, 1940, DA–A; to 95 Sqn 22 January, 1941, SE–A; to 201 Sqn 24 June, 1941; to 204 Sqn 11 September, 1941, KG–V, all engines failed on patrol 28 June, 1942, ditched (2 killed, rest retrieved two days later).

**T9042** Mk III Prototype; to MAEE; first flew 28 June, 1941; to OTU 6 March, 1944; to 57 MU and SOC 20 February, 1945.

**T9043** To 210 Sqn 26 August, 1940 and MIA 2 September, 1940; SOC 8 March, 1941.

**T9044** To 210 Sqn 9 September, 1940 and sank in gale, Pembroke Dock 21 November, 1940; SOC 9 April, 1941.

**T9045** To 204 Sqn 30 September, 1940, f/landed 29 October, 1940 off Strathy Pt, Sunderland and sank (crew saved); SOC 31 October, 1940.

**T9046** To 201 Sqn 6 November, 1940; to 228 Sqn 16 November, 1940; to 95 Sqn 21 August, 1941, SE–J; damaged by Bf109s, Kalafrana, Malta 21 February, 1942, then sank in storm 23 February, 1942; SOC 11 March, 1942.

**T9047** To 10 Sqn RAAF 18 October, 1940, RB–L, landed on sea 9 July, 1941 to rescue 206 Sqn Hudson crew but lost PO engine, taxied 30 miles, crews rescued, a/c sunk by RN guns 9 July, 1941.

**T9048** To 204 Sqn 6 November, 1940; to 228 Sqn 9 November, 1940, 'N' and 'T'; crashed Kalamata, Greece 25 April, 1941 (Flt Lt H. Lamond), 6 killed; SOC 30 April, 1941.

**T9049** To 204 Sqn 14 November, 1940; to 201 Sqn 16 November, 1940, 'O'; to 4 OTU 3 December, 1941, 'A'; scuttled Wig Bay 11 December, 1946.

**T9050** To 230 Sqn 15 November, 1940, NM–Y, crashed Aboukir 29/30 September, 1941 (3 killed).

**T9070** To 204 Sqn 9 December, 1940, KG–E, caught fire/exploded Half Die, Gambia at moorings 16 August, 1942; SOC 8 October, 1942.

**T9071** To 10 Sqn RAAF 19 December, 1940, RB–M; to 230 Sqn 22 December, 1941, NM–M and shot down same date by two Bf110s, III/ZG26 nr Ras Amr, Libya (Flt Lt S. R. W. Hughes); SOC 2 January, 1942.

**T9072** To 204 Sqn 4 January, 1941, KG–F; to 10 Sqn RAAF 29 September, 1941, RB–V and crashed nr Skerries 5 December, 1941 (4 killed).

**T9073** To 210 Sqn 19 January, 1941; to 95 Sqn 16 April, 1941; to 10 Sqn RAAF, RB–E to 57 MU 30 January, 1944 and burned out Wig Bay 21 June, 1944; reduced to spares.

**T9074** To 201 Sqn 10 February, 1941; to 204 Sqn 2 June, 1941, KG–L; to Calshot 27 November, 1941; to 95 Sqn 3 January, 1942; to 204 Sqn 19 January, 1942; to 4 OTU 16 August, 1943; to Scottish Aviation 8 September, 1943; SOC 25 October, 1943.

**T9075** To 210 Sqn 15 February, 1941; to 10 Sqn RAAF 10 April, 1941, RB–N and crashed landing 29 April, 1941 (Fg Off V. Hodgkinson), 6 killed; SOC 1 July, 1941.

**T9076** To 210 Sqn 7 March, 1941; to 201 Sqn 23 April, 1941–12 December, 1941; to 4 OTU 10 January, 1943; to 57 MU 11 July, 1944; SOC 11 July, 1944.

**T9077** To 201 Sqn 30 March, 1941, 'Y'; to 228 Sqn 26 January, 1942; to 4 OTU 19 February, 1942; SOC 29 July, 1944.

**T9078** To 95 Sqn 30 March, 1941, SE–A; to BOAC 26 January, 1943–3 July, 1943; to 4 OTU 3 July, 1943, 'B'; SOC 24 July, 1944.

**T9083** Mk II Prototype; to MAEE; to 201 Sqn 31 October, 1942, ZM–Q; to 330 Sqn 9 May, 1943; to 4 OTU 19 May, 1944 and crashed Alness 19 May, 1944; SOC 10 June, 1944.

**T9084** To 201 Sqn 10 December, 1941; to 202 Sqn 22 December, 1941; to 10 Sqn RAAF, RB–S; to 228 Sqn 16 February, 1942, 'M' and crashed landing Loch Noisdale 13 June, 1942; SOC 12 July, 1942.

**T9085** To 202 Sqn 9 January, 1942; to 228 Sqn 10 February, 1942–15 April, 1942; to 461 Sqn RAAF 24 April, 1942, UT–A and crashed W. Approaches 21 January, 1943; SOC 31 January, 1943; RB–K of 10 Sqn RAAF at one period.

**T9086** To 228 Sqn 3 February, 1942; to 10 Sqn RAAF 2 March, 1942–18 June, 1942; to 228 Sqn 13 August, 1942; SOC 28 February, 1943.

**T9087** To 201 Sqn 19 February, 1942, ZM–O; to Scottish Aviation 2 July, 1943; SOC 4 February, 1944

**T9088** To 228 Sqn 9 March, 1942; to 461 Sqn RAAF 2 May, 1942; to 228 Sqn 8 May, 1942; to FBSU 29 July, 1942; to 4 OTU 25 August, 1943 and FTR from exercise off Orkneys 17 February, 1944.

**T9089** To 228 Sqn 26 March, 1942, 'O' and crashed off Oban 29 May, 1942 (4 killed); SOC 11 September, 1942.

**T9090** To 461 Sqn RAAF 22 April, 1942 and crashed Biscay 12 August, 1942 in rescue attempt (Wg Cdr N. A. R. Halliday and all but one crew killed); SOC 13 August, 1942.

**T9109** To 461 Sqn RAAF 24 April, 1942, 'D'; to 228 Sqn 28 September, 1943; to 1 FBSU 11 November, 1943 and damaged in gale, Wig Bay 25 January, 1944 and SOC.

**T9110** To 10 Sqn RAAF 23 June, 1942, RB–C and crashed landing Plymouth 5 January, 1944; to mkrs 22 August, 1944; broken up September 1944.

**T9111** To 461 Sqn RAAF 30 May, 1942, 'C' and crashed t/off Hamworthy 21 March, 1943; SOC 31 March 1943.

**T9112** To 228 Sqn 13 May, 1942; to 1 FBSU 8 October, 1942; to 228 Sqn 17 January, 1943; to 330 Sqn 25 April, 1943; to 228 Sqn 6 May, 1943, DQ–N; to Scottish Aviation 1 July, 1943; SOC 12 April, 1944.

**T9113** To 461 Sqn RAAF 30 June, 1942, 'K' and 'B', and shot down Biscay 1 September, 1942 (Fg Off R. H. H. Hosband); SOC 2 September, 1942.

**T9114** To 461 Sqn RAAF 7 July, 1942, 'E', crash-landed on Angle airfield 29 May, 1943 (crew safe); SOC 31 April, 1944; allotted serial 4446M, 27 December, 1943 but this cancelled 2 February, 1944.

**T9115** To 461 Sqn RAAF 22 July 1942–5 April, 1943, 'K' and 'G'; to 4 OTU 10 July, 1943; SOC 16 August, 1944.

**W3976** To MAEE 16 July, 1941 and crashed in sea off Rhu, Dumbarton, 28 November, 1941 (2 killed); SOC.

**W3977** To 201 Sqn 26 May, 1941, ZM–Q and crashed in sea off Donegal 5 February, 1942.

**W3978** To 204 Sqn 9 June, 1941; to 201 Sqn 1 August, 1941, 'Z' and crashed Sullom Voe 11 August, 1941 (5 killed); SOC 23 August, 1941.

**W3979** To 10 Sqn RAAF 19 June, 1941, RB–Q and sunk by RN guns nr St Govans Head, Pembs, 1 March, 1942; SOC 2 March, 1942.

**W3980** To 431 GR Flt/69 Sqn, Malta; to 10 Sqn RAAF 11 June, 1941–26 June, 1941; to 204 Sqn July 1941; to 201 Sqn 16 October, 1941;'R'; to 4 OTU 8 June, 1942, TA–S; to 57 MU 17 May, 1944; became 4908M, 4 November, 1944.

**W3981** To 204 Sqn 4 July, 1941; to 201 Sqn 1 August, 1941, 'R', 'W' and 'V'; to 240 Sqn 5 February, 1942; to 4 OTU 5 June, 1942; to 57 MU 29 June, 1944; SOC 1 July, 1944.

**W3982** To 201 Sqn 22 July, 1941 and MIA 21 August, 1941; SOC 1 September, 1941.

**W3983** To 10 Sqn RAAF 27 July, 1941, RB–R; to 202 Sqn January 1942; to 431 GR Flt169 Sqn; to 10 Sqn RAAF 7 June, 1942 and damaged *Reginaldo Guiliano* 1 September, 1942; to 4 OTU; became 4603M, 3 March, 1944 at Windermere; scrapped 11 June, 1944.

**W3984** To 10 Sqn RAAF 1 August, 1941, RB–S; to mkrs 3 December, 1943; SOC 8 July, 1944.

**W3985** To 10 Sqn RAAF 11 August, 1941, RB–U and RB–T and lost Biscay (ea) 18 August, 1943 (Flt Lt H. W. Skinner); SOC 31 August, 1943.

**W3986** To 10 Sqn RAAF 28 August, 1941, RB–U; to 228 Sqn 19 February, 1942; to 209 Sqn April 1942; to 10 Sqn RAAF June 1942, RB–U, damaged U–71, 5 June, 1942 and *Reginaldo Guiliano*, 1 September, 1942, then crashed on fire nr Eddystone Light 20 May, 1943 (Flt Lt D. Saunders), 12 killed; SOC 31 May, 1943.

**W3987** To 201 Sqn 7 September, 1941; to 230 Sqn 30 September, 1941, NM–X and crashed t/off Aboukir 7 September, 1942 (8 killed); SOC 30 September, 1942.

**W3988** To 201 Sqn 1 October, 1941 and crashed landing Doonbeg, County Clare 3 December, 1941 (9 killed); SOC 1 January, 1942.

**W3989** To 228 Sqn 20 December, 1941, DQ–L; to 202 Sqn; to 228 Sqn 7 February, 1942; to mkrs 6 April, 1943; to 302 FTU 6 September, 1944; SOC 23 February, 1945.

**W3990** To 228 Sqn 7 November, 1941; to 202 Sqn 20 December, 1941; to 228 Sqn 25 December, 1941; to 202 Sqn 4 January, 1942; to 228 Sqn 7 February, 1942; to 4 OTU 2 October, 1942 and sank at moorings, Alness (gale) 15 February, 1943; SOC 31 March, 1943.

**W3991** To 228 Sqn 29 August, 1942–17 November, 1943, 'M'; to FBSU 17 November, 1943; became 5016M, January 1945.

**W3992** To 10 Sqn 28 January, 1942–17 February, 1942; to 4 OTU 17 February, 1942, TA–R, and sank Alness (gale) 13 February, 1943; SOC 31 March, 1943.

**W3993** To 10 Sqn RAAF 15 November, 1941, RB–W, damaged U–105, 11 June, 1942, sank U–465 7 May, 1943, then collided with W4024, RB–G at Mount Batten moorings, 7 October, 1943; to mkrs 2 December, 1943; SOC 3 July, 1944.

**W3994** To 10 Sqn RAAF 15 October, 1941, RB–X, damaged *Luigi Torello*, 7 June, 1942; to 202 Sqn 17 June, 1942; to 10 Sqn RAAF 6 July, 1942 and lost Biscay 30 July, 1942; SOC 9 September, 1942.

**W3995** To 228 Sqn 28 November, 1941, DQ–P; to 1 FBSU 22 May, 1942; to 228 Sqn 13 October, 1942 and sank Lough Erne 11 January, 1943; SOC 28 February, 1943.

**W3996** To 228 Sqn 28 November, 1941 and bombed on Kalafrana slipway, Malta, 2 February, 1942; SOC 20 March, 1942.

**W3997** To 201 Sqn 3 December, 1941; to 10 Sqn RAAF 13 February, 1942; to 201 Sqn 12 July, 1942, ZM–S; to 57 MU 7 November, 1942; to 4 OTU 31 December, 1942, 'R' and crashed 17 mile E. of Lossiemouth 12 October, 1943 (15 killed).

**W3998** To 201 Sqn 10 December, 1941 and crashed t/off Mount Batten 20 December, 1941 (11 killed); SOC 1 January, 1942.

**W3999** 1st production Mk III; first flew as such 15 December, 1941; to 10 Sqn RAAF 29 January, 1942, RB–Y and shot down by Arado 196, Biscay 21 June, 1942 (Flt Lt M. Judell); SOC 30 June, 1942.

**W4000** To 201 Sqn 9 January, 1942, ZM–R, f/landed and exploded at sea 1 August, 1942 (11 killed); SOC 1 August, 1942.

**W4001** To 10 Sqn RAAF, RB–R; to 201 Sqn 26 January, 1942 and hit rock taxiing Castle Archdale, 4 October, 1942; SOC 4 October, 1942.

**W4002** To 201 Sqn 28 January, 1942, ZM–U; to 302 FTU 16 November, 1944; SOC 22 February, 1945.

**W4003** To 10 Sqn RAAF 29 January, 1942; to 201 Sqn 7 February, 1942; to 423 Sqn RCAF November 1942; to BOAC 29 May, 1943–9 December, 1944; to 272 Sqn; to 302 FTU and damaged in gale, Killadeas 21 September, 1945 SOC 16 November, 1945.

**W4004** To 10 Sqn RAAF 6 February, 1942, RB–Z; to 202 Sqn 15 May, 1942; to 10 Sqn RAAF 31 December, 1942 and lost Biscay 17 May, 1943 (Flt Lt M. K. Kenzie); SOC 31 May, 1943.

**W4017** To 228 Sqn 19 March, 1942, DQ–T; to 13 MU 27 April, 1942; to 228 Sqn 30 November, 1942; to BOAC, Hythe, 9 August, 1943–19 September, 1944; to 302 FTU 19 September, 1944; SOC 19 January, 1945.

**W4018** To 201 Sqn 17 February, 1942, ZM–Z; to 422 Sqn RCAF August 1942; to 1 FBSU 27 November, 1942; sold to mkrs (scrap value) 23 February, 1945.

**W4019** To 10 Sqn RAAF 18 February, 1942, RB–A; to 202 Sqn 28 March, 1942; to 10 Sqn RAAF 24 April, 1942, damaged *Luigi Torello*, 7 June, 1942, then damaged U–162, 11 July, 1942 and lost Biscay 9 August, 1942; SOC 2 September, 1942.

**W4020** To 10 Sqn RAAF 8 March, 1942, RB–B, and lost Biscay 1 August, 1943 while sinking U–454; SOC 31 August, 1943.

**W4021** To 230 Sqn 29 March, 1942, NM–W and crashed t/off Castellorosso 7 November, 1943 (crew safe); SOC 1 January, 1944.

**W4022** To 230 Sqn 29 March, 1942, NM–Z; SOC 3 January, 1945.

**W4023** To 230 Sqn 10 April, 1942, NM–U; SOC 29 August, 1946.

**W4024** To 202 Sqn 31 May, 1942,TQ–N; to 119 Sqn 12 September, 1942, 'J'; to 10 Sqn RAAF 16 April, 1943, RB–G; to mkrs 6 July, 1944; to 57 MU 21 November, 1944; sold as scrap 25 February, 1947.

**W4025** To 201 Sqn 19 May, 1942, ZM–P, shot down by guns of Convoy WS.21, 31 July, 1942 (12 killed); SOC 31 July, 1942.

**W4026** To 228 Sqn 13 May, 1942, DQ–M, crashed into mountain nr Dunbeath, NW Berriedale on flt from Invergordon, 25 August, 1942 (13 crew and HRH Duke of Kent killed, one survivor).

**W4027** To 4 OTU 6 June, 1942, TA–M and burned out, Alness on t/off, 5 March, 1944.

**W4028** To 202 Sqn 31 May, 1942, TQ–B; to 119 Sqn 20 September, 1942, 'O'; to 1 FBSU 31 December, 1942; to 423 Sqn RCAF 3 January, 1943; to 4 OTU 29 June, 1943, 'A–1'; to 57 MU 22 June, 1945; SOC 12 July, 1945.

**W4029** To 202 Sqn 31 May, 1942 and crashed landing Gibraltar 21 August, 1942 (11 killed and 1 inj); SOC 22 August, 1942.

**W4030** To 202 Sqn 16 June, 1942; to 119 Sqn 16 September, 1942, 'C'; to 10 Sqn RAAF 16 April, 1943, RB–H, sank U–243 on 8 July, 1944; accident 16 September, 1944; to 57 MU (DBR) 30 November 1944 and SOC same date.

**W4031** To 4 OTU 8 June, 1943, 'TA–N'; SOC 12 July, 1945.

**W4032** To 228 Sqn 31 May, 1942, DQ–O, and ditched off Tiree 4 September, 1942 (two crew survivors); SOC 15 September, 1942.

**W4033** To 4 OTU 8 June, 1942, 'TA–O'; SOC 8 March, 1945.

**W4034** To 4 OTU 8 June, 1942; to 57 MU 15 May, 1945; sold (scrap) 25 February, 1947.

**W4035** To 4 OTU 8 June, 1942 and crashed landing Invergordon 11 August, 1942; SOC 12 August, 1942.

**W4036** To 201 Sqn 7 July, 1942 and crashed landing Castle Archdale 18 November, 1943 (3 killed); SOC 31 December, 1943.

**W4037** To 202 Sqn 3 July, 1942; to 4 OTU 28 July, 1943; to 1 FBSU 31 August, 1943; sold to mkrs for civil conversion to Sandringham 7; sold to DNL, Norway, coded LN–LAI, *Jutulen* and sank in Lake Bangui, French Equatorial Africa 15 November, 1952.

**W6000** To 423 Sqn RCAF 13 July, 1942, 'A'; to 1 FBSU 11 December, 1942 and sank at moorings (gale) Wig Bay 13 December, 1942.

**W6001** To 423 Sqn RCAF 17 July, 1942, 'B'–24 September, 1942; to 119 Sqn 29 November, 1942; to 4 OTU 5 December, 1942 and sank Alness (gale) 17 April, 1943; SOC 19 May, 1943.

**W6002** To 202 Sqn 30 June, 1942, AX–R, sank Italian UB *Alabastro* 14 September, 1942; to 119 Sqn 29 September, 1942, 'R'; to 4 OTU 30 April, 1943 and lost propeller in air 26 June, 1944; SOC 14 July, 1944.

**W6003** To 202 Sqn 4 July, 1942 and crashed landing Gibraltar 12 August, 1942 after patrol; SOC 13 August, 1942.

**W6004** To 228 Sqn 6 August, 1942, DQ–U, hit drifting Catalina, Stranraer, and sank, 29 December, 1942.

**W6005** To 201 Sqn 21 August, 1942, 'P', damaged U–518 on 27 June, 1943; to 4 OTU 18 May, 1944; SOC 10 April, 1945.

**W6006** To 201 Sqn; to 423 Sqn RCAF 26 August, 1942, AB–F, later '3–G', sank U–456 on 12 May, 1943; to 4 OTU 4 July, 1943; to 423 Sqn RCAF 3 September, 1943; to 4 OTU 31 October, 1943 and crashed Alness 13 August, 1944 (1 killed).

**W6007** To 423 Sqn RCAF 8 September, 1942, 'G'; to 131 OTU 29 May, 1944; to 57 MU 10 April, 1945; sold (scrap) 25 February, 1947.

**W6008** To 423 Sqn RCAF 3 September, 1942, 'H', damaged U–338 on 5 April, 1943, ditched at sea 12 March, 1944 (crew rescued).

**W6009** To 423 Sqn RCAF 14 October, 1942, 'J'; to 4 OTU 4 July, 1943, 'DD' and crashed Dornoch Range 14 January, 1945 (5 'missing'); SOC 25 January, 1945.

**W6010** To 201 Sqn 14 September, 1942, 'V'; to 230 Sqn, NM–V, ; to 4 OTU 8 July, 1943, 'A–A', and crashed Alness 27 July, 1944; SOC 28 July, 1944.

**W6011** To 423 Sqn RCAF 3 October, 1942; to 131 OTU 8 September, 1944; to 57 MU 16 February, 1945; scrapped 25 February, 1947.

**W6012** To 204 Sqn 18 October, 1942–11 March, 1943, 'E'; to 4 OTU 28 July, 1943; SOC 12 July, 1945.

**W6013** To 423 Sqn RCAF 12 November, 1942 and flew into mountain nr Ballycastle, County Antrim, 5 December, 1943 (9 killed).

**W6014** To 201 Sqn 9 November, 1942, 'S'; to 461 Sqn RAAF 25 April, 1944; to 4 OTU 25 April, 1944; SOC 12 July, 1945.

**W6015** To 95 Sqn, 'M'; to 204 Sqn 21 November, 1942 and MIA 28 November, 1942 (12 'missing').

**W6016** To 95 Sqn 21 November, 1942; allotted to 204 Sqn but lost *en route* to Gibraltar 24 November, 1942.

**W6026** To 422 Sqn RCAF 17 November, 1942, '2–C' and '2–A'; to BOAC 26 January, 1943–3 September, 1943; to 4 OTU 18 July, 1944 and crashed Alness 22 April, 1945; SOC 31 May, 1945.

**W6027** To 422 Sqn RCAF 19 November, 1942, 'N'; to 330 Sqn 26 May, 1944, 'A–D'; to 4 OTU 8 July, 1944; SOC 14 June, 1945.

**W6028** To 422 Sqn RCAF 1 November, 1942, 'C'; to BOAC 28 January, 1943–17 May, 1943; to 422 Sqn RCAF 4 January, 1944 and crashed St Angelo, Fermanagh, 19 February, 1944 (2 killed).

**W6029** To 422 Sqn RCAF 30 November, 1942, 'D', and crashed Oban 19 December, 1942 (7 killed and 14 inj); SOC 31 August, 1943.

**W6030** To 422 Sqn RCAF 11 December, 1942, 'F'; to 13 MU 3 April, 1943; to 330 Sqn 19 June, 1943; SOC 10 July, 1944.

**W6031** To 422 Sqn RCAF 12 December, 1942, 'G' and MIA 20 November, 1943.

**W6032** To 422 Sqn RCAF 9 December, 1942, 'H'; to 131 OTU 31 October, 1944; to 57 MU 10 April, 1945; sold (scrap) 25 February, 1947.

**W6033** To 422 Sqn RCAF 27 December, 1942, 'J' and crashed Hvalfjord, Iceland, 28 September, 1943; SOC 11 November, 1943.

**W6050** Launched 10 April, 1942; first flew 24 April, 1942; to 461 Sqn RAAF, 'L', 14 August, 1942, to 246 Sqn, 'A'; became 4446M.

**W6051** To MAEE 4 June, 1942; to 201 Sqn 2 August, 1942, 'T'; to 4 OTU 2 June, 1943; to 57 MU 10 July, 1944 and SOC same date.

**W6052** To 423 Sqn RCAF 22 July, 1942, 'D'; to 330 Sqn 8 May, 1943 and MIA 5 June, 1943; SOC 30 June, 1943.

**W6053** To 423 Sqn RCAF 7 August, 1942, AB-E (1st received by sqn and flew sqn's 1st operation 23 August, 1942); to 330 Sqn 6 May, 1943, 'E'; to 57 MU 10 April, 1944; SOC 30 April, 1945.

**W6054** To 10 Sqn RAAF 26 August, 1942, 'D'; to 19 AOS Sqn and crashed nr Plymouth on ferry flt 12 November, 1942 (5 killed).

**W6055** To 201 Sqn 13 August, 1942, 'R'; to 330 Sqn; to 57 MU 27 March, 1944 and scuttled Wig Bay 11 December, 1946.

**W6056** To 246 Sqn 16 September, 1942; to 4 OTU 19 May, 1943–9 July, 1943; to 131 OTU 10 May, 1944; became 4782M.

**W6057** To 246 Sqn 16 September, 1942, 'B'; to 1 FBSU 6 November, 1943; scuttled Wig Bay 16 March, 1945.

**W6058** To 246 Sqn 28 October, 1942, 'O'; to 1 FBSU 15 October, 1943; to 330 Sqn became 4798M.

**W6059** To 201 Sqn 16 October, 1942; to 330 Sqn 29 April, 1943; to 57 MU 13 February, 1944; SOC 5 April, 1945.

**W6060** To 246 Sqn 16 October, 1942, 'D'; to 4 OTU 7 May, 1943 and crashed Alness 27 November, 1943 (5 killed).

**W6061** To 423 Sqn RCAF. 'K'; to 330 Sqn 9 May, 1943, 'X'; to 57 MU 16 February, 1944.

**W6062** To 95 Sqn 7 November, 1942, 'A'; SOC 11 November, 1943.

**W6063** To 204 Sqn 10 January, 1943; to 95 Sqn 9 March, 1943 and crashed at sea 29 March, 1943 (6 killed); SOC 30 November, 1943.

**W6064** To 423 Sqn RCAF 26 January, 1943; to 330 Sqn 9 February, 1943; to 4 OTU 28 February, 1944; SOC 13 November, 1944; intended serial 4881M cancelled.

**W6065** To 95 Sqn 4 February, 1943, but FTL off Oporto, Portugal, *en route* to Gibraltar 5 March, 1943; a/c destroyed and crew interned.

**W6066** To 246 Sqn 4 March, 1943, 'F'; to 422 Sqn RCAF 5 May, 1943; to 131 OTU 30 May, 1944, 'C-L'; to 57 MU 9 April, 1945; sold (scrap) 25 February, 1947.

**W6067** To 330 Sqn 16 March, 1943, 'T'; to Calshot 6 August, 1944; SOC 12 February, 1945.

**W6068** To 330 Sqn 2 March, 1943; to 423 Sqn RCAF 9 May, 1943, 'N'; to 131 OTU 31 August, 1944; to 57 MU 8 April, 1945: sold (scrap) 25 February, 1947.

**W6075** To 330 Sqn 2 April, 1943; crashed landing Lough Neagh 12 May, 1943; SOC 8 June, 1943.

**W6076** To 95 Sqn 10 May, 1943, 'D'; SOC 21 June, 1945.

**W6077** To 461 Sqn RAAF 5 May, 1943, UT-U, sank U-461 on 30 July, 1943: to 57 MU 10 March, 1944; SOC 20 Deceember, 1945.

**W6078** To 230 Sqn 10 May, 1943; SOC 16 August, 1945.

**W6079** To 204 Sqn 10 May, 1943, KG-W and KG-C, crashed Port Etienne 2 October, 1943 (1 killed); SOC 11 November, 1943.

**W6080** To 308 FTU 10 June, 1943; to Folt. 7E, 20 July, 1943, '7F-7'; SOC 3 September, 1943.

**DD828** To 423 Sqn RCAF 16 December, 1942, 'A'; to 201 Sqn 31 August, 1943, 'N'; to 4 OTU 15 April, 1944; SOC 31 May, 1945.

**DD829** To 201 Sqn 22 December, 1942, 'Z', later 'A'; to 131 OTU 10 June, 1944; to 57 MU 30 April, 1945; sold (scrap) 25 February, 1947.

**DD830** To 228 Sqn 30 December, 1942 and f/landed (crashed) nr Ailsa Craig 3 February, 1943.

**DD831** To 423 Sqn RCAF 2 January, 1943; to 422 Sqn RCAF 17 May, 1943, 'K' and foundered in Loch Indaal 24 January, 1944; SOC 25 January, 1944.

**DD832** To MAEE 8 January, 1943; to 4 OTU 18 February, 1943, 'V'; SOC 20 April,, 1945; sold (scrap) 26 March 1947.

**DD833** To 204 Sqn 24 January, 1943, 'M'; to Flot. 7E 1 April, 1943; to 1 FBSU and DBR Wig Bay 10 September, 1943.

**DD834** To 204 Sqn 24 January, 1943; to 1 FBSU 3 April, 1943; to 228 Sqn 20 April, 1943, 'S'; to 57 MU 30 September, 1944; bought back by mkrs 29 June, 1945; converted to Sandringham 2, G-AGPZ; to Dodero as LV-AAP, *Argentina* and crashed Buenos Aires 29 July, 1948.

**DD835** To 330 Sqn 11 February, 1943; to 228 Sqn 12 March, 1943; to 201 Sqn 6 May, 1943, 'R', sank U-440 on 31 May, 1943; to 228 Sqn 27 May, 1944; to 131 OTU 10 June, 1944; to 422 Sqn RCAF 12 March, 1945; to 57 MU 21 June, 1945; SOC 12 July, 1945.

**DD836** To 228 Sqn 26 January, 1943 and sank off Scillies 24 January, 1944: SOC 29 February, 1944.

**DD837** To 228 Sqn 26 January, 1943, 'V' and shot down by Ju 88s 15 May, 1943 (Flt Lt G. A. Church); SOC 31 May, 1943.

**DD838** To 228 Sqn 3 February, 1943, 'X', shared sinking U-563 on 31 May, 1943; to 423 Sqn RCAF 12 May, 1944, 'X'; to 4 OTU 28 July, 1944, 'A-B'; SOC 28 June, 1945.

**DD839** To 4 OTU 23 March, 1943 and crashed 27 November, 1943 (3 killed).

**DD840** To 4 OTU 24 March, 1943; to 272 MU 21 March, 1945; scrapped 26 March, 1947.

**DD841** To 4 OTU 2 March, 1943; to 57 MU 13 August, 1944; sold to mkrs and became Sandringham 3, G-AGPY; (sold 30 June, 1944); to Dodero as LV-AAR, *Brasil*, later renamed *Formosa*.

**DD842** To 4 OTU 2 March, 1943, 'A-L'; SOC 12 July, 1945.

**DD843** To 330 Sqn 14 March, 1943, 'S'; to 423 Sqn RCAF 10 May, 1943; to 461 Sqn RAAF, '2-E'; to 131 OTU 25 June, 1944; to 4 OTU 23 August, 1944; SOC 12 July, 1945.

**DD844** To 330 Sqn 9 March, 1943; to Calshot 11 February, 1944; to 4 OTU 15 July, 1944, 'B-E'; SOC 14 June, 1945.

**DD845** To 246 Sqn 24 March, 1943; to 422 Sqn RCAF 5 May 1943, 'B'; to 131 OTU 25 June, 1944; to 57 MU 15 May, 1945; scrapped 25 February, 1947.

**DD846** To 246 Sqn 24 March, 1943; to 422 Sqn RCAF 5 May, 1943, '2-D', and crashed 25 May, 1943 (11 killed); SOC 10 June, 1943.

**DD847** To 423 Sqn RCAF; to 228 Sqn 29 March, 1943; to 131 OTU 12 June, 1944; to 57 MU 8 April, 1945; sold (scrap) 25 February, 1947.

**DD848** To 201 Sqn 20 April, 1943, 'N', and hit hillside Brandon Head, Kerry, 22 August, 1943 (8 killed); SOC 31 August, 1943.

**DD849** To 423 Sqn RCAF 28 April, 1943, 'M'; to 131 OTU 28 July, 1943, 'C-A'; to 57 MU 4 March, 1945; sold (scrap) 25 February, 1947.

**DD850** To 422 Sqn RCAF 18 May, 1943, 'M'; to Calshot 14 July, 1944; to 4 OTU 16 August, 1944; sold (scrap) 25 February, 1947.

**DD851** To 330 Sqn 17 May, 1943; to 230 Sqn 29 December, 1943; to 330 Sqn 25 April, 1944; to 4 OTU 20 July, 1944 and crashed on rail line NE of Invergordon Stn, 26 November, 1944 (11 killed).

**DD852** To 10 Sqn RAAF 21 May, 1943, RB-J; wrecked/SOC 2 September, 1944.

**DD853** To 423 Sqn RCAF 30 May, 1943, 'K'; to 422 Sqn RCAF; to 131 OTU 23 October, 1944; to 461 Sqn RAAF 6 March, 1945, 'Y'; scrapped 21 June, 1945.

**DD854** To 422 Sqn RCAF 30 May, 1943, '2-P'; to 131 OTU 25 June, 1944: SOC 14 June, 1945.

**DD855** To 201 Sqn 30 May, 1943; to 422 Sqn RCAF 12 February, 1944, 'Y'; to 4 OTU 12 July, 1944 and burned/sank 20 April, 1945; SOC 26 April, 1945.

**DD856** To 330 Sqn 6 June, 1943, 'G'; to 4 OTU 21 July, 1944, 'A-R'; to 57 MU 22 June, 1945; become 5716M 15 October, 1945.

**DD857** To 201 Sqn 19 June, 1943 and crashed 30 June, 1943 (2 killed).

**DD858** To 201 Sqn 12 June, 1943; to 423 Sqn RCAF and crashed/SOC 23 October, 1943.

**DD859** To 423 Sqn RCAF 19 June, 1943, '3-G', sank U-489 on 4 August, 1943 and shot down by UB flak same date; SOC 31 August, 1943.

**DD860** To 423 Sqn RCAF 19 June, 1943 – 23 July, 1943; to 201 Sqn, 'O', to BOAC 19 March, 1945 as G-AHEP, *Hanbury;* ret to RAF as DD860 on 24 September, 1947; to Allen Aircraft Services November 1948; sold (scrap) to J. Dale 10 January, 1950; civil regn cancelled September 1952.

**DD861** To 422 Sqn RCAF 26 June, 1943 and ditched (engine fire)/SOC 3 September, 1943.

**DD862** To 423 Sqn RCAF 2 July, 1943, '3-A', burned out Castle Archdale 31 May, 1945; SOC 6 July, 1945.

**DD863** To 423 Sqn RCAF 30 July, 1943, '3-J', sank U-610 on 8 October, 1943, then MIA 13 November, 1943; SOC 30 November, 1943.

**DD864** To 228 Sqn 1 August, 1943, 'K' and MIA Biscay 14 December, 1943.

**DD865** To 10 Sqn RAAF 3 August, 1943, 'L'; to Scottish Aviation 5 January, 1945; SOC 5 June, 1945.

**DD866** To 461 Sqn RAAF 14 August, 1943, 'B'; to 57 MU 2 August, 1944; to 302 FTU 8 November, 1944; SOC 16 August, 1945.

**DD867** To 10 Sqn RAAF 8 August, 1943; to 423 Sqn RCAF 20 August, 1943, '3–G'; to 131 OTU 2 August, 1944; to 461 Sqn RAAF, '2–G'; SOC 5 March, 1947.

**DP176** To 119 Sqn 1 October, 1942, 'D' and sank Pembroke Dock 15 April, 1943 (3 killed).

**DP177** To 10 Sqn RAAF 24 November, 1942, RB–F and MIA Biscay 11 August, 1943 (Flt Lt N. C. Gerrard); SOC 31 August, 1943.

**DP178** To 422 Sqn RCAF 21 December, 1942, '2–L'; to 330 Sqn 7 June, 1944; to 4 OTU 6 July, 1944 and lost 14 March, 1945 (11 'missing'); SOC 22 March, 1945.

**DP179** To 119 Sqn 30 January, 1943; to 10 Sqn RAAF 6 August, 1943, RB–M and lost Biscay 2 October, 1943.

**DP180** To 230 Sqn 7 March, 1943, 'O'; SOC 31 January, 1946.

**DP181** To 230 Sqn 16 March, 1943; to 330 Sqn, 'U'; to 423 Sqn RCAF 10 May, 1943, 'D' and crashed/sank Castle Archdale 11 November, 1943 (5 killed); SOC 12 November, 1943.

**DP182** To 204 Sqn 3 April, 1943; to 343 Sqn July 1943, '3E–10', '4E–5', '7F–10', '7FE–J', ditched/exploded in S. Atlantic 2 February, 1944.

**DP183** To 330 Sqn 6 June, 1943 and MIA 20 March, 1944.

**DP184** To 330 Sqn 6 June, 1943, 'F'; to 4 OTU 6 July, 1944, 'A–G'; to 57 MU 18 June, 1945; SOC 12 July, 1945.

**DP185** To 201 Sqn 12 July, 1943, 'V'; to 4 OTU 28 April, 1944; to 57 MU 31 May, 1945; SOC 31 May, 1945: sold (scrap) 10 March, 1947.

**DP186** To 95 Sqn 19 July, 1943, 'J'; to 57 MU 16 June, 1945; sold (scrap) 25 February, 1947.

**DP187** To 308 FTU 12 August, 1943; to 343 Sqn 1 October, 1943, later retained by Aeronavale as '3E–7', '3E–2', '7FE–G', '7F–7'; SOC 21 June, 1947.

**DP188** To 204 Sqn 20 August, 1943, 'C'; to 308 FTU September 1943; to 57 MU 22 June, 1945; sold (scrap) 25 February, 1947.

**DP189** To 230 Sqn 7 September, 1943, 'L'; SOC 16 August, 1945.

**DP190** To 270 Sqn 5 December, 1943; SOC 21 June, 1945.

**DP191** To 423 Sqn RCAF 24 October, 1943, '3–L'; to 131 OTU 29 July, 1944; to 57 MU 21 March, 1946; to RNZAF 19 June, 1953, became NZ4109; sold (scrap) 1965/67.

**DP192** To RAAF 10 November, 1943; arrd Australia 1 March, 1944; became A26–6, RAAF.

**DP193** To 201 Sqn 21 November, 1943; to 423 Sqn RCAF 1 December 1943; to 131 OTU 6 September, 1944; to 272 MU 8 September, 1945; SOC (scrap) 26 March, 1947.

**DP194** To 302 FTU 30 January, 1944; to 95 Sqn, 'F', 18 April, 1944: SOC 21 June, 1945.

**DP195** To Wig Bay 6 November, 1943; to 4 OTU; sold to mkrs 22 January, 1948 and became CX–AKR, *Capitan Bosio Lanza* with CAUSA.

**DP196** To 461 Sqn RAAF 16 February, 1944, 'U' and 'K'; to 201 Sqn 16 September, 1944; to 57 MU 3 July, 1945: scrapped 26 March, 1947.

**DP197** To 4 OTU 30 March, 1944 and crashed Creag Raibhach, Lothbeg, Sunderland, on 15 August, 1944 (15 killed).

**DP198** To 423 Sqn RCAF 3 September, 1944, 'J'; to 57 MU 10 May, 1945; to 209 Sqn 31 August, 1950, 'V' and 'W' to 205 Sqn 31 January, 1953, 'O'; to 201 Sqn 2 May, 1956, '201–A'; to 205/209 Sqn 10 July, 1957, 'W'; SOC 30 June, 1959.

**DP199** To 461 Sqn RAAF 27 March, 1944, UT–U; to mkrs 20 June, 1945; to 88 Sqn 20 May, 1948, 'C'; to 57 MU 2 May, 1950; to 205 Sqn, 'W'; to 205/209 Sqn, '58, 'W'; SOC/sold scrap to BKL Alloys 30 June, 1959.

**DP200** To 461 Sqn RAAF 24 March, 1944, 'X' and 'F'; to mkrs 26 January, 1945; to 423 Sqn RCAF 9 June, 1945; to 4 OTU 30 June, 1945: to 230 Sqn, 11 February, 1954–5 October, 1956, 'B–Z'; sold (scrap) 4 October, 1957.

**DV956** To 95 Sqn 2 July, 1942, 'L'; to 302 FTU 18 January, 1944: to 95 Sqn 17 July, 1944, 'H' and ditched 30 May, 1945; SOC 6 May, 1945.

**DV957** To 95 Sqn 9 July, 1942 and crashed/burned 3 September, 1942 nr Wellington, W. Africa.

**DV958** To 202 Sqn 4 July, 1942, AX–T; to 119 Sqn 29 September, 1942–26 April, 1943: to 228 Sqn 19 October, 1943: to Calshot 10 June, 1944: to 10 Sqn RAAF 24 July, 1944, RB–E; to Scottish Aviation 6 December, 1944; broken up, Killadeas December 1945; SOC 26 April, 1946.

**DV959** To204 Sqn 18 July, 1942, KG–F; scuttled/SOC Jui 21 June, 1945.

**DV960** To 461 Sqn RAAF 26 July, 1942, '2–H'; to 131 OTU 9 August, 1944; SOC 31 May, 1945.

**DV961** To 461 Sqn RAAF 18 July, 1942, 'A', later 'T'; to 1 FBSU 14 November, 1942; to 4 OTU 11 March, 1944; became 4666M; SOC 18 December, 1945.

**DV962** To 202 Sqn 14 August, 1942, TQ–Q; to 119 Sqn 28 September, 1942; to 461 Sqn RAAF 26 April, 1943 and caught fire 7 June, 1943: SOC 31 August, 1943.

**DV963** To 95 Sqn, 'S' and 'B'; bought back by mkrs 21 June, 1945; SOC 13 July, 1945.

**DV964** To 95 Sqn 9 August, 1942: to 57 MU 12 October, 1944; sold back to mkrs 21 June,, 1945; became Sandringham 2, G–AGPT; to Dodero as LV–AAO, *Uruguay*, April 1946, later renamed *Rio Aguilera* (launched 5 December, 1945 and delivered 26 December, 1945 as Sandringham).

**DV965** To 204 Sqn 9 August, 1942; to 95 Sqn September 1942; to 343 Sqn October 1943; to 57 MU 21 June, 1945: DBR (gale) Wig Bay 21 September, 1945; SOC 12 October, 1945.

**DV966** To 204 Sqn 26 August, 1942; to 57 MU 12 June, 1945 and DBR (gale) Wig Bay 21 September, 1945; SOC 13 October, 1945.

**DV967** To MAEE 12 September, 1942: to 228 Sqn 2 April, 1943, 'U' and lost attacking U–564 on 13 June, 1943 (Fg Off L. B. Lee).

**DV968** To 461 Sqn RAAF 24 September, 1942, '2–M', damaged U–415 on 1 May, 1943, sank U–332 on 2 May, 1943, shared sinking U–106 on 2 August, 1943; lost Biscay 13 August, 1943 (Fg Off W. J. Dowling); SOC 31 August, 1943.

**DV969** To 10 Sqn RAAF 6 September, 1942, RB–E, shared sinking U–563 on 31 May, 1943; MIA Biscay 21 September, 1943; SOC 25 September, 1943.

**DV970** To 228 Sqn 17 September, 1942, 'Z'; to 422 Sqn RCAF 15 May, 1944; to 4 OTU 11 July, 1944; SOC 25 April, 1945.

**DV971** To 119 Sqn 16 September, 1942, 'A' and MIA 15 December, 1942.

**DV972** To 119 Sqn 16 September, 1942 and ditched Bristol Channel (DCs exploded) 25 November, 1942.

**DV973** To 95 Sqn 25 September, 1942, 'J' and 'P' and crashed landing Bathurst 13 April, 1944; SOC 18 May, 1944.

**DV974** To 95 Sqn 25 September, 1942; to 204 Sqn 16 October, 1942, KG–G, crashed on overshoot, Bathurst 1 October, 1943 (3 killed); SOC 11 November, 1943.

**DV975** To 95 Sqn 14 October, 1942 and crashed/burned Bunce River 28 November, 1942 (7 killed); SOC 28 November, 1942.

**DV976** To MAEE 13 November, 1946, 'C' and ditched on fire off Southend 21 October, 1947.

**DV977** To 228 Sqn 29 October, 1942, 'Y', shot down by Ju88s 12 July, 1943 (Sgt R Codd); SOC 31 July, 1943.

**DV978** To 246 Sqn 24 October, 1942, 'E'; to 228 Sqn 5 May, 1943; to 423 Sqn RCAF 15 May, 1944, '3–N' and '3–P'; to 131 OTU 31 July, 1944; to 2 FBSU and sunk 3 December, 1944; SOC 4 December, 1944.

**DV979** To 246 Sqn 27 October, 1942 and crashed 24 January, 1943 (9 killed).

**DV980** To 246 Sqn 27 October, 1942, 'A'; to 13 MU 15 March, 1943; to 228 Sqn 5 May, 1943, 'G'; to 423 Sqn RCAF 11 May, 1944; to 131 OTU 4 October, 1944; SOC 14 June, 1945.

**DV985** To 461 Sqn RAAF 9 May, 1943: to 308 FTU 10 June, 1943; to 343 Sqn 1 September, 1943, '3E–9' and '7FE–I', crashed in sea nr Goree Island, W. Africa, 26 April, 1944 (13 killed); SOC 8 May, 1944.

**DV986** To 461 Sqn RAAF 19 May, 1943; to 308 FTU 10 June, 1943; to 343 Sqn 1 September, 1943, '3E–5', '7F–5', '7FE–E', and crashed Pt Etienne 19 September, 1943 (11 'missing').

**DV987** To 308 FTU 11 June, 1943; to 343 Sqn 1 September, 1943, '3E–3', '3E–8', '7F–9', '7FE–C'; SOC 21 June, 1945.

**DV988** To 228 Sqn 20 June, 1943; to 422 Sqn RCAF 15 May, 1944, '2–D'; to 4 OTU 6 July, 1944; sold (scrap) 26 March, 1947.

**DV989** To 461 Sqn RAAF 3 September, 1943, 'X' and 'F'; to 131 OTU 27 October, 1944; to 57 MU 12 June, 1945; SOC 28 June, 1945.

**DV990** To 422 Sqn RCAF 8 September, 1943, 'R' and MIA/SOC 24 May, 1944.

**DV991** To 204 Sqn 17 September, 1943, KG–Q, exploded on t/off 13 July, 1944 (9 killed).

**DV992** To 330 Sqn 23 September, 1943; to Calshot 16 July, 1944; to 4 OTU 29 August, 1944 and sank Alness/SOC 6 November, 1944.

**DV993** To 10 Sqn RAAF 23 September, 1943, RB–T, MIA Biscay (ea) 17 November, 1943.

**DV994** To 422 Sqn RCAF 5 October, 1943, 'T'; to 4 OTU 29 April, 1944; to 272 MU 21 March, 1946; sold (scrap) 26 March, 1947.

**DW104** To 204 Sqn 14 October, 1943, KG–K; to 57 MU 19 June, 1945; SOC 25 October, 1945.

**DW105** To 95 Sqn 14 October, 1943 and crashed after t/off Port Etienne 5 January, 1944.

**DW106** Allotted to 270 Sqn 5 December, 1943, but lost on ferry route 18 December, 1943.

**DW107** To 308 FTU 9 November, 1943; to 95 Sqn 14 December, 1943, 'R', and sank in squall Bathurst 15 October, 1944.

**DW108** To 270 Sqn 5 December, 1943, 'Y' and written off in crash-landing 27 September, 1944.

**DW109** To 270 Sqn 5 December, 1943, 'O' and 'Q'; to 57 MU 24 June, 1945; sold (scrap) 10 March, 1947.

**DW110** To 228 Sqn 20 November, 1943 and crashed Blue Stack Mts, Donegal 31 January, 1944 (7 killed).

**DW111** To 270 Sqn 5 December, 1943; to 1 FBSU 21 December, 1943; to 57 MU 23 January, 1944; to 228 Sqn 2 March, 1944; to 423 Sqn RCAF 13 May, 1944, '3-S', damaged U-921 on 24 May, 1944; to 4 OTU 29 August, 1944; to 57 MU 21 July, 1945; sold (scrap) 10 March, 1947.

**DW112** To 423 Sqn RCAF 8 December, 1943; to 1 FBSU 28 December, 1943; to 57 MU 25 January, 1944; to 302 FTU 15 April, 1944; to 230 Sqn August, 1944; to Iraq C&C Flt SOC 29 August, 1946.

**DW113** To Wig Bay 6 October, 1943; to 1 FBSU 6 October, 1943; to 10 Sqn RAAF 4 December, 1943, RB-V; to Scottish Aviation Ltd 20 November, 1944; scrapped 28 December, 1945.

**EJ131** To 230 Sqn, crashed Mozambique 27 March, 1943 (9 killed); SOC 30 September, 1943.

**EJ132** To 461 Sqn RAAF 27 October, 1942–9 November, 1942; to 230 Sqn, 'X', 19 December, 1942; SOC 29 May, 1945.

**EJ133** To 119 Sqn 11 November, 1942, 'F'; to 461 Sqn RAAF 26 April, 1943, 'T'; to 330 Sqn 12 April, 1944, 'W'; to 4 OTU 8 July, 1944; to 461 Sqn RAAF and wrecked landing Pembroke Dock 9 December, 1944; SOC 31 May, 1945.

**EJ134** To 461 Sqn RAAF 31 December, 1942, 'N' (C. B. Walker's air combat 2 June, 1943); Cat E 3 June, 1943.

**EJ135** To 230 Sqn 29 November, 1942; to 119 Sqn December 1942; to 490 Sqn RNZAF, 'N'; to 302 FTU 15 June, 1944; to Aeronavale 4 July, 1944, '7F-2'; SOC 25 March, 1950.

**EJ136** To 230 Sqn 4 December, 1942, 'Y'; SOC 15 April, 1945.

**EJ137** To 246 Sqn 24 November, 1942, 'K'; to 330 Sqn 5 May, 1943; to 201 Sqn 8 May, 1943, 'T'; to 4 OTU 12 April, 1944; SOC 28 June, 1945.

**EJ138** To 119 Sqn 6 November, 1943; to 461 Sqn RAAF by July 1944, 'J'; to 330 Sqn 17 April, 1945, WH-Y and DBR 2 November, 1945; SOC 16 November, 1945.

**EJ139** To 246 Sqn 27 November, 1942, 'L'; to 228 Sqn 5 May, 1943, 'L' and damaged U-441 24 May, 1943 and shot down by ea same date (Flt Lt H. J. Debnam); SOC 30 May, 1943.

**EJ140** To 230 Sqn 10 December, 1942 and crashed/exploded on hill in Kenya, 29 December, 1943 (9 killed).

**EJ141** To 230 Sqn 10 December, 1942, 'R'; to 119 Sqn 18 December, 1942; to 461 Sqn RAAF 26 April, 1943; to 205 Sqn by March 1945; SOC 22 June, 1945.

**EJ142** To 119 Sqn 18 December, 1942, 'B'; to 461 Sqn RAAF 26 April, 1943, UT-S; to 4 OTU 12 May 1944; to 57 MU 16 June, 1945; SOC 12 July, 1945.

**EJ143** To 230 Sqn 22 December, 1942, 'S'; SOC 12 March, 1945.

**EJ144** To 95 Sqn 10 January, 1943, 'A' and sank Bathurst 15 October, 1944.

**EJ145** To 204 Sqn 10 January, 1943, KG-P, ditched at sea 17 July, 1943 (10 killed).

**EJ149** To 4 OTU 29 April, 1944, 'R-R'; to 272 MU 24 September, 1945; SOC/scrap 26 March, 1947.

**EJ150** To 201 Sqn 30 March, 1944, NS-W, sank U-107 on 18 August, 1944; to 57 MU 3 July, 1945; SOC 23 March, 1947.

**EJ151** To 201 Sqn 6 April, 1944; to 228 Sqn 20 April, 1944; to 422 Sqn RCAF 11 November, 1944, DG-H; to 57 MU 3 June, 1945; SOC 28 June, 1945.

**EJ152** To 4 OTU 3 May, 1944, 'T-T'; to 57 MU 15 July, 1945; to MoS 9 September, 1948.

**EJ153** To 461 Sqn RAAF, 'S'; to mkrs 13 April, 1945; to 235 OCU 10 November, 1949; to mkrs 24 August, 1953; to 230 Sqn 7 January, 1955, 'B-R' and '230-R'; SOC 5 November, 1956.

**EJ154** To 461 Sqn RAAF 31 July, 1944, 'T', sank Pembroke Dock 12 December, 1944.

**EJ155** To 330 Sqn July 1944, 'O', damaged U-387 on 19 July, 1944; to mkrs 26 April, 1945; to 4 OTU 8 July, 1945; to 57 MU 10 July, 1946; to 88 Sqn 31 December, 1952, 'U' and 'D'; to 209 Sqn 10 September, 1954; to 205/209 Sqn 1 January, 1955; to FBSU 16 November, 1955.

**EJ156** To 423 Sqn RCAF 25 July, 1944; bought back by mkrs; to Transport Command as G-AGWW; sold to Causa 13 May, 1947 as CX-AFA.

**EJ157** To 423 Sqn RCAF 14 August, 1944, YI-K, and caught fire on t/off 12 May, 1945; SOC 3 August, 1945.

**EJ158** To 423 Sqn RCAF 9 September, 1944, YI-M; to 272 MU 2 November, 1945; SOC/scrap 26 March, 1947.

**EJ163** To 95 Sqn, 'K', 14 May, 1944; to 302 FTU 16 April, 1944; to 343 Sqn 15 May, 1944; to Aeronavale 15 May, 1945, '7F-6', and crashed on t/off 3 November, 1949 (7 killed); SOC 13 March, 1950.

**EJ164** To 308 FTU 24 December, 1943; to 270 Sqn 16 February, 1944, 'E' and ditched in South Atlantic 3 October, 1944.

**EJ165** To 302 FTU 19 February, 1944; to 490 Sqn RNZAF, 'R' 8 May, 1944; sold (scrap) 10 March, 1947.

**EJ166** Burned out at Queens Island before delivery, November 1943.

**EJ167** To Wig Bay 30 November, 1943; to mkrs 9 February, 1952; to RNZAF 4 June, 1953 and became NZ4116, 'S'; sold (scrap) ca. 1966–67.

**EJ168** To 302 FTU 2 February, 1944; to 343 Sqn 29 March, 1944; to Aeronavale, '7FE-J' and '7F-8'; SOC 7 May, 1948.

**EJ169** To 490 Sqn RNZAF, 'Y', 5 May, 1944; to 95 Sqn; to 57 MU 22 June, 1945; sold (scrap) 10 March, 1947.

**EJ170** To 57 MU 16 February, 1944; to mkrs 9 August, 1945 and converted to Sandringham 3, G-AGTZ; sold to Dodero and delivered 21 January, 1946 as LV-AAQ, *Inglaterra*.

**EJ171** To 57 MU 5 February, 1944; to mkrs 12 September, 1944 and converted to Mk V; to 302 FTU 10 April, 1945; bought back by mkrs 9 August, 1945 and converted, then sold to Dodero as LV-AHH, *Rio De La Plata*.

**EJ172** To 57 UM 16 January, 1944; to mkrs 7 November, 1944; to 302 FTU 4 May, 1945; bought back by mkrs 2 June, 1947 and converted to Sandringham 7, G-AKCP, *St David;* sold to Causa March 1951 as CX-ANI.

**EK572** To 228 Sqn 12 August, 1943, 'V' and MIA 11 November, 1943.

**EK573** To Wig Bay 23 June, 1943; to 10 Sqn RAAF 14 August, 1943, RB-P; to 4 OTU 17 May, 1945; to 272 MU 8 September, 1945; SOC/scrap 23 March. 1947.

**EK574** To 10 Sqn RAAF 16 August, 1943, RB-Q and sank taxiing Mount Batten 1 June, 1944 (crew safe).

**EK575** To Wig Bay 29 June, 1943; to 461 Sqn RAAF 20 August, 1943, '2-C'; to 228 Sqn 1 March, 1944; to 423 Sqn RCAF 12 May, 1944; to 10 Sqn RAAF 23 September, 1944, RB-G; to Scottish Aviation Ltd 29 November, 1944; to 272 MU 24 August, 1945; SOC 30 November, 1945.

**EK576** To 422 Sqn RCAF 20 August, 1943, '2-Q'; to 4 OTU 23 July, 1944; to 57 MU 26 June, 1945; SOC 12 July, 1945.

**EK577** To 461 Sqn RAAF 21 August, 1943, 'D', sank U-571 on 28 January, 1944; to 4 OTU 12 April, 1944; SOC 18 July, 1945.

**EK578** To 422 Sqn RCAF, '2-C'; to 461 Sqn RAAF 21 August, 1943 and lost Biscay 16 September, 1943 (crew safe).

**EK579** To 201 Sqn 29 August, 1943, 'U'; to 131 OTU 4 August, 1944; to mkrs 8 April, 1945; to 461 Sqn RAAF, 'C'; sold to mkrs 22 January, 1948; sold to Dodero as LV-AHG.

**EK580** To 204 Sqn 7 September, 1943, KG-B, lost in night crash 9 October, 1944 (4 killed).

**EK581** To 95 Sqn 7 September, 1943; to 1 FBSU 8 September, 1943; to 423 Sqn RCAF 13 November, 1943, '3-D'; to 4 OTU 23 August, 1944; to 131 OTU; to 272 MU 21 February, 1946; sold (scrap) 26 March, 1947.

**EK582** To 204 Sqn 9 November, 1943, KG-L, and scuttled Jui 21 June, 1945.

**EK583** To 423 Sqn RCAF 15 November, 1943, '3-J'; to 131 OTU 3 August, 1944; to 57 MU 25 May, 1945; SOC/scrap 10 March, 1947.

**EK584** To 270 Sqn 5 December, 1943, 'D'; to 308 FTU; SOC 21 June, 1945.

**EK585** To 270 Sqn 5 December, 1943, 'A', later 'V' and burned out 7 June, 1944; SOC 12 June, 1945.

**EK586** Del Wig Bay 27 August, 1943; to 10 Sqn RAAF 6 October, 1943, RB-U, sank U-426 on 8 January, 1944, damaged 30 June, 1944; to Scottish Aviation Ltd 7 December, 1944; SOC 31 December, 1945.

**EK587** To 95 Sqn 8 September, 1943, 'F'; to 204 Sqn, KG-J; to Aeronavale 21 June, 1945, '7F-4'; SOC 4 February, 1949.

**EK588** Allotted to 270 Sqn 5 December, 1943, but lost on ferry route 8 January, 1944.

**EK589** To 270 Sqn 5 December, 1943, 'V'; SOC 9 July, 1945.

**EK590** To 422 Sqn RCAF 21 September, 1943; to 1 FBSU 22 September, 1943; to 201 Sqn 30 September, 1943, 'Y' and 'R'; to 461 Sqn RAAF 14 May, 1944; to Calshot 7 June, 1944; to 4 OTU 21 July, 1944, 'A-W'; to 272 MU 8 September, 1945; SOC/scrap 26 March, 1947.

**EK591** To 422 Sqn RCAF 3 October, 1943, '2-U', sank U-625 on 10 March, 1944; to 4 OTU 22 July, 1944; to 57 MU 21 July, 1945; SOC 2 November, 1945.

**EK592** To 270 Sqn 5 December, 1943; to UK 2 June, 1944; to mkrs 4 June, 1944; to 57 MU 24 October, 1944; sold (scrap) 10 March, 1947.

**EK593** To 270 Sqn , 'A'; sold (scrap) 10 March, 1947.

**EK594** To Wig Bay 8 October, 1943; to 201 Sqn 8 December, 1943, 'W'; to 422 Sqn RCAF 6 April, 1944, 'W'; to 10 Sqn RAAF 24 June, 1944, RB-D; to Scottish Aviation Ltd 6 December, 1944; SOC 28 December, 1945.

**EK595** To Wig Bay 11 October, 1943; to 230 Sqn, 'Q'; to 302 FTU 10 February, 1944; to 201 Sqn 4 April, 1944; to 422 Sqn RCAF 6 April, 1944; left UK 30 September, 1944 for Middle East; scuttled at Khor Kuwai 1 April, 1946; SOC 11 April, 1946.

**EK596** To 302 FTU 15 April, 1944; sold (scrap) 16 March, 1947.

**JM659** To 230 Sqn 10 January, 1943, 'Q' and sank in Brahmaputra river (whirlwind) 4 July, 1944.

**JM660** First flew 26 December, 1942; to BOAC 8 January, 1943 as G-AGER, *Hadfield;* to RAF Transport Command as OQZR; to Aquila Airways December 1948; scrapped Hamble July 1956.

**JM661** To BOAC 15 January, 1943 as G-AGES and crashed in fog on Slieveglass, nr Brandon Head, Kerry 28 July, 1943 before TC code OQZS applied; replaced by JM722, OQZB.

**JM662** To BOAC 16 January, 1943 as G-AGET; to Transport Command as OQZT and burned out on River Hooghli, Calcutta, while refuelling 15 February, 1946.

**JM663** To BOAC 21 January 1943 as G-AGEU, *Hampshire;* to Transport Command as OQZU; to Aquila Airways July 1948 and flew six sorties in Berlin Airlift; withdrawn March 1953.

**JM664** To BOAC 29 January, 1943 as G-AGEV, *Hailsham;* to Transport Command as OQZV and w/off after heavy landing, Poole 4 March, 1946.

**JM665** To BOAC 29 January, 1943 as G-AGEW, *Halton,* later renamed *Hanwell;* to Transport Command as OQZW and sank on t/off, Sourabaya 5 September, 1948.

**JM666** To 330 Sqn 1 March, 1943; to 201 Sqn 23 May, 1943, 'Q'; to 423 Sqn RCAF 10 May, 1944; to 131 OTU 26 May, 1944; to 57 MU 15 May, 1945; sold (scrap) 10 March, 1947.

**JM667** To 330 Sqn 1 March, 1943, 'V', sank U-240 on 16 May, 1944; to 209 Sqn, 'M', to 205 Sqn, 'Q' and 'M'; SOC 8 October, 1954.

**JM668** To 4 OTU 1 August, 1943; to 1 FBSU 1 August, 1943; to 57 MU 20 January, 1944; sold (scrap) 10 March, 1947.

**JM669** To 204 Sqn 7 March, 1943, KG-A, ditched/lost 14 April, 1943.

**JM670** To 95 Sqn 4 March, 1943, 'M'; to 343 Sqn 17 July, 1944, '7FE-B', and burned out in hanger fire 11 January, 1945; SOC 21 June, 1945.

**JM671** To 95 Sqn 7 March, 1943, 'Z'; SOC 21 June, 1945.

**JM672** To 204 Sqn 7 March, 1943, KG-E, crashed on t/off 28 August, 1944 (5 killed).

**JM673** To 230 Sqn 7 March, 1943, 'P' and MIA 28 November, 1944.

**JM674** To 204 Sqn 11 April, 1943; to 343 Sqn July, 1943, '3E-11', '4E-5', '7F-11', '7FE-K'; SOC 21 June, 1945.

**JM675** To 461 Sqn RAAF 31 March, 1943, 'O', crashed Pembroke Dock 23 May, 1943 (1 killed); repaired; lost Biscay 28 May, 1943.

**JM676** To 119 Sqn 6 April, 1943, 'H'; to 461 Sqn RAAF 26 April, 1943, 'P' and lost Biscay 29 November, 1943.

**JM677** To 95 Sqn 11 April, 1943, 'S'; SOC 21 June, 1945.

**JM678** To 228 Sqn 21 May, 1943, 'V', sank U-383 on 1 August, 1943; to 461 Sqn RAAF 28 September, 1943; to 228 Sqn 25 February, 1944; to 10 Sqn RAAF 11 May, 1944, RB-B and burned out at moorings 15 June, 1944.

**JM679** To 228 Sqn 2 May, 1943; to 422 Sqn RCAF 20 May, 1944, 'E'; to 4 OTU 29 August, 1944; to Dumbarton 14 December, 1944; SOC/scrap 6 July, 1945.

**JM680** To 204 Sqn 10 May, 1943, KG-J and collided with 95/H on t/off/sank 31 May, 1943.

**JM681** To MAEE 19 June, 1943; sold for civil conversion 8 May, 1947 and became, Sandringham 5; to BOAC as G-AJMZ, *Perth* (to replace G-AHYZ, *Perth*); scrapped Hamworthy March 1959.

**JM682** To 204 Sqn 10 May, 1943, KG-H; sold (scrap) February, 1947.

**JM683** To 461 Sqn RAAF 6 June, 1943, 'W'; to 4 OTU 13 April, 1944; to 57 MU 19 June, 1945; SOC 12 July, 1945.

**JM684** To 10 Sqn RAAF 28 May, 1943, RB-K; to 57 MU 18 June, 1945; scrapped 12 July, 1945.

**JM685** To 461 Sqn RAAF 6 June, 1943–15 August, 1943, 'X'; to 228 Sqn 27 November, 1943; to 10 Sqn RAAF 10 May, 1944–7 December, 1944, RB-Z; scrapped 7 December, 1945.

**JM686** To 10 Sqn RAAF; to 461 Sqn RAAF 1 June, 1943, 'Y'; to 4 OTU 22 April, 1944; reduced to spares/SOC 28 June, 1945.

**JM687** To 204 Sqn 11 June, 1943 and MIA 18 July, 1943.

**JM688** To 308 FTU 10 June, 1943; to 343 Sqn 1 August, 1943, '3E-4', '4E-3', '7F-4', '7FE-D'; SOC 21 June, 1945.

**JM689** To 308 FTU 11 June, 1943; to 343 Sqn 1 September, 1943, '3E-8', '3E-3', '7F-7', '7FE-H'; SOC 25 March, 1950.

**JM704** To 308 FTU 10 June, 1943; to 343 Sqn 1 September, 1943, '3E-2', '4E-1', '7F-3', '7FE-B', and crashed Bel Air, Dakar 5 February, 1944 (4 killed).

**JM705** To 308 FTU 10 June, 1943; to Flot. 7E 1 September, 1943, '3E-1', '7FE-A', and crashed/sank 22 October, 1943, Dakar; SOC 11 November, 1943.

**JM706** To 308 FTU 11 June, 1943; to 343 Sqn 1 August, 1943, '3E-6', '3E-1', '7F-6', '7FE-F'; SOC 21 June, 1945.

**JM707** To 461 Sqn RAAF 13 June, 1943, 'Z' and shot down by Ju 88s, Biscay 30 August, 1943 (Fg Off C. R. Croft); SOC 31 August, 1943.

**JM708** To 228 Sqn 10 July, 1943, 'N', sank U-607 on 13 July, 1943, shared sinking U-106 on 2 August, 1943; ditched/sank 17 January, 1944.

**JM709** To 228 Sqn 23 July, 1943 and MIA Biscay 6 January, 1944.

**JM710** To 204 Sqn 8 August, 1943, KG-X, dived into sea off Bathurst 22 September, 1943.

**JM711** To 308 FTU 8 August 1943; to 230 Sqn , 'M', 2 September, 1943; SOC 29 August, 1946.

**JM712** To 422 Sqn RCAF 3 September, 1943, '2-S', lost 17 October, 1943 (Flt Lt P. T. Sargent).

**JM713** To MAEE 3 March, 1944; to 4 OTU 10 July, 1944; to 57 MU 3 August, 1945; sold to mkrs for civil conversion 25 August, 1947.

**JM714** To MAEE 4 July, 1943; to 302 FTU 18 May, 1945; sold to mkrs 22 January, 1948 and became Sandringham 6; sold to DNL, Norway as LN-LMK, *Polarbjorn;* sold to Aerolineas Argentinas as LV-PAE, 1955, later recoded LV-AHM, *Almirante Zar.*

**JM715** To Wig Bay 8 July, 1943; to 57 MU 8 January, 1944; to Scottish Aviation Ltd 10 April, 1945 and converted to Mk V; became Sandringham 4; to TEAL 1947 as ZK-AMH, *Auckland;* to Barrier Reef Airways, then Ansett (1953) as VH-BRC, *Beachcomber* until 1974; to Antilles Air Boats as VP-LVE, *Southern Cross;* later N158C; to Science Museum, then Southampton; refurbished as *Beachcomber.*

**JM716** To Wig Bay 21 July, 1943; to 57 MU 8 January, 1944; to Transport Command as OQZP; loaned to BOAC as G-AHEO, *Halstead* 7 March, 1945; bought by BOAC August 1947; to Aquila Airways July 1948, and flew 141 sorties in Berlin Airlift; withdrawn November 1949; scrapped Hamble November 1949.

**JM717** To 302 FTU 10 February, 1945; to 490 Sqn RNZAF, 8 March, 1945, 'O'; SOC/scrap 31 December, 1953.

**JM718** To 4 OTU 3 February, 1945, 'B-Y'; to 272 MU 12 April, 1946; to 57 MU 11 November, 1946; to mkrs 10 March, 1949; to 230 Sqn 20 February, 1950, 'B-Y' and '230-Y'; to 235 OCU 11 December, 1950, 'D-L'; to mkrs 28 September, 1953; to 230 Sqn 30 October, 1954; to FBSU 5 February, 1957; scrapped 4 October, 1957.

**JM719** To Wig Bay 23 August, 1943; to 57 MU 8 July, 1944; to 302 FTU 26 April, 1945; to mkrs May 1947 and became Sandringham 7; to BOAC as G-AKCO, *St George;* sold October 1954 to Capt Sir G. Taylor as VH-APG; to Tahiti as F-OBIP.

**JM720** To 228 Sqn 3 December, 1943; to FBSU 8 December, 1943; to 302 FTU 4 May, 1945; became Sandringham 6; sold to DNL, Norway as LN-IAW, *Bukken Bruse* and crashed 2 October, 1948.

**JM721** To Wig Bay 11 August, 1943; to 1 FBSU 11 August, 1943; to 10 Sqn RAAF 4 December, 1943, RB-W; to 57 MU 6 April, 1944 and wrecked in gale Loch Ryan 17 November, 1944.

**JM722** To Transport Command as OQZB; to BOAC 21 August, 1943 as G-AGHV, *Hamble* and capsized in sandstorm, Rod El Farag, night of 9 March, 1946; SOC 30 April, 1946.

**ML725** Transport Command OQZC; to BOAC 27 August, 1943 as G-AGHW, *Hamilton* and crashed into high ground Brightstone, Isle of Wight 19 November, 1947.

**ML726** Transport Command OQZX; to BOAC 2 September, 1943 as G-AGHX, *Harlech,* later renamed *Harlequin;* scrapped Hythe October 1948.

**ML727** Transport Command OQZZ; to BOAC 3 September, 1943 as G-AGHY, *Hastings,* later renamed *Hawkesbury;* to Aquila Airways January 1949; scrapped Hamble January 1952.

**ML728** Transport Command OQZA; to BOAC 8 September, 1943 as G-AGIA, *Haslemere;* to Aquila Airways July 1948 and flew 118 sorties in Berlin Airlift; withdrawn February 1951; broken up for spares July 1952.

**ML729** To BOAC as G-AGIB (un-named) 15 September, 1943, wing caught fire and broke off and crashed 130 miles S. of Tobruk at El Taurab Tawaali, nr Sollum on night 5 November, 1943 (before Transport Command code allotted).

**ML730** To Wig Bay 2 October, 1943; to RAAF 11 November, 1943; received by RAAF 12 March, 1944 and became A26-1; 40 Sqn RAAF, May 1944; later allotted codes VH-BKO and VH-ARQ but neither taken up; sold scrap 1953.

**ML731** To Wig Bay 7 October, 1943; to RAAF (received) 20 March, 1944; to 40 Sqn RAAF as A26-2; to TOA as VH-BKQ, *Pacific Star;* scrapped 1952.

**ML732** To Wig Bay 15 October, 1943; to RAAF (received) 12 March, 1944; to 40 Sqn RAAF May 1944 as A26-3; later allotted codes VH-BFX and VH-BKP but these not taken up; scrapped 1953.

**ML733** To Wig Bay 18 October, 1943; to RAAF (received) 12 April, 1944; to 40 Sqn RAAF as A26-4; later VH-AKO, *Australis* May 1947 and renamed *Australia Star*, 1948; withdrawn 1950; scrapped August, 1951.

**ML734** To Wig Bay 18 October, 1943; to RAAF (received) 12 April, 1944; to 40 Sqn RAAF as A26-5; later Antilles VH-AKP, *Tahiti Star* wef 4 December, 1950; to Ansett 20 May, 1953; made last flt 12 March, 1954; scrapped October, 1955.

**ML735** To MAEE 27 November, 1943; to 461 Sqn RAAF 18 March, 1944, 'A', sank U-270 on 12 August, 1944; lost Bergen 2 October, 1944 (Fg Off Godsall); SOC 18 October, 1944.

**ML736** To 4 OTU 20 November, 1943, 'A-Y', later 'R' and sank U-675 on 24 May, 1944; to 272 MU 24 September, 1945; scrapped 26 March, 1947.

**ML737** To 4 OTU 24 November, 1943, 'R' and crashed Alness 3 February, 1945; SOC 13 March, 1945.

**ML738** To 4 OTU 20 November, 1943 and crashed/sank on t/off Alness 3 January, 1945; SOC 11 January, 1945.

**ML739** To 201 Sqn 6 April, 1944, NS-N, NS-X; to 461 Sqn RAAF 11 November, 1944, 'W'; to mkrs 13 April, 1945; to 4 OTU 19 June, 1945; to 302 FTU 9 April, 1946; sold to Aeronavale 19 February, 1952; SOC 9 December, 1955.

**ML740** To 461 Sqn RAAF 19 February, 1944 and lost Biscay (combat with 9 Ju 88s) 23 May, 1944 (Fg Off Bunce); 5 killed, 7 rescued.

**ML741** To 461 Sqn RAAF 29 October, 1944, '2-P', later 'X', shared sinking U-385 on 11 August, 1944; to 57 MU 17 February, 1945; to 422 Sqn RCAF 2 June, 1945; to 4 OTU 16 June, 1945; to 302 FTU 9 April, 1946; sold 13 April, 1950.

**ML742** To 201 Sqn 30 March, 1944, NS-Q; to 423 Sqn RCAF, YI-P; to 57 MU 3 July, 1945; to 272 MU 6 November, 1945; sold (scrap) 16 March, 1947.

**ML743** To 461 Sqn RAAF 24 March, 1944-20 May, 1944; to 201 Sqn 16 September, 1944, 'A' and hit mountain nr Killybegs, Donegal, 14 March, 1945 (12 killed); SOC 31 March, 1945.

**ML744** To 461 Sqn RAAF 6 April, 1944, UT-B; to 422 Sqn RCAF 11 March, 1945- 28 April, 1945 SOC/scrap 26 March, 1947.

**ML745** To 228 Sqn 27 April, 1944, 'Z'; to 57 MU 21 March, 1946; to 209 Sqn/47; to 88 Sqn 31 August, 1950, 'B'; to 205 Sqn 31 January, 1953; to 205/209 Sqn, 'M', 21 February, 1957; SOC 31 May, 1957.

**ML746** To 461 Sqn RAAF 17 March, 1944, 'R'; to 423 Sqn RCAF 18 December, 1944; to 272 MU 2 November, 1945; SOC/scrap 26 March, 1947.

**ML747** To 461 Sqn RAAF 24 February, 1944, UT-N and '2-N'; to mkrs 26 March, 1945; to 4 OTU 15 June, 1945; SOC 26 August, 1946.

**ML748** To 461 Sqn RAAF 6 April, 1944, damaged landing St Mary's 11 June, 1944, crew saved and a/c sunk by RN guns.

**ML749** To 201 Sqn 26 March, 1944; to 228 Sqn 22 April, 1944, 'O'; to 4 OTU 5 September, 1944; to 57 MU 21 March, 1946; SOC/scrap 10 March, 1947.

**ML750** To 422 Sqn RCAF; to 57 MU 6 July, 1945; to Aeronavale 26 July, 1947, '7F-12', ground accident Dakar 18 July, 1950; SOC 2 September, 1950.

**ML751** Transport Command OQZJ; to BOAC 13 January, 1944 as G-AGJJ, *Henley;* to Aquila Airways February 1949; withdrawn January 1951; scrapped Hamble January 1952.

**ML752** Transport Command OQZK; to BOAC 21 January, 1944 as G-AGJK, *Howard;* to Aquila Airways February 1949; withdrawn January 1952; scrapped Hamble January 1952.

**ML753** Transport Command OQZL; to BOAC 23 January, 1944 as G-AGJL, *Hobart;* to Aquila Airways February 1949; withdrawn January 1952; scrapped Hamble January 1952.

**ML754** Transport Command OQZM; to BOAC 2 February, 1944 as G-AGJM, *Hythe;* to Aquila Airways February 1949; withdrawn January 1952; scrapped Hamble January 1952.

**ML755** Transport Command OQZN; to BOAC 3 February, 1944 as G-AGJN, *Hudson;* to Aquila Airways February 1949; DBR Madeira 21 January, 1953.

**ML756** Transport Command OQZO; to BOAC 3 February, 1944 as G-AGJO, *Humber*, later renamed *Honduras;* DBR Hythe 21 February, 1949.

**ML757** To 461 Sqn RAAF 5 April, 1944, '2-Z'; to mkrs 26 March, 1945; to 4 OTU 26 May, 1945; to 302 FTU 9 April, 1946; to Aeronavale 19 June, 1951, '7F-6' and '27F-6'; SOC 20 June, 1959.

**ML758** To 461 Sqn RAAF 6 April, 1944, 'E'; to 330 Sqn 2 May, 1945, 'O'; to 422 Sqn RCAF April 1945; to 57 MU 17 June, 1946; scrapped 25 March, 1947.

**ML759** To 201 Sqn 17 April, 1944; to 422 Sqn RCAF 12 December, 1944, 'G'; to 57 MU 6 July, 1945; sold (scrap) 26 March, 1947.

**ML760** to 201 Sqn 24 April, 1944, 'S', sank U-955 on 7 June, 1944 and lost to flak 12 June, 1944.

**ML761** To Calshot 7 March, 1944; to MAEE 22 April, 1944; to 57 MU 29 July, 1945; sold to mkrs 18 March, 1946 and became Sandringham 4; to TEAL 17 July, 1946 as ZK-AMB, *Tasman;* to Ansett 1949 as VH-EBW.

**ML762** To Calshot 8 March, 1944; to 228 Sqn 30 April, 1944 and MIA Biscay 10 June, 1944.

**ML763** To Calshot 20 March, 1944; to 228 Sqn 4 May, 1944, UE-J and UE-R; to mkrs 23 June, 1945; to Calshot (ASWDU) 6 September, 1949, 'P9-Q' and 'P9-S'; to 230 Sqn 13 November, 1952, 'B-R'; sold (scrap) 20 September, 1957; SOC 30 September, 1957.

**ML764** To Wig Bay 26 March, 1944; to 201 Sqn 22 April, 1944, 'V'; to mkrs 15 June, 1945; to Aeronavale 26 July, 1951, '7F-7', '27F-7', '27F-5', '12S-6', '50S-3' SOC 23 February, 1960.

**ML765** GR5 Prototype; first flew August 1943; to MAEE 22 April, 1944; to BOAC 22 April, 1946; retd to RAF 2 May, 1946; SOC 6 November, 1947.

**ML766** To Wig Bay 5 April, 1944; to 228 Sqn 22 May, 1944, 'R' and destroyed taxiing Pembroke Dock 14 November, 1944.

**ML767** To Wig Bay 30 March, 1944; to 228 Sqn 24 April, 1944; to 4 OTU 28 October, 1944; to 272 MU 21 March, 1946; SOC/scrap 26 March, 1947.

**ML768** To Wig Bay 12 April, 1944; to 201 Sqn 23 May, 1944, 'B'; to 57 MU 8 September, 1945; convert to Mk V; sold (scrap) 25 August, 1955.

**ML769** To Wig Bay 14 April, 1944; to 201 Sqn 23 May, 1944; to 228 Sqn 16 September, 1944; to 422 Sqn RCAF 12 March, 1945-6 July, 1945; sold to mkrs 25 August, 1947 for civil conversion.

**ML770** To Wig Bay 18 April, 1944; to 228 Sqn 22 May, 1944, UE-P and '1-P', sank off Scillies 21 February, 1945; SOC 22 February, 1945.

**ML771** To Calshot 24 April, 1944; to 461 Sqn RAAF 28 May, 1944, UT-G; to 57 MU 24 June, 1946; to BOAC 31 July, 1946; retd to RAF 10 October, 1946; sold (scrap) 10 March, 1947.

**ML772** To Calshot 27 April, 1944; to 201 Sqn 17 June, 1944, 'S'; to 57 MU 18 August, 1945; to 88 Sqn 8 April, 1948, 'D'; to mkrs 22 August, 1947; SOC/scrap 30 June, 1955.

**ML773** To Calshot 18 May, 1944; to 422 Sqn RCAF 16 June, 1944, '2-R'; to 57 MU 3 July, 1945; SOC 26 March, 1947.

**ML774** To Calshot 17 May, 1944; to 228 Sqn 15 June, 1944; to 461 Sqn RAAF 11 November, 1944, 'F' and sank in gale 18 January, 1945; SOC 25 January, 1945.

**ML777** To Wig Bay 18 May, 1944; to 422 Sqn RCAF 18 June, 1944, '2-V' and '2-M'; to 423 Sqn RCAF 24 December, 1944, AB-F; to 272 MU 17 October, 1945; sold to Mr McKenny, Belfast 24 January, 1947.

**ML778** To Wig Bay 24 May, 1944; to 422 Sqn RCAF 23 June, 1944, '2-S'; to 228 Sqn 14 August, 1944; to 461 Sqn RAAF 24 December, 1944, 'R'; to mkrs 1 March, 1945; to 201 Sqn 2 May, 1945, NS-Z and flew ultimate wartime convoy escort sortie; to 4 OTU 4 July, 1945; to 57 MU 26 July, 1946; to Aeronavale 11 May, 1951, '7F-3', '27F-3', '27F-8', '27F-20', accident 7 July, 1958, SOC 26 September, 1958.

**ML779** To Wig Bay 30 May, 1944; to Calshot 7 December, 1944; to 4 OTU 2 May, 1945; to Aeronavale 27 April, 1951, '7F-2', '27F-2', '50S-1', '12S'; SOC 24 May, 1960.

**ML780** To Wig Bay 2 June, 1944; to 330 Sqn 6 July, 1944, WH-A; to mkrs 14 April, 1945; to 4 OTU 22 June, 1945; to 235 OCU; sold (scrap) to J. Connell 11 August, 1948.

**ML781** To 57 MU 8 June, 1944; to 422 Sqn RCAF 3 July, 1944, 'Q'; to 461 Sqn RAAF 21 January, 1945, 'Q'; to mkrs 9 April, 1945; to 4 OTU 6 July, 1945; to Aeronavale 14 April, 1951, '7F-1', '27F-1', '27F-9'; SOC 9 December, 1955.

**ML782** To Calshot 12 June, 1944; to 423 Sqn RCAF, YI-N; to 228 Sqn 16 September, 1944 and crashed/sank Mount Batten 11 December, 1944, DCs exploded during subsequent salvaging.

**ML783** To 201 Sqn 23 July, 1944; to 423 Sqn RCAF 25 July, 1944, '3-H'; to 201 Sqn, 'H'; sold 15 April, 1946 and became Sandringham 5, G-AHZA *Penzance*, scrapped Hamworthy March 1959.

**ML784** To 57 MU 23 June, 1944; to Calshot 16 July, 1944; to 423 Sqn RCAF 30 July, 1944, 'L'; to 201 Sqn 15 March, 1945-12 June, 1945; sold to mkrs 12 April, 1946; converted to Sandringham 5 and allotted codes G-AHYZ, *Perth* but burned out at Belfast during conversion; 18 January, 1947.

**ML785** To Wig Bay 9 November, 1944; to ASW-DU 12 January, 1945; to Calshot 4 February, 1945; sold to mkrs 22 August, 1947 for civil conversion.

**ML786** Transport Command OQZD; to BOAC 12 July, 1944 as G-AGKV, *Huntingdon;* withdrawn May 1951.

**ML787** Transport Command OQZE; to BOAC 22 July, 1944 as G-AGKW, *Hotspur;* withdrawn May 1951.

**ML788** Transport Command OQZF; to BOAC 23 July, 1944 as G-AGKX, *Himalaya;* to Aquila Airways as Sandringham 1 May, 1949; withdrawn March 1953; scrapped Hamble August 1953.

Four insignia applied to 35 Sqn SAAF Sunderlands during their Fayid-Durban ferry flights, 1945. *Quis Keteer* (RB–Q), *House Mouse* (RB–H), *Little Zulu Lulu* (RB–L), and *Dynamite Daisy* (RB–D). (*D. Becker/SAAF Museum.*)

GR5, PP117, 4X–W of 230 Sqn which also served with 228 and 201 Sqns before being scrapped 4 October, 1957. (*C. E. Brown/RAF Museum.*)

Sunderlands were big . . . W4024, AX–N, 202 Sqn at Gibraltar, 27 August, 1942, looming over Spitfires about to be loaded aboard HMAC *Eagle* bound for Malta; while a double-decker bus found no problems in sheltering under a Sunderland's wing. (*Sqn Ldr Sheardown via N. Franks.*)

Pembroke Dock.

**ML789** Transport Command OQZG; to BOAC 28 July, 1944 as G–AGKY, *Hungerford;* to Aquila Airways January 1949 and sank off Calshot 28 January, 1953, salvaged then scrapped May 1953.

**ML790** Transport Command OQZH; to BOAC 3 August, 1944 as G–AGKZ, *Harwich;* scrapped Hythe May 1949.

**ML791** Transport Command OQZI; to BOAC 11 August, 1944 as G–AGLA, *Hunter;* to Aquila Airways January 1949; withdrawn August 1949; scrapped Hambel August 1949.

**ML792** To 57 MU 20 August, 1944; to 302 FTU 9 September, 1944; first Sunderland delivered to RNZAF, 18 October, 1944 (delivered December 1944); became NZ4101; later ZK–AMJ, *Tainui.*

**ML793** To 57 MU 18 September, 1944; to 302 FTU 6 October, 1944; transferred to RNZAF 23 October, 1944 (delivered December 1944) and became NZ4102; to NZNA and ANSETT; later ZK–AMF, *Tokomaru* with TEAL.

**ML794** To 57 MU 12 September, 1944; to 302 FTU 6 October, 1944; transferred to RNZAF 18 October, 1944 (delivered December 1944) and became NZ4103; later with ANSETT & TEAL as ZK–AMG, *Mataatua.*

**ML795** To 57 MU 23 September, 1944; to 302 FTU 6 October, 1944; transferred to RNZAF 27 October, 1944 (delivered December 1944) and became NZ4104; later with ANSETT & TEAL as ZK–AMK, *Takitimu.*

**ML796** To Calshot 15 May, 1945; to 4 OTU 4 March, 1946; to 57 MU 10 July, 1946; to mkrs 22 June, 1950; to Aeronavale 3 August, 1951, '7F–8', '27F–8', '12S–1', '50S–2', '50S–3'; SOC 30 January, 1962; became cafe/bar at La Baule, Brittany 1969; to Duxford (IWM) 9 July, 1976.

**ML797** To Wig Bay 12 October, 1944; to 309 FTU 5 December, 1944; to 230 Sqn 11 February, 1957; to 205/209 Sqn 9 March, 1957 and flew ultimate official RAF Sunderland flt on 20 May, 1959; SOC 30 June, 1959.

**ML798** To 57 MU 22 October, 1944; transferred to SAAF 31 May, 1945; to 35 Sqn SAAF as 1709, RB–C; sold (scrap) 24 March, 1955.

**ML799** To Wig Bay 30 October, 1944; to 302 FTU 21 December, 1944; to Aeronavale 3 June, 1951, '7F–5', '27F–5', '27F–22', '27F–26', '53S–2'; SOC 26 September, 1958.

**ML800** To Wig Bay 9 November, 1944; to 302 FTU 22 December, 1944; to 230 Sqn, 'X', 11 February, 1945 sold to mkrs 1 January, 1957; to Aeronavale 28 July, 1957, '27F–6', '50S–4'; SOC 21 December, 1960.

**ML801** To Wig Bay 1 November, 1944; to 302 FTU January 1945; to 4 OTU 18 July, 1945; to 302 FTU 9 April, 1946; sold (scrap) 10 March, 1947.

**ML807** To 57 MU 6 February, 1944; bought by mkrs 19 September, 1946 and became Sandringham 6; sold to DNL, Norway 13 May, 1947 as LN-IAU, *Bamse Brakar* and crashed 15 May, 1950.

**ML808** To 57 MU 6 February, 1944; to 131 OTU 22 April, 1944; to 57 MU 1 May, 1946; sold to mkrs 22 February, 1947 for civil conversion.

**ML809** To 57 MU 3 March, 1944; to 302 FTU 18 May, 1945; sold to mkrs 7 September, 1946 and became Sandringham 6; sold to DNL, Norway as LN–IAV, *Kvitbjørn* and crashed Tjelesund 28 August, 1947.

**ML810** To 57 MU 4 March, 1944; to 302 FTU 22 April, 1944; to 490 Sqn RNZAF, 'W', 19 May, 1944 SOC 21 June, 1945.

**ML811** To 57 MU 7 March, 1944; to 302 FTU 22 April, 1944; missing en route to East Africa 3 June, 1944 and wreckage found at Tornardo Lakka, Congo.

**ML812** To Calshot 18 March, 1944; to 228 Sqn 15 August, 1944, 'K', to mkrs 16 March, 1945; to 201 Sqn 23 May, 1945; to 4 OTU 2 July, 1945; to 302 FTU 9 April, 1946; sold (scrap) 30 June, 1955.

**ML813** To 201 Sqn 22 April, 1944, NS–U; to 272 MU 3 November, 1945; SOC/scrap 26 March, 1947.

**ML814** To 57 MU 25 March, 1944; to 201 Sqn 24 April, 1944; to 422 Sqn RCAF 1 December, 1944; to mkrs 20 February, 1945; to 330 Sqn 18 April, 1945; to 272 MU 6 February, 1946; to mkrs 2 April, 1952; transferred to RNZAF 21 May, 1953 and became NZ4108; to ANSETT as VH–BRF, *Islander,* 1963–73; to Antilles Air Boats and renamed *Excalibur VIII;* USA Regn N158J; bought by E. Hulton and re-registered as G–BJHS, *Sir Arthur Gouge;* Chatham, 1988.

**ML815** To 57 MU 6 April, 1944; to 228 Sqn 26 April, 1944, 'W'; to 235 OCU, 'D–P'/48; SOC 30 September, 1955; sold (scrap) 20 September, 1957.

**ML816** To 422 Sqn RCAF 30 April, 1944, DG–X; to 461 Sqn RAAF March 1945; to 4 OTU 16 June, 1945; to 272 MU 4 February, 1946; to Aeronavale 10 August, 1951, '7F–9', '27F–9', '12S–4', '50S–8', '12S–1', SOC 17 April, 1961.

**ML817** To MAEE 27 October, 1944; to 201 Sqn 12 February, 1945; to 423 Sqn RCAF 20 February, 1945; to 330 Sqn 17 April, 1945; to 57 MU 17 May, 1946; to 235 OCU 21 February, 1951, 'D–P'; to mkrs 6 January, 1954; to 230 Sqn 31 January, 1955, B–X'; to FBSU 6 February, 1957; SOC 16 October, 1957.

**ML818** To 57 MU 7 June, 1944; to Calshot 23 June, 1944; to 330 Sqn 11 July, 1944; sold to mkrs 30 May, 1946 and became Sandringham 5; to BOAC as G–AHZE, *Portsea;* scrapped Hamworthy March 1959.

**ML819** To 57 MU 15 June, 1944; to Calshot 6 July, 1944; to 330 Sqn 28 July, 1944, WH–V; to Scottish Aviation Ltd 12 May, 1945; to Aeronavale 29 August, 1951, '7F–10', '27F–10'; SOC 9 December, 1955.

**ML820** To 4 OTU 1 March, 1945; to 272 MU 22 January, 1946; to mkrs 15 August, 1950; to Aeronavale 23 November, 1951, '7F–13', '27F–12', '27F–13', '12S–2'; SOC 26 September, 1957.

**ML821** To 57 MU 21 June, 1944; to Calshot 8 July, 1944; to 422 Sqn RCAF 21 July, 1944–28 July, 1944; to Aeronavale 24 September, 1951, '53S–1'; SOC 26 September, 1957.

**ML822** To 57 MU 27 June, 1944; to Calshot 19 July, 1944; to 10 Sqn RAAF 17 October, 1944, RB–D; to Wig Bay 15 June, 1945; scrapped 12 July, 1945.

**ML823** To 57 MU 23 June, 1944; to 423 Sqn RCAF 27 July, 1944 and crashed at sea 6 September, 1944 (9 killed, 1 rescued).

**ML824** To 57 MU 6 November, 1944; to 201 Sqn 11 February, 1945, NS–Z (1st Mk V on sqn); to 330 Sqn 17 April, 1945, 'Z', later 'T'; SOC 19 September, 1945; brought back on charge 57 MU 20 May, 1948; to mkrs 25 May, 1950; to Aeronavale 26 October, 1951, '12S–5', '27F–14', '50S–9', '7F–14'; to Pembroke Dock for Sunderland Trust 24 March, 1971.

**ML825** To Calshot 2 August, 1944; to 423 Sqn RCAF 14 August, 1944, YI–D and AB–D and '3–D'; to 272 MU 1 November, 1945; sold (scrap) 26 March, 1947.

**ML826** To 461 Sqn RAAF 5 October, 1944; to 4 OTU 7 March, 1945; became 6100M on 31 July, 1946.

**ML827** To 57 MU 9 August, 1944; to Calshot 26 August, 1944; to 461 Sqn RAAF 5 October, 1944, 'C'; to 330 Sqn 18 April, 1945, WH–G, ditched off Faroes 12 May, 1945.

**ML828** To Wig Bay 28 August, 1944; to Calshot 17 September, 1944; to 10 Sqn RAAF 15 October, 1944, RB–C, collided with PP142, RB–L, 17 February, 1945; to 57 MU 15 June, 1945; to mkrs 16 September, 1945 and became Sandringham 5; to BOAC 15 July, 1946 as G–AHZG, *Pevensey;* to QANTAS 3 July, 1951 as VH–EBZ, *Pacific Explorer;* withdrawn Rose Bay, Sydney August 1955.

**ML829** To Wig Bay 24 August, 1944; to Calshot 16 September, 1944; to Pembroke Dock 8 October, 1944; to 10 Sqn RAAF 11 December, 1944, RB–K, crashed on t/off in Plymouth Sound 9 February, 1945; SOC 22 February, 1945.

**ML830** To Wig Bay 9 September, 1944; to 10 Sqn RAAF 14 October, 1944, RB–A; to Wig Bay 19 June, 1945; SOC/scrap 10 March, 1947.

**ML831** To 57 MU 12 September, 1944; to 10 Sqn RAAF 15 October, 1944; to 461 Sqn RAAF 30 November, 1944, UT–H, wrecked on shore 18 January, 1945; SOC 25 January, 1945.

**ML835** To Wig Bay 18 October, 1943; to 57 MU 8 January, 1944; to 302 FTU 31 January, 1944; to 490 Sqn RNZAF, 'Z', 12 May, 1944; to 343 Sqn 25 September, 1944; to Aeronavale 21 June, 1945, '7F–10'; SOC 20 July, 1951.

**ML836** To Wig Bay 21 October, 1943; to 422 Sqn RCAF 24 November, 1943, 'S'; to 131 OTU 25 June, 1944; SOC 31 May, 1945; scrapped 25 February, 1947.

**ML837** To Wig Bay 24 October, 1943; to 57 MU 6 December, 1943; to 302 FTU 29 March, 1944; to 95 Sqn, 'G', 9 April, 1944; SOC 21 June, 1945.

**ML838** To Wig Bay 29 October, 1943; became Sandringham 5; to BOAC 5 April, 1946 as G–AHYY, *Portsmouth;* scrapped Hamworthy March 1959.

**ML839** To Wig Bay 3 November, 1943; to Mount Batten 8 December, 1943 on loan to 10 Sqn RAAF (RB–A) for conversion to Mk V prototype but sank at moorings (gale) 12 October, 1944; SOC 25 October, 1944.

**ML840** To Wig Bay 3 November, 1943; to mkrs 2 June, 1947 and became Sandringham 7; to BOAC 2 June, 1947 as G–AKCR, *St Andrew;* to CAUSA March 1951 as CX–ANA.

**ML841** To Wig Bay 9 November, 1943; to 4 OTU 3 January, 1944; to 57 MU 8 January, 1944; to 302 FTU 16 May, 1944; to 343 Sqn 10 March, 1945; to Aeronavale 21 June, 1945, '7F–M', crashed on t/off Dakar 20 July, 1945.

**ML842** To Wig Bay 15 November, 1943; to 57 MU 8 January, 1944; to 131 OTU 22 April, 1944; SOC 6 September, 1945.

**ML843** To Wig Bay 15 November, 1943; to 57 MU 20 January, 1944; sold to mkrs 23 May, 1946 and became Sandringham 2, launched 12 November, 1946 as G–AHRE; sold to Dodero December 1946 as LV–ACT, *Paraguay.*

**ML844** To Wig Bay 18 November, 1943; to 270 Sqn 22 December, 1943, 'X' and 'H'; to Calshot 29 January, 1944; SOC 21 June, 1945.

**ML845** To Wig Bay 22 November, 1943; to 302 FTU 5 July, 1944 and ditched at sea 23 July, 1944 then sunk by RN gunfire.

**ML846** To Wig Bay 26 November, 1943; to 302 FTU 22 April, 1944; to 230 Sqn 21 November, 1944 'W'; SOC 13 September, 1945.

**ML847** To Wig Bay 3 December, 1943; to 302 FTU 15 April, 1944; to 95 Sqn 20 May, 1944, 'C'; SOC 21 June, 1945.

**ML848** To Wig Bay 4 December, 1943; to 1 FBSU 4 December, 1943; to 10 Sqn RAAF 22 February, 1944, RB–X and damaged 29 September, 1944; to Scottish Aviation Ltd 5 January, 1945; to 272 MU 22 September, 1945; SOC/scrap 26 March, 1947.

**ML849** To 57 MU 30 December, 1943; to 302 FTU 19 February, 1944; to 270 Sqn 6 April, 1944; 'K' sold (scrap) 10 March, 1947.

**ML850** To 57 MU 30 December, 1943; to 302 FTU 5 February, 1944; to 490 Sqn RNZAF 4 May, 1944, 'B'; sold (scrap) 10 March, 1947.

**ML851** To 57 MU 3 January, 1944; to 302 FTU 5 February, 1944; to 343 Sqn 20 April, 1944; to Aeronavale 21 June, 1945, '7FE–A'; SOC 22 December, 1949.

**ML852** To 57 MU 3 January, 1944; to 302 FTU 8 February, 1944; to 490 Sqn RNZAF 4 May, 1944, 'P', ditched/sank off Cape St Mary 14 July, 1944 (2 killed, rest rescued).

**ML853** To 57 MU 4 January, 1944; to 302 FTU 18 February, 1944; to 270 Sqn 24 May, 1944; sold (scrap) 10 March, 1947.

**ML854** To 57 MU 7 January, 1944; to 302 FTU 5 February, 1944; to 204 Sqn 20 April, 1944, KG–M; to 343 Sqn 25 April, 1944; to Aeronavale 21 June, 1945, '7F–9'; SOC 1 October, 1949.

**ML855** To 57 MU 9 January, 1944; to 302 FTU 17 June, 1944 and crashed 17 July, 1944 on ferry flt to Sénégal.

**ML856** To Wig Bay 9 January, 1944; to 1 FBSU 9 January, 1944; to Calshot 4 March, 1944; to 10 Sqn RAAF 19 March, 1944, RB–Y; to Scottish Aviation Ltd 29 November, 1944; SOC 30 November, 1945.

**ML857** To 57 MU 5 February, 1944; to 302 FTU 15 May, 1944; to 422 Sqn RCAF 14 June, 1944; to 490 Sqn RNZAF; to 270 Sqn; SOC 21 June, 1945.

**ML858** To 302 FTU 14 May, 1944 and crashed St Kilda Island night 8 June, 1944 (10 killed).

**ML859** To 57 MU 8 February, 1944; to 302 FTU 8 June, 1944; to 490 Sqn RNZAF 26 June, 1944, 'T'; SOC 21 June, 1945.

**ML860** To 302 FTU 21 June, 1944 and abandoned at sea 23 July, 1944 on ferry flt.

**ML861** To 57 MU 8 February, 1944; to 302 FTU 17 June, 1944; to 230 Sqn 27 June, 1944; SOC 25 June, 1945.

**ML862** To 57 MU 23 February, 1944; to 302 FTU 16 May, 1944; to 490 Sqn RNZAF 25 June, 1944, 'Q'; to 230 Sqn; SOC 21 June, 1945.

**ML863** To 57 MU 27 February, 1944; to 302 FTU 15 May, 1944; to 490 Sqn RNZAF 14 June, 1944, 'X'; SOC 21 June, 1945.

**ML864** To 57 MU 18 March, 1944; to 302 FTU 22 June, 1944; to 490 Sqn RNZAF 16 July, 1944; SOC 16 May, 1945.

**ML865** To 57 MU 27 February, 1944; to 302 FTU 4 July, 1944; to 230 Sqn 21 July, 1944, 'J'; to Koggala Stn Flt; SOC 28 June, 1945.

**ML866** To Calshot 4 March, 1944; to 57 MU 12 March, 1944; to 4 OTU 22 March, 1945; to 272 MU 22 January, 1946; to mkrs 6 October, 1950; to Aeronavale 19 November, 1951, '7F–', accident 16 January, 1957; SOC 4 April, 1957.

**ML867** To Calshot 2 March, 1944; to 302 FTU 18 May, 1944; to 270 Sqn 23 June, 1944, 'N'; SOC 21 June, 1945.

**ML868** To Calshot 2 March, 1944; to 302 FTU 19 May, 1944; to 230 Sqn 11 June, 1944; SOC 31 January, 1946.

**ML869** To Calshot 2 March, 1944; to 302 FTU 13 May, 1944; to 490 Sqn RNZAF, 19 June, 1944, 'V' and 'N'; to 57 MU 19 June, 1945; sold (scrap) 10 March, 1947.

**ML870** To 57 MU 8 March, 1944; to 302 FTU 8 June, 1944; to 343 Sqn 7 July, 1944, '7FE–N' and '7F–5'; SOC 21 June, 1945.

**ML871** To 57 MU 12 March, 1944; to 302 FTU 8 June, 1944; to 422 Sqn RCAF, DQ–Q; to 343 Sqn 2 July, 1944, '7FE–L', '7F–3'; SOC 29 November, 1950.

**ML872** To 57 MU 21 March, 1944; to 204 Sqn , KG–B; to 302 FTU 17 January, 1945; to Aeronavale 14 December, 1951, '27F–27', '27F–'; SOC 12 July, 1956.

**ML873** To 57 MU 21 March, 1944; to 95 Sqn, 'G'; to 4 OTU 9 January, 1945; to 272 MU 11 February, 1946; to mkrs 14 September, 1949; sold (scrap) 25 June, 1955.

**ML874** To 57 MU 27 March, 1944; to 302 FTU 20 May, 1944; to 422 Sqn RCAF, DG–U; to 270 Sqn, 'L'; to 343 Sqn 13 June, 1944; to Aeronavale '7F–11', and destroyed in supply launch explosion Port Etienne 16 November, 1948 (4 killed); SOC 1 October, 1949.

**ML875** To 57 MU 27 March, 1944; to 201 Sqn 10 April, 1944, 'M'; to 4 OTU 14 June, 1945; to 57 Mu 2 July, 1946; SOC 31 July, 1946.

**ML876** To 57 MU 6 April, 1944; to 201 Sqn 17 April, 1944, NS–O and NS–W; to 57 MU 3 July, 1945; sold 29 March, 1946 as G–AGWX; to CAUSA as CX–AKF; to Dodero as LV–AAS.

**ML877** To 57 MU 10 April, 1944; to 228 Sqn 26 April, 1944, 'R', sank U–970 on 7 June, 1944; to 422 Sqn RCAF by December 1944, 'G'; to Aeronavale 12 January, 1952, '7F–12', '27F–1', '27F–12', '53S–1', '53S–2'; SOC 26 January, 1959.

**ML878** To 57 MU 12 April, 1944; to 228 Sqn 27 April, 1944; to mkrs 20 February, 1945; to 330 Sqn 6 May, 1945; to 201 Sqn, NS–O; to 302 FTU by December 1945; SOC 25 September, 1947.

**ML879** To 57 MU 18 April, 1944; to 228 Sqn 10 May, 1944, UE–M; to Calshot 2 November, 1944 to 461 Sqn RAAF 10 November, 1944; to 422 Sqn RCAF 13 February, 1945, 'P'; to 57 MU 3 July, 1945; sold to mkrs 17 November, 1947 for civil conversion; SOC 25 September, 1949.

**ML880** To 57 MU 20 April, 1944; to 228 Sqn 10 May, 1944, 'U', damaged U–333 on 11 June, 1944, then MIA Biscay 11–12 June, 1944 (Flt Lt M. E. Slaughter).

**ML881** To Calshot 27 April, 1944; to 201 Sqn 18 May, 1944, 'P', sank U–1222 on 11 July, 1944; to 209 Sqn 6 August, 1948, 'X', *Rajang River;* to 57 MU 19 April, 1950; sold (scrap) 20 September, 1957; SOC 30 September, 1957.

**ML882** To Calshot 28 April, 1944; to 201 Sqn 18 May, 1944, 'Y'; to 4 OTU 30 May, 1945; to 272 MU 4 February, 1946; to mkrs 25 November, 1949; to 88 Sqn 20 December, 1950, 'A'; to 209 Sqn 1 January, 1953; to UK 19 January, 1954; sold (scrap) 19 October, 1956; SOC 31 October, 1956.

**ML883** To Calshot 6 May, 1944; to 422 Sqn RCAF 9 June, 1944, 'V'; to 423 Sqn RCAF 8 August, 1944, 'F', sank at Calshot moorings 17 December, 1944 and SOC.

**ML884** To Calshot 8 May, 1944; to 422 Sqn RCAF 7 June, 1944, DG–Z; to 57 MU 2 July, 1945; SOC/scrap 26 March, 1947.

**MZ269** 1st Mk IV prototype; first flew 30 August, 1944; converted to prototype Seaford; MAEE for taxiing trials; scrapped July 1947.

**MZ271** Mk IV prototype; scrapped April 1947.

**NJ170** To 57 MU 10 May, 1944; to 422 Sqn RCAF 17 June, 1944, 'Y'; to 330 Sqn 18 May, 1945; to 272 MU 15 December, 1945; to mkrs 10 May, 1950; to Aeronavale 25 May, 1951, '7F–4', '27F–4', '53S–1', '53S–2', '53S–3'; SOC 26 January, 1959.

**NJ171** To 57 MU 12 May, 1944; to 228 Sqn 20 June, 1944, UE–A; to mkrs 18 July, 1945 and became Sandringham 5; to BOAC 6 May, 1946 as G–AHZB, *Portland* and crashed Bahrein 22 August, 1947.

**NJ172** To 57 MU 15 May, 1944; to 422 Sqn RCAF 18 June, 1944, 'O'; to 330 Sqn 2 May, 1945; to 57 MU 17 June, 1946; to Aeronavale 30 September, 1947, '7F–4'; to mkrs 17 March, 1950; sold (scrap) 20 September, 1957.

**NJ173** To 57 MU 21 May, 1944; to 422 Sqn RCAF 21 June, 1944, 'W'; to 57 MU 2 July, 1945; SOC/scrap 26 March, 1947.

**NJ174** To 57 MU 25 May, 1944; to 422 Sqn RCAF 17 June, 1944, 'U'; to 272 MU 22 October, 1945; SOC/scrap 26 March, 1947.

**NJ175** To 57 MU 29 May, 1944; to 422 Sqn RCAF 29 June, 1944, 'T', crashed Belleek, Fermanagh, and burned out 12 August, 1944 (3 killed).

**NJ176** To 57 MU 30 May, 1944; to 422 Sqn RCAF 23 June, 1944–30 January, 1945, 'P'; to 88 Sqn 18 May, 1948, 'F', crashed on t/off Seletar 21 November, 1949; SOC 24 November, 1949.

**NJ177** To 57 MU 12 June, 1944; to 330 Sqn 6 July, 1944; to mkrs 2 May, 1945; to 209 Sqn 29 April, 1953, 'V' and DBR 19 August, 1954; SOC 20 August, 1954.

**NJ178** To 57 MU 12 June, 1944; to Calshot 29 June, 1944; to 330 Sqn 16 July, 1944, WH–H and WH–L; to 272 MU 20 August, 1945; SOC/scrap 20 March, 1947.

**NJ179** To 57 MU 12 June, 1944; to Calshot 27 June, 1944; to 330 Sqn 16 July, 1944; to mkrs 26 April, 1945 and became Sandringham 4; sold to TEAL as ZK–AME, *New Zealand;* to ANSETT as VH–BRD and w/off 31 October, 1952.

**NJ180** To 57 MU 13 June, 1944; to Calshot 29 June, 1944; to 330 Sqn 14 July, 1944; to mkrs 5 May, 1945; became 7146M 28 April, 1954.

**NJ181** To 57 MU 22 June, 1944; to Calshot 6 July, 1944; to 330 Sqn 19 July, 1944, WH–Z, and MIA 4 October, 1944.

**NJ182** To 57 MU 22 June, 1944; to Calshot 10 July, 1944; to 422 Sqn RCAF 21 July, 1944 'N'; to Scottish Aviation Ltd 5 April, 1945; to ASWDU; to Aeronavale 8 January, 1952, '27F–10', '27F–15', '27F–19', '12S–2', '50S–6'; SOC 17 April, 1961.

**NJ183** To 57 MU 23 June, 1944; to Calshot 18 July, 1944; to 423 Sqn RCAF 30 July, 1944 'G', crashed County Tyrone 11 February, 1945 (11 killed); SOC 1 March, 1945.

**NJ184** To 57 MU 26 June, 1944; to Calshot 19 July, 1944; to 423 Sqn RCAF 9 August, 1944, '3–C'; SOC 3 August, 1945.

**NJ185** To 57 MU 5 July, 1944; to Calshot 27 July, 1944; to 423 Sqn RCAF 14 August, 1944, 'E'; to 272 MU 31 October, 1945; SOC/scrap 26 March, 1947.

**NJ186** To 57 MU 7 July, 1944; to Calshot 19 July, 1944; to 423 Sqn RCAF 5 August, 1944, 'A' and crashed Jurby, Isle of Man 20 May, 1945; SOC 9 June, 1945.

**NJ187** To 57 MU 8 July, 1944; to Calshot 22 July, 1944; to 423 Sqn RCAF 9 August, 1944, 'B'; to mkrs 24 April, 1945; to 201 Sqn, '201-W'; SOC 30 April, 1957; sold (scrap) 15 October, 1957.

**NJ188** To 57 MU 1 August, 1944; to Calshot 17 September, 1944; to 330 Sqn 13 October, 1944, WH-G; to mkrs 14 April, 1945 and became Sandringham 5; to BOAC 20 May, 1946 as G-AHZF, *Poole;* to QANTAS July 1951 as VH-EBY; withdrawn Rose Bay, Sydney August, 1955.

**NJ189** To 57 MU 1 August, 1944; to Calshot 18 August, 1944; to 422 Sqn RCAF 3 October, 1944, 'V' to 57 MU 3 July, 1945; SOC/scrap 26 March, 1947.

**NJ190** To 57 MU 15 August, 1944; to Calshot 1 September, 1944; to Scottish Aviation Ltd 9 October, 1944; to 201 Sqn 24 January, 1945; to 330 Sqn 12 June, 1945; to mkrs 17 April, 1951; to Aeronavale 19 February, 1952, '27F-21', '27F-2', '27F-8', '27F-13', '27F-14', '27F-18', '53S-2', '50S-7'; SOC 23 August, 1960.

**NJ191** To 57 MU 15 August, 1944; to Calshot 31 August, 1944; to 228 Sqn 5 October, 1944, 'E'; to mkrs 30 January, 1945; to 4 OTU 10 July, 1945; to 57 MU 8 July, 1946; to 205/209 Sqn 1 January, 1955, 'W'; SOC 30 November, 1956.

**NJ192** To 57 MU 24 August, 1944; to Calshot 6 September, 1944; to 228 Sqn 13 October, 1944, 'Y'; to mkrs 16 March, 1945; to 201 Sqn 15 May, 1945, 'L'; to 4 OTU; SOC 28 February, 1946.

**NJ193** To Wig Bay 28 August, 1944; to Calshot 13 September, 1944; convert to Mk V October 1944; to 461 Sqn RAAF 14 March, 1945, 'F'; to 10 Sqn RAAF 15 June, 1945, RB-F; to 201 Sqn 30 October, 1945, 'J'; to 57 MU 29 April, 1946; to 205 Sqn 24 June, 1953; to 205/209 Sqn 1 January, 1955, 'P'; SOC Seletar 28 February, 1957.

**NJ194** To 57 MU 28 August, 1944; to Calshot 23 September, 1944; to 201 Sqn 9 October, 1944; to mkrs 15 June, 1945; sold (scrap) 25 August, 1955.

**NJ200** S45 Seaford I, G-ALIJ; registered 17 February, 1949 to R. L. Whyham but not collected from MAEE.

**NJ201** S45 Seaford I; registered December 1945 to MoS and AP; reverted to RAF February 1946 as NJ201; to Transport Command unarmed as OZZA; to BOAC December 1945 as G-AGWU; converted to Solent G-ANAJ, *City of Funchal* with Aquila Airways and wrecked in gale, Italy 26 September, 1956.

**NJ202** To 201 Sqn (initial trials); S45 Solent 3, BOAC G-AKNO, *City of London;* to TOA as VH-TOA and sank off Malta 28 January, 1951 on delivery flt.

**NJ203** 4th production Seaford; became S45 Solent 3; to 201 Sqn (initial trials); to BOAC as G-AKNP, *City of Cardiff;* to TOA 4 April, 1951 as VH-TOB, *Star of Papua;* to South Pacific Airline, Hawaii; to USA as N9946F, 1 May, 1953; 1988, San Francisco.

**NJ204** To 201 Sqn (initial trials); S45 Solent 3; to BOAC as G-AKNR, *City of Belfast;* to TEAL November 1951 as ZK-AMQ, *Aparimu;* scrapped Auckland 1957.

**NJ205** To 201 Sqn (initial trials); to 235 OCU, TA-F; converted to Solent 3; to BOAC as G-AKNS, *City of Liverpool;* to MAEE 1951 as WM759; scrapped Hamworthy 1954.

**NJ206** To 201 Sqn (initial trials); Solent 3; Reg'd G-AKNT; to South Pacific Airlines, Oakland, California, as N9947F, November 1955; previously named *Singapore.*

**NJ207** To 201 Sqn (initial trials); Solent 3; G-AKNU, *Sydney,* later renamed *City of Sydney;* to Aquila Airways and crashed Chesswell Down, Isle of Wight, 15 November, 1957 (46 killed).

**NJ208** NJ219 became Solents *before* intended completion as Seafords, thus NOT included in Sunderland totals built etc.

**NJ230** NJ239 serials allotted but not built.

**NJ253** To Wig Bay 6 September, 1944; to 10 Sqn RAAF 15 October, 1944, RB-B; to Wig Bay 15 June, 1945 for conversion to Mk V; became Sandringham 5; to BOAC 1 November, 1945 as G-AHZC, *Pembroke;* broken up April 1957.

**NJ254** To Wig Bay 21 September, 1944; to 10 Sqn RAAF 21 October, 1944, RB-J and collided with NJ253 taxiing 16 April, 1945; to 57 MU 19 June, 1945; converted to Mk V; to 209 Sqn 6 August, 1948-10 February, 1950, 'V'; sold (scrap) 25 August, 1955; SOC 31 August, 1955.

**NJ255** To Wig Bay 23 September, 1944; to 10 Sqn RAAF 25 October, 1944, RB-G; to 57 MU 15 June, 1945; converted to Mk V; sold to mkrs 9 April, 1946 and became Sandringham 4, registered in NZ as ZK-AMD, *Australia;* to QANTAS VH-EBX *Pacific Chieftain* 13 April, 1950; to Barrier Reef Airlines 10 December, 1954, as VH-BRE, *Pacific Chieftain* and wrecked in storm, Lord Howe Island 3 July, 1963 and scuttled in situ.

**NJ256** To 57 MU 3 September, 1944; to 10 Sqn RAAF 22 October, 1944, RB-F; to 57 MU 18 June, 1945; SOC/scrap 12 July, 1945.

**NJ257** To 57 MU 4 October, 1944; to 4 OTU 28 October, 1944; to mkrs 26 April, 1945 and became Sandringham 5; to BOAC 29 April, 1946 as G-AHZD, *Portmarnock;* to QANTAS July 1951 as VH-EBV, *Pacific Warrior;* withdrawn Rose Bay, Sydney August 1955.

**NJ258** To 57 MU 24 October, 1944; to 302 FTU 3 November, 1944; to 4 OTU 26 December, 1944; to 57 MU 11 February, 1945; transferred to SAAF 31 May, 1945 and became 1707, RB-A, 35 Sqn SAAF; sold (scrap) 24 March, 1955.

**NJ259** To 57 MU 10 November, 1944; to 302 FTU 20 February, 1945; to 259 Sqn, 17 March, 1945; transferred to SAAF 26 April, 1945 and became 1713, RB-L, *Little Zulu Lulu;* sold (scrap) 24 March, 1955.

**NJ260** To 209 Sqn by November 1944, 'V' and crashed Kenya 14 May, 1945 (3 killed); SOC 17 May, 1945.

**NJ261** To 57 MU 24 November, 1944; to 209 Sqn by December, 1944, 'T'; to 302 FTU 4 February, 1945; SOC 30 May, 1946.

**NJ262** To 57 MU 28 December, 1944; to 302 FTU 15 February, 1945; transferred to SAAF 31 May, 1945 and became 1701, RB-Q, *Quis Keteer,* 35 Sqn SAAF; sold (scrap) 24 March, 1955.

**NJ263** To 57 MU 2 February, 1945; to 302 FTU 5 March, 1945; transferred to SAAF 21 April, 1945 and became 1708, RB-B, 35 Sqn SAAF; sold (scrap) 24 March, 1955.

**NJ264** To Calshot 20 February, 1945; to 461 Sqn RAAF 14 March, 1945, 'G'; to 10 Sqn RAAF 18 June, 1945, RB-G; to 201 Sqn 21 March, 1946, NS-R; to 230 Sqn 2 August, 1946, 4X-R and damaged 6 June, 1947 but not repaired; SOC 28 October, 1948.

**NJ265** To 57 MU 23 February, 1945; to 302 FTU 23 March, 1945; to 205 Sqn, 17 May, 1945; to 209 Sqn by September 1945; to 235 OCU, Calshot 29 September, 1948, TA-F and D-F and D-J; to FBSU 8 October, 1953; sold (scrap) 25 August, 1955

**NJ266** To 57 MU 27 February, 1945; to 302 FTU 4 April, 1945; transferred to SAAF 1 June, 1945 and became 1711, RB-G, 35 Sqn SAAF; sold (scrap) 24 March, 1955.

**NJ267** To Calshot 12 March, 1945; to 461 Sqn RAAF 19 March, 1945; to 10 Sqn RAAF 18 June, 1945, RB-H; to 201 Sqn 19 October, 1945-November 1947, 'A-B'; to 209 Sqn 23 February, 1950-4 July, 1950, 'W'; to 201 Sqn 4 June, 1953, NS-P, crashed on t/off Pembroke Dock 3 March, 1954 (Flt Sgt E. Evans awarded GM); SOC 3 March, 1954.

**NJ268** To Calshot 26 March, 1945; to 461 Sqn RAAF 3 April, 1945, 'M'; to 10 Sqn RAAF 19 June, 1945, RB-M; to 201 Sqn 1 November, 1945; to CCIS 4 March, 1946- 18 May, 1946; to 205 Sqn 17 July, 1948; to 57 MU 13 August, 1950 and sank at moorings (gale) and SOC 6 February, 1951.

**NJ269** To 4 OTU 5 April, 1945; to 230 Sqn 23 April, 1946 as 5753M.

**NJ270** To Calshot 2 April, 1945; to 57 MU 3 May, 1945; to 302 FTU 6 May, 1945; to 205 Sqn 29 May, 1945, 'K'; sold (scrap) 10 March, 1947.

**NJ271** To 302 FTU 15 May, 1945; to 205 Sqn 29 May, 1945 and crashed/sank 30 August, 1945 SOC 20 September, 1945.

**NJ272** To 302 FTU 3 June, 1945; to 209 Sqn 27 April, 1948; to 57 MU 24 September, 1949; to 88 Sqn 15 November, 1950, 'F' and 'A'; to 205 Sqn 15 March, 1954, 'N'; to 205/209 Sqn, 'N'; SOC 24 May, 1957.

**NJ273** To 302 FTU 9 July, 1945; to 209 Sqn 2 August, 1945; to 240 Sqn; SOC 6 November, 1947.

**NJ274** To 302 FTU 16 June, 1945; to 205 Sqn 8 July, 1945; SOC 6 November, 1947.

**NJ275** To 302 FTU 5 June, 1945; to 240 Sqn 29 June, 1945; to 209 Sqn; SOC 30 September, 1957.

**NJ276** To 302 FTU 28 June, 1945; to 240 Sqn 27 July, 1945, 'M'; to 209 Sqn 11 November, 1947 and crashed Seletar/SOC 14 July, 1948.

**NJ277** To 302 FTU 31 July, 1945; to 230 Sqn 28 August, 1945 and crashed off Koggala 15 October, 1945 on PoW evacuation flt (22 killed); SOC 28 October, 1945.

**PP103** To 302 FTU 13 February, 1945; to 209 Sqn 4 March, 1945, 'U' and crashed Seletar 27 March, 1946 (13 killed); SOC 13 June, 1946.

**PP104** To 302 FTU 9 February, 1945; transferred to SAAF 31 May, 1945 and became 1715, RB-P, 35 Sqn SAAF; sold (scrap) 24 March, 1955.

**PP105** To 302 FTU 3 February, 1945; to 209 Sqn 15 March, 1945, 'Y'; sold (scrap) 10 March, 1947.

**PP106** To 302 FTU 15 February, 1945; to 209 Sqn, 'X', 15 March, 1945; SOC 10 March, 1947.

**PP107** To 302 FTU 15 February, 1945; to 230 Sqn, 'W', 15 March, 1945; to 209 Sqn, 'W'; to 205 Sqn 7 May, 1950 and flew into Mount Morrison, Taiwan 28 January, 1951; SOC 29 January, 1951.

**PP108** To 302 FTU 13 February, 1945; to 209 Sqn, 'Z', 4 March, 1945; sold (scrap) 10 March, 1947.

**PP109** To MAEE 3 March, 1945; to 302 FTU 13 April, 1945; transferred to SAAF 29 May, 1945 and became 1703, RB-H, *House Mouse,* 35 Sqn SAAF, accident 28 August, 1957 but not repaired/SOC.

**PP110** To 57 MU 15 November, 1945; to mkrs 5 April, 1952; transferred to RNZAF 12 May, 1953 and became NZ4105, 'A'; scrapped January 1957.

**PP111** To 4 OTU 13 January, 1945; SOC 29 January, 1946.

**PP112** To 4 OTU 5 February, 1945; to 228 Sqn 11 February, 1945, 'E'; to 201 Sqn 16 June, 1945, 'G'; to 57 MU 20 January, 1947; to 209 Sqn 7 May, 1951, 'Q' and 'O' 27 April, 1953; to 205/209 Sqn 3 July, 1956, 'O'; SOC 30 June, 1958.

**PP113** To 4 OTU 5 February, 1945; to 461 Sqn RAAF 11 February, 1945; to 10 Sqn RAAF 16 June, 1945, RB-D; to 201 Sqn 20 October, 1945, 'V', 'W', 'F', and dived into sea 20 miles N. of Inistrahull Island, Donegal, night 5 July, 1947 and SOC that date;

**PP114** To 461 Sqn RAAF 7 February, 1945, 'A'; to 10 Sqn RAAF 15 June, 1945, RB-D; to 201 Sqn 19 October, 1945-11 February, 1946; to 57 MU 11 February, 1946; to 209 Sqn 28 September, 1948; to 88 Sqn 16 December, 1948, 'B' – 8 September, 1950; to 57 MU 8 September, 1950; sold (scrap) 25 August, 1955; SOC 31 August, 1955.

**PP115** To 461 Sqn RAAF 1 March, 1945, 'B'; to 10 Sqn RAAF 15 June, 1945, RB-B; to 272 MU 26 November, 1945; to 230 Sqn 2 August, 1948, 4X-X; to 201 Sqn 27 January, 1949; to 230 Sqn September 1950 , 'V'; to 201 Sqn October 1950-August 1953, 'C'; to FBSU 10 June, 1954; SOC 30 June, 1955; sold (scrap) 25 August, 1955.

**PP116** To 209 Sqn, WQ-L; to 461 Sqn RAAF 14 February, 1945, 'K' and crashed Pembroke Dock 16 May, 1945 (1 killed); SOC 24 May, 1945.

**PP117** To 228 Sqn 24 February, 1945; to 201 Sqn 15 June, 1945, 'A-W', then '201-W'; to 230 Sqn 24 July, 1946, 4X-W; to 201 Sqn 4 January, 1951; scrapped 4 October, 1957.

**PP118** To 288 Sqn 24 February, 1945; to 201 Sqn 17 June, 1945, 'J'; to 57 MU 6 February, 1946; to 230 Sqn 23 September, 1948, 'Z'; to 235 OCU 29 July, 1949, TA-G and sank at moorings 3 February, 1950, salvaged but caught fire/burned out 23 February, 1950 and SOC/scrapped.

**PP119** To Calshot 1 March, 1945; to 461 Sqn RAAF 10 March, 1945, 'E'; to 10 Sqn RAAF 15 June, 1945, RB-E; to 201 Sqn 20 October, 1945, 'V'; to 57 MU 12 February, 1946; SOC/scrap 6 November, 1947.

**PP120** To 228 Sqn 14 March, 1945; to 201 Sqn 1 November, 1945; SOC 27 March, 1947.

**PP121** To 228 Sqn 21 March, 1945, 'W'; to 201 Sqn 15 June, 1945, 'B'; to 57 MU 6 February, 1946; SOC 23 April, 1946.

**PP122** To Calshot 24 March, 1945; to 461 Sqn RAAF 5 April, 1945; to 10 Sqn RAAF 19 June, 1945, RB-L; to 201 Sqn 19 October, 1945, 'O'; to 230 Sqn 29 July, 1946-18 December, 1947; to ASWDU 15 September, 1949-21 March, 1952, P9-S; to 201 Sqn 30 October, 1952, 'A-E' and hit rock/damaged 15 September, 1954, Peterport, Guernsey; SOC 15 September, 1954.

**PP123** To 302 FTU 4 May, 1945; to 205 Sqn 24 May, 1945, 'M' and sank in gale Wig Bay 2 December, 1948.

**PP124** To 302 FTU 11 May, 1945; to 205 Sqn 2 June, 1945, 'O'; transferred to RNZAF 14 October, 1953 and became NZ4113, 'M'; withdrawn March 1967.

**PP125** To 302 FTU 6 May, 1945; transferred to SAAF 9 June, 1945 and became 1702, RB-K, 35 Sqn SAAF; sold (scrap) 24 March, 1955.

**PP126** To 302 FTU 15 May, 1945; to 212 Sqn 6 June, 1945, 'K'; to 240 Sqn 1 July, 1945 'K'; SOC 27 September, 1947.

**PP127** To 205 Sqn, 'W' and 'L'; to 205/209 Sqn 1 April, 1957; SOC 1 June, 1959.

**PP128** To 302 FTU 1 June, 1945; to 205 Sqn 29 June, 1945; SOC/scrap 10 March, 1947.

**PP129** To 302 FTU 3 June, 1945; to 205 Sqn 27 June, 1945, 'Q'; to 57 MU 20 June, 1949; to FBSU 2 April, 1952; to mkrs 10 June, 1952; transferred to RNZAF 1 July, 1953 and became NZ4110; scrapped February 1965.

**PP130** To 302 FTU 21 June, 1945; to 240 Sqn 13 July, 1945; to 235 OCU 12 March, 1951, 'D-F'; to 57 MU 19 October, 1951; sold (scrap) 30 June, 1955.

**PP131** To 302 FTU 8 July, 1945; to 240 Sqn 28 July, 1945, 'J'; to 209 Sqn by October 1946, 'J' and 'T'; scrapped 1 September, 1953.

**PP132** To 302 FTU 14 July, 1945; to 209 Sqn 2 August, 1945 and DBR Kai Tak 21 April, 1946; SOC 11 July, 1946.

**PP135** To Wig Bay 30 August, 1944; to 10 Sqn RAAF 8 November, 1944, RB-E; to 57 MU 29 June, 1945; SOC 12 July, 1945.

**PP136** To 228 Sqn 9 October, 1944 and damaged 18 January, 1945; SOC 25 January, 1945.

**PP137** To 4 OTU 26 May, 1945; to 57 MU 1 August, 1946; to mkrs 4 March, 1952; to 205 Sqn 27 May, 1953; to 205/209 Sqn 1 January, 1955, 'O'; SOC 11 February, 1957.

**PP138** To Wig Bay 18 September, 1944; to 10 Sqn RAAF 18 September, 1944, RB-M, ditched in Irish Sea 4 March, 1945 (lost propeller); ret to 10 Sqn RAAF 12 May, 1945; to Wig Bay 19 June, 1945; SOC/scrap 10 March, 1947.

**PP139** To Wig Bay 18 September, 1944; to 10 Sqn RAAF 10 November, 1944, RB-H; to 57 MU 18 June, 1945; SOC/scrap 10 March, 1947.

**PP140** To 330 Sqn 19 December, 1944, WH-V, crashed/exploded 5 April, 1945.

**PP141** To 4 OTU 19 June, 1945; to 235 OCU 1 July, 1947, TA-B; to 57 MU 26 September, 1947; sold (scrap) 25 August, 1955.

**PP142** To Wig Bay 4 October, 1944; to 10 Sqn RAAF 31 December, 1944, RB-L and damaged 14 February, 1945; ret to 10 Sqn RAAF 13 April, 1945-9 July, 1945; on loan to BOAC 1 March, 1946; sold to BOAC 22 June, 1949 as G-AHER, *Helmsdale;* to Aquila Airways 22 October, 1949; scrapped Hamble January 1952.

**PP143** Transferred to RNZAF 19 January, 1954 and became NZ4119; broken up for spares September, 1963.

**PP144** To 228 Sqn 30 April, 1945; to 201 Sqn 16 June, 1945, NS-A; to 57 MU 6 August, 1946; to 205 Sqn 25 November, 1950, 'P'; to 88 Sqn, 'A'; to FBSU 8 February, 1954; SOC/scrap 30 June, 1955.

**PP145** To 302 FTU 20 November, 1944; to 230 Sqn 27 December, 1944, 'O'; to mkrs 6 May, 1946; became 6103M, 4 September, 1946.

**PP146** To 302 FTU 25 November, 1944; to 230 Sqn 25 April, 1946, 'V' and 'U'; to 57 MU 6 December, 1946; SOC 6 November, 1947.

**PP147** To 302 FTU 25 November, 1944; to 230 Sqn 23 April, 1945, 'V'; to 57 MU 17 May, 1946; sold (scrap) 4 October, 1957.

**PP148** To 302 FTU 8 December, 1944; to 209 Sqn 31 December, 1944; to 205 Sqn 17 October, 1950, 'L'; to 88 Sqn 1 January, 1953, 'F' and crashed/capsized Iwakuni 25 March, 1953.

**PP149** To 302 FTU 23 December, 1944; to 230 Sqn 23 April, 1946, 'R'; to 57 MU 30 May, 1946; scrapped 21 May, 1954.

**PP150** To 302 FTU 5 January, 1945; to 209 Sqn, 'S'; SOC 26 September, 1946.

**PP151** To 209 Sqn, 'R'; to MAEE; to mkrs and SOC/scrap 19 October, 1956.

**PP152** To 302 FTU 28 January, 1945; to 209 Sqn 2 March, 1945; to 230 Sqn by July 1945; SOC 26 September, 1946.

**PP153** To MAEE 7 December, 1944; to 302 FTU 9 January, 1945; to 259 Sqn 25 February, 1945; transferred to SAAF 25 April, 1945 and became 'M' but written off in accident 26 April, 1945.

**PP154** To MAEE 7 December, 1944; to 302 FTU 8 January, 1945; to 230 Sqn 10 February, 1945, 'Y'; to 205 Sqn 13 April, 1951, 'X' and 'N'; to 209 Sqn 1 January, 1953; to FBSU 22 June, 1954; sold (scrap) 20 September, 1957; SOC 30 September, 1957.

**PP155** To MAEE 11 December, 1944; to 302 FTU 6 January, 1945; to 230 Sqn 23 April, 1946, 'Z'; to 57 MU 18 May, 1946; to 88 Sqn 3 January, 1950, 'D' and 'F'; to 230 Sqn 7 July, 1954 and crashed off Faroes 23 October, 1954.

**PP156** To 302 FTU 5 February, 1945; transferred to SAAF 31 May, 1945 and became 1712, RB-J, *My Lucky Star,* 35 Sqn SAAF; sold (scrap) 10 March, 1955.

**PP157** To 302 FTU 28 January, 1945; to 230 Sqn 2 March, 1945, 'S'; SOC 25 April, 1946.

**PP158** To 302 FTU 5 February, 1945; to 230 Sqn 6 March, 1945, 'T', and beached at Kuantan 3 October, 1945; SOC 8 November, 1945.

**PP159** To 302 FTU 15 February, 1945; to 259 Sqn 25 March, 1945; to 209 Sqn 1946; to 230 Sqn, 'V'; SOC 4 November, 1947.

**PP160** To 4 OTU 16 January, 1945; SOC 24 April, 1947.

**PP161** To 4 OTU 16 January, 1945; to 57 MU 21 September, 1946; to 230 Sqn 21 October, 1947; SOC 4 November, 1947.

**PP162** To Calshot 9 February, 1945; to 461 Sqn RAAF 17 February, 1945, 'C'; to 10 Sqn RAAF 16 June, 1945, 'A26-C' and RB-C; to 201 Sqn 20 October, 1945; to 57 MU 12 February, 1946; to MAEE 20 October, 1948; sold to Aquila Airways 18 June, 1953 (intended regn G-ANAK but not converted), damaged in gale Hamble 27 November, 1954.

**PP163** To 228 Sqn 9 February, 1945; to 201 Sqn 16 June, 1945, 'N' and 'D'; to 57 MU 8 August, 1947; to 235 OCU 18 January, 1950, 'D-K'; to 57 MU 23 October, 1951; sold (scrap) 4 October, 1957.

**PP164** To 228 Sqn 9 February, 1945; to 201 Sqn 16 June, 1945, 'A' and 'L'; to 230 Sqn 25 July, 1946, 4X-X; to 57 MU 21 October, 1947; to 209 Sqn 17 October, 1949, 'Z' and DBR and scrapped 19 July, 1950.

**RN264** To 302 FTU 14 July, 1945; to 209 Sqn 3 August, 1945; SOC 25 August, 1946.

**RN265** To 302 FTU 9 August, 1945; to 209 Sqn 1 September, 1945 and DBR January 1946; SOC 13 June, 1946.

**RN266** To 302 FTU 20 August, 1945; to 209 Sqn 8 September, 1945, 'Q'; to 57 MU 6 August, 1947; to 201 Sqn 16 December, 1948, NS-M; to FBTS; to 235 OCU 21 August, 1952, 'D-K'; sold (scrap) 20 September, 1957.

**RN267** To 302 FTU December 1945; to 330 Sqn; to 272 MU 25 February 1946; SOC 6 November, 1947.

**RN268** To 302 FTU 21 September, 1945; to 230 Sqn 2 October, 1945; to 201 Sqn 9 July, 1948; to 43 Grp 2 November, 1948; to 205 Sqn 27 September, 1950, 'R'; SOC/scrap 4 May, 1953.

**RN269** To 302 FTU 14 September, 1945; to 230 Sqn 23 April, 1946, 'T'; to 57 MU 14 June, 1946; to 201 Sqn 9 July, 1948; to 205 Sqn 27 September, 1950, 'P' and 'M'; SOC 28 June, 1953.

**RN270** To 201 Sqn 27 August, 1945, 'K'; to 57 MU 11 February, 1946; to 230 Sqn 5 November, 1948, 4X–O and 'B–O'; to mkrs 28 June, 1954; to 205/209 Sqn 24 October, 1956, 'K'; SOC 25 September, 1958.

**RN271** To 235 OCU 26 August, 1947, 'TA–J, later 'D–L'; to 57 MU 22 November, 1949; to 201 Sqn 16 March, 1954; to FBSU 5 November, 1954; SOC/scrap 20 September, 1957.

**RN272** To 201 Sqn 19 August, 1946; to mkrs 25 November, 1946; to 4 OTU; to 235 OCU 4 April, 1947, 'TA–D; became 6534M, Calshot 17 April, 1947.

**RN273** To 201 Sqn 5 September, 1947, NS–A and 'L'; to mkrs 18 December, 1952; to 201 Sqn, 'A–A', to 205 Sqn 14 December, 1953; to 205/209 Sqn 15 April, 1955, 'L'; SOC 12 March, 1957.

**RN277** To 228 Sqn 9 February, 1945; to 201 Sqn 15 June, 1945, 'D', 'F', 'O', 'S'; to 57 MU 12 September, 1946; to 88 Sqn 23 April, 1950; SOC 22 October, 1951.

**RN278** To 228 Sqn 20 February, 1945; to 201 Sqn 17 June, 1945, 'M'; to 230 Sqn 25 July, 1946–13 November, 1947, 4X–S; to 205 Sqn 29 April, 1954; to 205/209 Sqn 1 January, 1955, 'N'; SOC 11 September, 1956.

**RN279** To 461 Sqn RAAF 24 February, 1945; to 57 MU 7 March, 1945; to 302 FTU 1 May, 1945; transferred to SAAF 4 June, 1965 and became 1704, RB–F, *Umzinfirkin Fifi*, 35 Sqn SAAF; sold (scrap) 24 March, 1955.

**RN280** To 461 Sqn RAAF 24 February, 1945; to 57 MU 9 March, 1945; to 302 FTU 29 April, 1945; to SHQ, Cocos Islands by August 1945; to 205 Sqn by June 1946; transferred to RNZAF 21 December, 1953 and became NZ4106, 'B'; scrapped September 1963.

**RN281** To 302 FTU 29 April, 1945; transferred to SAAF 1 June, 1945 and became 1710, RB–D, *Dynamite Daisy*, 35 Sqn SAAF; made ultimate official SAAF Sunderland flt 8 October, 1957; scrapped 1957.

**RN282** To Calshot 16 March, 1945; to 461 Sqn RAAF 21 March, 1945, UT–N; to 10 Sqn RAAF 19 June, 1945, RB–N; to 201 Sqn 20 October, 1945–12 April, 1946, 'U'; to 57 MU 12 April, 1946; to 88 Sqn 11 June, 1950, 'C'; to 209 Sqn 12 March, 1953–26 August, 1953; to 205/209 Sqn 6 October, 1956, 'N'; SOC/scrapped 13 May, 1958.

**RN283** To 228 Sqn 28 March, 1945, UE–F, crashed at sea 27 April, 1945 (7 killed); SOC !0 May, 1945.

**RN284** To 201 Sqn 15 June, 1945, 'C' and 'G'; to 235 OCU 12 March, 1952; to mkrs 27 August, 1953; to 230 Sqn 3 March, 1955; to 201 Sqn 20 June, 1955, 'A–F'; sold to mkrs 2 July, 1957; to Aeronavale 18 December, 1957, '12S–3', '50S–5', SOC 30 January, 1962.

**RN285** To 228 Sqn 28 March, 1945; to 201 Sqn 16 June, 1945, 'I' and 'H'; to 4 OTU 18 April, 1947; to 57 MU 20 February, 1948; to mkrs 13 August, 1952; SOC/scrap 4 May, 1954.

**RN286** To 4 OTU 5 April, 1945; to 57 MU 16 September, 1946; to mkrs 22 August, 1952; transferred to RNZAF 3 October, 1953 and became NZ4117, 'T', badly damaged 15 April, 1961 and withdrawn.

**RN287** To 4 OTU 5 April, 1945; SOC 26 August, 1946.

**RN288** To 302 FTU 15 May, 1945; to 205 Sqn 25 May, 1945, 'S'; to 209 Sqn 19 December, 1947–20 July, 1948; to 235 OCU 23 November, 1949, 'TA–J; to mkrs 23 January, 1952; to 201 Sqn 18 September, 1953, 'A–C', crashed off Eastbourne 4 June, 1955.

**RN289** To 302 FTU 25 May, 1945; to 205 Sqn 4 June, 1945, 'P'; SOC 6 November, 1947.

**RN290** To 302 FTU 25 May, 1945; to 205 Sqn 6 June, 1945; to 230 Sqn 27 June, 1951, 'B–Z'; to mkrs 4 December, 1951; SOC 30 January, 1954.

**RN291** To 302 FTU 29 May, 1945; to 240 Sqn 1 July, 1945, 'G'; transferred to RNZAF 15 February, 1954 and became NZ4120, KN–Z, 5 Sqn RNZAF; scrapped January 1967.

**RN292** To 302 FTU 30 May, 1945; to 240 Sqn 1 July, 1945 and caught fire/DBR Wig Bay 14 October, 1948.

**RN293** To 302 FTU 29 May, 1945; to 230 Sqn 8 June, 1945; to 205 Sqn, 'B', to 209 Sqn 22 August, 1953, 'F' and 'V'; to 88 Sqn 9 November, 1953, 'F'; to 205/209 Sqn 1 January, 1955; SOC 17 August, 1956.

**RN294** To 302 FTU 30 May, 1945; to 205 Sqn 29 July, 1948, 'P', 'R', 'G–D'; to 57 MU 9 October, 1950; SOC 13 June, 1952.

**RN295** To 302 FTU 5 June, 1945; transferred to SAAF 31 July, 1945 and became 1714, RB–N, 35 Sqn SAAF, accident 1 November, 1956; SOC 4 October, 1957; scrapped 1958.

**RN296** To 302 FTU 21 June, 1945; to 240 Sqn 1 July, 1945, 'F'; transferred to SAAF 27 July, 1945 and became 1705, RB–M, 35 Sqn SAAF; sold (scrap) 24 March, 1955.

**RN297** To 302 FTU 19 June, 1945; to 240 Sqn 1 July, 1945; to MAEE 13 September, 1951; to 88 Sqn, 'H'; sold to mkrs 18 June, 1953 for civil conversion; to Aquila Airways 18 June, 1953.

**RN298** To 240 Sqn 1 July, 1945, 'F'; to 209 Sqn 5 January, 1948, WQ–R; to 230 Sqn, 'E' to 57 MU 5 December, 1949; sold (scrap) 5 June, 1950.

**RN299** To 302 FTU 9 July, 1945; to 230 Sqn 25 April, 1946, 4X–P, 'B–P', 'R'; to mkrs 23 June, 1954; to 201 Sqn 30 November, 1955, 'A–D'; to FBSU 6 June, 1956; SOC/scrap 4 October, 1957.

**RN300** To 461 Sqn RAAF 1945; to 10 Sqn RAAF 14 June, 1945, RB–Q; to 201 Sqn 20 October, 1945–16 February, 1946, 'T'; to 57 MU 16 February, 1946; to 209 Sqn 7 July, 1949, 'X' – 23 October, 1950; to 205/209 Sqn 1 January, 1955, 'X'; SOC 30 April, 1957.

**RN301** To 302 FTU 31 July, 1945; to 205 Sqn 28 August, 1945, 'D'; SOC/scrap 30 June, 1955.

**RN302** To 302 FTU 9 August, 1945; to Koggala 31 August, 1945; to 205 Sqn, 'B', to 235 OCU 25 February, 1949, 'TA–H; to mkrs 13 April, 1951; to 209 Sqn 31 December, 1952; to 88 Sqn 1 January, 1953, 'C'; SOC 1 January, 1954.

**RN303** To 302 FTU 31 July, 1945; to 230 Sqn 16 April, 1946, 'W' and 'T'; to 57 MU 1 August, 1946; to 205 Sqn; to 209 Sqn 10 May, 1950–1 December, 1952, 'X'; to 230 Sqn 1 October, 1956; to 205/209 Sqn 23 September, 1957, 'R'; SOC 24 January, 1959.

**RN304** To 302 FTU 9 August, 1945; to 230 Sqn 20 April, 1946, 4X–Y and 'B–V'; to 57 MU 3 August, 1946; to 201 Sqn 3 November, 1948, NS–L; to 230 Sqn 12 December, 1949; to 201 Sqn 20 July, 1950; to 230 Sqn 22 November, 1950; to 235 OCU, 'D–M', SOC/scrap 20 September, 1957.

**RN305** To 302 FTU 20 August, 1945; transferred to SAAF 12 October, 1945 and became 1706, RB–O, 35 Sqn SAAF, accident 13 April, 1950; SOC 21 January, 1951; scrapped 1957.

**RN306** To 302 FTU 1 September, 1945; to 205 Sqn 23 September, 1945, 'J'; to 57 MU 24 March, 1950; transferred to RNZAF 15 December, 1953 and became NZ4118, XX–A, 6 Sqn RNZAF.

**SZ559** To 302 FTU 18 July, 1945; to 209 Sqn 11 August, 1945 and blown ashore Hong Kong (typhoon) 19 July, 1946.

**SZ560** To 302 FTU 31 July, 1945; to 209 Sqn 23 July, 1950–2 February, 1953; to 205 Sqn; to 201 Sqn 30 October, 1954; to FBTS 30 October, 1954, 'D'; to 230 Sqn 9 November 1956, 'D–L' and '230–R'; to FBSU 20 February, 1957; SOC/scrap 15 October, 1957.

**SZ561** To 302 FTU 20 August, 1945; to 209 Sqn 6 September, 1945, 'M'; transferred to RNZAF 18 December, 1953 and became NZ4114, 'P'; sold (scrap) 1965–67.

**SZ562** To 302 FTU 1 September, 1945; to 209 Sqn 23 September, 1945; SOC 18 August, 1946.

**SZ563** To 302 FTU 4 September, 1945; to 230 Sqn 17 September, 1945; SOC 25 April, 1946.

**SZ564** To 302 FTU 8 September, 1945; to 88 Sqn 2 October, 1945; to 201 Sqn, NS–B, to 240 Sqn and DBR/SOC Kai Tak 26 September, 1948.

**SZ565** To 302 FTU 22 September, 1945; to 209 Sqn 6 October, 1945, 'S'; to 201 Sqn 10 March, 1950, 'A'; to 235 OCU 9 December, 1950; crashed/sank 16 November, 1951; scrapped 1 February, 1952.

**SZ566** To 302 FTU 3 October, 1945; to 205 Sqn 5 August, 1950, 'F' and 'Z'; to 209 Sqn 1 January, 1953; to 205 Sqn 1 August, 1953; to 88 Sqn 15 January, 1954, 'F', 'C', named *Eastern Princess;* SOC/scrap 20 September, 1957.

**SZ567** To 302 FTU 7 November, 1945; to 230 Sqn 24 April, 1946, 'B–P'; to 57 MU 10 September, 1946; to 201 Sqn 8 August, 1947, NS–B, 'A–B'; to FBSU 22 June, 1954; to 230 Sqn, 'N'; SOC/scrap 15 October, 1957.

**SZ568** To 302 FTU 7 November, 1945; to 4 OTU 9 April, 1946, 'TA–C; to 235 OCU 1 July, 1947; to mkrs 22 February, 1952; SOC/scrap 19 October, 1956.

**SZ569** To 302 FTU 12 December, 1945; to 4 OTU 9 April, 1946, 'TA–T; to 235 OCU 1 July, 1947; to 57 MU 25 September, 1947; to 205 Sqn 31 March, 1949, 'Z' and DBR Trincomalee/SOC 31 October, 1950.

**SZ570** To 302 FTU 28 January, 1946; to 88 Sqn, 'D' 9 March, 1946; to 57 MU 7 February, 1948; wrecked Kalafrana in transit 28 February, 1948.

**SZ571** To 302 FTU 26 February, 1946; to 4 OTU 9 April, 1946; to 57 MU 27 February, 1947; to mkrs 1 May, 1947; to 201 Sqn 18 June, 1948, 'C' and 'D'; to mkrs 18 February, 1949; to 209 Sqn 10 June, 1950, 'Y' – 1 January, 1953; to 205 Sqn, 'B'; to 88 Sqn, 'B'; to Aeronavale 31 July, 1957, '12S–6', '50S–2'; SOC 17 April, 1961.

**SZ572** To 230 Sqn 20 June, 1947, 4X–P; to mkrs 23 May, 1952; to 88 Sqn 10 July, 1954, 'C'; to 205 Sqn 9 October, 1954; to 205/209 Sqn 1 January, 1955, 'M'; SOC 27 July, 1957.

**SZ573** To BOAC for evaluation 9 November, 1945; ret to RAF 2 April, 1946; to 230 Sqn 16 June, 1948, 'W'; to mkrs 26 August, 1948; to 209 Sqn 23 December, 1949, 'Y' and sank Seletar 26 March, 1950.

**SZ574** To 201 Sqn 11 July, 1947, NS-K and DBR Lough Erne 31 May, 1948; SOC 16 December, 1948.

**SZ575** To 302 FTU 4 March, 1946; to 4 OTU 9 April, 1946, TA-K; to 57 MU 13 November, 1947; to mkrs 22 September, 1948; to 235 OCU 14 April, 1951; to 230 Sqn 24 November, 1954; to 201 Sqn 3 February, 1955; to FBSU 6 February, 1957; SOC/scrap 15 October, 1957.

**SZ576** To 230 Sqn 12 September, 1947; to 235 OCU 12 October, 1947, TA-H; to mkrs 10 September, 1948; to 88 Sqn 5 May, 1949; to 201 Sqn 9 March, 1953, 'A-A'; to mkrs 27 April, 1956; to Aeronavale 11 June, 1957, sank Port Etienne 23 October, 1957; SOC 31 December, 1957.

**SZ577** To 230 Sqn 12 September, 1947, 4X-Z; to 88 Sqn 5 May, 1949, 'A'; to 57 MU 1 December, 1950; to 201 Sqn, NS-P; to 209 Sqn 14 July, 1954, 'Y'; to 205/209 Sqn 1 January, 1955, 'S' and 'Y'; SOC 24 May, 1957.

**SZ578** To 201 Sqn 8 August, 1947, NS-C; to 57 MU 27 April, 1948; to 209 Sqn 25 September, 1950, 'Z'; to 205 Sqn 1 January, 1953; to 88 Sqn 14 October, 1953, 'L' and 'B'; to 205 Sqn 9 October, 1954, 'B'; sold scrap 4 October, 1957; SOC 16 October, 1957.

**SZ579** Wrecked before delivery.

**SZ580** To 235 OCU 14 August, 1947, TA-G; to 57 MU 22 August, 1949; sold 12 April, 1950.

**SZ581** To 230 Sqn 11 July, 1947, 4X-Y and 'B-Y'; to mkrs 12 July, 1954; sank Wig Bay 22 November, 1955 SOC/scrap 8 August, 1956.

**SZ582** To 230 Sqn 4 July, 1947, 4X-O; to mkrs 5 November, 1948 ; sold (scrap) 20 September, 1957.

**SZ583** To 57 MU 5 April, 1946; SOC 18 August, 1949.

**SZ584** Loaned by RAF to BOAC 16 July, 1946 as G-AHJR for evaluation; ret to RAF 14 April, 1948; to FBSU 2 April, 1952; transferred to RNZAF 4 September, 1953 and became NZ4115, 'Q', 5 Sqn RNZAF; withdrawn December 1966 and presented to Museum of Transport and Technology, Western Springs, Auckland, 12 December, 1966 and preserved today.

**SZ598** Crashed 16 February, 1951 on ferry flt to Tunisia *en route* to Far East.

**SZ599** Ultimate Belfast-produced Sunderland; launched 14 June, 1946; to MAEE 18 June, 1946; to 205 Sqn, 'Y'; to 209 Sqn 10 February, 1953; to 88 Sqn 11 April, 1953, 'F'; to 209 Sqn 14 December, 1953; SOC 21 June, 1954.

**TX293** Ultimate Rochester-built Sunderland; first flew 27 September, 1945; to MAEE 14 December, 1945; DBR Wig Bay 9 February, 1948; sold to J. Connell 11 August, 1948.

**VB880** To 302 FTU 21 September, 1945; to 88 Sqn 6 October, 1945; to 57 MU 14 April, 1949; transferred to RNZAF and became NZ4111, 'K', holed on rocks Chatham Islands 4 November, 1949 and scrapped in situ; sold scrap 1965-67.

**VB881** To 201 Sqn 30 August, 1945, NS-A; to 57 MU 13 November, 1947; transferred to RNZAF 10 August, 1953 and became NZ4112, 'L' and KN-A, 5 Sqn RNZAF; sold to Hobsonville Yacht Club and later scrapped.

**VB882** To 302 FTU 21 September, 1945; to 230 Sqn 30 April, 1946; to 57 MU 10 September, 1946; to 209 Sqn 19 May, 1949; reduced to spares 5 April, 1950.

**VB883** To 302 FTU 7 November, 1945; to 88 Sqn, 'B', 29 December, 1945; to 57 MU 13 December, 1948; transferred to RNZAF 3 November, 1953 and became NZ4107, 'D'; flew ultimate official RNZAF Sunderland flt 2 April, 1967; scrapped August 1967.

**VB884** To 302 FTU 9 November, 1945; to 209 Sqn 29 December, 1945, WQ-X; SOC 26 August, 1952.

**VB885** To 302 FTU 10 November, 1945; crashed in sea off Calshot 13 February, 1946 (10 killed); SOC 4 April, 1946.

**VB886** To 4 OTU until 22 October, 1946; sank in gale Pembroke Dock 16 March, 1947.

**VB887** To 230 Sqn 9 June, 1947, 4X-X; to mkrs 27 October, 1949; to 230/240 Sqn 14 June, 1950; to 88 Sqn 16 February, 1954, 'A'; SOC 18 July, 1954.

**VB888** To 302 FTU 30 January, 1946; to 4 OTU 4 April, 1946; to 235 OCU 1 July, 1947; to 57 MU 26 September, 1947; to 88 Sqn 1 January, 1953; to 209 Sqn 15 May, 1953, 'Z'; to 205/209 Sqn, 'Z'; SOC 16 August, 1956; sold (scrap) 20 September, 1957.

**VB889** Ultimate Dumbarton (Blackburn)-buil Sunderland; left factory 10 October, 1945; first flew 8 November, 1945; to 201 Sqn 11 June, 1947, NS-C, NS-D, 'A-D'; to 88 Sqn; to 235 OCU 1948, TA-K; to 57 MU 6 November, 1950; SOC 8 August, 1956; sold (scrap) 20 September, 1957.

Kowloon Bay panorama, 1955.

# *Appendix 4* – Production Batches (as initially contracted)

| Serials | Mark | Totals | Contract | Makers |
|---|---|---|---|---|
| K4774 | R.2/33 | 1 | 351564/34 | Short Bros, Rochester |
| L2158 – L2168 | I | 11 | 533317/36 | Short Bros, Rochester |
| L5798 – L5807 | I | 10 | 533317/36 | Short Bros, Rochester |
| N6133 | I | 1 | 774293/38 | Short Bros, Rochester |
| N6135 | I | 1 | 774293/38 | Short Bros, Rochester |
| N6138 | I | 1 | 774293/38 | Short Bros, Rochester |
| N9020 – N9030 | I | 11 | 774293/38 | Short Bros, Rochester |
| N9044 – N9050 | I | 7 | 774293/38 | Short Bros, Rochester |
| P9600 – P9606 | I | 7 | 985038/39 | Short Bros, Rochester |
| P9620 – P9624 | I | 5 | 985038/39 | Short Bros, Rochester |
| T9040 – T9044 | I | 5 | B18347/39 | Short Bros, Rochester |
| T9045 | I | 1 | 78939/40 | Short Bros, Rochester |
| T9046 – T9050 | I | 5 | B18347/39 | Short Bros, Rochester |
| T9070 – T9078 | I | 9 | B18347/39 | Short Bros, Rochester |
| T9083 – T9090 | I | 8 | B37753/39 | Blackburn, Dumbarton |
| T9109 – T9115 | I | 7 | B37753/39 | Blackburn, Dumbarton |
| W3976 – W3998 | II | 23 | 78939/40 | Short Bros, Rochester |
| W3999 – W4004 | III | 6 | 78939/40 | Short Bros, Rochester |
| W4017 – W4037 | III | 21 | 78939/40 | Short Bros, Rochester |
| W6000 – W6004 | II | 5 | B37753/39 | Blackburn, Dumbarton |
| W6005 – W6016 | III | 12 | B37753/39 | Blackburn, Dumbarton |
| W6026 – W6033 | III | 8 | B37753/39 | Blackburn, Dumbarton |
| W6050 – W6064 | II | 15 | 76674/40 | Shorts, Belfast |
| W6065 – W6068 | III | 4 | 76674/40 | Shorts, Belfast |
| W7075 – W6080 | III | 6 | 76674/40 | Shorts, Belfast |
| DD828 – DD867 | III | 40 | B37753/39 | Blackburn, Dumbarton |
| DP176 – DP200 | III | 25 | 234/SAS/40/C20B | Shorts, Windermere |
| DV956 – DV980 | II | 25 | B78939/40 | Short Bros, Rochester* |
| DV985 – DV994 | III | 10 | 76674/40 | Shorts, Belfast |
| DW104 – DW113 | III | 10 | 76674/40 | Shorts, Belfast |
| EJ131 – EJ145 | III | 15 | B78939/40 | Short Bros, Rochester |
| EJ149 – EJ158 | III | 10 | 234/SAS/40C20B | Shorts, Windermere |
| EJ163 – EJ172 | III | 10 | 76674/40 | Shorts, Belfast |
| EK572 – EK596 | III | 25 | B37753/39 | Blackburn, Dumbarton |
| JM659 – JM689 | III | 31 | B78939/40 | Short Bros, Rochester |
| JM704 – JM722 | III | 19 | B78939/40 | Short Bros, Rochester |
| ML725 – ML774 | III | 50 | A/C 2538 | Short Bros, Rochester |
| ML777 – ML791 | III | 15 | A/C 2538 | Short Bros, Rochester |
| ML792 – ML795 | III | 4 | A/C 2226 | Short Bros, Rochester |
| ML796 – ML801 | V | 6 | A/C 2226 | Short Bros, Rochester |
| ML807 – ML831 | III | 25 | A/C 2227 | Shorts, Belfast |
| ML835 – ML884 | III | 50 | A/C 2228/C20(B) | Blackburn, Dumbarton |
| NJ170 – NJ194 | III | 25 | A/C 2228/C20(B) | Blackburn, Dumbarton |
| NJ253 – NJ258 | III | 6 | A/C 2227 | Shorts, Belfast |
| NJ259 – NJ277 | V | 19 | A/C 2227 | Shorts, Belfast |
| PP103 – PP132 | V | 30 | A/C 2226 | Short Bros, Rochester |
| PP135 – PP144 | III | 10 | A/C 2228/C20(B) | Blackburn, Dumbarton |
| PP145 – PP164 | V | 20 | A/C 2228/C20(B) | Blackburn, Dumbarton |
| RN264 – RN273 | V | 10 | A/C 2226 | Short Bros, Rochester |
| RN277 – RN306 | V | 30 | A/C 2228/C20(B) | Blackburn, Dumbarton |
| SZ559 – SZ584 | V | 26 | 4067 | Shorts, Belfast |
| SZ598 – SZ599 | V | 2 | 4067 | Shorts, Belfast |
| TX293 | V | 1 | A/C 2226 | Short Bros, Rochester |
| VB880 – VB889 | V | 10 | A/C 2228/C20(B) | Blackburn, Dumbarton |

*DV959 built to SD123 78939/40; DV960 built to SD124 78939/40.

### Cancelled Contracted Batches

| | |
|---|---|
| AX936 – AX950 | (15) |
| AX973 – AX997 | (25) |
| NE836 – NE855 | (20 Mk III) |
| NN841 – NN990 | (50 Mk IV) |
| NP100 – NP149 | (50 Mk IV) |
| TK440 – TK468 | (29 Mk IV) |
| TK482 – TK512 | (31 Mk IV) |
| TW774 – TW803 | (30) |
| TX294 – TX296 | (3) |
| | (253) |

### Production by Mark/Factory

| Mark | Rochester | Windermere | Belfast | Dumbarton |
|---|---|---|---|---|
| Prototype | 1 | – | – | – |
| I | 74 | – | – | 15 |
| II | 23 | – | 15 | 5 |
| III | 186 | 35 | 71 | 170 |
| V | 47 | – | 47 | 60 |
| Totals | 331 | 35 | 133 | 250 |

TOTAL PRODUCTION: 749

NB: Above listings exclude "Mk IVs" MX271 and MZ269, and batch NJ200 – NJ207 (Solents)

### Other Mks converted to Mk V standard

| | | | | | | | |
|---|---|---|---|---|---|---|---|
| DP191 | DP195 | DP198 | DP199 | DP200 | DV976 | EJ152 | EJ153 |
| EJ155 | EJ167 | EJ171 | EJ172 | EK579 | EK592 | JM667 | JM681 |
| JM714 | JM715 | JM717 | JM718 | JM719 | JM720 | ML739 | ML741 |
| ML745 | ML747 | ML757 | ML761 | ML763 | ML764 | ML765 | ML768 |
| ML772 | ML778 | ML779 | ML780 | ML781 | ML783 | ML784 | ML807 |
| ML809 | ML812 | ML814 | ML815 | ML816 | ML817 | ML818 | ML819 |
| ML820 | ML821 | ML824 | ML826 | ML827 | ML828 | ML838 | ML840 |
| ML866 | ML872 | ML873 | ML875 | ML877 | ML878 | ML881 | ML882 |
| NJ170 | NJ171 | NJ172 | NJ176 | NJ177 | NJ179 | NJ180 | NJ182 |
| NJ187 | NJ188 | NJ190 | NJ191 | NJ192 | NJ193 | NJ194 | NJ253 |
| NJ254 | NJ255 | NJ257 | NJ258 | PP137 | PP141 | PP143 | PP144 |

### Initial Deliveries to RAF

By 3 September, 1939, a total of 40 Sunderlands had been delivered officially to RAF charge, of which two had already been struck off charge due to accidents – L2162 crashed 20 September, 1938 and L5801 crashed 5 June, 1939. The remaining 38 on that date were distributed thus:

| | |
|---|---|
| 204 Squadron | 10 |
| 210 Squadron | 9 |
| 228 Squadron | 8 |
| 230 Squadron | 8 |
| At makers | 2 |
| Misc units | 1 |

### Remaining Deliveries:

| | |
|---|---|
| 3 September, 1939 – 31 December, 1939 | 9 |
| 1940 | 20 |
| 1941 | 32 |
| 1942 | 127 |
| 1943 | 202 |
| 1944 | 196 |
| 1945 | 113 |
| 1946 | 8 |
| 1949 | 1 |
| | 708 |

# *Appendix 5* – Technical Specifications

The following data has been extracted from original official specifications and contemporary makers' reports and other documents. Nevertheless it should be borne in mind that no two aircraft, even from the same production line, will ever automatically produce indentical performance figures due to myriad possible circumstances once in service. Thus such figures, as quoted here, should not be regarded as concrete for *every* Sunderland of the same Mark and/or manufacturer.

| | Mk I | Mk II | MkIII | Mk V |
|---|---|---|---|---|
| **Dimensions** | | | | |
| Span | 112′ 8″ in | 112′ 8″ | 112′ 9½″ | 112′ 9½″ |
| Length | 85′ 8″ | 85′ 8″ | 85′ 4″ | 85′ 3½″ |
| Height (fin-top) | 32′ 10½″ | 31′ 10½″ | 32′ 10½″ | 32′ 10½″ |
| **Weights** | | | | |
| Empty | 28290 lb | 33000 lb | 34500 lb | 37000 lb |
| Max t/off | 45700 lb | 58000 lb | 58000 lb | 60000 lb |
| **Performance** | | | | |
| Max speed | 210 mph | 205 mph | 210 mph | 213 mph |
| Initial climb | 1200 ft/min | | | 840 ft/min |
| Ceiling | 20500′ | | 17200′ | 17900′ |
| Still air range | 2880 nm | | | 2980 nm |
| Loaded range | 2530 nm | | | |
| **Power Plants** | | | | |
| Engine type | Pegasus XXII | Pegasus XVIII | Pegasus XVIII | P&W R – 1830 – 90B/C/D |
| T/off rating | 1100 hp | 965 hp | 965 hp | |
| **Armament** | | | | |
| Nose turret | FN 11 (1 × 303) | FN 11 (2 × 303) | FN 11 (2 × 303) | FN 11 (2 × 303) |
| Tail turret | FN 13 (4 × 303) | FN 4a (4 × 303) | FN 4a (4 × 303) | FN 4a (4 × 303) |
| Dorsal hatches | 2 × 303 'K' (VGO) | FN 7 (2 × 303) | FN 7 (2 × 303) | Various |
| Nose (fixed) | – | – | – | 4 × 303 |
| Bomb load | 2000 lb | 2000 lb | 2000 lb | 2000 lb |

**Civil Variants**

| | Sandringham | Seaford | Solent |
|---|---|---|---|
| Span | 112′ 9½″ (all Mks) | 112′ 9½″ | 112′ 9½″ (all Mks) |
| Length | 85′ 4¼″ (1)<br>86′ 3″ (2/3/5/7) | 88′ 6¾″ | 87′ 8″ (all) |
| Height | 22′ 10½″ (all) | 34′ 3¼″ | 34′ 3¼″ (all) |
| Area | 1687 sq ft (all) | 1687 sq ft | 1487 sq ft (all) |
| Max weight (AUW) | 56000 lb (1/2/3)<br>60000 lb (5/7) | 75000 lb | 78000 lb (2)<br>78600 lb (3)<br>81000 lb (4) |
| Max speed | 216 mph (1)<br>238 mph (2/3)<br>206 mph (5/7) | 242 mph | 273 mph (2)<br>267 mph (3)<br>282 mph (4) |
| Ceiling | 16000′ (1)<br>21300′ (2/3)<br>17900′ (5/7) | 13000′ | 17000′ (2)<br>15500′ (3)<br>17100′ (4) |
| Range | 2550 m (1)<br>2410 m (2/3)<br>2440 m (5/7) | •2800 m | 1800 m (2)<br>2190 m (3)<br>3000 m (4) |
| Engines | Pegasus 38 (1)<br>P&W R – 1830 – 92 (2)<br>P&W R – 1830 – 92C (4)<br>P&W R – 1830 – 92D (5/6/7) | Hercules 130 | Hercules 637 (2/3)<br>Hercules 733 (4) |

Hythe flying boat base, Hampshire. Note floating jetties. (*British Airways*, Ref: 3015.)

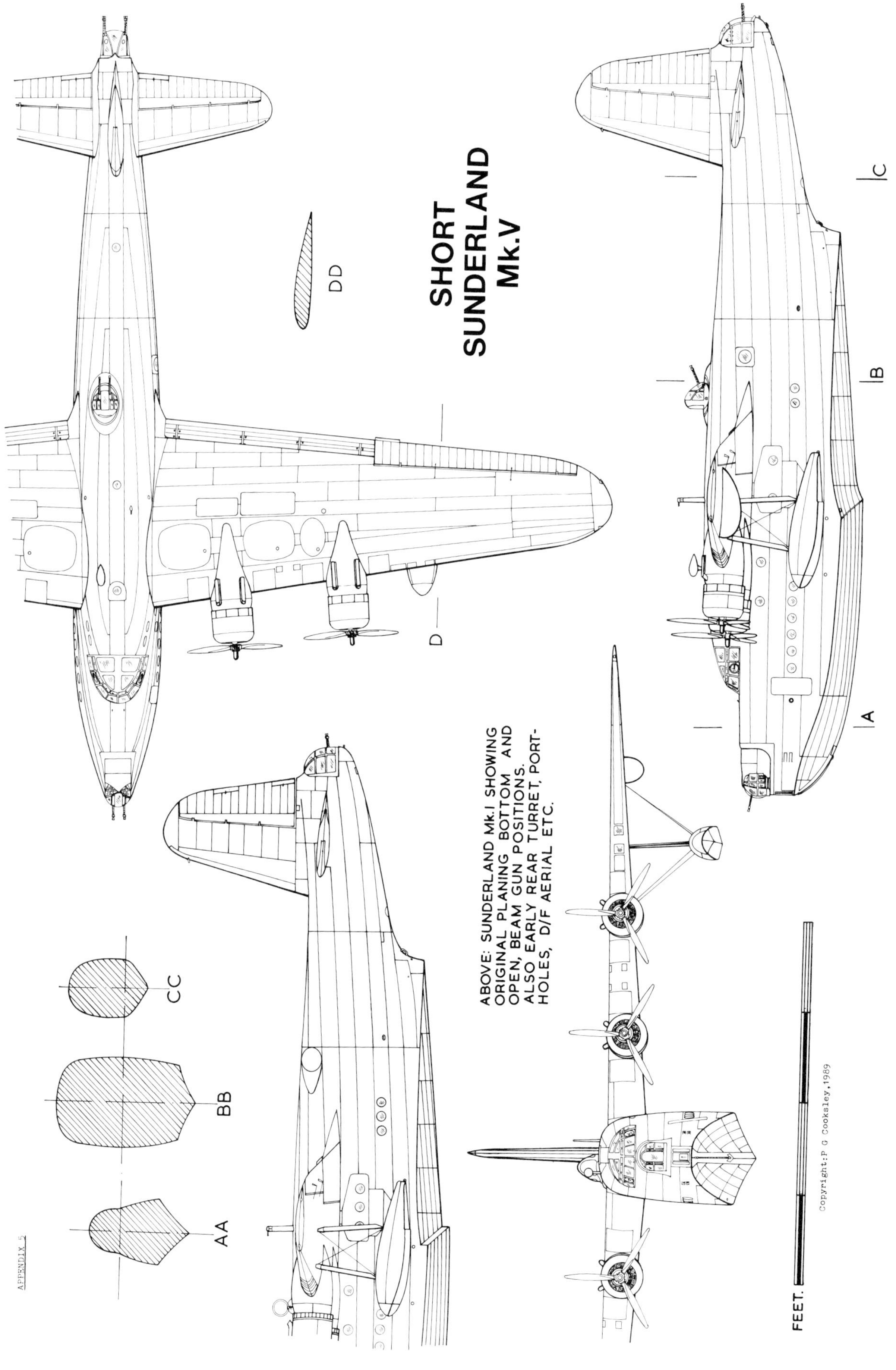
SHORT SUNDERLAND Mk.V
DD
D
A
B
C
CC
BB
AA
ABOVE: SUNDERLAND Mk.I SHOWING ORIGINAL PLANING BOTTOM AND OPEN, BEAM GUN POSITIONS. ALSO EARLY REAR TURRET, PORT-HOLES, D/F AERIAL ETC.
FEET.
Copyright: P G Cooksley, 1989
APPENDIX 5

# *Appendix 6* – Claims for U-Boats Sunk by Sunderlands

The following table lists all U-boats *claimed* as sunk by Sunderland crews during 1939 – 45. Such initial claims were made in perfectly good faith by the crews and 'confirmed' by contemporary higher authority, based on apparent evidence of destruction. Immediate post-war research and more recently published accounts have tended to perpetuate several errors in identification of the U-boats claimed and, indeed, the actual damage inflicted. Deep research in records by the Royal Naval Historical Branch and similar archivists have now (1988) corrected several long-accepted claims, as detailed below.

**Date** 30 January, 1940 **UB** U-55 **Claims** Sunk
F/O E. J. Brooks, N9025, Y/228 Sqn; shared with HMS *Fowey* & *Whitshed*; Escort for Convoy OA.80G; Kptnltn Werner Heidel; Posn 4837/0746; Scuttled by UB crew. Type VIIB

**Date** 28 June, 1940 **UB** *Argonauta* **Claims** Sunk
F/Lt W. W. Campbell, L5804, S/230 Sqn; Italian submarine; Posn 3729/1951

**Date** 29 June, 1940 **UB** *Rubino* **Claims** Sunk
F/Lt W. W. Campbell, L5804, S/230 Sqn; Posn 3910/1849; Italian submarine, Ten Vasc. Luigi Trebbi. Campbell landed & rescued four crew survivors

**Date** 1 July, 1940 **UB** U-26 **Claims** Sunk
F/Lt W. N. Gibson, RAAF, P9603, H/10 Sqn RAAF; shared with HMS *Gladiolus* on convoy cover, OA.175; Oblt Heinz Scherlinger; Type 1A, scuttled at Posn 4803/ 1130

**Date** 12 July, 1940 **UB** ? **Claims** Sunk
S/Ldr G. L. Menzies, N9020, 228 Sqn; no record of any Italian submarine sunk in month July 1940

**Date** 30 September, 1940 **UB** *Gondar* **Claims** Sunk
F/Lt P. H. Alington, L2166, 230 Sqn; Italian submarine, Ten Vasc. Francesco Brunetti; shared with HMS *Stuart*; Posn 3138/2833

**Date** 6 January, 1941 **UB** *Marcello* **Claims** Sunk
F/Lt E. R. Baker, DFC, P9624, H/210 Sqn; Italian submarine; 150m W of Cape Wrath. The *Marcello* was actually sunk on 22 February, 1941 by HMS *Montgomery* (RN & Italian records confirm)

**Date** 9 January, 1942 **UB** U-577 **Claims** Sunk
S/Ldr K. V. Garside, W3987, X/230 Sqn; Kptnltn Herbert Schauenberg; Posn 3222/2654, NW of Mersa Matruh; Type VIIC

**Date** 14 September, 1942 **UB** *Alabastro* **Claims** Sunk
F/Lt E. P. Walshe, RAAF, W6002, R/202 Sqn; nr Algiers; about 40 UB crew survivors seen in sea

**Date** 20 March, 1943 **UB** U-384 **Claims** Sunk
F/O W. C. Robertson, W6051, T/201 Sqn; cover for convoys HX.229 & SC.122; Posn 5818/2615; Naval Historical Branch, 1988, assessed this attack on U-631 (NOT sunk); (F/L Hewitt, Sunderland DD829, Z/202 Sqn awarded DFC apparently for this 'sinking')

**Date** 2 May, 1943 **UB** U-332 **Claims** Sunk
F/Lt E. C. Smith, DV968, M/461 Sqn RAAF; Posn 4448/0858; Oblt Eberhard Hüttemann; Type VIIC

**Date** 7 May, 1943 **UB** U-465 **Claims** Sunk
F/Lt G. G. Rossiter, W3993, W/10 Sqn RAAF; Posn 4706/1058; Type VIIC; Kptnltn Heinz Wolf

**Date** 13 May, 1943 **UB** U-456 **Claims** Sunk
F/Lt J. Musgrave, W6006, 3 – G/423 Sqn RCAF; shared with HMS *Lagan* on convoy cover HX.237; Type VIIC, Kptnltn Max-Martin Teichert; Posn 4843/2225

**Date** 31 May, 1943 **UB** U-440 **Claims** Sunk
F/Lt D. M. Gall, DD835, R/201 Sqn; Posn 4538/1304; Type VIIC; Kptnltn Werner Schwaff

**Date** 31 May, 1943 **UB** U-563 **Claims** Sunk
F/O W. M. French, DD838, X/228 Sqn and F/Lt M. S. Mainprize, DV969, E/10 Sqn RAAF; shared with Halifax HR774, R/58 Sqn (W/Cdr W. E. Oulton); Posn 4635/1040; Oblt Gustav Borchardt; Type VIIC

**Date** 13 July, 1943 **UB** U-607 **Claims** Sunk
F/Lt R. D. Hanbury, JM708, N/228 Sqn; Posn 4502/0914; Type VIIC; Oblt Wolf Jeschonnek

**Date** 30 July, 1943 **UB** U-461 **Claims** Sunk
F/Lt D. Marrows RAAF, W6077, U/461 Sqn RAAF; Posn 4542/1100; Type XIV; Kptnltn Wolf Stiebler; one of three UBs together, all sunk

**Date** 1 August, 1943 **UB** U-454 **Claims** Sunk
F/Lt K. G. Fry RAAF, W4020, B/10 Sqn RAAF; Posn 4536/1023; Type VIIC; Kptnltn Bunkhard Hackländer; aircraft shot down by UB flak, only six survivors of Sunderlamd rescued by HMS *Wren;* Fry KIA

**Date** 1 August, 1943 **UB** U-383 **Claims** Sunk
F/Lt S White, JM678, V/228 Sqn; Posn 4724/1210; Type VIIC; Ltn Horst Kremser

**Date** 2 August, 1943 **UB** U-106 **Claims** Sunk
Joint attack by F/Lt R. D. Hanbury, JM708, N/228 Sqn and F/O I. A. F. Clarke, DV968, M/461 Sqn RAAF; 2015 hrs, Posn 4635/1155; Type IXB; UB blew up; Ltn Wolf-Dietrich Damerow; approx 30 UB crew survivors seen in sea

**Date** 4 August, 1943 **UB** U-489 **Claims** Sunk
F/O A. A. Bishop RCAF, DD859,G/423 Sqn RCAF; Posn 6111/1438; Type XIV; Obltn Adalbert Schmandt; Sunderland shot down; five air crew and all but one UB crew rescued

**Date** 8 October, 1943 **UB** U-610 **Claims** Sunk
F/O A. H. Russell, DD863, J/423 Sqn RCAF; cover for convoy SC.143; Posn 5545/2433; Type VIIC; Kptnltn Baron Walter von Freyberg-Eisenberg-Allmendingen

**Date** 8 January, 1944 **UB** U-426 **Claims** Sunk
F/O J. P. Roberts, EK586, U/10 Sqn RAAF; Posn 4647/1042; Type VIIC; Kptnltn Christian Reich

**Date** 28 January, 1944 **UB** U-571 **Claims** Sunk
F/Lt R. D. Lucas, EK577, D/461 Sqn RAAF; cover for convoy SC.151 and ON.221; Posn 5241/1427; Type VIIC; Obltn Gustav Lüssow

**Date** 10 March, 1944 **UB** U-625 **Claims** Sunk
F/Lt S. R. W. Butler, EK591, U/422 Sqn RCAF; cover for convoy SC.154; Posn 5235/2019; Type VIIC; Butler was screening WO W. F. Morton on his first operational sortie; UB commander surfaced after first attack, signalled to Sunderland 'Fine bombish', then sank; Ltn Siegfried Straub

**Date** 24 April, 1944 **UB** U-311 **Claims** Sunk
F/Lt F. G. Fellows, DD862, A/423 Sqn RCAF; actually attacked U-672 and caused severe damage, 1347 hrs

**Date** 16 May, 1944 **UB** U-240 **Claims** Sunk
Lt C. Johnsen JM667, V/330 Sqn; Posn 6305/0310; Type VIIC; Ltn Gunther Link; Sunderland flak-damaged and returned on three engines with one crew member KIA and two wounded

**Date** 24 May, 1944 **UB** U-675 **Claims** Sunk
F/Lt T. F. P. Frizzell, DFC, ML736, R/4 OTU; Posn 6227/0304; Type VIIC; Ltn Karl-Heinz Sammler

**Date** 7 June, 1944 **UB** U-955 **Claims** Sunk
F/Lt L. H. Baveystock, DFC, DFM, ML760, S/201 Sqn; Posn 4513/0830; Type VIIC; Obltn Johannes Baden

**Date** 7 June, 1944 **UB** U-970 **Claims** Sunk
F/Lt G. D. Lancaster, ML877, R/228 Sqn; Posn 4515/0410; Type VIIC; Kptnltn Hans-Heinrich Ketels; Ketels and 13 UB crew saved by German rescue service

**Date** 8 July, 1944 **UB** U-243 **Claims** Sunk
F/Lt W. B. Tilley, RAAF, W4030, H/10 Sqn RAAF; Posn 4706/0640; Type VIIC; Kptnltn Hans Märtens; UB-cmdr and 38 crew rescued by HMCS *Restigouche* but Märtens died of fatal head-wound

**Date** 11 July, 1944 **UB** U-1222 **Claims** Sunk
F/Lt I. F. B. Walters, DFC, ML881, P/201 Sqn; Posn 4631/0529; Type IXC; Kptnltn Heinz Bielfeld

**Date** 11 August, 1944 **UB** U-385 **Claims** Sunk
P/O I. F. Southall, ML741, P/461 Sqn RAAF; shared with HMS *Starling;* Posn 4616/0245; Type VIIC; Kptnltn Hans-Guido Valentiner; sank at 0641 hrs on 12 August, 1944

**Date** 12 August, 1944 **UB** U-270 **Claims** Sunk
F/Lt D. A. Little, ML735, A/461 Sqn RAAF; Posn 4619/0256; Type VIIC, Obltn Heinrich Schreiber; 71 of 81 men aboard UB survived

**Date** 18 August, 1944 **UB** U-107 **Claims** Sunk
F/Lt L. H. Baveystock, DFC, DFM, EJ150, W/201 Sqn; Posn 4646/0339; Type IXB; Ltn Fritz; U-107 had sunk 39 ships by this date (various commanders)

**Date** 11 September, 1944 **UB** U-484 **Claims** Sunk

F/O J. N. Farren, RCAF, ML825, D/423 Sqn RCAF; 'shared' with HMCS *Dunver* and *Hespeler;* Type VIIC; Ltn Schäfer; NHB assessment *denies* sinking

**Date** 25 November, 1944 **UB** U-322 **Claims** Sunk

Lt J. Buer, NJ188, G/330 Sqn; 'shared' with HMS *Ascension;* Type VIIC; Oblтn Gerhard Wysk; in fact Buer did not attack but radioed up RN ships, according to NHB assessment

**Date** 6 December, 1944 **UB** U-297 **Claims** Sunk

F/Lt D. R. Hatton, ML882, Y/201 Sqn; NHB assessment says *actually* sunk by HMS *Loch Insh* and *Goodall.*

**Date** 30 April, 1945 **UB** U-325 **Claims** Sunk

F/Lt K. H. Foster, ML738, H/201 Sqn; DCs failed on first attack, used guns only and called up RN ships HMS *Hesperus* and *Havelock* which eventually sank UB; in fact, had attacked/sunk U-242, *not* U-325

# U-boats claimed damaged by Sunderlands

NB: This list, far from comprehensive, relates mainly to known severe damage caused by Sunderlands

**Date** 16 August, 1940 **UB** U-51

F/O E. R. Baker, P9624, H/210 Sqn; on cover for Convoy OA.198; Type VIIB

**Date** 5 June, 1942 **UB** U-71

F/Lt S. R. C. Wood, W3986, U/10 Sqn RAAF; Type VIIC; Kptnltn Walter Flachsenberg; UB forced to return to La Pallice

**Date** 7 June, 1942 **UB** *Luigi Torello*

P/O T. A. Egerton, W3994, X/10 Sqn RAAF and F/Lt E. St C. Yeoman, W4019, A/10 Sqn RAAF; Italian submarine; Ten Vasc Augusto Migliorini; forced to put in to Santander, Spain

**Date** 11 June, 1942 **UB** U-105

F/Lt E. W. B. Martin, W3993, W/10 Sqn RAAF; Type IXB; Kptnltn Jurgen Nissen; UB forced to put in to Ferrol, Spain

**Date** 13 June, 1942 **UB** *Otaria*

**Remarks**

S/Ldr R. Burrage, W4028, B/202 Sqn; Italian submarine

**Date** 11 July, 1942 **UB** U-162

F/Lt E. St C. Yeoman, W4019, A/10 Sqn RAAF; Yeoman MIA 9 August, 1942

**Date** 1 September, 1942 **UB** *Reginaldo Guiliano*

F/Lt S. R. C. Wood, W3986, U/10 Sqn RAAF and F/O H. G. Pockley, W3983, R/10 Sqn RAAF; Italian submarine, put into Santander, Spain; sub-commander killed; Pockley KIA 25 March, 1945

**Date** 19 March, 1943 **UB** ?

F/Lt G. A. Church, DD837, V/228 Sqn; cover for convoys HX.229 and SC.122; Church MIA 15 June, 1943

**Date** 5 April, 1943 **UB** U-338

F/Lt C. L. Bradley, W6008, H/423 Sqn RCAF; originally claimed as sunk, but actually sunk 20 September, 1943 by F/O J. Moffat, 120 Sqn

**Date** 29 April, 1943 **UB** U-119

F/O R. de V. Gipps, P/461 Sqn RAAF and F/O N. C. Gerrard, DP177, F/10 Sqn RAAF; actually *not* damaged, but sunk eventually, 24 June, 1943, by HMS *Starling.*

**Date** 1-May, 1943 **UB** U-415

F/Lt E. C. Smith, DV968, M/461 Sqn RAAF; Type VIIC; Obltn Johannes Werner

**Date** 24 May, 1943 **UB** U-441

F/Lt H. Debnam, EJ139, L/228 Sqn; Type VIIC; Kptnltn Klaus Goetz von Hartmann; Sunderland FTR

**Date** 13 June, 1943 **UB** U-564

F/O L. B. Lee, DV967, U/228 Sqn; Type VIIC; Obltn Hans Fiedler; Sunderland FTR; U-564 sunk 14 June, 1943 by G/10 OTU

**Date** 27 June, 1943 **UB** U-518

F/O B. E. H. Layne, W6005, P/201 Sqn; Type IXC; Obltn Hans Offermann

**Date** 17 October, 1943 **UB** ?

F/Lt P. T. Sargent, JM712, S/422 Sqn RCAF; cover for convoy ONS.20 and ON.206; Posn 5959/3000; Sunderland then crashed and Sargent KIA

**Date** 21 May, 1944 **UB** U-995

P/O E. T. King, S/4 OTU; Posn 6355/0224; Kptnltn Walter Köhntopp; Type VIIC

**Date** 24 May, 1944 **UB** U-921

F/Lt R. H. Nesbitt, DW111, S/423 Sqn RCAF; Type VIIC; Obltn Alfred Werner; several UB crew WIA and UB put back to port

**Date** 11 June, 1944 **UB** U-333

F/Lt M. E. Slaughter, ML880, U/228 Sqn; Type VIIC; Kptnltn G. Fiedler; Sunderland FTR; UB eventually sunk 31 July, 1944 by HMS *Loch Killin* and *Starling* (Obltn Peter Cremer)

**Date** 19 July, 1944 **UB** U-387

Lt B.Thurmann-Nielsen, EJ155, 0/330 Sqn; Type VIIC; Kptnltn Rudolf Büchler; Posn 6833/0720

**Date** 28 December, 1944 **UB** ?

F/O J. N. Farren, B/423 Sqn RCAF; 5m from Achill Island, W of Eire; official assessment 'damaged'

NB: Many other claims for 'damaged' U-boats, made in good faith and officially confirmed at the time, were made on the basis of such evidence as air bubbles, oil slicks, floating debris. However, UB commanders often discharged such 'evidence' as a decoy to prevent further attacks. Equally, U-boats were occasionally damaged and forced to abandon patrols after aerial attacks where no claims *per se* were made by RAF crews

# *Appendix* 7 – Sunderland and Variants – Civil Use

| RAF Serial/ Code | UK Regn | Foreign Regns | Remarks |
|---|---|---|---|
| L2158 | – | – | To BOAC 11 March, 1941 – 30 May, 1941 |
| L5800 | – | – | To BOAC 28 October, 1940 – 5 June, 1941 |
| T9040 | – | – | To BOAC 15 September, 1942 – 26 February, 1943 |
| T9078 | – | – | To BOAC 26 January, 1943 – 3 July, 1943 |
| W4003 | – | – | To BOAC 29 May, 1943 – 9 December, 1944 |
| W4017 | – | – | To BOAC 9 August, 1943 – 19 September, 1944 |
| W4037 | – | LN–LAI | Sandringham 7; *Jutulen*, sunk 15 November, 1952 |
| W6026 | – | – | To BOAC 26 January, 1943 – 3 September, 1943 |
| W6028 | – | – | To BOAC 28 January, 1943 – 17 May, 1943 |
| DD834 | G–AGPZ | LV–AAP | Sandringham 2; *Argentina*, crashed 29 July, 1948 |
| DD841 | G–AGPY | LV–AAR | Sandringham 3; *Brasil*, later *Formosa* |
| DD860/OQZS | G–AHEP | – | To BOAC 19 March, 1945; ret to RAF 24 September, 1947 |
| DP195 | – | CX–AKR | Mk V; *Capitan Bosio Lanza* |
| DV964 | G–AGPT | LV–AAO | Sandringham 2; *Uruguay*, later *Rio Aguilera* |
| EJ156 | G–AGWW | CX–AFA | Mk III; to CAUSA 13 May, 1947 |
| EJ170 | G–AGTZ | LV–AAQ | Sandringham 3; *Inglaterra* |
| EJ171 | – | LV–AHH | MK V; *Rio De La Plata* |
| EJ172 | G–AKCP | CX–ANI | Sandringham 7; *St David* |
| EK579 | – | LV–AHG | Mk V |
| JM660/OQZR | G–AGER | – | To BOAC 8 January, 1943, *Hadfield;* Mk III |
| JM661/OQXS† | G–AGES | – | Mk III; to BOAC 28 July, 1943;† allotted but not used, crashed 28 July, 1943. |
| JM662/OQZT | G–AGET | – | Mk III; to BOAC 16 January, 1943, burnt out Calcutta 15 February, 1946 |
| JM663/OQXU | G–AGEU | – | Mk III; to BOAC 21 January, 1943, *Hampshire* |
| JM664/OQZV | G–AGEV | – | Mk III; to BOAC 29 January, 1943, *Hailsham* |
| JM665/OQZW | G–AGEW | – | Mk III; to BOAC 29 January 1943, *Halton*, later *Hanwell* |
| JM681 | G–AJMZ | – | Sandringham 5; *Perth* (See ML785) |
| JM713 | – | – | Sold to mkrs for civil conversion 25 August, 1947 |
| JM714 | – | LN–LMK* LV–PAE; LV–AHM‡ | Sandringham 6; **Polarbjorn;* ‡*Almirante ZAR* |
| JM715 | – | ZK–AMH* VH–BRC§ VP–LVE‡ N158C | Sandringham 4; **Auckland;* §*Beachcomber;* ‡*Southern Cross* |
| JM716/OQZP | G–AHEO | – | To BOAC 7 March, 1945; *Halstea* |
| JM719 | G–AKCO | VH–APG F–OBIP | Sandringham 7; *St George;* Frigate Bird III |
| JM720 | – | LN–LAW | Sandringham 6; *Bukken Bruse* |
| JM722/OQZB | G–AGHV | – | Mk III; to BOAC 21 August, 1943 *Hamble* |
| ML725/OQZC | G–AGHW | – | Mk III; to BOAC 27 August, 1943 *Hamilton* |
| ML726/OQZX | G–AGHX | – | Mk III; to BOAC 2 September, 1943, *Harlech*, later *Harlequin* |
| ML727/OQZZ | G–AGHY | – | Mk III; to BOAC 3 September, 1943, *Hastings*, later *Hawkesbury* |
| ML728/OQZA | G–AGIA | – | Mk III; to BOAC 8 September, 1943, *Haslemere* |
| ML729 | G–AGIB | – | Mk III; to BOAC 15 September, 1943, crashed 5/6 November, 1943 before Transport Cmd code allotted |
| ML730 | – | VH–BKO; VH–ARQ† | To RAAF 11 November, 1943; A26–1;† code allotted/not used |
| ML731 | – | BH–BKQ | Mk III; to RAAF 20 March, 1944; A26–2; *Pacific Star* |
| ML732 | – | VH–BFX; VH–BKP† | To RAAF 12 March, 1944; A26–3;† allotted/not used |
| ML733 | – | VH–AKO | Mk III; to RAAF 12 April, 1944; A26–4; *Australis*, later *Australia Star* |
| ML734 | – | VH–AKP | Mk III; to RAAF 12 April, 1944; A26–5; *Tahiti Star*, later *Antilles* |
| ML751/OQZJ | G–AGJJ | – | Mk III; to BOAC 13 January, 1944, *Henley* |
| ML752/OQZK | G–AGJK | – | Mk III; to BOAC 21 January, 1944; *Howard* |
| ML753/OQZL | G–AGJL | – | Mk III; to BOAC 23 January, 1944 *Hobart* |
| ML754/OQZM | G–AGJM | – | Mk III; to BOAC 2 February, 1944; *Hythe* |
| ML755/OQZN | G–AGJN | – | Mk III; to BOAC 3 February, 1944, *Hudson* |
| ML756/OQZO | G–AGJO | – | Mk III; to BOAC 3 February, 1944, *Humber*, later *Honduras* |
| ML761 | – | ZK–AMB* VH–EBW | Sandringham 4; **Tasman* |
| ML765 | – | – | GR5 prototype; to BOAC 22 Apri 1946; ret to RAF 2 May, 1946 |
| ML769 | – | – | Sold to mkrs for civil conversion 25 August, 1947 |
| ML771 | – | – | To BOAC 31 July, 1946; ret to RAF 10 October, 1946 |
| ML783 | G–AHZA | – | Sandringham 5; *Penzance* |
| ML784 | G–AHYZ | – | Intended Sandringham 5 but burnt out during conversion 18 January, 1947; intended name *Perth* (see JM681) |
| ML785 | – | – | Sold to mkrs for civil conversion 22 August, 1947 |
| ML786/OQZD | G–AGKV | – | Mk III; to BOAC 12 July, 1944, *Huntingdon* |
| ML787/OQZE | G–AGKW | – | Mk III; to BOAC 22 July, 1944, *Hotspur* |

| | | | |
|---|---|---|---|
| ML788/OQZF | G-AGKX | – | Mk III; became Sandringham 1; to BOAC 23 July 1944, *Himalaya* |
| ML789/OQZG | G-AGKY | – | Mk III; to BOAC 28 July 1944, *Hungerford* |
| ML790/OQZH | G-AGKZ | – | Mk III: to BOAC 3 August, 1944, *Harwich* |
| ML791/OQZI | G-AGLA | – | Mk III; to BOAC 11 August, 1944, *Hunter* |
| ML793 | – | ZK-AMF | To RNZAF 23 October, 1944, NZ4102 |
| ML794 | – | ZK-AMG | *Tokomaru*, later *Mataatua;* to RNZAF 18 October, 1944, NZ4103 |
| ML795 | – | ZK-AMK | *Takitimu;* to RNZAF 27 October, 1944, NZ4104 |
| ML807 | – | LN-IAU | Sandringham 6; to DNL 13 May, 1947, *Bamse Brakar* and crashed 15 May, 1950 |
| ML808 | – | – | Sold to mkrs for civil converson 22 August, 1947 |
| ML809 | – | LN-IAV | Sandringham 6; *Kvitbjorn* |
| ML814 | – | VH-BRF* N158J; G-BJHS | **Islander*, later *Excalibur VIII;* later *Sir Arthur Gouge;* to RNZAF 21 May, 1953, NZ4108 |
| ML818 | G-AHZE | – | Sandringham 5; to BOAC 30 May, 1946, *Portsea* |
| ML828 | G-AHZG* | VH-EBZ§ | Sandringham 5; to BOAC 15 July, 1946, **Pevensey;* §*Pacific Explorer* |
| ML838 | G-AHYY | – | Sandringham 5; to BOAC 5 April, 1946, *Portsmouth* |
| ML840 | G-AKCR* | CX-ANA | Sandringham 7; to BOAC 2 June, 1947, **Saint Andrew* |
| ML843 | G-AHRE | LV-ACT* | Sandringham 2; **Paraguay* |
| ML876 | G-AGWX | LV-AAS; CX-AKF | Mk III |
| ML879 | – | – | Sold to makers for civil conversion 17 November, 1947 |
| NJ171 | G-AHZB | – | To BOAC 6 May, 1946, *Portland;* Sandringham 5 |
| NJ179 | – | ZK-AME* VH-BRD | Sandringham 4;* *New Zealand;* w/off 31 October, 1952 |
| NJ188 | G-AHZF* | VH-EBY | Sandringham 5;* *Poole;* to BOAC 20 May, 1946; to QANTAS July 1951 |
| NJ200 | G-ALIJ | – | Seaford I |
| NJ201/OZZA | G-AGWU/ G-ANAJ* | – | Seaford 1/Solent; **City of Funchal*, wrecked 26 September, 1956 |
| NJ202 | G-AKNO* | VH-TOA | Solent 3; **City of London*, sunk Malta 28 January, 1951 |
| NJ203 | G-AKNP* | VH-TOB§ N9946F | Solent 3; **City of Cardiff;* §*Star of Papua* |

| | | | |
|---|---|---|---|
| NJ204 | G-AKNR* | ZK-AMQ§ | Solent 3; **City of Belfast;* §*Aparima* |
| NJ205 | G-AKNS* | – | Solent 3; **City of Liverpool;* to MAEE, 1951 as WM759 |
| NJ206 | G-AKNT* | N9947F | Solent 3; **Singapore* |
| NJ207 | G-AKNU* | – | Solent 3; **Sydney*, later *City of Sydney;* crashed 15 November, 1957 |
| NJ253 | G-AHZC* | – | Sandringham 5; to BOAC 1 November, 1945, **Pembroke* |
| NJ255 | – | ZK-AMD* VH-EBX§ VH-BRE‡ | Sandringham 4; **Australia;* §*Pacific Chieftain;* ‡*Pacific Chieftain* |
| NJ257 | G-AHZD* | VH-EBF§ | Sandringham 5; to BOAC 29 April 1946, **Portmarnock;* §*Pacific Warrior* |
| PP142 | G-AHER* | – | To BOAC 1 March, 1946, **Helmsdale* |
| PP162 | G-ANAK* | – | *Intended registration but not converted |
| RN297 | – | – | To makers (conversion) 18 June, 1953; to Aquila 18 June, 1953 |
| SZ573 | – | – | To BOAC 9 November, 1945 – 2 April, 1946 (evaluation only) |
| SZ584 | G-AHJR | – | To BOAC 16 July, 1946 – 14 April, 1948 (evaluation); to RNZAF 4 September, 1953 |
| – | G-AHIL | – | Solent 2, *Salisbury*, launched 11 November, 1946; convert to Solent 3 1950, *City of Salisbury* |
| – | G-AHIM | – | Solent 2, *Scarborough* |
| – | G-AHIN | – | Solent 2, *Southampton;* convert Solent 3, 1950, *City of Southampto* |
| – | G-AHIO | VH-TOD; N9945F | Solent 2, *Somerset* |
| – | G-AHIR | – | Solent 2, *Sark* |
| – | G-AHIS | – | Solent 2, *Scapa;* convert Solent 3, *City of York*, 1950 |
| – | G-AHIT | – | Solent 2, *Severn* |
| – | G-AHIU | – | Solent 2, *Solway* |
| – | G-AHIV* | VH-TOC§ | Solent 2; **Salcombe;* §*Star of Papua* |
| – | G-AHIW | – | Solent 2, *Stornoway* |
| – | G-AHIX | – | Solent 2, *Sussex;* convert Solent 3, *City of Edinburgh*, 1949 |
| – | G-AHIY | – | Solent 2, *Southsea;* convert Solent 3, 1950 |
| – | G-ANYI | ZK-AMN* | Solent 4, **Awatere* |
| – | G-AOBL | ZK-AML* | Solent 4, **Aotearoa II* |
| – | – | ZK-AMM* | Solent 4, **Ararangi* |
| – | – | ZK-AMO* | Solent 4, **Aranui* |

# Associated Literature

The following published works all contain, in varying degrees, information and descriptions directly relevant to the Sunderland and/or its civil derivatives, and are commended to the reader seeking further in-depth data.


Air Publications AP1566C and E, *Air Ministry, 1943–45*
Shorts aircraft since 1900, *C. H. Barnes, Putnam, 1967*
British Civil Aircraft since 1919, V3, *A. J. Jackson, Putnam, 1974*
Annals of British Air Transport, *J. Stroud, Putnam, 1962*
Aircraft of the RAF since 1918, *O. Thetford, Putnam, 1976*
British Flying Boats, 1909 - 1952, *G. Duval, Putnam, 1966*
Encyclopaedia of British Military Aircraft, *C. Bowyer, A and AP, 1987*
Flying Boat, *K. Poolman, Wm Kimber, 1962*
Sunderland at War, *C. Bowyer, Ian Allan, 1976*
Coastal Command at War, *C. Bowyer, Ian Allan, 1979*
Men of Coastal Command, *C. Bowyer, Wm Kimber, 1985*
Coastal Command, *HMSO, 1943*
Coastal Command Review, 1942 - 45, *HMSO, 1945*
Task for Coastal Command, *'T. D. Gordon', Hutchinson, 1944*
Coastal Command Leads the Invasion, *Wilson/Robinson, Jarrolds, 1945*
Aircraft versus Submarine, *A. Price, Wm Kimber, 1973*
Conflict over the Bay, *N. Franks, Wm Kimber, 1986*
Sunderland Crash Log, *N. Roberts, Private, 1977*
Flying Boat Queen, *J. Evans, Paterchurch Pubns, 1987*
The Short Sunderland, *G. Norris, Profile No. 189*
RAF 1939 - 45, 3 vols, *Saunders/Richards, HMSO, 1953–54*
RAAF over Europe, 2 vols, *J. Herington, AWM, 1963*
RCAF Overseas, 3 vols, *OUP, 1944–46*
New Zealanders with the RAF, 3 vols, *WHB, NZ, 1959*
The Right of the Line, *J. Terraine, Hodder and Stoughton, 1985*
The RAF – The past 30 years, *A. James, Macdonald and Jane's, 1982*
RAF Squadrons, *C. G. Jefford, Airlife, 1988*
RAF Squadrons, Nos. 1 - 1435, *J. Halley, Air Britain, 1968–73*
Coastal and Support Squadrons of the RAF, *J. Rawlings, Jane's, 1982*
Famous Maritime RAF Squadrons, *J. Halley, Hylton Lacy, 1973*
Maritime is Number Ten, *K. Baff, Private, 1983*
They Shall not pass Unseen, *I. Southall, Angus/Robertson, 1956*
RAAF over Europe, *F. Johnson, Eyre and Spottiswoode, 1946*
The Dangerous Sky, *T. Coughlin, Ryerson, 1968*
Penguin in the Eyrie, *H. Bolitho, Hutchinson, 1955*
So Few, *D. Masters, Eyre and Spottiswoode, 1941*
Action Stations, No. 3, *D. J. Smith, PSL, 1981*
Action Stations, No. 5, *C. Ashworth, PSL, 1982*
Action Stations, No. 7 *D. J. Smith, PSL, 1983*
Action Stations, No. 9, *C. Ashworth, PSL, 1985*
Lion in the Sky, *N. Shorrick, Fed Pubs SDN, 1968*
Flying Boat Haven, *J. Evans, Private, 1985*
Military Wings, *B. Deere, MS Marketing, NZ, 1979*
Trans-Oceanic Airways Pty Ltd, *M. Croker, Aviation Heritage, V23/1*
Aquila Airways, *Aircraft Illustrated, October 1972*
BOAC at War, *Aeroplane Monthly, November 1975*
Aquila Airways, *Aeroplane Monthly, July 1978*
Sunderland flying boats of the RAF, *Aeroplane, 25 Jan 1939*
Short Sandringham, *Flight, 19 July, 1945*
The Log, *Balpa Journal, Various*
Sunderlands in West Africa, 2 Pts, *Air Pictorial, July/August 1967*
Sunderland in Greenland, *Aircraft Illustated, August 1976*

JM718, 'B–Y8' of 4 OTU, 1945, which later served with 230 Sqn and 235 OCU before being scrapped 4 October, 1957. (*Flight*, Ref.31025s.)

ML797, (P), 205 Squadron which with DP198 flew the ultimate official RAF Sunderland flight on 14 May, 1959 from Seletar, Singapore. (*RAF Museum*, Ref: PO15195)

# Index

## Names

## Places

## Squadrons



## U-Boats